D1828330

Adobe

Adobe® Photoshop CS2

Adobe® Photoshop® CS2

CLASSROOM IN A BOOK®

Markt+Technik

Adobe

Die Deutsche Bibliothek verzeichnet diese Publikation in der Deutschen Nationalbibliografie; detaillierte bibliografische Daten sind im Internet über *http://dnb.ddb.de* abrufbar.

Autorisierte Übersetzung der amerikanischen Originalausgabe:
»Adobe Photoshop CS2 – Classroom in a Book«

Umwelthinweis:
Dieses Buch wurde auf chlorfrei gebleichtem Papier gedruckt.

10 9 8 7 6 5 4 3 2 1

08 07 06 05

ISBN 3-8272-6990-3

Einbandgestaltung: Adobe Press
Lektorat: Cornelia Karl, ckarl@pearson.de
Herstellung: Philipp Burkart, pburkart@pearson.de
Übersetzung und Satz: Maik-Felix Gomm, Güby
Druck: Kösel, Krugzell (www.koeselbuch.de)
Dieses Buch wurde mit Adobe Photoshop CS2,
Adobe InDesign CS2 und Adobe Illustrator CS2 auf dem Macintosh erstellt.
Printed in Germany

Inhalt

Einführung

1 Der Arbeitsbereich

2 Adobe Bridge

3 Retuschieren

4 Retuschieren und reparieren

5 Auswahlbereiche

6 Grundlagen für Ebenen

7 Masken und Kanäle

10 Mit Vektoren zeichnen

11 Fortgeschrittene Ebenentechniken

12 Spezialeffekte

13 Verknüpfungen inBildern erstellen

14 Rollovers erstellen

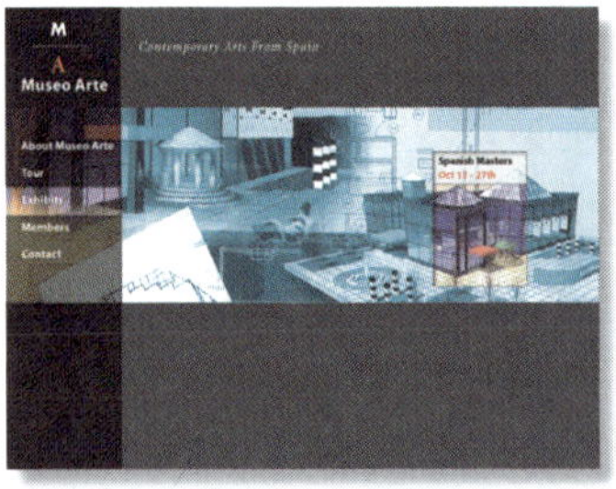

15 Animierte GIF-Bilder für das Internet

16 Mit konsistenten Farben produzieren und drucken

Auswahlbereiche Seite 149

Mit Vektoren zeichnen Seite 303

Grundlagen für Ebenen Seite 179

Fortgeschrittene Ebenentechniken Seite 335

Digitale Fotos korrigieren und verbessern Seite 241

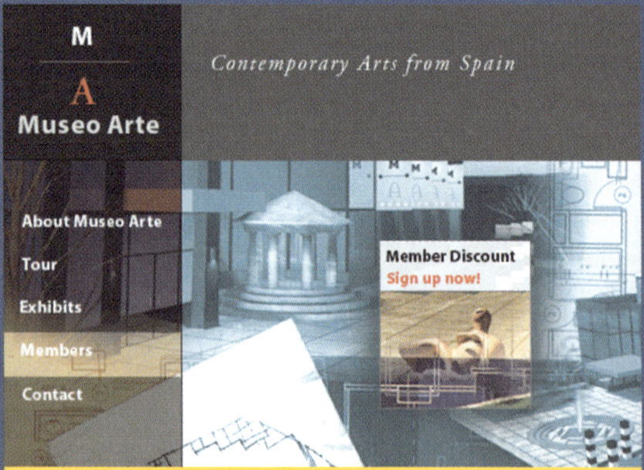

Rollovers erstellen Seite 419

Von den Autoren

Willkommen! Vielleicht haben Sie gerade Ihre erste Digitalkamera gekauft und möchten sich die Grundlagen des weltweit führenden Bildverarbeitungsprogramms aneignen. Oder Sie verbringen als Grafikdesigner täglich viele Stunden mit Photoshop und möchten Ihre Produktivität noch weiter steigern. In beiden Fällen sollten Sie zu diesem Buch greifen.

Sie lernen in den 16 Lektionen dieses Buchs sehr viel – von der künstlerischen Bildmontage (Compositing), über die Verarbeitung von digitalen Camera Raw-Fotos bis hin zu Animationen für das Web. Schritt-für-Schritt-Anweisungen vermitteln Ihnen die Grundlagen von Photoshop und eindrucksvolle Übungen machen Sie mit den neuen Möglichkeiten in Photoshop CS2 vertraut.

Zusätzlich gibt es die Buch-DVD mit den Übungsdateien für die einzelnen Lektionen. Auf der DVD finden Sie außerdem Zusatzmaterial wie die 30-Tage-Testversion von Photoshop CS2 und die Video-Trainings vom Photoshop-Experten Gerhard Koren. Im Buch gibt Ihnen die Photoshop-Expertin Julieanne Kost viele nützliche Tipps. Mit den »Extras« sowie den beiden Workshops von Gerhard Koren bekommen Sie weitere Anregungen. (Einzelheiten zu den Neuerungen in dieser Ausgabe finden Sie in der Einführung auf Seite 16.)

Viel Spaß!

Andrew Faulkner und Anita Dennis

John Nack
Photoshop Produktmanager
Adobe Systems, Inc.

Hallo Photoshop-Fans,

Danke, dass Sie Adobe Photoshop CS2 Classroom in a Book *erworben haben – das offizielle Übungsbuch für das weltweit führende Bildbearbeitungsprogramm. Ich bin von dieser neuen Ausgabe besonders angetan, da sie ausführlich auf die vielen Neuigkeiten in Photoshop CS2 eingeht. Beispielsweise demonstriert Lektion 8 das Camera Raw-Dialogfeld ebenso wie den Fluchtpunkt-Filter, mit dem Sie Objekte perspektivisch tranformieren, klonen und malen. Sie lernen in den Lektionen 9 und 10 die Smart Objekte kennen, mit denen sich Ebenen nichtdestruktiv transformieren, drehen und verkrümmen lassen – mit diesem Feature bearbeiten Sie auch Vektorgrafik in Photoshop. Dieses Classroom in a Book macht Sie schnell mit den großartigen Neuigkeiten in Photoshop CS2 vertraut.*

Viel Spaß beim Lernen und vielen Dank,

John Nack
Adobe Photoshop Produktmanager

Einführung

Adobe® Photoshop® CS2, das mächtige Standardprogramm für die Bildbearbeitung, überzeugt durch noch mehr Leistungsfähigkeit, Genauigkeit und Kontrollmöglichkeiten. Das Programm wurde um viele neue Features und fortschrittliche Erweiterungen ergänzt. Zum Lieferumfang von Photoshop CS2 gehört ImageReady™ CS2 mit vielfältig einsetzbaren Web-Tools für das Optimieren und die Vorschau von Bildern. Ebenfalls neu ist Adobe Bridge®. Photoshop CS2 hilft dabei, Ihre Vorstellungen einfacher als je zuvor in Designs umzusetzen.

Über dieses Buch

Adobe Photoshop CS2 Classroom in a Book® gehört zu den offiziellen Trainingsbüchern für Adobe-Grafik- und Satzprogramme und wurde von Experten im Hause Adobe Systems entwickelt. Die Lektionen sind so angelegt, dass Sie Ihren Lernrhythmus selbst bestimmen können. Wenn Sie mit Adobe Photoshop oder ImageReady noch nicht vertraut sind, werden Sie alle wichtigen Grundlagen und Möglichkeiten kennen lernen, die Sie für die Arbeit mit dem Programm benötigen. Arbeiten Sie bereits mit Adobe Photoshop oder ImageReady, finden Sie in *Classroom in a Book* viele wichtige weiter gehende Techniken und Tipps für die aktuellen Versionen dieser Programme und für das Aufbereiten von Bildern für das World Wide Web.

Obwohl in jeder Lektion Schritt-für-Schritt-Anweisungen für das Erstellen eines bestimmten Projekts gegeben werden, gibt es viele Möglichkeiten für eigene Experimente. Sie können das Buch von Anfang bis Ende durcharbeiten oder sich nur die Lektionen vornehmen, für die Sie sich interessieren. Alle Lektionen enden mit Fragen und Antworten zum jeweiligen Lernstoff.

Neu in dieser Ausgabe

Diese Ausgabe enthält neue Lektionen mit Informationen über Typografie, Adobe Bridge und Digitalfotografie. Die Lektion für die digitale Fotografie enthält Übungen zu Neuerungen wie dem Dialogfeld Camera Raw und dem Filter Fluchtpunkt. Andere Lektionen beschäftigen sich mit den Smart Objekten und dem neuen Bereichsreparatur-Pinsel-Werkzeug.

Diese Ausgabe von *Adobe Photoshop Classroom in a Book* hat aber auch in sich selbst Änderungen erfahren. Wenn Sie mit der *Classroom in a Book*-Reihe vertraut sind, haben Sie sicherlich bemerkt, dass diese Ausgabe vierfarbig ist. Da Sie jetzt die Bildschirmaufnahmen und die Bildfenster farbig sehen, können Sie Ihre Ergebnisse schneller und genauer mit denen im Buch vergleichen. Außerdem enthält dieses *Classroom in a Book* Tipps und Techniken von der zu Adobe gehörenden Expertin Julieanne Kost und Gerhard Koren. Achten Sie also auf die Tipps von Julieanne und die Tuturials von Gerhard in diesem Buch.

Vorbereitungen

Bevor Sie mit *Adobe Photoshop CS2 Classroom in a Book* beginnen, sollten Sie mit dem Betriebssystem Ihres Computers vertraut sein. Sie sollten mit der Maus und den standardmäßigen Menüs und Befehlen umgehen können. Ihnen sollte außerdem bekannt sein, wie man Dateien öffnet, speichert und schließt. Um diese Techniken noch einmal aufzufrischen, informieren Sie sich in den Dokumentationen, die mit Microsoft® Windows® oder Apple® Mac® OS X ausgeliefert wurden.

Adobe Photoshop installieren

Bevor Sie mit *Adobe Photoshop CS2 Classroom in a Book* beginnen, muss Ihr System korrekt eingerichtet und die notwendige Soft- und Hardware installiert sein. Sie müssen das Programm Adobe Photoshop CS2 gesondert erwerben. Die vollständigen Hinweise über die Systemvoraussetzungen und für die Installation finden Sie in der Installationsanleitungdatei, die sich auf der Installations-CD befindet.

Photoshop, ImageReady und Bridge verwenden dasselbe Installationsprogramm. Sie müssen alle drei Programme von der Adobe Photoshop CS2-CD auf Ihrer Festplatte installieren, da Sie das Programm nicht von der CD ausführen können. Folgen Sie den Anweisungen auf dem Bildschirm.

Lektionsdateien und vieles mehr

Die *Adobe Photoshop CS2 Classroom in a Book*-DVD enthält Verzeichnisse mit allen elektronischen Dateien für die Lektionen dieses Buchs, Video-Trainings über Adobe Photoshop sowie die 30 Tage uneingeschränkt gültige Testversion von Adobe Photoshop CS2. Das folgende Diagramm zeigt Ihnen Inhalt und Struktur der Buch-DVD.

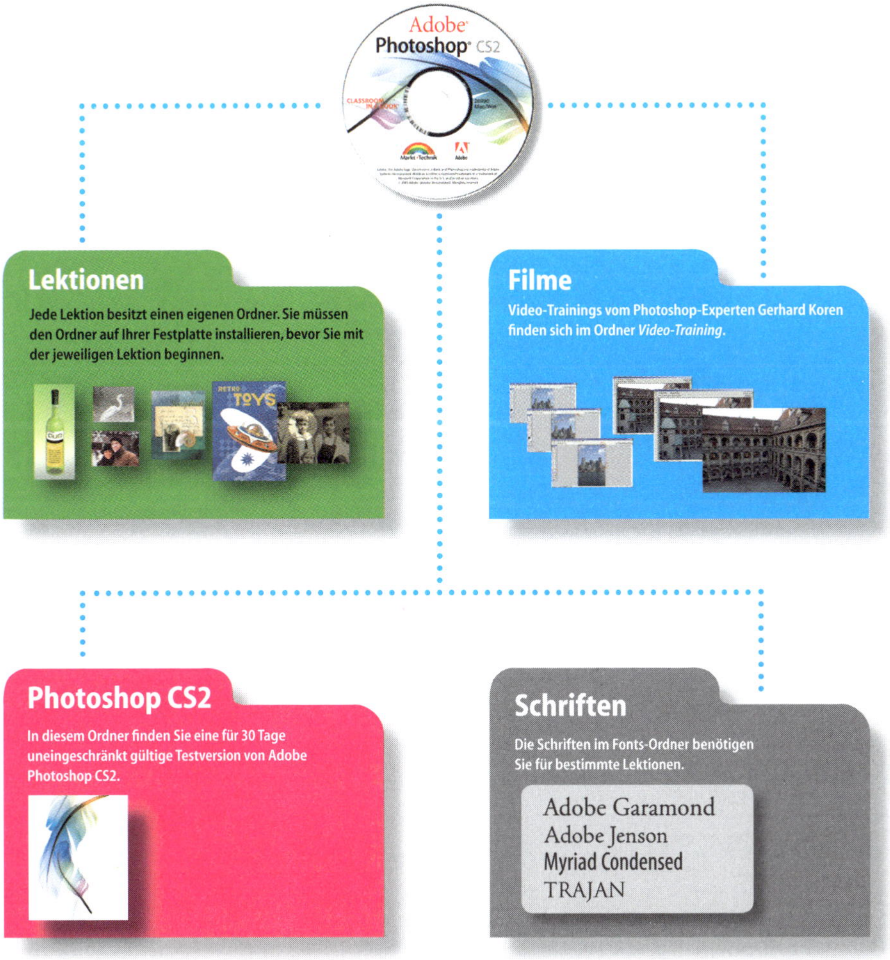

Halten Sie die Seriennummer bereit, wenn Sie mit der Installation beginnen. Sie finden die Seriennummer auf der Registrierungskarte oder der CD-Hülle.

Adobe Photoshop starten

Sie starten Photoshop so wie jedes andere Programm.

So starten Sie Adobe Photoshop unter Windows:

1 Wählen Sie **Start: Programme: Adobe Photoshop CS2**.

2 Klicken Sie im Startbildschirm auf »Schließen«.

So starten Sie Adobe Photoshop unter Mac OS:

1 Öffnen Sie den Ordner *Programme/Adobe Photoshop CS2* und doppelklicken Sie auf das Programmsymbol *Adobe Photoshop*.

2 Klicken Sie im Startbildschirm auf »Schließen«.

Die Classroom in a Book-Schriften installieren

Damit die Lektionsdateien auf Ihrem System mit den richtigen Schriften erscheinen, müssen Sie eventuell die *Classroom in a Book*-Zeichensatzdateien installieren. Die Schriften für die Lektionen finden Sie im Ordner *Windows Fonts* bzw. *Mac Fonts* auf der Buch-DVD. Sollten die Schriften bereits auf Ihrem System vorhanden sein, erübrigt sich dieser Schritt.

Installieren Sie die Schriften folgendermaßen auf Ihre Festplatte:

1 Legen Sie die DVD *Adobe Photoshop CS2 Classroom in a Book* in Ihr DVD-Laufwerk.

2 Installieren Sie die Schriften entsprechend Ihrem Betriebssystem:

- Windows XP: Ziehen Sie die Schriften einfach von der DVD aus dem Ordner *Windows Fonts* auf Ihre Festplatte und platzieren Sie dann die Schriften in den allgemeinen Adobe-Schriftenordner (normalerweise im Verzeichnis *C:\Programme\Gemeinsame Dateien\Adobe\Fonts*).
- Mac OS X: Öffnen Sie den Ordner *Mac Fonts* auf der Buch-DVD. Wählen Sie alle Schriften in diesem Ordner und ziehen Sie sie dann in den Ordner *Library/ Fonts*

auf Ihrer Festplatte. Sie können auch mehrere Schriften wählen und ziehen, nicht jedoch einen kompletten Ordner, um alle Schriften auf einmal zu installieren.

Die Classroom in a Book-Dateien installieren

Die *Adobe Photoshop CS2 Classroom in a Book*-DVD enthält Verzeichnisse mit allen elektronischen Dateien für die Lektionen dieses Buchs. Jede Lektion besitzt einen eigenen Ordner. Sie müssen diesen Ordner auf Ihrer Festplatte installieren, um Zugriff auf die Dateien für die Lektionen zu erhalten. Um Speicherplatz zu sparen, können Sie die Ordner für die einzelnen Lektionen auch erst bei Bedarf einrichten und anschließend wieder entfernen.

So installieren Sie die *Classroom in a Book*-Dateien:

1 Legen Sie die DVD *Adobe Photoshop CS2 Classroom in a Book* in Ihr Laufwerk.

2 Suchen Sie auf der DVD den Ordner *Lektionen.*

3 Führen Sie einen der folgenden Schritte aus:

- Um alle Lektionen zu kopieren, ziehen Sie den Ordner *Lektionen* von der DVD auf Ihre Festplatte.
- Um eine einzelne Lektion zu kopieren, erstellen Sie zuerst einen neuen Ordner auf Ihrer Festplatte. Benennen Sie den Ordner mit **Lektionen**. Ziehen Sie dann den entsprechenden Lektionsordner von der DVD in den Ordner *Lektionen* auf Ihrer Festplatte.

Wenn Sie Dateien unter Windows 2000 installieren, müssen Sie die Dateien vor dem erstmaligen Aufruf entsperren. Dieser Schritt ist bei einer Installation unter Windows XP oder Mac OS nicht erforderlich.

4 (Nur Windows 2000:) Entsperren Sie die kopierten Dateien wie folgt:

- Klicken Sie mit der rechten Maustaste auf den Ordner mit den gesperrten Dateien, wie *Lektionen*, und wählen Sie *Eigenschaften* aus dem Kontextmenü.
- Deaktivieren Sie im Eigenschaften-Dialogfeld unter »Attribute« die Option »Schreibgeschützt« und klicken Sie abschließend auf »Übernehmen«.
- Bestätigen Sie im Dialogfeld die Änderung der Attribute für den aktuellen Ordner nebst seinem Inhalt.«

- Klicken Sie auf OK, um das Dialogfeld zu schließen, und erneut auf OK, um auch das Dialogfeld für die Dateieigenschaften zu schließen.

Dieser Schritt entfällt unter Windows XP oder Mac OS.

Hinweis: *Sie überschreiben während der Arbeit in den einzelnen Lektionen die Ausgangs- bzw. Startdateien. Um die ursprünglichen Dateien wiederherzustellen, kopieren Sie einfach erneut den jeweiligen Lektionsordner von der* Classroom in a Book-*DVD in den Ordner* Lektionen *auf Ihrer Festplatte.*

Die Standardeinstellungen wiederherstellen

Die Voreinstellungen-Dateien speichern die Einstellungen für Paletten und Informationen. Sobald Sie Adobe Photoshop verlassen, werden die Positionen der Paletten sowie die Einstellungen bestimmter Befehle in der entsprechenden *Voreinstellungen*-Datei gespeichert. Alle im Dialogfeld »Voreinstellungen« vorgenommenen Änderungen sind ebenfalls Teil der Voreinstellungen-Datei.

Bevor Sie mit einer Lektion in diesem Buch beginnen, werden Sie aufgefordert, mit einem Kurzbefehl die standardmäßigen Voreinstellungen zurückzusetzen. Damit löschen Sie alle Optionen, die Sie im Dialogfeld »Voreinstellungen« gewählt haben.

Sie können die Anweisungen für das Zurückstellen der Voreinstellungen auch ignorieren. In diesem Falle müssen Sie davon ausgehen, dass die Werkzeuge, Paletten und anderen Einstellungen in Photoshop CS mit der Beschreibung in diesem Buch nicht übereinstimmen, das heißt, Sie müssen nach bestimmten Dingen vielleicht länger suchen. Wenn Sie das berücksichtigen, sollten Sie in der Lage sein, die Lektionen sicher durchzuarbeiten.

Die Einstellungen für Ihre Monitor-Kalibrierung zu speichern ist eine einfache Angelegenheit, die Sie vornehmen sollten, bevor Sie mit diesem Buch arbeiten. Falls Sie Ihren Farbmonitor noch nicht kalibriert haben, ist diese Prozedur nicht erforderlich.

Das Speichern der im Dialogfeld »Voreinstellungen« gewählten Optionen sprengt den Rahmen dieses Buchs. Falls Sie damit Probleme haben, sollten Sie Ihren Systemadministrator fragen. Sie können aber auch eine Kopie der von Ihnen veränderten Voreinstellungen-Datei erstellen und diese wieder im entsprechenden Ordner speichern, wenn Sie diese Lektion beendet haben.

So speichern Sie die aktuellen Farbeinstellungen:

1 Starten Sie Adobe Photoshop.

2 Wählen Sie **Bearbeiten: Farbeinstellungen**.

3 Prüfen Sie im Dialogfeld »Farbeinstellungen« die Optionen im Popup-Menü »Einstellung«.

- Falls unter »Einstellung« die Option »Eigene« gewählt ist, setzen Sie mit Schritt 4 fort.
- Falls unter »Einstellung« etwas anderes als »Eigene« gewählt ist, klicken Sie auf OK, um das Dialogfeld zu schließen. Damit ist dieser Vorgang abgeschlossen.

4 Klicken Sie auf »Speichern« (nicht auf OK).

Das Dialogfeld »Speichern« öffnet sich für den Ordner *Settings*, der verschiedene Dateien mit der Erweiterung *.csf* enthält.

5 Geben Sie im Feld »Dateiname« (Windows) bzw. »Speichern unter« (Mac OS) einen eindeutigen Namen zusammen mit der Erweiterung *.csf* für Ihre Farbeinstellungen ein. Klicken Sie anschließend auf »Speichern«.

6 Geben Sie im Dialogfeld »Farbeinstellungen: Anmerkung« eine Beschreibung ein, um die Farbeinstellungen wiederfinden zu können (z.B. Datum, bestimmte Einstellungen oder Ihre Arbeitsgruppe).

7 Klicken Sie auf OK, um das Dialogfeld »Farbeinstellungen: Anmerkung« zu schließen. Klicken Sie nochmals auf OK, um auch das Dialogfeld »Farbeinstellungen« zu schließen.

So stellen Sie Ihre Farbeinstellungen wieder her:

1 Starten Sie Adobe Photoshop.

2 Wählen Sie **Bearbeiten: Farbeinstellungen**.

3 Wählen Sie im Dialogfeld »Farbeinstellungen« aus dem Einblendmenü »Einstellung« die von Ihnen zuvor definierte Farbeinstellungendatei.

4 Klicken Sie auf OK.

Zusätzliche Quellen

Adobe Photoshop CS2 Classroom in a Book kann und soll nicht die Dokumentation ersetzen, die zusammen mit Photoshop CS2 ausgeliefert wird. In diesem Buch werden nur die in den Lektionen verwendeten Befehle erklärt. Ausführliche Informationen über das Programm finden Sie in folgenden Quellen:

- Photoshop-Hilfe enthält die vollständige Version des Handbuchs und ist im Programm Adobe Photoshop CS2 integriert. Sie erhalten die Hilfe über den Befehl **Hilfe: Photoshop-Hilfe**. (Weitere Informationen finden Sie in Lektion 1, »Der Photoshop-Arbeitsbereich«.)
- Die Adobe-Website (*www.adobe.de/products/photoshop/*) können Sie über den Befehl **Hilfe: Photoshop online** erreichen, sofern Sie über einen Internet-Zugang verfügen.
- Die Website *Adobe® Studio* ist in deutscher Sprache. In verschiedenen Rubriken finden Sie unter *http://studio.adobe.com/de/* Basiswissen, Möglichkeiten zur Interaktion mit anderen Anwendern sowie Serviceangebote rund um Adobes Kreativprodukte.
- Im *Adobe Photoshop CS2 Handbuch* stehen weitestgehend die Informationen des Hilfesystems. Falls das Handbuch Ihrem Photoshop CS2-Paket nicht beiliegt, müssen Sie es gesondert erwerben. Das im Programm integrierte Hilfesystem enthält alle Informationen des Handbuchs sowie zusätzliche Informationen, die in der gedruckten Version nicht vorhanden sind.
- Die *Total Training Video Workshop CD*, die zum *Adobe Photoshop CS2*-Paket gehört. Die Lernvideos sind 60 Minuten lang und enthalten Anweisungen von erfahrenen Anwendern über die neuen Möglichkeiten in Photoshop CS2.

Adobe-Zertifizierung

Das Adobe-Zertifizierungsprogramm bietet Anwendern und Schulungszentren die Möglichkeit, ihre Professionalität im Umgang mit dem Programm darzustellen und sich als *Adobe Certified Experts*, *Adobe Certified Instructors* oder *Adobe Authorized Learning Providers* zu qualifizieren. Informationen über dieses Zertifizierungsprogramm finden Sie auf der Website *http://www.adobe.com*.

Ihre Meinung interessiert uns: *Schreiben Sie uns an info@pearson.de, wenn Sie Lob oder Kritik zu diesem Buch loswerden möchten. Bitte geben Sie dabei Titel und ISBN-Nummer an.*

Wir haben ein offenes Ohr für Ihre Fragen! Bitte haben Sie Verständnis, wenn die Beantwortung Ihrer Mail aufgrund der eingegangenen Nachrichten einige Tage dauern kann.

Wenn Sie mit Adobe Photoshop und Adobe ImageReady arbeiten, werden Sie feststellen, dass es häufig mehrere Möglichkeiten zur Lösung einer bestimmten Aufgabe gibt. Um die vielfältigen Möglichkeiten beider Anwendungen optimal zu nutzen, ist es wichtig, dass Sie sich im Arbeitsbereich zurechtfinden.

1 Der Arbeitsbereich

Überblick

In dieser Lektion lernen Sie Folgendes:

- Adobe Photoshop-Dateien öffnen
- Werkzeuge aus der Werkzeug-Palette wählen und benutzen
- Gewähltes Werkzeug mit Hilfe der Optionsleiste einstellen
- Bildanzeige vergrößern oder verkleinern
- Paletten wählen, neu anordnen und verwenden
- Befehle in Paletten- und Kontextmenüs wählen
- Eine im Palettenraum angedockte Palette öffnen und benutzen
- Aktionen widerrufen, um Fehler zu korrigieren oder eine andere Wahl zu treffen
- Arbeitsbereich individuell anpassen
- Von Photoshop zu ImageReady wechseln
- Themen in der Photoshop-Hilfe finden

Für diese Lektion benötigen Sie etwa eine Stunde. Bevor Sie Adobe Photoshop CS2 starten, suchen Sie den Ordner *Lektion01* auf der Buch-DVD und kopieren Sie den Inhalt in den entsprechenden Lektionsordner auf Ihrer Festplatte (falls Sie den Ordner noch nicht erstellt haben, sollten Sie das jetzt tun). Während der Arbeit in dieser Lektion überschreiben Sie die Startdateien. Möchten Sie die Startdateien wiederherstellen, kopieren Sie diese einfach von der Buch-DVD erneut auf Ihre Festplatte.

Mit der Arbeit in Adobe Photoshop beginnen

Die Arbeitsbereiche in Adobe Photoshop enthalten die Befehlsmenüs oben auf Ihrem Bildschirm und die unterschiedlichsten Werkzeuge und Paletten, um Elemente zu bearbeiten oder zu Ihrem Bild hinzuzufügen. Sie können Menüs auch zusätzlich mit Befehlen und Filtern erweitern, indem Sie *Plug-Ins* bzw. Zusatzmodule von Drittherstellern installieren.

Photoshop arbeitet mit digitalisierten Bitmap-Bildern (d.h. Halbtonbildern, die in Punkte bzw. Bildelemente (*Pixel*) umgewandelt wurden). Sie können außerdem mit Vektorgrafiken arbeiten. Vektorgrafiken bestehen aus mathematisch berechneten Formen wie Linien und Kurven, die ihre Detailtreue und Schärfe auch beim Skalieren und Drucken mit anderer Auflösung beibehalten. Sie erstellen Original-Grafiken sowohl in Photoshop als auch in ImageReady. Oder Sie importieren Bilder in das Programm aus Quellen wie:

- Fotos von einer Digitalkamera
- CDs mit digitalisierten Bildern
- Per Scanner eingelesene Fotos, Diapositive, Negative, Grafiken oder andere Vorlagen
- Bilder aus einem Video
- Grafiken aus Illustrationsprogrammen

Weitere Informationen über die Dateiformate, die Adobe Photoshop CS2 verwendet, finden Sie unter »Dateiformate« in der Photoshop-Hilfe.

Photoshop starten und eine Datei öffnen

Zuerst starten Sie Adobe Photoshop und stellen die standardmäßigen Voreinstellungen wieder her.

Hinweis: *Normalerweise brauchen Sie die standardmäßigen Voreinstellungen nicht wiederherzustellen. Doch solange Sie mit diesem Buch arbeiten, stellen Sie jedes Mal die Voreinstellungen wieder her, damit der Bildschirminhalt mit den Beschreibungen in diesem Buch übereinstimmt. Weitere Informationen finden Sie unter »Die Standardeinstellungen wiederherstellen« auf Seite 20.*

1 Doppelklicken Sie auf dem Desktop auf das Adobe Photoshop-Symbol, um Adobe Photoshop zu starten. Drücken Sie sofort danach die Tastenkombination

Strg+Alt+Umschalt (Windows) bzw. Befehl+Wahl+Umschalt (Mac OS), um die standardmäßigen Voreinstellungen wiederherzustellen.

Falls Sie auf Ihrem Desktop kein Photoshop-Symbol sehen, wählen Sie **Start: Programme: Adobe Photoshop CS2** (Windows) bzw. suchen Sie im *Programme*-Ordner oder im Dock (Mac OS).

2 Wenn eine Meldung erscheint, klicken Sie auf »Ja«, um zu bestätigen, dass Sie die Adobe Photoshop-Einstellungen löschen wollen. Klicken Sie dann auf »Schließen«, um den Startbildschirm zu schließen.

Der Photoshop-Arbeitsbereich erscheint so wie in der folgenden Abbildung.

Hinweis: *Die folgende Abbildung zeigt die Mac OS-Version von Photoshop. Unter Windows ist die Anordnung gleich, aber es gibt einige systembedingte Unterschiede der Anzeige.*

A. *Menüleiste* ***B.*** *Optionsleiste* ***C.*** *Werkzeugpalette* ***D.*** *Adobe Bridge-Schaltfläche* ***E.*** *Palettenraum* ***F.*** *Paletten*

Der Arbeitsbereich in Photoshop besteht aus einer Menüleiste ganz oben im Arbeitsbereich, einer Optionsleiste unterhalb der Menüleiste, der schwebenden Werkzeugpalette links, schwebenden Paletten rechts sowie einem oder mehreren Dokument- bzw. Bildfenstern, die Sie separat öffnen.

3 Wählen Sie **Datei: Öffnen** und öffnen Sie den Ordner *Lektionen/Lektion01/Projekt1*. Sie haben diesen Ordner bereits von der Buch-DVD auf Ihre Festplatte kopiert.

4 Wählen Sie die Datei *01End1.psd* und klicken Sie auf »Öffnen«.

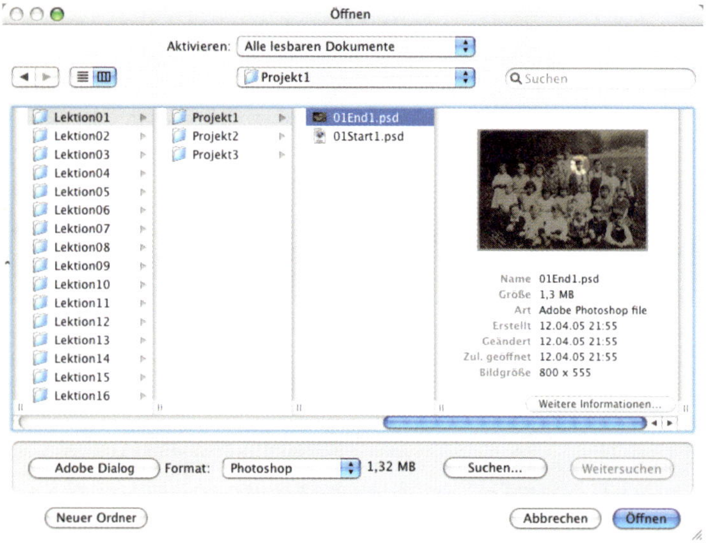

Die Datei *01End1.psd* öffnet sich in einem eigenen Fenster, dem Dokument- bzw. Bildfenster. Die *End*-Dateien in diesem Buch zeigen Ihnen, was Sie in den einzelnen Projekten erreichen sollten. In der vorliegenden *End*-Datei wurde ein altes Schulfoto so bearbeitet, dass ein Schüler per Spotlight hervorgehoben ist. Der Rest der Klasse scheint sich im Schatten zu befinden.

5 Wählen Sie **Datei: Schließen** oder klicken Sie ins Schließfeld in der Titelleiste des Fensters mit dem Foto. (Klicken Sie nicht ins Schließfeld für Photoshop.)

Eine Datei mit Adobe Bridge öffnen

Sie arbeiten in den jeweiligen Lektionen mit verschiedenen Startdateien. Dazu erstellen Sie zusätzliche Kopien der Dateien und speichern sie dann unter einem anderen Namen oder an einem anderen Ort. Oder Sie arbeiten mit Ihren Original-Startdateien und kopieren sie neu von der Buch-DVD. Für diese Lektion gibt es vier Startdateien, die sich jeweils in einem eigenen Projektordner befinden.

Sie haben bereits die klassische Methode zum Öffnen von Dateien kennen gelernt. Jetzt öffnen Sie eine andere Datei mit dem Dateibrowser bzw. der Steuerzentrale *Adobe Bridge*, die das Auffinden benötigter Bilddateien extrem vereinfacht.

1 Klicken Sie auf die Schaltfläche »Gehe zu Bridge« ( ) in der Optionsleiste.

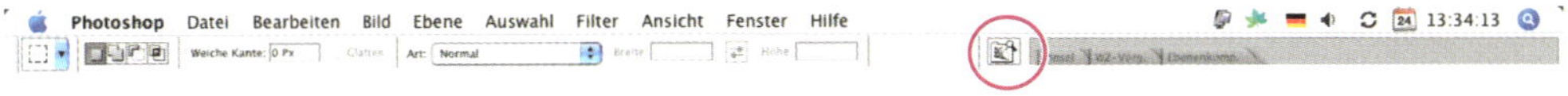

Die geöffnete Adobe Bridge zeigt diverse Paletten, Menüs, Schaltflächen und Fenster.

Hinweis: Adobe Bridge lässt sich auch mit dem Befehl ***Datei: Durchsuchen*** *öffnen.*

2 Suchen Sie in der Ordner-Palette oben links in Adobe Bridge den Ordner *Lektionen/ Lektion01* auf Ihrer Festplatte und wählen Sie den darin befindlichen Ordner *Projekt1*.

Sobald Sie den Ordner *Projekt1* wählen, erscheinen Miniaturen des Ordnerinhalts im rechten Fenster von Adobe Bridge.

3 Wählen Sie die *Datei 01Start1.psd* und öffnen Sie sie durch Doppelklicken auf die Miniatur. Oder wählen Sie in der Adobe Bridge-Menüleiste den Befehl **Datei: Öffnen**.

Die Datei *01Start1.psd* öffnet sich in Photoshop.

Adobe Bridge ist weitaus mehr als nur eine bequeme optische Schnittstelle zum Öffnen von Dateien. Mehr über die vielen Möglichkeiten und Funktionen von Adobe Bridge erfahren Sie in Lektion 2, »Adobe Bridge«.

Hinweis: Lassen Sie Bridge noch geöffnet, da Sie im weiteren Verlauf dieser Lektion noch andere Dateien suchen und öffnen.

Die Werkzeuge verwenden

Photoshop bietet übereinstimmende und integrierte Werkzeuge zur Produktion anspruchsvoller Grafiken für den Druck, die Online- und die mobile Betrachtung. Die vollständige Auflistung und Beschreibung der einzelnen Photoshop-Werkzeuge und deren Einstellungen füllt schnell ein eigenes Buch. Auch wenn das sicherlich ein nützliches Nachschlagewerk wäre, verfolgt das vorliegende Buch andere Ziele. Sie sammeln Erfahrung, indem Sie einige Werkzeuge im Rahmen von Beispielprojekten konfigurieren und dann damit arbeiten. Mit jeder Lektion lernen Sie weitere Werkzeuge und die Möglichkeiten kennen, diese zu benutzen. Wenn Sie alle Lektionen dieses Buches abgeschlossen haben, verfügen Sie über eine solide Basis für die weitere Arbeit mit den Photoshop-Werkzeugen.

Werkzeuge in der Werkzeugpalette wählen und benutzen

Die Werkzeugpalette – die lange schmale Palette ganz links im Arbeitsbereich – enthält Werkzeuge zur Auswahl, zum Malen und Bearbeiten, Auswahlfelder für Vorder- und Hintergrundfarbe sowie Werkzeuge für die Ansicht.

Sie beginnen mit dem Zoom-Werkzeug, das es auch in vielen anderen Programmen einschließlich der Adobe-Produkte wie Illustrator, InDesign und Acrobat gibt.

Hinweis: *Eine Übersicht mit allen Werkzeugen in der Werkzeugpalette finden Sie ab Seite 62.*

1 Prüfen Sie die Statusleiste unten im Bildfenster und achten Sie auf den links aufgeführten Prozentwert. Der Wert steht für die aktuelle Vergrößerung der Bildansicht.

A. *Vergrößerungsstufe* ***B.*** *Statusleiste*

***Hinweis:** In Windows befinden sich Vergrößerungsstufe und Statusleiste unten im Arbeitsbereich.*

2 Setzen Sie den Zeiger in der Werkzeugpalette über das kleine Lupensymbol und lassen Sie ihn dort, bis die QuickInfo mit dem Werkzeugnamen und dem Tastaturbefehl für das Werkzeug erscheint.

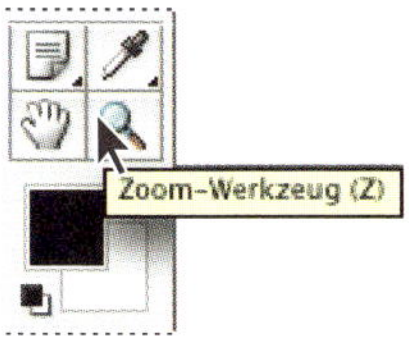

3 Wählen Sie mit einer der folgenden Methoden das Zoom-Werkzeug, um es zu aktivieren:

- Klicken Sie in der Werkzeugpalette auf das Zoom-Werkzeug (🔍).
- Drücken Sie die Taste Z, den Tastaturbefehl für das Zoom-Werkzeug.

4 Setzen Sie den Zeiger in das Bildfenster. Der Zeiger verwandelt sich in ein Vergrößerungsglas mit einem Pluszeichen (+) in der Mitte.

5 Klicken Sie irgendwo im Bildfenster.

Das Bild vergrößert sich auf eine voreingestellte Prozentstufe, die den vorherigen Wert in der Statusleiste ersetzt. Die Stelle, an der Sie mit dem Zoom-Werkzeug geklickt haben, wird zur Mitte der vergrößerten Ansicht. Wenn Sie erneut klicken, wird das Bild auf den nächsthöheren (voreingestellten) Prozentwert bis maximal 1600% vergrößert.

6 Halten Sie die Alt- (Windows) bzw. Wahltaste (Mac OS) gedrückt, damit der Zeiger des Zoom-Werkzeugs mit einem Minuszeichen (-) erscheint. Klicken Sie irgendwo im Bild und lassen Sie dann die Alt- bzw. Wahltaste los.

Die Bildansicht ist jetzt auf den nächstniedrigeren Wert verkleinert. Prüfen Sie das Foto und entscheiden Sie, welchen Schüler Sie vergrößern möchten.

***Hinweis:** Es gibt noch andere Möglichkeiten für das Vergrößern oder Verkleinern. Wählen Sie in der Optionsleiste für das Zoom-Werkzeug den Modus* Einzoomen *(🔍) bzw.* Auszoomen *(🔍). Oder wählen Sie den Befehl »Ansicht: Einzoomen« bzw. »Ansicht: Auszoomen«. Sie können aber auch einen anderen Prozentwert in der Statusleiste eingeben und die Eingabetaste drücken.*

7 Ziehen Sie mit dem Zoom-Werkzeug einen Auswahlrahmen um den Bildbereich mit dem Schüler, den Sie per Spotlight hervorheben möchten.

Das Bild wird so vergrößert, dass der ausgewählte Bereich das Bildfenster komplett füllt.

Sie haben jetzt drei verschiedene Möglichkeiten ausprobiert, um mit dem Zoom-Werkzeug die Vergrößerungsstufe im Bildfenster zu ändern: Klicken, Drücken eines Tastaturbefehls während des Klickens und Ziehen für den Vergrößerungsbereich. Viele andere Werkzeuge der Werkzeugpalette lassen sich ebenfalls zusammen mit Tastenkombinationen benutzen. Diese Techniken lernen Sie noch im weiteren Verlauf dieses Buches kennen.

Verborgene Werkzeuge wählen und benutzen

Photoshop verfügt über viele Werkzeuge für die Bearbeitung von Bilddateien, von denen Sie aber nur wenige gleichzeitig benötigen. Einige Werkzeuge sind in der Werkzeugpalette zu Gruppen zusammengefasst, wobei von jeder Gruppe nur ein Werkzeug zu sehen ist. Hinter diesem Werkzeug sind die anderen Werkzeuge der Gruppe verborgen.

Ein kleines Dreieck in der unteren rechten Ecke einer Werkzeugschaltfläche weist darauf hin, dass sich unter diesem Werkzeug noch weitere (verborgene bzw. ausgeblendete) Werkzeuge befinden.

1 Setzen Sie den Zeiger auf das Werkzeug oben links in der Werkzeugpalette und warten Sie, bis die QuickInfo mit dem Hinweis »Auswahlrechteck-Werkzeug« (⬚) und dem Tastaturbefehl M erscheint. Klicken Sie anschließend auf dieses Werkzeug.

2 Wählen Sie das Auswahlellipse-Werkzeug (◌), das unter dem Auswahlrechteck-Werkzeug verborgen ist, mit einer dieser Methoden:

- Halten Sie die Maustaste über dem Auswahlrechteck-Werkzeug gedrückt, um die Liste mit den verborgenen Werkzeugen zu öffnen. Wählen Sie das Auswahlellipse-Werkzeug.

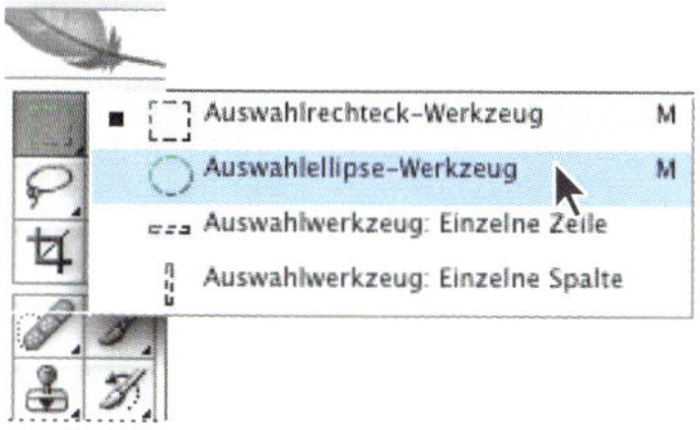

- Halten Sie die Alt- (Windows) bzw. Wahltaste (Mac OS) gedrückt und klicken Sie auf das Werkzeug in der Werkzeugpalette, um nacheinander die verborgenen Werkzeuge anzuzeigen und das gewünschte Werkzeug zu wählen.
- Drücken Sie Umschalt+M, um zwischen dem Auswahlrechteck-Werkzeug und dem Auswahlellipse-Werkzeug umzuschalten.

3 Bewegen Sie den Zeiger in das Bildfenster, damit er das Fadenkreuzsymbol (-¦-) annimmt. Setzen Sie den Zeiger auf die obere linke Seite des Schülerkopfes.

4 Ziehen Sie den Zeiger nach unten und nach rechts, um eine Ellipse um den Schüler zu ziehen. Lassen Sie anschließend die Maustaste los.

Die animierte unterbrochene Linie zeigt an, dass der innere Bereich gewählt ist. Sobald Sie einen Bereich wählen, ist dies der einzige Bildbereich, der sich bearbeiten lässt. Der Bereich außerhalb der Auswahl ist geschützt.

5 Bewegen Sie den Zeiger in die elliptische Auswahl. Der Zeiger wird zu einem Pfeil mit einem kleinen Rechteck (▷⬚).

6 Ziehen Sie die Auswahl so, dass sie genau über dem Kind zentriert ist.

Wenn Sie eine Auswahl ziehen, bewegen sich nur die Auswahlbegrenzungen, nicht jedoch die Pixel im Bild. Wollen Sie dagegen die Bildpixel bewegen, benötigen Sie eine andere Technik (mehr darüber etwas später). In Lektion 5, »Auswahlbereiche«, lernen Sie andere Möglichkeiten für eine Auswahl und das Bewegen einer Auswahl kennen.

Tastenkombinationen mit Werkzeugaktionen benutzen

Viele Werkzeuge lassen sich mit bestimmten Einschränkungen (z.B. genaues horizontales Ziehen) verwenden. Diese Funktion aktivieren Sie normalerweise, indem Sie bestimmte Tasten gedrückt halten und gleichzeitig das Werkzeug mit der Maus bewegen. Bei einigen Werkzeugen wählen Sie diese Funktionen in der Optionsleiste.

Als Nächstes wählen Sie den Schüler erneut. Diesmal benutzen Sie eine Tastenkombination, mit der Sie die elliptische Auswahl so einschränken, dass Sie statt von außen nach innen vom Mittelpunkt aus einen perfekten Kreis ziehen.

1 Das Auswahlellipse-Werkzeug (◌) ist in der Werkzeugpalette noch gewählt. Heben Sie die aktuelle Auswahl mit einer der folgenden Aktionen auf:
   - Klicken Sie irgendwo im Bildfenster außerhalb des gewählten Bereiches.
   - Wählen Sie **Auswahl: Auswahl aufheben**.
   - Benutzen Sie den Tastaturbefehl Strg+D (Windows) bzw. Befehl+D (Mac OS).
2 Setzen Sie den Zeiger auf die Gesichtsmitte des Schülers.
3 Halten Sie Alt+Umschalt (Windows) bzw. Wahl+Umschalt (Mac OS) gedrückt und ziehen Sie von der Mitte nach außen, bis der Kreis das Gesicht umschließt.

4 Lassen Sie erst die Maustaste und dann die Tastaturtasten los.

Sollte Ihnen der Kreis noch nicht zusagen, lässt er sich verschieben: Platzieren Sie den Zeiger im Kreis und ziehen Sie. Oder klicken Sie außerhalb der Auswahl, um sie abzuwählen, und ziehen Sie eine neue Auswahl.

Hinweis: *Sollten Sie versehentlich eine oder beide Tastaturtasten vorzeitig losgelassen haben, zeigt das Werkzeug wieder sein normales Verhalten (nicht eingeschränkt und vom Rand aus zeichnen). Wenn Sie jedoch die Maustaste noch gedrückt haben, brauchen Sie nur die Tasten erneut zu drücken, um wieder die ursprüngliche Auswahl zu erhalten. Sollten Sie jedoch auch die Maustaste gelöst haben, starten Sie einfach wieder mit Schritt 1.*

5 Doppelklicken Sie in der Werkzeugpalette auf das Zoom-Werkzeug (🔍), um wieder die 100%-Ansicht zu erhalten. Sollte das Bild nicht komplett in das Bildfenster passen, klicken Sie in der Optionsleiste auf die Schaltfläche »Ganzes Bild«.

Die Auswahl ist weiterhin aktiviert, selbst nachdem Sie das Zoom-Werkzeug benutzt haben.

Einen ausgewählten Bereich ändern

Um den gewählten Schüler mit einem Spotlight zu versehen, müssen Sie das restliche Bild abdunkeln (also nicht den Bereich innerhalb der aktuellen Auswahl). Da der Bereich innerhalb der Auswahl vor Änderungen geschützt ist, kehren Sie die Auswahl einfach um, das heißt, Sie aktivieren jetzt das restliche Bild und schützen das Gesicht des Schülers vor Änderungen.

1 Wählen Sie **Auswahl: Auswahl umkehren**.

Die Auswahlbegrenzung um den Schüler sieht zwar so aus wie vorher, Sie können jedoch eine ähnliche Begrenzung an den Bildrändern erkennen. Das übrige Bild ist jetzt gewählt und lässt sich somit bearbeiten. Der Bereich innerhalb des Kreises ist dagegen nicht mehr gewählt und lässt sich auch so lange nicht ändern, wie die Auswahl aktiviert ist.

A. *Gewählter Bereich (bearbeitbar)* **B.** *Nicht gewählter Bereich (geschützt)*

2 Wählen Sie **Bild: Anpassen: Gradationskurven**.

Der Tastaturbefehl für diesen Befehl, Strg+M (Windows) bzw. Befehl+M (Mac OS) steht rechts neben dem Befehl im Untermenü »Einstellungen«. Sie brauchen also zukünftig nur diese Tastenkombination zu drücken, um das Dialogfeld »Gradationskurven« zu öffnen.

3 Achten Sie im Dialogfeld »Gradationskurven« darauf, dass die Option »Vorschau« aktiviert ist (das entsprechende Kontrollkästchen ist mit einem Haken versehen). Eventuell müssen Sie das Dialogfeld zur Seite ziehen, um möglichst viel vom Bildfenster anzuzeigen.

Die Option »Vorschau« zeigt im Bildfenster, wie sich die Einstellungen auf die Auswahl auswirken. Sie müssen ein Dialogfeld also nicht dauernd öffnen und schließen, um das Ergebnis einer Einstellung zu prüfen und zu verfeinern.

4 Ziehen Sie den Steuerpunkt in der oberen rechten Ecke des Rasterfeldes so weit nach unten, bis der Wert im Feld »Ausgabe« etwa 150 beträgt. (Der Wert im Feld »Eingabe« wird unverändert beibehalten.)

Durch das Ziehen reduzieren Sie die Lichter im gewählten Bildbereich.

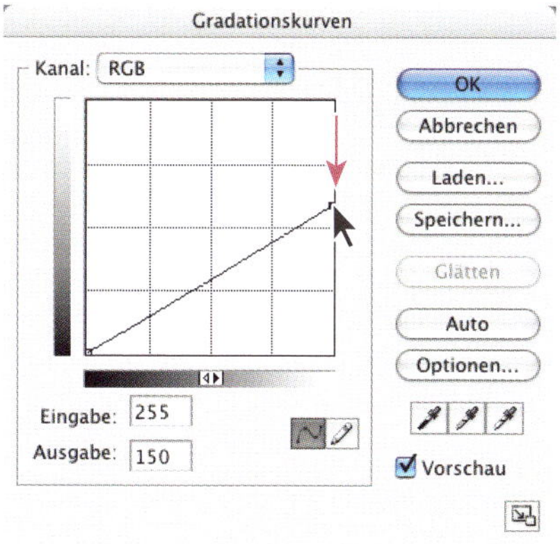

5 Prüfen Sie das Ergebnis im Bildfenster und verringern oder vergrößern Sie den Ausgabewert, bis Ihnen die Einstellung zusagt.

6 Klicken Sie auf OK, um das Dialogfeld »Gradationskurven« zu schließen.

7 Führen Sie einen der folgenden Schritte aus:

- Wenn Sie die Änderungen speichern wollen, wählen Sie **Datei: Speichern** und dann **Datei: Schließen**.
- Wollen Sie die ursprüngliche Dateiversion erhalten, wählen Sie **Datei: Schließen** und anschließend im Meldungsfenster die Option »Nicht speichern«.
- Falls Sie beide der obigen Schritte ausführen wollen, wählen Sie **Datei: Speichern unter**. Benennen Sie entweder die Datei um oder speichern Sie sie in einem anderen Ordner auf Ihrer Festplatte. Klicken Sie auf OK und wählen Sie **Datei: Schließen**.

Sie brauchen die Auswahl nicht aufzuheben, da dies automatisch mit dem Speichern der Datei geschieht.

Glückwunsch! Sie haben gerade Ihr erstes Photoshop-Projekt beendet. Es sich bei den Gradationskurven um eine fortgeschrittenere Methode für Bildänderungen und dennoch lässt sie sich einfach anwenden. Natürlich erfahren Sie in den anderen Lektionen noch viel mehr über Einstellungen und Änderungen von Bildern. Speziell in den Lektionen 3, 4 und 8 finden Sie Techniken, die mehr oder weniger denen der klassischen Dunkelkammer entsprechen, wie Belichtungseinstellung, Retusche und Farbkorrektur.

Zoomen und Scrollen mit der Navigator-Palette

Die Navigator-Palette ist eine weitere schnelle Methode zum Ändern der Vergrößerungsstufe, besonders wenn der genaue Prozentwert unwichtig ist. Außerdem ermöglicht die Navigator-Palette ein schnelles Scrollen im Bild, da die Miniatur das komplette Bild zeigt und Sie in der Miniatur den im Bildfenster anzuzeigenden Bildteil bestimmen.

Sobald Sie den Regler unter der Miniatur in der Navigator-Palette nach rechts ziehen, vergrößern Sie das Bild. Ziehen Sie nach links, verkleinert sich die Ansicht im Bildfenster.

Das rote Rechteck (Ansichtsrahmen) repräsentiert den Bildbereich, der im Bildfenster erscheint. Wenn Sie so weit einzoomen, dass im Bildfenster nur noch ein Teil des Bildes zu sehen ist, können Sie den Ansichtsrahmen über die Miniatur ziehen, um andere Bildbereiche anzuzeigen. Auf diese Weise stellen Sie besonders bei hohen Vergrößerungsgraden sicher, dass Sie immer im gewünschten Bildbereich arbeiten.

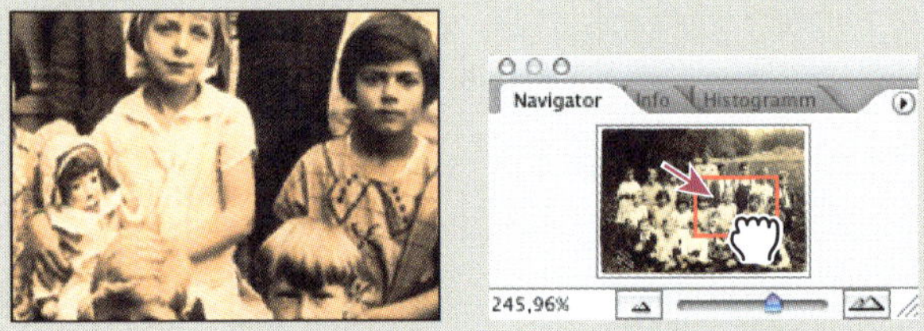

Mit der Optionsleiste und anderen Paletten arbeiten

Sie haben bereits einige Erfahrung mit der Optionsleiste (für Werkzeuge) gesammelt. Im vorherigen Projekt haben Sie die Optionen für das Zoom-Werkzeug kennen gelernt und das aktuelle Bildfenster verändert. Sie erfahren jetzt, wie Sie Werkzeuge in der Optionsleiste einstellen und wie Sie mit Paletten und Palettenmenüs arbeiten.

Eine andere Datei ansehen und öffnen

Beim nächsten Projekt handelt es sich um eine Postkarte mit der Ankündigung eines Gemeinschaftsprojekts. Sie benutzen Adobe Bridge für die Ansicht der fertigen Datei und öffnen anschließend die Startdatei.

1 Klicken Sie in der Optionsleiste auf die Schaltfläche »Gehe zu Bridge«.

2 Wählen Sie in der Ordner-Palette von Adobe Bridge den Ordner *Projekt2*.

3 Wählen Sie im Miniaturenfenster die Datei *01End2.psd*, um sie in der Vorschau-Palette anzuzeigen.

4 Prüfen Sie das Bild und beachten Sie dabei den Text auf dem wolkigen Untergrund im unteren Bildbereich.

5 Wählen Sie die Miniatur der Datei *01Start2.psd* und öffnen Sie diese Datei in Photoshop. Doppelklicken Sie dazu einfach auf die Miniatur.

Werkzeugeigenschaften in der Optionsleiste einstellen

Die Datei *01Start2.psd* ist in Photoshop geöffnet. Sie wählen jetzt die Eigenschaften für den Text und tippen ihn anschließend ein.

1 Wählen Sie in der Werkzeugleiste das Werkzeug für horizontalen Text (T).

Die Schaltflächen und das Menü in der Optionsleiste beziehen sich jetzt auf das Text-Werkzeug.

2 Wählen Sie in der Optionsleiste aus dem ersten Popup-Menü die Schriftart bzw. Schriftfamilie. (Wir haben Adobe Garamond verwendet, Sie können aber auch eine andere Schriftart wählen.)

3 Wählen Sie einen Schriftgrad (die Schriftgröße) von **12 Pt**. Die Größe geben Sie im Popup-Menü direkt in das Textfeld ein und drücken die Eingabetaste, oder Sie ziehen (scrubben) mit gedrückter Maustaste in der Optionsleiste über dem Text-symbol rechts neben dem Popup-Menü.

Bewegen Sie den Zeiger über dem Titel eines Schiebereglers in der Optionsleiste, in Paletten und Dialogfeldern in Photoshop. Wenn sich der Zeiger in einen Zeigefinger verwandelt, ziehen Sie den Doppelpfeil-Schieberegler nach rechts oder links für höhere bzw. niedrigere Werte. Das Ziehen mit gedrückter Alt- (Windows) bzw. Wahltaste (Mac OS) ändert die Werte in kleineren und das Ziehen mit gedrückter Umschalttaste in größeren Schritten.

4 Klicken Sie links im Bild und tippen Sie den Text **Monday is Beach Cleanup Day** ein.

Der Text erscheint in der Schriftart und Schriftgröße, die Sie zuvor gewählt haben.

5 Wählen Sie oben rechts in der Werkzeugpalette das Verschieben-Werkzeug (▸✥).

Hinweis: *Wählen Sie das Verschieben-Werkzeug nicht mit der V-Taste, da Sie sich im Texteingabe-Modus befinden und nur den Buchstaben V ins Bildfenster eingeben würden.*

6 Ziehen Sie den eingegebenen Text auf das weiße Rechteck unten im Bild. Zentrieren Sie den Text auf dem Untergrund.

Paletten und Palettenmenüs

Die Textfarbe in Ihrem Bild entspricht der Farbe im Feld »Vordergrundfarbe« in der Werkzeugpalette. Die standardmäßige Farbe ist Schwarz. Allerdings war der Text in der End-Beispieldatei dunkelblau eingefärbt, was gut zum Gesamtbild passte. Sie ändern jetzt die Textfarbe, indem Sie erst den Text und dann eine andere Farbe wählen.

1 Wählen Sie in der Werkzeugpalette das horizontale Text-Werkzeug (T).

2 Ziehen Sie das Text-Werkzeug über den Text, um alle Wörter zu wählen.

3 Klicken Sie in der Farbe-Palettengruppe auf den Reiter der Farbfelder-Palette, um sie zu aktivieren.

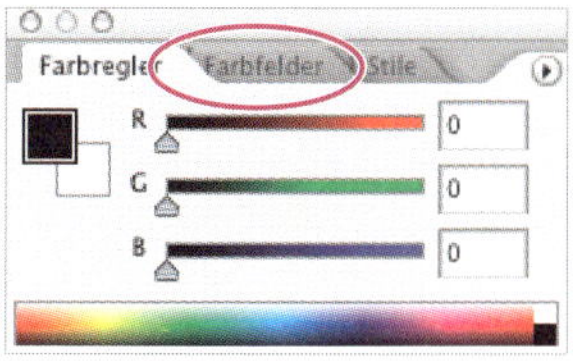

4 Wählen Sie ein Farbfeld. Diese Farbe wird an drei verschiedenen Stellen gezeigt: als Vordergrundfarbe in der Werkzeugpalette, im Text-Farbfeld in der Optionsleiste

und im Text, den Sie im Bildfenster eingegeben haben. (Wählen Sie ein anderes Werkzeug in der Werkzeugpalette, um den Text abzuwählen und die zugewiesene Farbe zu sehen.)

***Hinweis:** Sobald Sie den Zeiger auf das Farbfeld bewegen, ändert er sich in eine Pipette. Setzen Sie die Spitze der Pipette in das gewünschte Farbfeld und klicken Sie, um die Farbe zu wählen bzw. aufzunehmen.*

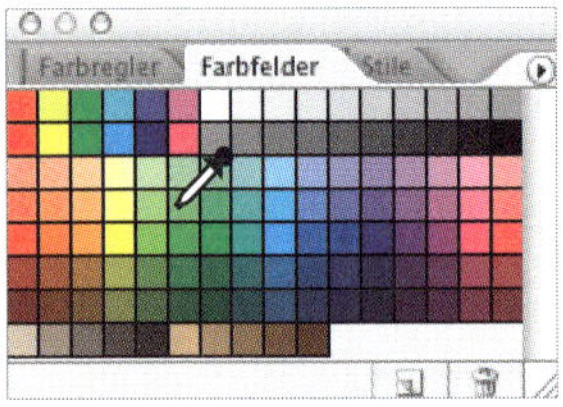

So einfach lässt sich eine andere Farbe wählen, obwohl es noch viele andere Methoden in Photoshop gibt. Allerdings verwenden Sie eine bestimmte Farbe für dieses Projekt und diese lässt sich sich schneller finden, wenn Sie die Farbe in der Farbfelder-Palette ändern.

5 Wählen Sie ein anderes Werkzeug in der Werkzeugpalette. Klicken Sie auf den Pfeil (◉) rechts oben in der Farbfelder-Palette, um das Palettenmenü zu öffnen, und wählen Sie den Befehl »Kleine Liste«.

6 Wählen Sie das Textwerkzeug und dann erneut den Text (siehe Schritte 1 und 2).

7 Scrollen Sie in der Farbfelder-Palette fast bis nach unten, um das Farbfeld *Dunkles Cyan* anzuzeigen. Wählen Sie dieses Farbfeld.

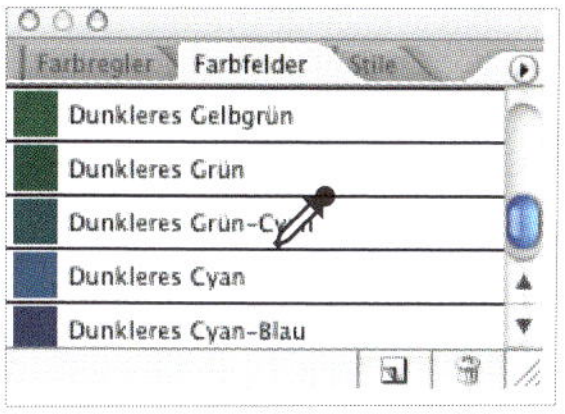

Der Text erscheint jetzt in der gewählten Farbe.

8 Wählen Sie das Hand-Werkzeug (), um den Text abzuwählen. Klicken Sie anschließend in der Werkzeugpalette auf das Symbol »Standardfarben für Vordergrund und Hintergrund« (), um Schwarz als aktive Vordergrundfarbe einzustellen.

Ein Wiederherstellen der standardmäßigen Vorder- und Hintergrundfarben ändert die Textfarbe nicht, da Sie den Text abgewählt haben.

9 Sie können die Datei jetzt schließen, da Sie die Aufgabe abgeschlossen haben. Speichern Sie die Datei oder schließen Sie sie, ohne zu speichern. Oder speichern Sie die Datei unter einem anderen Namen bzw. an einem anderen Ort, wie Sie es bereits mit der Datei *Projekt1* getan haben.

Damit haben Sie ein weiteres Projekt erfolgreich bearbeitet!

Aktionen in Photoshop widerrufen

Natürlich machen Sie nie Fehler. Und Sie klicken schon gar nicht auf ein falsches Element. Sie wissen genau, wie Sie mit bestimmten Aktionen Ihre Gestaltungsideen exakt so umsetzen, wie Sie es sich vorgestellt haben – wenn es doch immer so wäre!

Deshalb bietet Ihnen Photoshop die Möglichkeit, jederzeit zurückzugehen, Aktionen zu widerrufen und stattdessen andere Optionen auszuprobieren. Das nächste Projekt bietet Ihnen die Gelegenheit, frei zu experimentieren und dann den jeweiligen Prozess rückgängig zu machen.

In diesem Projekt lernen Sie außerdem erste Ebenentechniken kennen, die zu den grundlegenden und äußerst mächtigen Funktionen in Photoshop gehören. Es gibt die unterschiedlichsten Arten von Photoshop-Ebenen, von denen einige Bilder, Text oder Farbflächen enthalten und andere nur mit den darüber befindlichen Ebenen interagieren. Die Datei für dieses Projekt enthält beide dieser Ebenenarten. Um das Projekt erfolgreich abzuschließen, sind noch keine Vorkenntnisse über Ebenen und Ebenentechniken erforderlich. Mehr über Ebenen erfahren Sie in Lektion 6, »Grundlagen für Ebenen« und in Lektion 11, »Fortgeschrittene Ebenentechniken«.

Eine einzelne Aktion widerrufen

Selbst Computeranfänger eignen sich schnell den Widerrufen- bzw. Rückgängig-Befehl an. Wie immer bei einem neuen Projekt, sehen Sie sich zuerst das Endergebnis an.

1 Klicken Sie auf die Schaltfläche »Gehe zu Bridge« und wählen Sie in der Ordner-Palette den Ordner *Lektionen/Lektion01/ Projekt3*.

2 Wählen Sie im Fenster mit den Miniaturen die Datei *01End3.psd* und zeigen Sie so das in dieser Lektion zu erzielende Ergebnis an. Doppelklicken Sie dann auf die Miniatur der Datei *01Start3.psd*, um sie in Photoshop zu öffnen.

Beachten Sie die Informationen in der Ebenen-Palette. Bei der Ebene *Tie Designs* handelt es sich um eine einfache Beschneidungsmaske, die ähnlich wie eine Auswahl funktioniert, das heißt, der bearbeitbare Bildbereich wird eingeschränkt. Die Maske ermöglicht Ihnen, die Krawatte mit einem Muster zu bemalen, ohne dabei das restliche Bild zu verändern. Die Ebene *Tie Designs* ist gewählt, da sie in diesem Projekt geändert werden soll.

3 Wählen Sie in der Werkzeugpalette das Pinsel-Werkzeug (🖌)oder drücken Sie einfach den Tastaturbefehl B für dieses Werkzeug.

4 Wählen Sie in der Optionsleiste im Palettenraum (oben rechts) den Reiter »Pinsel«, um die entsprechende Palette zu öffnen.

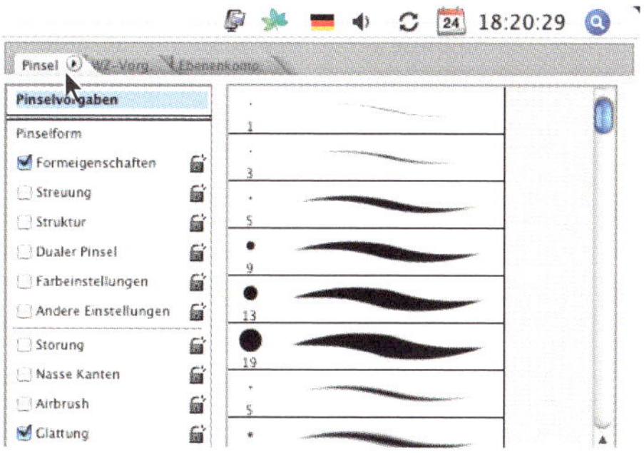

5 Wählen Sie in der Liste den Pinsel *Rund weich 35 Pixel.* (Der Name erscheint als QuickInfo, sobald Sie den Zeiger etwas länger über einer Pinselspitze positionieren.)

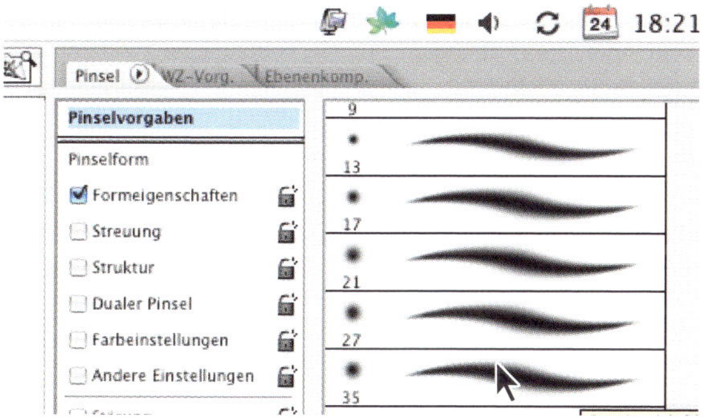

Wenn Sie einen anderen Pinsel ausprobieren möchten, ist das in Ordnung. Wählen Sie jedoch für die aktuelle Aufgabe einen Pinsel in einem Bereich zwischen 20 und 50 Pixel – vorzugsweise nah bei 35 Pixel.

6 Setzen Sie den Zeiger auf das Bild; dadurch erscheint er als Kreis mit dem gewählten Durchmesser (siehe Schritt 5). Malen Sie dann einen Streifen irgendwo auf der gelben Krawatte. Aufgrund der Ebenenmaske brauchen Sie sich keine Sorgen zu machen, dass Sie den Streifen auch außerhalb der Krawatte malen.

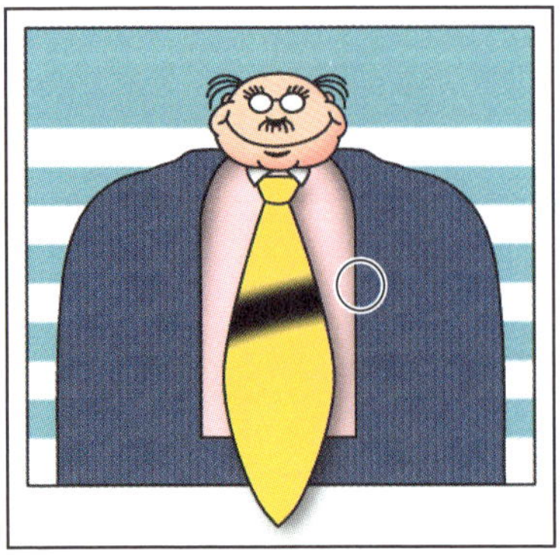

Der Streifen ist zwar schon ganz schön, doch würden Punkte das Design noch interessanter machen. Sie müssen also den Streifen entfernen.

7 Wählen Sie **Bearbeiten: Rückgängig: Pinsel-Werkzeug** oder drücken Sie Strg+Z (Windows) bzw. Befehl+Z (Mac OS), um die Aktion mit dem Pinsel-Werkzeug rückgängig zu machen.

Die Krawatte ist wieder durchgehend gelb und ohne Streifen.

Hinweis: *Mehr über Beschneidungspfade erfahren Sie in Lektion 10, »Mit Vektoren zeichnen« und in Lektion 11, »Fortgeschrittene Ebenentechniken«.*

Mehrere Aktionen rückgängig machen (Photoshop)

Der Rückgängig-Befehl in Photoshop widerruft nur einen Schritt. Das ist durchaus sinnvoll, da Photoshop-Dateien sehr groß sein können und ein Zwischenspeichern vieler Rückgängig-Schritte äußerst speicherintensiv ist. Und das wiederum verringert die Systemleistung bzw. Verarbeitungsgeschwindigkeit von Photoshop. Dennoch lassen sich mit Hilfe der Protokoll-Palette mehrere Aktionen rückgängig machen.

1 Klicken Sie mit dem Pinsel-Werkzeug einmal auf die (nicht mehr gestreifte) gelbe Krawatte, um einen weichen Punkt zu malen.

2 Klicken Sie weiter auf der Krawatte für zusätzliche Punkte.

3 Ziehen Sie den Reiter der Protokoll-Palette aus seiner Palettengruppe in die Nähe der anderen Paletten. Ziehen Sie dann die untere Ecke der Protokoll-Palette nach unten, damit mehr Schritte angezeigt werden. (Dieses Isolieren und Vergrößern dient nur einer bequemeren Arbeitsweise.)

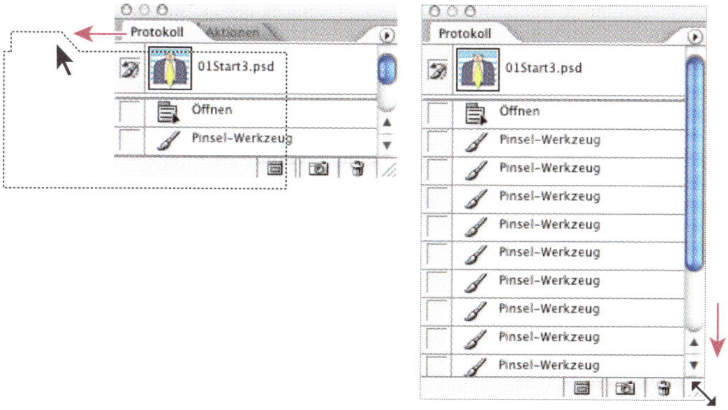

Die Protokoll-Palette lässt sich auch erweitern, wenn Sie in der Titelleiste der Palette auf die Minimieren-/Maximieren-Schaltfläche (Windows) bzw. die grüne Zoom-Schaltfläche (Mac OS) klicken. Damit ändert sich die Palettengröße so, dass alle aktuellen Protokollzustände zu sehen sind.

Die Protokoll-Palette zeichnet die im Bild ausgeführten Aktionen auf. Der aktuelle Status ist unten in der Liste gewählt.

4 Klicken Sie in der Protokoll-Palette auf einer der älteren Aktionen und schauen Sie sich an, welche Änderungen dadurch im Bildfenster ausgelöst werden: Mehrere frühere Aktionen werden widerrufen.

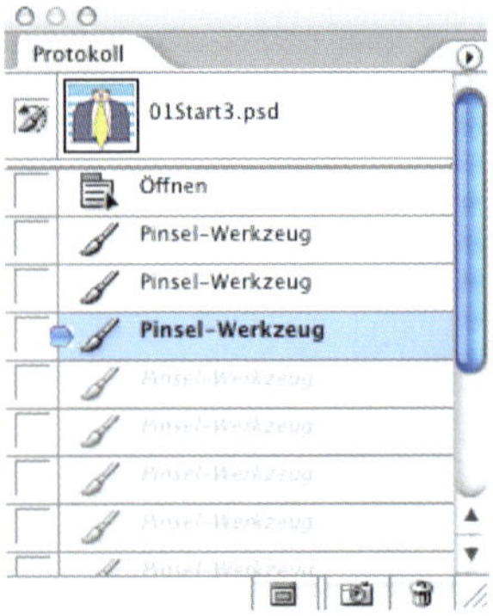

5 Malen Sie im Bildfenster auf der Krawatte einen neuen Punkt mit dem Pinsel-Werkzeug.

Sie sehen, dass in der Protokoll-Palette die abgeblendeten Aktionen nach dem gewählten Protokollzustand entfernt wurden und ein neuer Zustand hinzugefügt wurde.

6 Wählen Sie **Bearbeiten: Rückgängig: Pinsel-Werkzeug** oder drücken Sie Strg+Z (Windows) bzw. Befehl+Z (Mac OS), um den zuvor in Schritt 5 gemalten Punkt rückgängig zu machen.

Die Protokoll-Palette zeigt jetzt die frühere Liste mit den abgeblendeten Optionen.

7 Wählen Sie den Zustand ganz unten in der Protokoll-Palette.

Das Bild ist jetzt wieder in dem Zustand, den es nach Schritt 2 hatte.

Die Photoshop Protokoll-Palette enthält standardmäßig nur die letzten 20 Aktionen. Auch das ist ein Kompromiss zwischen flexibler Arbeitsweise und Programmleistung. Sie können die Anzahl der Zustände in der Protokoll-Palette ändern, wenn Sie **Bearbeiten: Voreinstellungen: Allgemeine** (Windows) bzw. **Photoshop: Voreinstellungen: Allgemeine** (Mac OS) wählen und im Feld »Protokollobjekte« einen anderen Wert eingeben.

Mehr über die Protokoll-Palette erfahren Sie in Lektion 4, »Retuschieren und Reparieren«.

Kontextmenüs benutzen

Kontextmenüs sind kurze Menüs für bestimmte Elemente im Arbeitsbereich. Diese Menüs werden manchmal auch als »Rechts-Klick«- oder »Kurz«-Menüs bezeichnet. Die Befehle von Kontextmenüs sind zwar normalerweise auch in anderen Bereichen der Bedienerschnittstelle verfügbar, Sie sparen durch die Kontextmenüs allerdings viel Zeit.

1 Das Pinsel-Werkzeug (🖌) ist in der Werkzeugpalette gewählt.

2 Klicken Sie im Bildfenster mit der rechten Maustaste (Windows) bzw. mit gedrückter Control-Taste (Mac OS) irgendwo im Bild, um das Kontextmenü für das Pinsel-Werkzeug zu öffnen.

Kontextmenüs variieren natürlich je nach Inhalt – Sie sehen also vielleicht ein Menü mit Befehlen oder aber Optionen, die ähnlich einer Palette angeordnet sind, wie es hier der Fall ist.

3 Wählen Sie einen feineren Pinsel, wie beispielsweise *Rund hart 5 Pixel*. Scrollen Sie im Kontextmenü, um den passenden Pinsel zu finden.

4 Malen Sie jetzt im Bildfenster kleinere Punkte auf die Krawatte.

Hinweis: *Das Klicken an beliebiger Stelle im Arbeitsbereich schließt das Kontextmenü. Falls sich die Krawatte hinter dem Kontextmenü für die Pinsel befindet, klicken Sie in einem anderen Bereich oder doppelklicken Sie auf Ihre Auswahl im Kontextmenü, um es zu schließen.*

5 Malen Sie weitere Punkte auf die Krawatte.

6 Wenn Sie mögen, verwenden Sie nun den Rückgängig-Befehl und die Protokoll-Palette, um durch Ihre Malaktionen zu gehen und eventuelle Fehler zu korrigieren oder andere Pinsel einzustellen.

Wenn Sie die Änderungen an Ihrem Krawatten-Design beendet haben, sollten Sie sich auf die Schulter klopfen – Sie haben ein weiteres Projekt abgeschlossen. Wählen Sie jetzt **Datei: Speichern**, wenn Sie Ihre Ergebnisse speichern wollen. Oder wählen Sie **Datei: Speichern unter**, wenn Sie die Datei unter einem anderen Namen oder an einem anderen Ort speichern wollen. Ansonsten schließen Sie die Datei, ohne zu speichern.

Mehr über Paletten und Palettenpositionen

Die zahlreichen Paletten in Photoshop sind vielseitig und mächtig. Allerdings arbeiten Sie kaum an Objekten, bei denen Sie alle Paletten gleichzeitig benötigen. Deshalb sind Paletten gruppiert und in der standardmäßigen Voreinstellung teilweise auch noch nicht geöffnet.

Die vollständige Auflistung der Paletten finden Sie im Fenster-Menü. Kleine Häkchen neben den Palettennamen weisen darauf hin, dass die entsprechenden Paletten geöffnet und in den Palettengruppen ganz vorne zu sehen sind. Sie können eine Palette öffnen oder schließen, indem Sie im Fenster-Menü den entsprechenden Palettennamen wählen.

Durch Drücken der Tabulator-Taste lassen sich sämtliche Paletten auf einmal ausblenden, einschließlich Optionsleiste und Werkzeugpalette. Um die Paletten wieder anzuzeigen, drücken Sie erneut die Tabulator-Taste.

Sie haben bereits den Palettenraum benutzt, als Sie für *Projekt3* die Pinsel-Palette geöffnet haben. Paletten ziehen Sie in den Palettenraum und aus diesem auch wieder heraus. Das ist besonders nützlich bei umfangreichen Paletten oder bei Paletten, die Sie nur gelegentlich nutzen, aber dennoch im Zugriff haben wollen.

Um Paletten anzuordnen, gibt es folgende Optionen:

- Um eine komplette Palettengruppe zu verschieben, ziehen Sie die Titelleiste an eine andere Stelle des Arbeitsbereichs.
- Um eine Palette in eine andere Gruppe zu verschieben, ziehen Sie den Palettenreiter in die gewünschte Gruppe. Sobald in der Gruppe eine schwarze Hervorhebung erscheint, lassen Sie die Maustaste los.

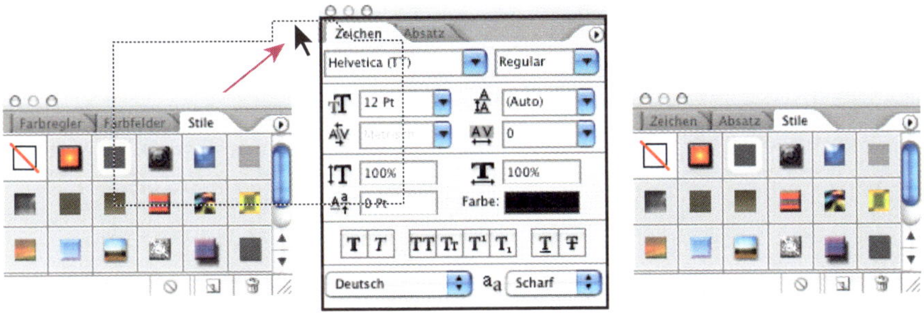

- Um eine Palette an der Photoshop-Optionsleiste anzudocken, ziehen Sie den Reiter der gewünschten Palette so in den Palettenraum, dass dieser hervorgehoben wird.

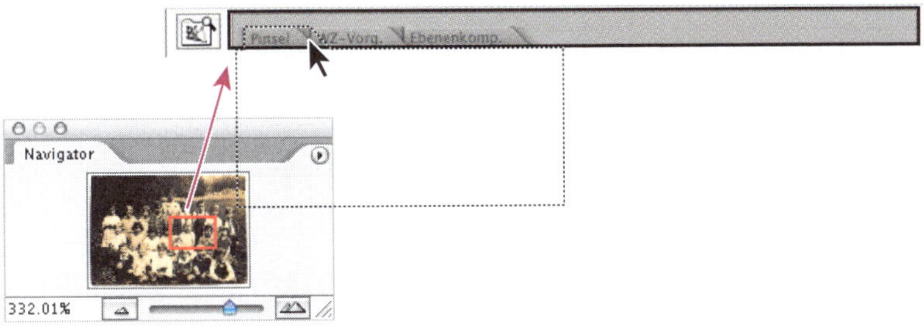

Paletten erweitern und reduzieren

Sie können Paletten größenmäßig so verändern, dass mehr oder weniger der in ihnen verfügbaren Optionen zu sehen sind. Dazu ziehen oder klicken Sie und schalten so zwischen den vorgegebenen Größen um.

- Um die Höhe einer Palette zu ändern, ziehen Sie an ihrer unteren rechten Ecke.
- Um eine Palette zu erweitern und möglichst viel von ihrem Inhalt zu zeigen, klicken Sie auf den Minimieren/Maximieren-Schalter (Windows) oder in das Erweiterungsfeld (Mac OS). (Ein erneutes Klicken reduziert die Palettengruppe.)

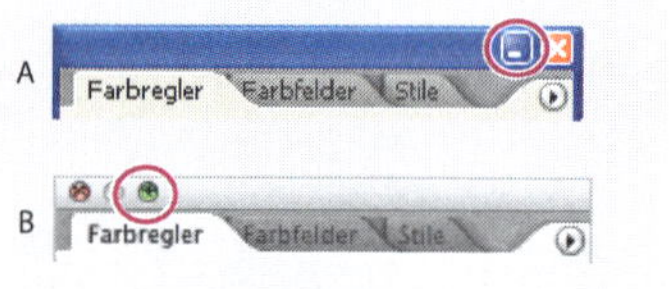

A. Windows B. Mac OS

- Um eine Palette nur auf die Titelleiste und die Reiter zu reduzieren, doppelklicken Sie auf einen Palettenreiter oder in der Titelleiste der Palette. Ein erneutes Klicken stellt die erweiterte Ansicht wieder her.

Beachten Sie, dass die Register für die Paletten in den Palettengruppen und die Schaltfläche für das Palettenmenü auch nach dem Reduzieren einer Palette weiterhin zu sehen sind.

***Hinweis:** Die Größe der folgenden Paletten ist fest: Farbregler, Zeichen und Absatz.*

Spezielle Hinweise zur Werkzeugpalette und Optionsleiste

Die Werkzeugpalette und die Optionsleiste haben einige Eigenschaften mit anderen Paletten gemeinsam.

- Die Werkzeugpalette lässt sich über die Titelleiste an eine andere Stelle im Arbeitsbereich bewegen. Die Optionsleiste bewegen Sie über die senkrechte Leiste ganz links in der Palette.
- Werkzeugpalette und Optionsleiste lassen sich ausblenden.

Allerdings sind nicht alle Features anderer Paletten verfügbar oder sie treffen für die Werkzeugpalette bzw. Optionsleiste nicht zu:

- Werkzeugpalette oder Optionsleiste lassen sich nicht mit anderen Paletten gruppieren.
- Die Größe der Werkzeugpalette und der Optionsleiste ist fest.

- Die Werkzeugpalette lässt sich im Palettenraum nicht andocken. (Das Gleiche gilt natürlich auch für die Optionsleiste, da sich der Palettenraum innerhalb der Optionsleiste befindet.)
- Die Werkzeugpalette und die Optionsleiste haben keine Palettenmenüs.

Den Arbeitsbereich anpassen

Photoshop bietet viele Möglichkeiten für die Steuerung von Anzeige und Position der Optionsleiste und der vielen Paletten. Allerdings ist das Ziehen und Neupositionieren der Paletten auf dem Bildschirm manchmal recht zeitaufwändig, besonders wenn deren Anzahl und Position je nach Projekt unterschiedlich sein soll. Deshalb lässt sich in Photoshop der Arbeitsbereich individuell anpassen, das heißt, Sie bestimmen, welche Paletten, Werkzeuge und Menüs für die jeweilige Aufgabe verfügbar sein sollen. Oder Sie benutzen für bestimmte Arbeiten die bereits vorkonfigurierten Photoshop-Arbeitsbereiche wie beispielsweise »Farb- und Tonwertkorrektur« oder »Malen und retuschieren«. Lassen Sie uns jetzt diese Möglichkeiten ausprobieren.

Hinweis: *Wenn Sie die Datei* 01Start3.psd *am Ende der vorherigen Übung geschlossen haben, öffnen Sie jetzt wieder diese Datei – oder irgendeine andere Bilddatei – für die folgende Übung.*

1 Wählen Sie **Fenster: Arbeitsbereich: Farb- und Tonwertkorrektur**. Klicken Sie auf »Ja«, um den Arbeitsbereich zu übernehmen.

Sie haben beim Öffnen, Schließen und Bewegen von Paletten festgestellt, dass Photoshop die Schwebepaletten an der rechten Begrenzung des Arbeitsbereichs ausrichtet. Ansonsten scheint sich nichts am bisherigen Arbeitsbereich verändert zu haben. Allerdings hat Photoshop jetzt die am häufigsten verwendeten Menübefehle für die Farb- und Tonwertkorrektur farbig hervorgehoben.

2 Klicken Sie auf das Fenster-Menü und ziehen Sie mit der Maus nach links über die anderen Menüs – sämtliche Befehle für die Farb- und Tonwertkorrektur erscheinen jetzt orange.

3 Wählen Sie **Fenster: Arbeitsbereich: Webdesign**. Klicken Sie auf »Ja«.

4 Klicken Sie auf das Fenster-Menü und ziehen Sie nach rechts über die anderen Menüs – sämtliche Befehle im Zusammenhang mit Webdesign sind nun violett unterlegt.

Sollten diese Voreinstellungen nicht für Sie geeignet sein, können Sie den Arbeitsbereich noch weiter individuell anpassen. Nehmen wir beispielsweise an, Sie arbeiten mehr mit Webdesign und weniger mit digitalen Videos.

5 Klicken Sie auf das Bild-Menü und ziehen Sie nach unten, um die Untermenüs für den Befehl »Pixel-Seitenverhältnis« anzuzeigen.

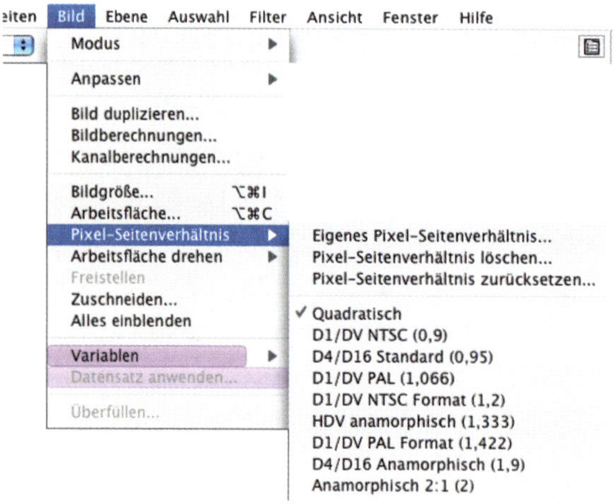

Die Befehle dieses Menüs stehen für verschiedene DV-Formate, die für Arbeiten im Druck- und Webbereich kaum notwendig sind.

6 Wählen Sie **Fenster: Arbeitsbereich: Tastaturbefehle und Menüs**.

Das Dialogfeld »Tastaturbefehle und Menüs« ermöglicht das Ein- und Ausblenden von Programm- und Palettenmenü-Befehlen sowie das Erstellen eigener Tastaturbefehle für Menüs, Paletten und Werkzeuge. Blenden Sie beispielsweise selten benötigte Befehle aus oder heben Sie häufig benutzte Befehle hervor.

7 Wählen Sie im Menüs-Register aus dem Popup-Menü »Menü für« die Option »Anwendungsmenüs«.

8 Zeigen Sie die Befehle im Bild-Menü an, indem Sie in der Liste auf den Pfeil links neben »Bild« klicken.

Das Dialogfeld »Tastaturbefehle und Menüs« zeigt jetzt alle Befehle und Unterbefehle des Bild-Menüs an – einschließlich »Modus«, »Anpassen« und »Bild duplizieren«.

9 Scrollen Sie nach unten bis zu »Pixel-Seitenverhältnis« und klicken Sie auf das Augensymbol, um die Anzeige aller DV- und Videoformate auszuschalten. Es gibt insgesamt acht Formate von *D1/DV NTSC (0,9)* bis *Anamorphisch 2:1 (2)*.

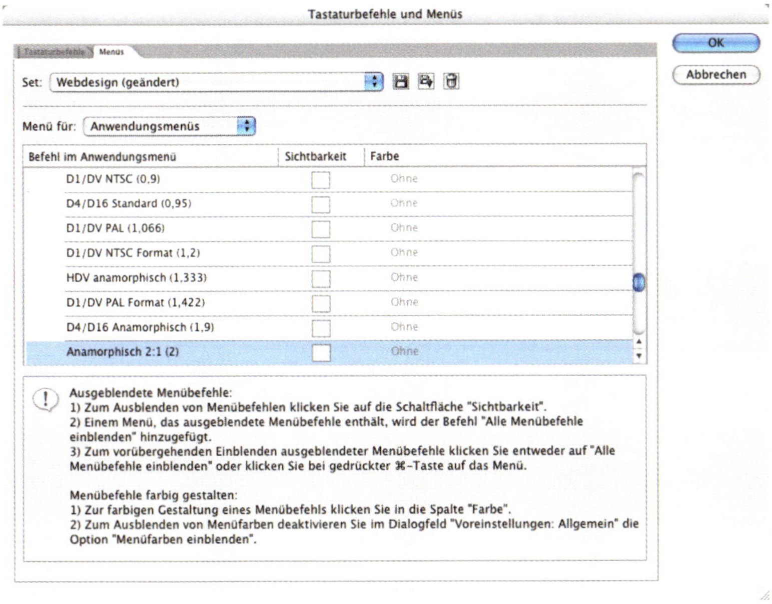

10 Scrollen Sie jetzt nach oben bis zum Befehl **Bild: Modus: RGB-Farbe**. Klicken Sie in der Farbe-Spalte auf »Ohne« und wählen Sie im Popup-Menü die Farbe Rot.

11 Klicken Sie auf OK, um das Dialogfeld »Tastaturbefehle und Menüs« zu schließen.

12 Klicken Sie auf den Bild-Menübefehl und scrollen Sie nach unten: Der Befehl **Bild: Modus: RGB-Farbe** ist jetzt rot unterlegt und unter **Pixel-Seitenverhältnis** sind die DV- und Video-Formate nicht mehr verfügbar.

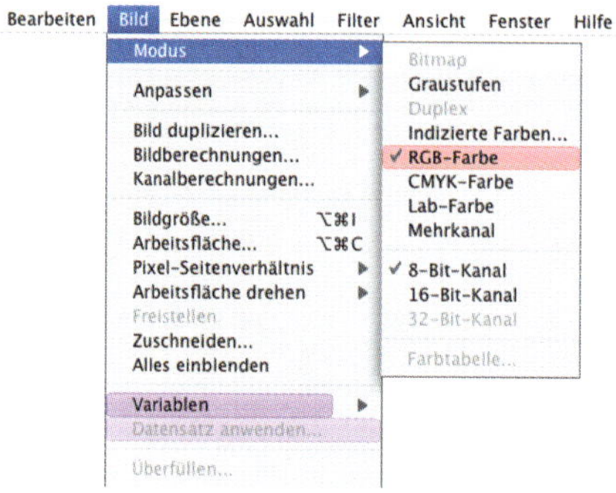

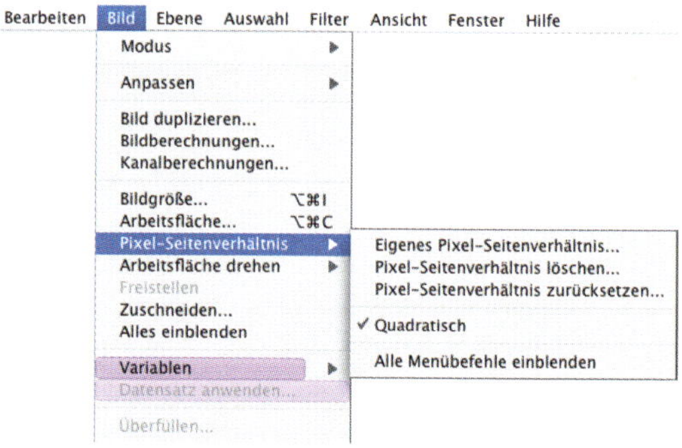

Dieser Arbeitsbereich lässt sich mit dem Befehl **Fenster: Arbeitsbereich: Arbeitsbereich speichern** speichern. Geben Sie im Dialogfeld »Arbeitsbereich speichern« dem Arbeitsbereich einen Namen. Achten Sie darauf, dass die Optionen »Palettenpositionen«, »Tastaturbefehle« und »Menü« aktiviert bzw. mit einem Häkchen versehen sind. Klicken Sie auf »Speichern«. Anschließend erscheint Ihr individueller Arbeitsbereich im Menü **Fenster: Arbeitsbereich**.

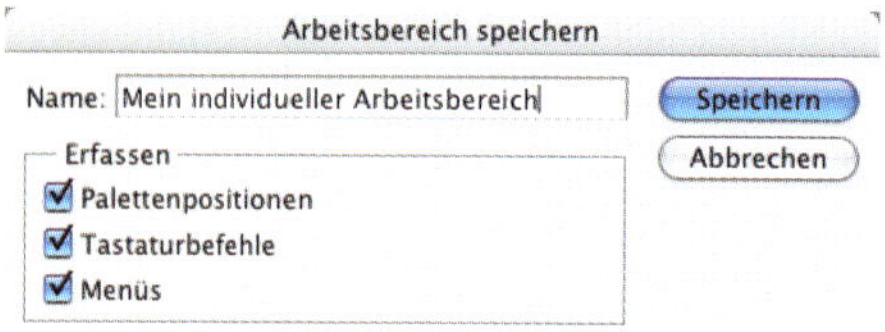

Richten Sie jetzt aber wieder den standardmäßigen Arbeitsplatz ein.

13 Wählen Sie **Fenster: Arbeitsbereich: Standard-Arbeitsbereich**. Klicken Sie im Dialogfeld auf »Nein«, um die Änderungen an der Menü-Datei nicht zu speichern.

Zu ImageReady wechseln

Das Programm Adobe ImageReady gehört mit zu Photoshop und ermöglicht das Erstellen sich bewegender Elemente wie Animationen und Rollover sowie anderer Bildinhalte für das Web und mobile Anwendungen. ImageReady enthält neben speziellen Werkzeugen auch viele, die dem Photoshop-Anwender vertraut sind. ImageReady ist eine Web-Anwendung und reduziert deshalb hoch auflösende Bilder automatisch auf 72 dpi. Für hohe Auflösungen sollten Sie immer in Photoshop arbeiten und dann einfach zwischen den beiden Programmen wechseln. Dieses Vorgehen gewährleistet maximale Funktionalität und einen rationalisierten Arbeitsablauf.

1 Wechseln Sie zu ImageReady, indem Sie in Photoshop unten in der Werkzeugpalette auf die Schaltfläche »In ImageReady bearbeiten« () klicken. Wenn der Willkommen- bzw. Startbildschirm von ImageReady erscheint, klicken Sie auf »Schließen«.

Hinweis: *Um die Voreinstellungen zurückzusetzen und ImageReady zu öffnen, halten Sie Strg+Alt+Umschalt (Windows) bzw. Befehl+Wahl+Umschalt (Mac OS) gedrückt und klicken dann in der Photoshop-Werkzeugpalette auf die Schaltfläche »In ImageReady bearbeiten« (). Wenn Sie gefragt werden, ob Sie die Voreinstellungen löschen wollen, klicken Sie auf »Ja«.*

Sie wechseln zwischen Photoshop und ImageReady, um ein Bild zur Bearbeitung in die jeweils andere Anwendung zu transferieren, ohne die ursprüngliche Anwendung zu schließen oder zu beenden. Darüber hinaus haben Sie die Möglichkeit, von Photoshop oder ImageReady zu anderen Grafikbearbeitungsprogrammen und von ImageReady zu HTML-Bearbeitungsprogrammen zu springen. Weitere Informationen über das Wechseln zu anderen Programmen in Photoshop finden Sie in der *Photoshop Hilfe*.

2 In ImageReady klicken Sie in der Werkzeugpalette auf die Schaltfläche »In Photoshop bearbeiten« (), um wieder zu Photoshop zu wechseln.

Wenn ein in einer solchen Anwendung geändertes Bild in Photoshop oder ImageReady aktualisiert wird, erhält die Protokoll-Datei von Photoshop bzw. ImageReady ein weiteres einzelnes Protokoll-Objekt. Mehr über die Protokoll-Palette steht später unter »Über Schnappschüsse und Status in der Protokoll-Palette« auf Seite 136 in diesem Buch.

Mehr über das Erstellen von Web-Inhalten in ImageReady erfahren Sie in den Lektionen 13, 14 und 15.

Die Photoshop-Hilfe

Vollständige Informationen über das Arbeiten mit Paletten, Werkzeugen und bestimmte Programmeigenschaften finden Sie in der Photoshop-Hilfe. Die Online-Hilfe umfasst die gleichen Themen und Informationen wie das gedruckte *Adobe Photoshop CS2 Handbuch* und zusätzliche Information, die im Handbuch nicht enthalten sind. Die Adobe Photoshop-Hilfe enthält die komplette Liste der Tastaturbefehle, Tipps, Tutorials, Erläuterungen zu Photoshop,

ImageReady und Adobe Bridge sowie Beschreibungen der Möglichkeiten und vieles mehr.

Die Photoshop-Hilfe lässt sich einfach benutzen, da Sie auf verschiedene Arten nach Themen suchen können:

- Inhaltsverzeichnis
- Suche nach Schlüsselbegriffen
- Index
- Verknüpfungen von Themen

Zuerst suchen Sie in der Inhalt-Palette nach einem Thema:

1 Wählen Sie **Hilfe: Photoshop-Hilfe**.

Hinweis: *Sie öffnen die Photoshop-Hilfe auch, wenn Sie F1 (Windows) bzw. Befehl+/ (Mac OS) drücken.*

Das Adobe-Hilfezentrum öffnet sich. Die Themen für die Hilfe erscheinen im linken Rahmen des Fensters.

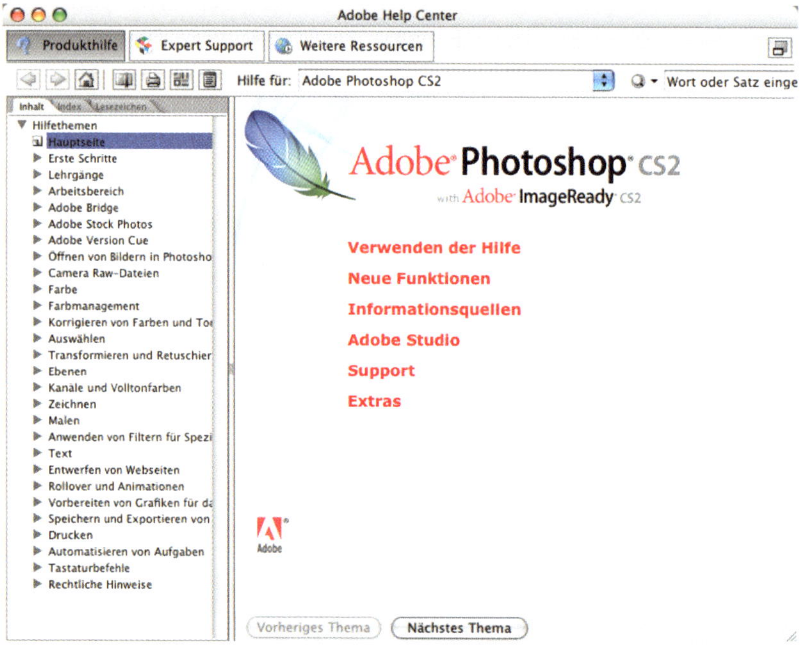

2 Ziehen Sie im linken Inhalt-Fenster den Rollbalken oder klicken Sie auf die Pfeile für den linken Frame, um durch den Inhalt zu gehen. Der Inhalt ist nach Themen gegliedert, ähnlich den Kapiteln in einem Buch.

3 Klicken Sie oben in der Themenliste auf das nach rechts weisende Dreieck neben dem Thema *Arbeitsbereich* und öffnen Sie dann das Thema *Werkzeuge*.

4 Klicken Sie auf *Werkzeuge und die Werkzeugpalette*, um dieses Thema zu wählen und anzusehen. Im Thema befinden sich auch Abbildungen von der Werkzeugpalette und den Werkzeugen sowie deren Beschreibung.

Einige Einträge in der Hilfe sind mit Textlinks zu verwandten Themen versehen. Die Links erscheinen als roter und unterstrichener Text. Der Mauszeiger ändert sich in einen Zeigerfinger (☝), sobald er sich auf einem Link befindet. Klicken Sie einfach auf einen Textlink, um zu dem verwandten Thema zu wechseln.

5 Scrollen Sie nach unten und klicken Sie auf den Textlink *Auswahlwerkzeug-Galerie*.

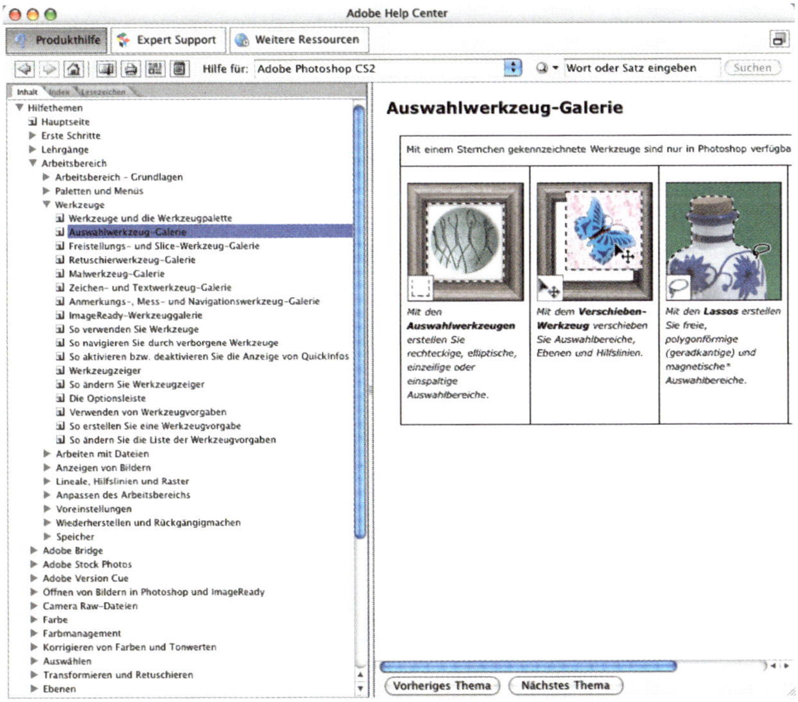

6 Klicken Sie unten in der Hilfe nacheinander auf »Nächstes Thema«, um die Informationen über die weiteren Werkzeuge anzuzeigen.

Mit Schlüsselwörtern, Links und Indexen arbeiten

Sollten Sie ein Thema nicht auf der Inhaltsseite finden, versuchen Sie, es über ein Schlüsselwort zu suchen.

1 Geben Sie oben rechts im Fenster ein Schlüsselwort in das Suchfeld ein (z.B. **Lasso**) und klicken Sie auf die Schaltfläche »Suchen«. Anschließend wird links im Fenster eine passende Themenliste angezeigt. Wenn Sie möchten, klicken Sie auf das Thema und sehen Sie sich dessen Inhalt an.

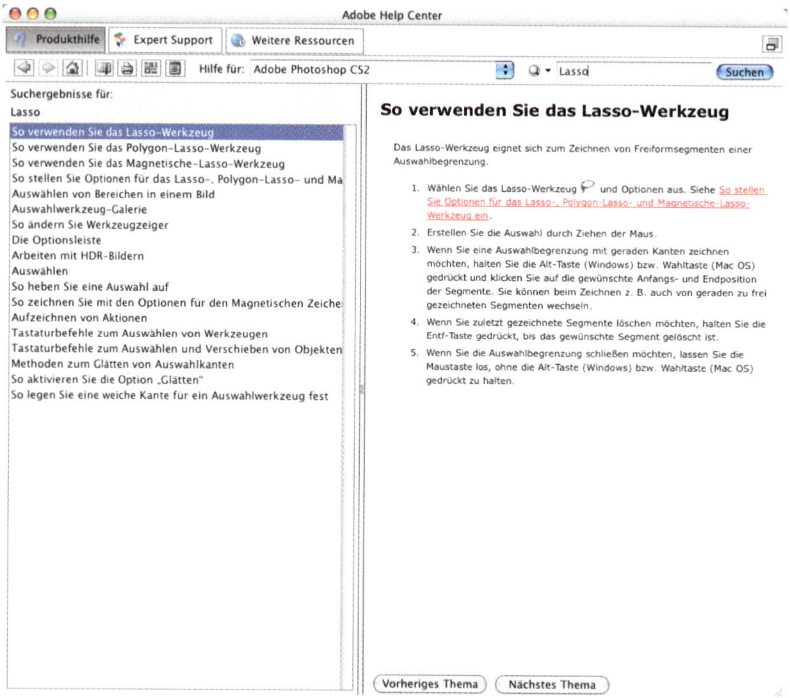

Sie können ein Thema auch mit Hilfe des Indexes suchen.

2 Klicken Sie oben im Fenster auf die Schaltfläche »Zurück zur Startseite« ().

3 Klicken Sie im linken Fenster auf das Index-Register, um die entsprechende Palette anzuzeigen. Danach erscheint im linken Fenster eine alphabetisch sortierte Liste.

4 Klicken Sie auf einen Buchstaben, z.B. das T, um die Indexeinträge für diesen Buchstaben anzuzeigen.

Die Einträge erscheinen wie in einem Buch alphabetisch nach Thema und Unterthema sortiert. Scrollen Sie in der Liste, um weitere Einträge anzuzeigen, die mit dem Buchstaben T beginnen.

5 Klicken Sie auf einen Eintrag, um das entsprechende Thema zu öffnen. Sind mehrere Einträge für ein Thema vorhanden, klicken Sie auf das Dreieck, um sie anzuzeigen. Klicken Sie dann auf den Eintrag, der Sie interessiert.

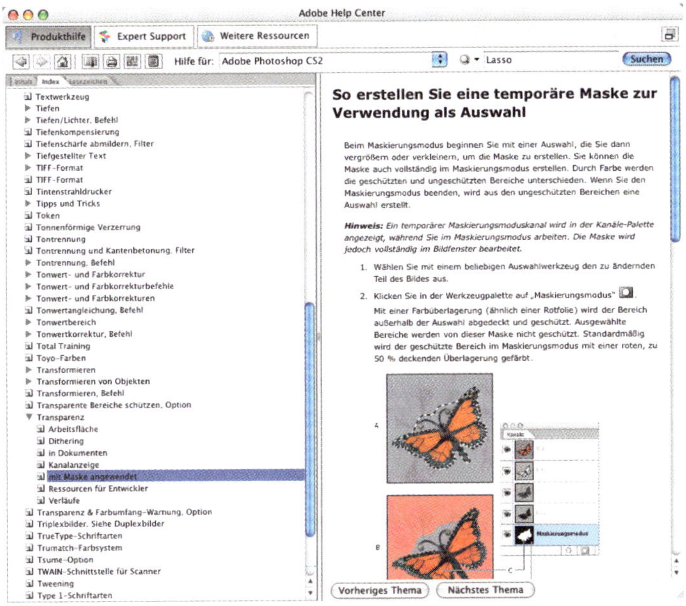

6 Wenn Sie die Themen durchgeblättert haben, wählen Sie **Adobe Help Center: Schließen** (Windows) bzw. **Adobe Help Center: Adobe Help Center beenden** (Mac OS) und schließen Sie so die Photoshop-Hilfe.

Die Adobe-Online-Dienstleistungen

Eine andere Möglichkeit, Informationen über Adobe Photoshop oder andere Adobe-Produkte zu erhalten, ergibt sich aus den Adobe-Online-Dienstleistungen. Wenn Sie Internet-Zugang haben und auf Ihrem System ein Browser installiert ist, greifen Sie über das World Wide Web (*http://www.adobe.de*) auf die Homepage von Adobe Systems zu, wo Sie aktuelle Informationen über Photoshop und andere Adobe-Produkte erhalten. Außerdem können Sie sich automatisch benachrichtigen lassen, sobald Aktualisierungen zur Verfügung stehen.

Übersicht Werkzeugpalette

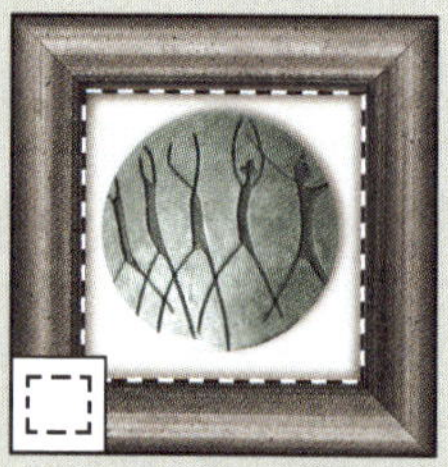

Auswahl-Werkzeuge *für rechteckige, elliptische, einzeilige und einspaltige Auswahlbereiche*

Verschieben-Werkzeug *für das Bewegen von Auswahlbereichen, Ebenen und Hilfslinien*

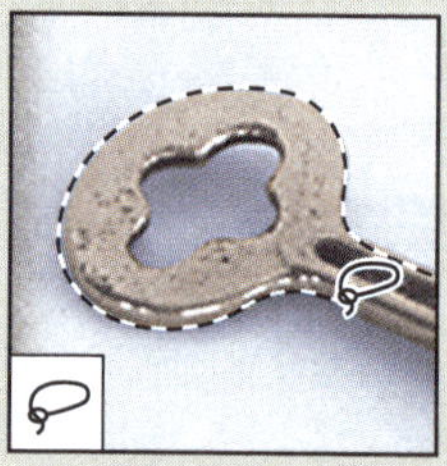

Lasso *für frei gezeichnete, polygone (geradlinige) und magnetische* (einrastende) Auswahlbereiche*

Zauberstab *für die Auswahl ähnlicher Farbbereiche*

Freistellen-Werkzeug *für das Beschneiden von Bildern*

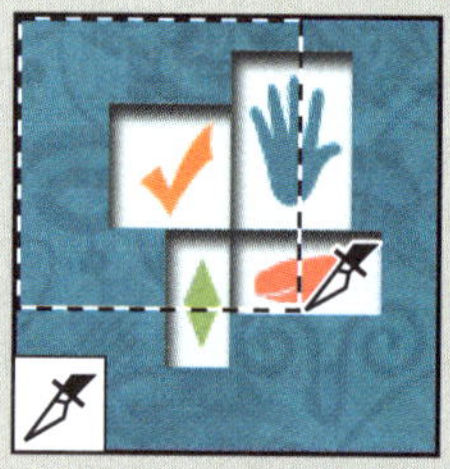

Slice-Werkzeug *für das Erstellen von Slices*

Slice-Auswahlwerkzeug *für die Auswahl von Slices*

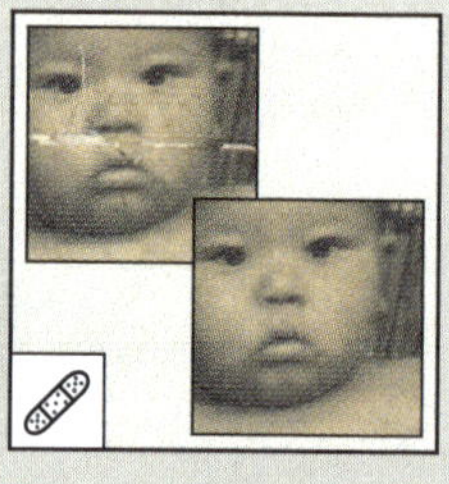

Reparaturpinsel* *malt mit aufgenommenen Bereichen oder Mustern, um Makel zu beheben.*

Bereichsreparatur-Pinsel* *entfernt schnell fehlerhafte Stellen und Objekte.*

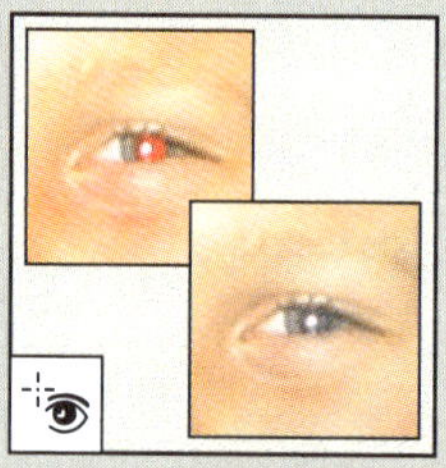

Rote-Augen-Werkzeug* *entfernt durch Blitzlicht verursachte rote Reflexionen mit einem Klick.*

Ausbessern-Werkzeug* *korrigiert Störungen mit einer aufgenommenen Farbe oder einem Muster.*

Farbe-ersetzen* *ersetzt eine Farbe durch eine andere.*

** Nur Photoshop   § Nur ImageReady*

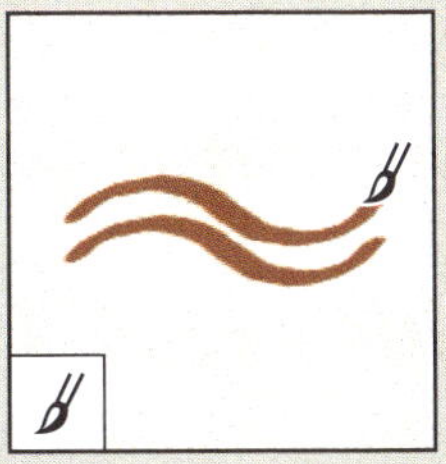

Pinsel *für Malstriche*

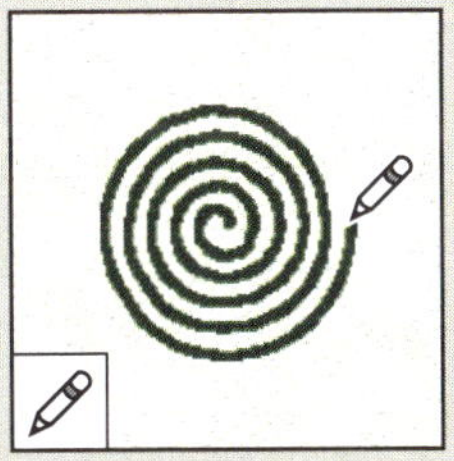

Buntstift *für hartkantige, frei gezeichnete Linien*

Stempel *zum Malen mit der Kopie eines Bildes*

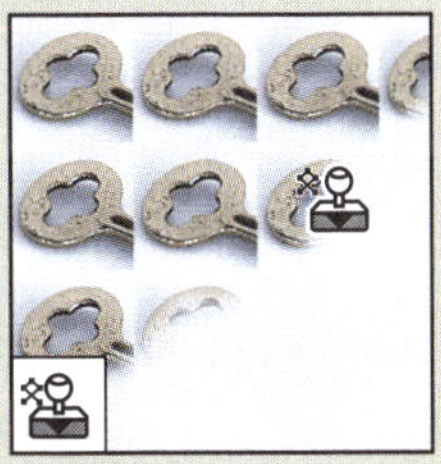

Musterstempel* *zum Malen mit einer Auswahl als Muster*

Protokoll-Pinsel* *malt mit gewähltem Zustand oder Schnappschuss im aktuellen Bildfenster.*

Kunstprotokoll-Pinsel* *malt mit stilisierten Strichen und simuliert Kunststile auf Basis des gewählten Zustands oder Schnappschusses.*

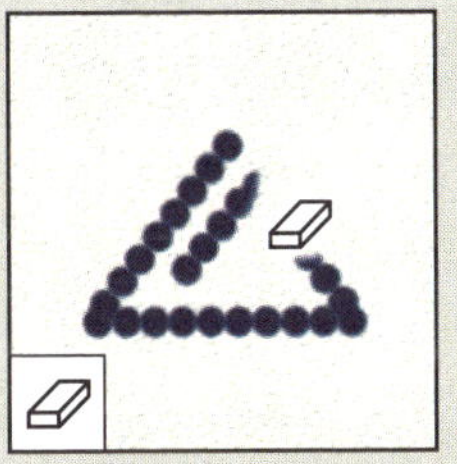

Radiergummi *löscht Pixel und bringt Bildteile in einen zuvor gespeicherten Zustand wieder zurück.*

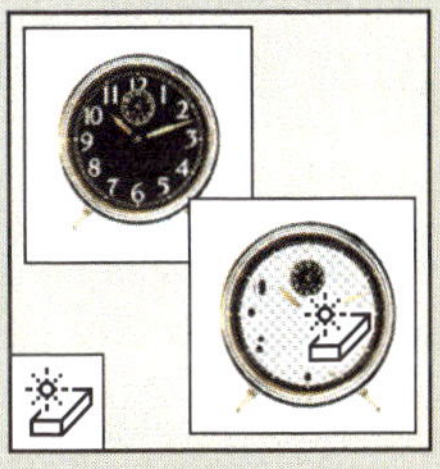

Magischer Radiergummi *radiert ähnliche Pixel und wandelt diese in transparente Pixel um.*

Hintergrund-Radiergummi* *löscht Bereiche durch Ziehen in Transparenz.*

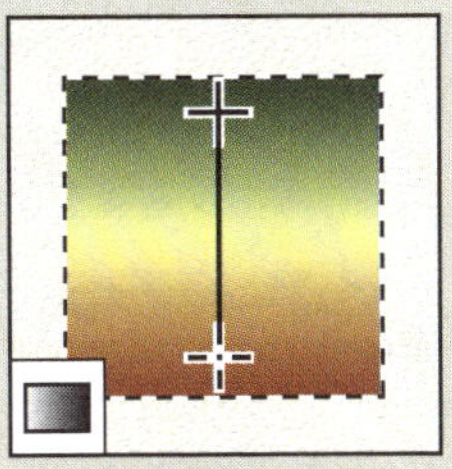

Verlauf-Werkzeug *für geradlinige, radiale*, winklige*, reflektierte* und rautenförmige*Farbverläufe*

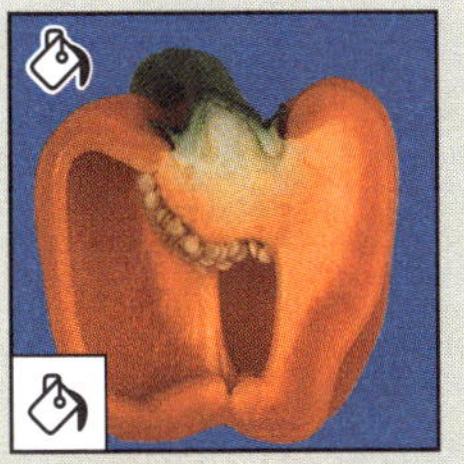

Füll-Werkzeug *füllt ähnliche Farbbereiche mit der Vordergrundfarbe.*

Weichzeichner* *zeichnet weiche Kanten in einem Bild.*

Übersicht Werkzeugpalette (Fortsetzung)

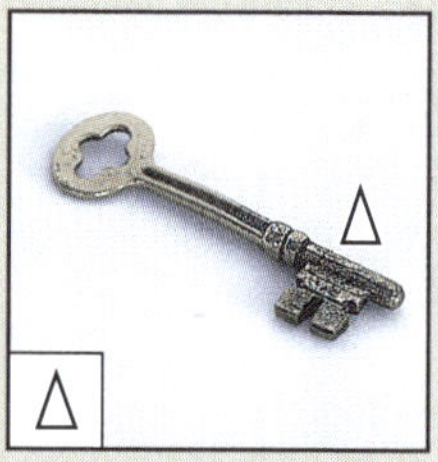

Scharfzeichner* *zeichnet Kanten in einem Bild scharf.*

Wischfinger* *verwischt Pixel in einem Bild.*

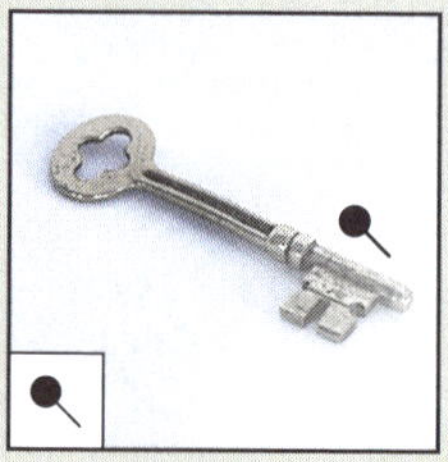

Abwedler* *hellt Bildbereiche auf.*

Nachbelichter* *dunkelt Bildbereiche ab.*

Schwamm* *verändert die Farbsättigung eines Bereichs.*

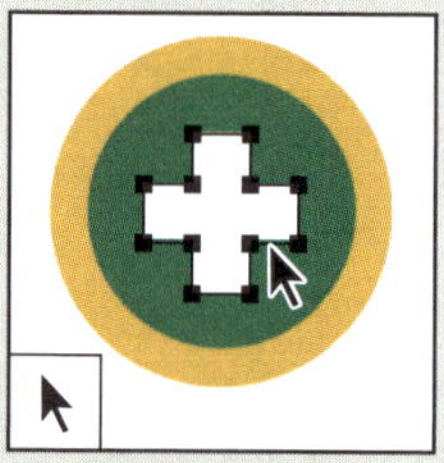

Pfadauswahl-Werkzeug* *erstellt Form- oder Segment-Auswahlen mit Ankerpunkten, Grifflinien und Griffpunkten.*

Textwerkzeuge *erstellen Text in einem Bild.*

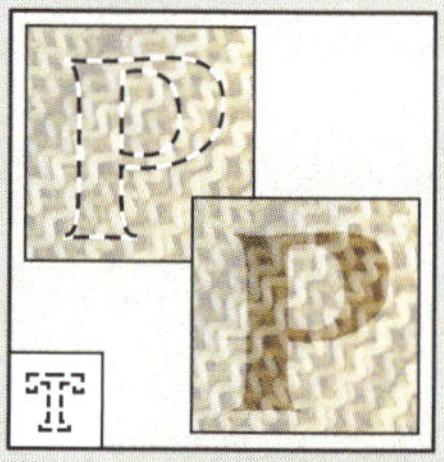

Textmaskierungswerkzeuge* *erstellen eine Auswahl in Form von Text.*

Zeichenstifte* *zeichnen weichkantige Pfade.*

Eigene Form-Werkzeug* *erstellt benutzerdefinierte Formen aus einer Liste mit eigenen Formen.*

Anmerkungen* *Bild wird mit Text- und Audio-Anmerkungen versehen.*

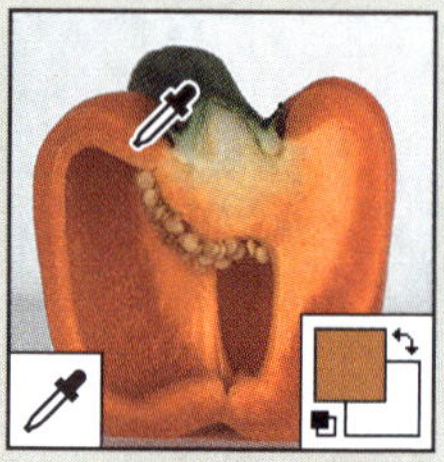

Pipette *nimmt Farbe in einem Bild auf.*

** Nur in Photoshop* *§ Nur in ImageReady*

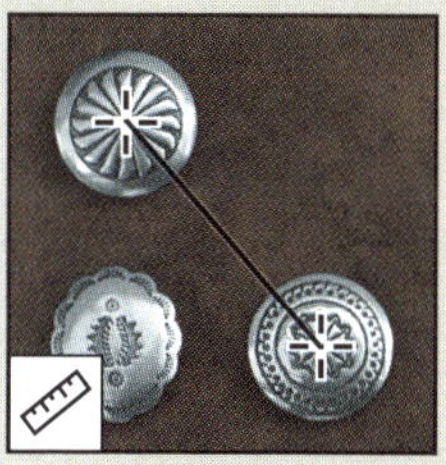

Mess-Werkzeug* *berechnet Abstände, Positionen und Winkel.*

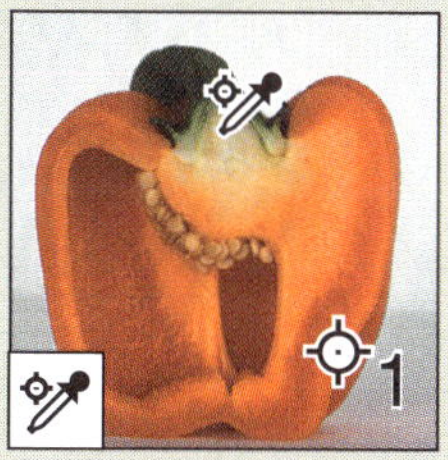

Farbaufnahme* *nimmt bis zu vier Farbbereiche im Bild auf.*

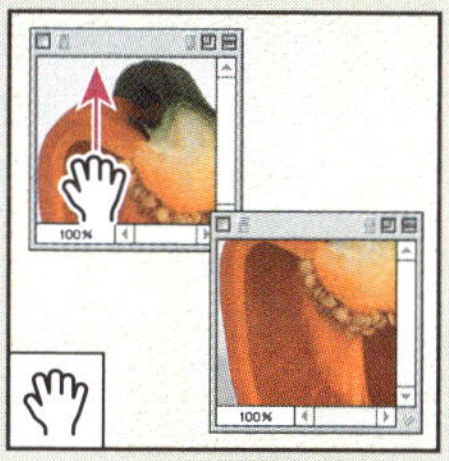

Hand-Werkzeug *bewegt ein Bild in seinem Fenster.*

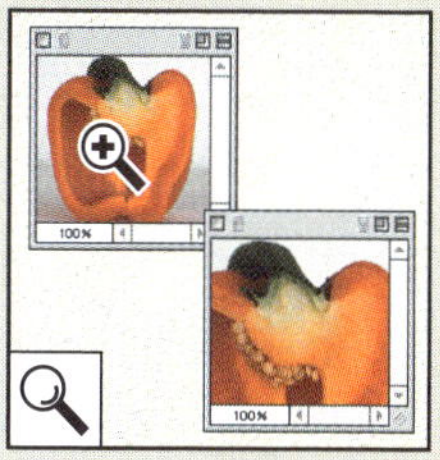

Zoom-Werkzeug *vergrößert und verkleinert die Bildansicht.*

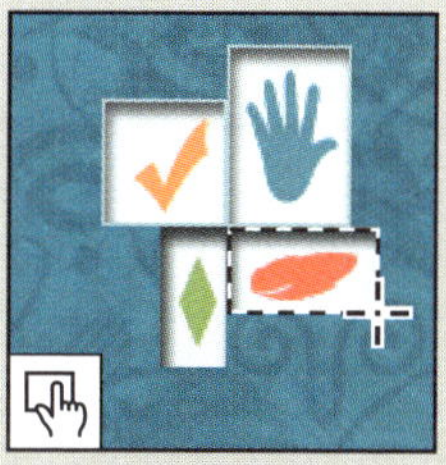

Imagemap-Werkzeuge§ *definieren Imagemap-Bereiche in einem Bild.*

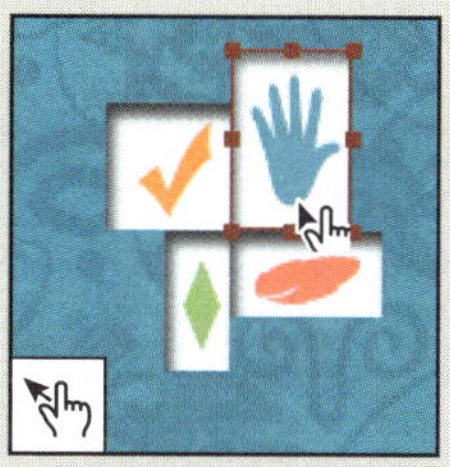

Imagemap-Auswahlwerkzeug§ *wählt Imagemaps.*

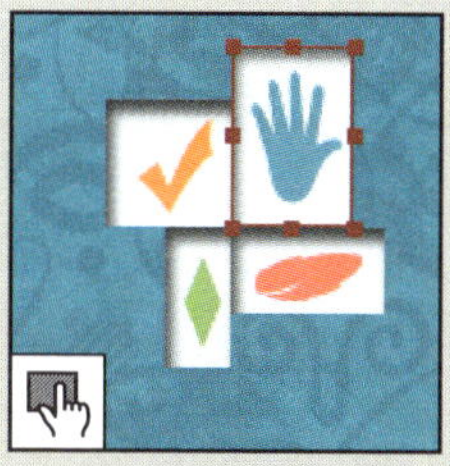

Imagemaps einblenden/ausblenden§ *schaltet zwischen ein- und ausgeblendeten Imagemaps um.*

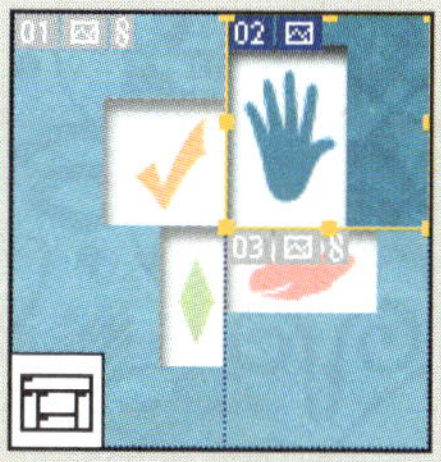

Slices einblenden/ausblenden§ *schaltet zwischen ein- und ausgeblendeten Slices in einem Bild um.*

Dokument-Vorschau§ *zeigt Vorschau von Rollover-Effekten direkt in ImageReady.*

Vorschau in Standardbrowser§ *zeigt Vorschauen von Animationen in einem Webbrowser.*

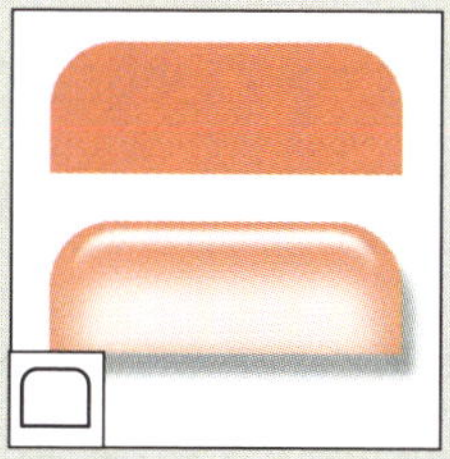

Registerkarten-Rechteck-Werkzeug§ *zeichnet Rechteck mit oben runden Ecken.*

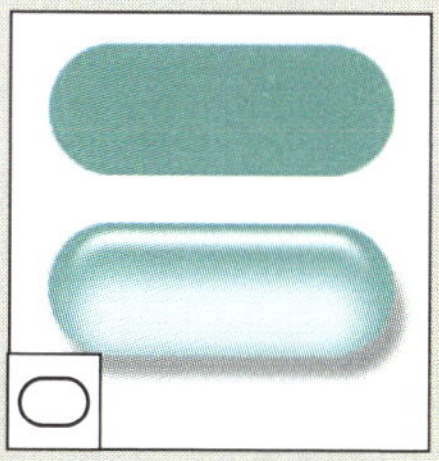

Ovales Rechteck-Werkzeug§ *zeichnet Rechteck mit runden Ecken.*

1 Wählen Sie in **Photoshop Hilfe: Photoshop Online** oder klicken Sie oben in der Werkzeugpalette auf das Symbol ( ).

Ihr standardmäßiger Browser öffnet danach die Photoshop-Produktseite (*http://www.adobe.de/products/photoshop/*) auf der Adobe-Website. Stöbern Sie einfach auf der Website nach Informationen wie Tipps, Techniken sowie Galerien von Adobe-Designern und Künstlern auf der ganzen Welt. Außerdem erhalten Sie die aktuellsten Produktinformationen, Problemlösungen und technische Informationen. Oder Sie können sich über andere Adobe-Produkte und Neuigkeiten informieren.

Sie wechseln jetzt wieder zu Photoshop und stellen das Programm so ein, dass Sie automatisch Aktualisierungen erhalten.

2 Schließen Sie Ihren Browser.

3 Wählen Sie in Photoshop **Hilfe: Updates**. Klicken Sie im Dialogfeld »Adobe Updater« auf die Schaltfläche »Voreinstellungen«.

4 Aktivieren Sie im Dialogfeld »Adobe Updater-Einstellungen« die Option »Jeden Monat automatisch nach Aktualisierungen suchen«. Entscheiden Sie anschließend, ob alle Aktualisierungen automatisch oder erst nach vorheriger Nachfrage heruntergeladen werden sollen.

Falls Sie keine automatische Aktualisierung gewählt haben, können Sie weiterhin »manuell« auf die Adobe-Website gehen (wie in Schritt 1 beschrieben) und prüfen, ob Aktualisierungen für Photoshop vorhanden sind.

5 Klicken Sie auf OK, um die Änderungen zu speichern.

Glückwunsch! Sie haben Lektion 1 erfolgreich abgeschlossen.

Da Sie sich nun mit den Grundlagen des Arbeitsbereichs von Photoshop vertraut gemacht haben, können Sie jetzt weitere Möglichkeiten des visuellen Dateibrowsers Adobe Bridge erforschen. Oder Sie setzen mit dem Erstellen und Bearbeiten von Bildern fort. Wenn Sie erst einmal die Grundlagen kennen, arbeiten Sie die Lektionen in *Adobe Photoshop CS2 Classroom in a Book* entweder nacheinander durch oder Sie starten mit den Lektionen, deren Inhalt Sie am meisten interessiert.

Rückblick

Fragen

1 Welche zwei Bildarten können Sie in Photoshop öffnen?

2 Wie öffnen Sie Bilddateien mit Hilfe von Adobe Bridge?

3 Wie wählen Sie Werkzeuge in Photoshop?

4 Beschreiben Sie zwei Möglichkeiten, um die Ansicht eines Bildes zu ändern.

Antworten

1 Sie erstellen Bilder direkt in Adobe Photoshop oder scannen Fotos, Dias oder andere Bilder, entnehmen ein Bild aus einem Videofilm oder importieren Bildmaterial, das in einem Illustrationsprogramm erstellt wurde. Außerdem können Sie Digitalfotos importieren.

2 Klicken Sie in der Optionsleiste auf die Schaltfläche »Gehe zu Bridge«, um zum Dateibrowser zu wechseln. Suchen Sie die Bilddatei, die Sie öffnen möchten, und doppelklicken Sie auf die Miniatur, um die Datei in Photoshop zu öffnen. Oder wählen Sie den Befehl »Datei: Durchsuchen«.

3 Um ein Werkzeug zu wählen, klicken Sie entweder in der Werkzeugpalette auf das Werkzeug oder wählen über die Tastatur seinen Kurzbefehl. Ein gewähltes Werkzeug ist so lange aktiv, bis Sie ein anderes wählen. Um ein verborgenes Werkzeug zu wählen, benutzen Sie entweder einen Tastaturbefehl oder halten die Maustaste auf dem Werkzeug in der Werkzeugpalette gedrückt, um ein Einblendmenü mit den verborgenen Werkzeugen zu öffnen.

4 Sie wählen Befehle aus dem Ansicht-Menü, um ein Bild zu vergrößern bzw. zu verkleinern oder es an die Bildschirmgröße anzupassen. Sie können aber auch die Zoom-Werkzeuge verwenden und in einem Bild klicken oder ziehen, um die Ansicht zu vergrößern oder zu verkleinern. Zusätzlich verändern Sie mit Kurzbefehlen und in der Navigator-Palette die Bildanzeige.

Wenn Sie in Ihrer Sammlung nach bestimmten Bildern suchen, ist Adobe Bridge Ihr bester Freund. Er hilft Ihnen, viel Zeit zu sparen, denn Sie organisieren all Ihre Bilder und finden schnell die benötigten Daten. Außerdem bietet er Ihnen einen lizenzfreien Dienst für Adobe Stock Photos und automatisiert Routineaufgaben mit Skripten.

2 Adobe Bridge

Überblick

In dieser Lektion lernen Sie Folgendes:

- Paletten und Fenster in Adobe Bridge identifizieren und ihre Größe ändern
- Bilddateien drehen, ihre Größe ändern und Miniaturen sowie Vorschaudateien ansehen, ohne sie zu öffnen
- Miniaturen im Bridge-Dateibrowser sortieren und manuell neu anordnen
- Dateien in Adobe Bridge löschen und im Stapel umbenennen
- Bilddateien mit Wertungen, farbigen Etiketten, Metadaten und Stichwörtern versehen
- Bilddateien nach eigenen Kriterien suchen
- Eine Web-Fotogalerie der in Adobe Bridge gewählten Bilder erstellen
- Stock Photos in Adobe Bridge suchen und herunterladen

Für diese Lektion benötigen Sie etwa ein bis zwei Stunden. Kopieren Sie den Ordner *Lektion02* von der Buch-DVD in den Ordner *Lektionen*, den Sie bereits auf Ihrer Festplatte angelegt haben. Während der Arbeit überschreiben Sie einige der Startdateien. Um die ursprünglichen Dateien wiederherzustellen, kopieren Sie diese erneut von der Buch-DVD auf Ihre Festplatte.

Vorbereitungen

Adobe Bridge wurde bereits in Lektion 1, »Der Arbeitsbereich«, kurz vorgestellt. Wenn Sie diese Lektion durchgearbeitet haben, wissen Sie bereits, dass Sie die Schaltfläche »Gehe zu Bridge« ( ) in der Photoshop-Optionsleiste direkt zu Adobe Bridge bringt.

In dieser Lektion lernen Sie Adobe Bridge genauer kennen. Das Ziel des ersten Projekts in dieser Lektion ist, eine Fotosammlung zu organisieren.

Adobe Bridge hat, was Dateien und Ordner anbelangt, einiges mit Ihrem Desktop gemeinsam. Die Änderungen, die Sie in Adobe Bridge an Dateien vornehmen, ändern auch die Dateien selbst – also nicht nur die Ansicht dieser Dateien in Adobe Bridge. Sie werden am Ende der Lektion feststellen, wie einfach es ist, bestimmte Bilder auf Ihrem Computer zu lokalisieren sowie Stock Photos zu finden und zu kaufen.

1 Starten Sie Photoshop und drücken Sie sofort danach die Tasten Strg+Alt+Umschalt (Windows) bzw. Befehl+Wahl+Umschalt (Mac OS), um die standardmäßigen Voreinstellungen wiederherzustellen. (Siehe »Die Standardeinstellungen wiederherstellen« auf Seite 20.)

2 Bestätigen Sie die Meldungen mit »Ja«, um die Voreinstellungen zurückzusetzen. Wählen Sie »Schließen«, um den Start- bzw. Willkommen-Bildschirm wieder zu schließen.

3 Klicken Sie in der Optionsleiste auf die Schaltfläche »Gehe zu Bridge« ( ), um Adobe Bridge zu öffnen.

***Hinweis:** Sie können Adobe Bridge auch öffnen, wenn Sie auf das Programmsymbol auf dem Schreibtisch oder im Dock (Mac OS) doppelklicken bzw. **Start: Alle Programme: Adobe Bridge** (Windows) wählen.*

Das Bridge-Dateibrowserfenster ist das Zentrum für den kreativen Arbeitsablauf und der Ausgangspunkt für die Suche und Ansicht Ihrer Dateien.

Dateien in Adobe Bridge anzeigen und bearbeiten

Die linke Seite des Dateibrowsers enthält Paletten, die Sie individuell anordnen, reduzieren (zusammenklappen) und innerhalb von Adobe Bridge gruppieren können. Dazu benutzen Sie die gleichen Techniken wie bei den normalen Photoshop-Paletten. Die Paletten in Adobe Bridge helfen Ihnen beim Navigieren sowie bei der Ansicht, Suche und Verwaltung Ihrer Bilddateien und Ordner.

Ansichten und Räume in Adobe Bridge anpassen

Die ideale Anordnung sowie die relative Größe von Elementen und Bereichen in Adobe Bridge hängen von Ihrer Arbeitsweise und den Voreinstellungen ab. Je nach

Aufgabe könnte es wichtig sein zu wissen, welchen Bildinhalt die jeweiligen Dateien haben. Erste Priorität könnten aber auch nur die Datei-Informationen haben. Deshalb lässt sich Adobe Bridge individuell den unterschiedlichen Situationen anpassen.

Sie beschäftigen sich nun mit individuellen Ansichten innerhalb von Adobe Bridge. Die folgende Abbildung zeigt die standardmäßige Konfiguration der Adobe Bridge-Bereiche, wobei Sie die gezeigten Miniaturen noch nicht sehen.

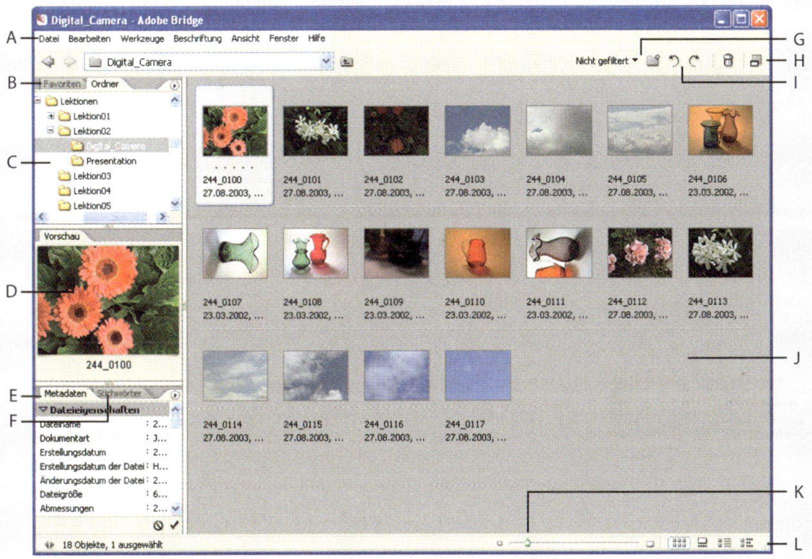

A. *Menüleiste* *B.* *Favoriten-Palette* *C.* *Ordner-Palette* *D.* *Vorschau-Palette* *E.* *Metadaten-Palette* *F.* *Stichwörter-Palette* *G.* *Filter-Menü* *H.* *Kompaktmodus-Schaltfläche* *I.* *Drehen-Schaltflächen* *J.* *Miniaturenfenster* *K.* *Miniaturenregler* *L.* *Ansichtsoptionen-Schaltflächen*

Hinweis: *Wenn links im Dateibrowserfenster keine mit Reitern versehenen Paletten zu sehen sind, klicken Sie unten links auf die Schaltfläche »Erweiterte Ansicht einblenden/ausblenden« (◂▸).*

1 Klicken Sie oben links im Bridge-Browserfenster auf das Register »Ordner«, um diese Palette nach vorn zu bringen. Navigieren Sie zum Ordner *Lektionen/Lektion02/Digital_Camera*, den Sie von der Buch-CD kopiert haben. Um zu navigieren, klicken Sie entweder auf die Pfeile (Mac OS) oder die Pluszeichen (Windows) und öffnen Sie so die jeweiligen Ordner in der Ordner-Palette. Oder doppelklicken Sie auf eine Ordner-Miniatur im Miniaturen-Vorschaubereich rechts im Browserfenster.

Das Bridge-Vorschaufenster wird interaktiv aktualisiert und zeigt Ihnen die Miniaturvorschau Ihrer Dateien. Adobe Bridge zeigt Vorschauen von Bilddateien im Format PSD, TIFF und JPEG an ebenso wie Adobe Illustrator-Vektordateien, mehrseitige Adobe PDF-Dateien und Microsoft Office-Dokumente.

2 Ziehen Sie unten im Browserfenster den Miniaturenregler, um die Darstellung zu verkleinern. Vergrößern Sie anschließend wieder die Ansicht. Wählen Sie dann die Detailansicht und die Filmstreifenansicht.

Detailansicht

Filmstreifenansicht

Hinweis: *Adobe Bridge bietet außerdem Versions- und Alternativansichten für diejenigen, die mit Version Cue CS2 arbeiten. Mehr über Version Cue finden Sie in der Photoshop-Hilfe.*

3 Wählen Sie **Fenster: Arbeitsbereich: Lichtkasten**. Wählen Sie anschließend auch die anderen Arbeitsbereiche **Dateinavigation**, **Metadaten-Fokus** und **Filmstreifen-Fokus**.

Adobe Bridge lässt sich an nahezu jeden Arbeitsablauf anpassen.

4 Stellen Sie nach dem Experimentieren wieder den standardmäßigen Arbeitsbereich ein, indem Sie Strg+F1 (Windows) bzw. Befehl+F1 (Mac) drücken.

5 Wählen Sie irgendeine Miniatur, indem Sie einmal auf die Miniatur klicken.

Das Bild erscheint vergrößert in der Vorschau-Palette und füllt dabei den verfügbaren Bereich aus.

6 Vergrößern Sie die Vorschau-Palette, indem Sie die horizontale und vertikale Trennleiste zwischen den anderen Browserfenstern ziehen. Der Zeiger wird zum Symbol einer Doppellinie mit Pfeilen (↔), sobald er über den Leisten platziert wird.

7 Stellen Sie die Fenster, Paletten und Miniaturen in Adobe Bridge so ein, wie es Ihrer Arbeitsweise am besten entspricht.

Modi in Adobe Bridge

Sie können in Photoshop mit im Vollmodus geöffneter Adobe Bridge im Hintergrund arbeiten, in die Sie wechseln, um Dateien zu suchen. Oder wechseln Sie in den Kompaktmodus oder Ultrakompaktmodus, indem Sie auf die entsprechenden Schaltflächen oben rechts im Bridge-Browserfenster klicken. Beide Kompaktmodi zeigen die Bridge als Schwebepalette über Photoshop an. Der Ultrakompaktmodus () zeigt nur die Schaltflächen »Zurück« und »Weiter« sowie das Menü »Letzte Ordner« an. Der Kompaktmodus () zeigt Miniaturansichten des gewählten Ordners. Sobald Sie im Ultrakompaktmodus zu einem Ordner navigieren, schaltet die Bridge automatisch in den Kompaktmodus um, so dass Sie die Vorschauen der Miniaturen sehen können. Beide Modi verfügen über eine Schaltfläche, über die Sie zurück in den Vollmodus () gelangen.

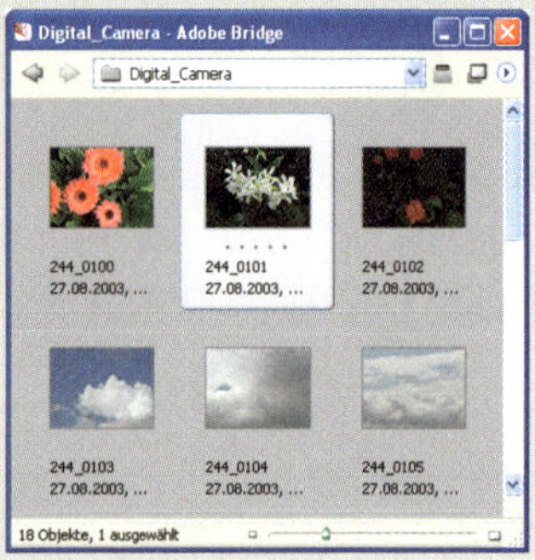

Kompaktmodus

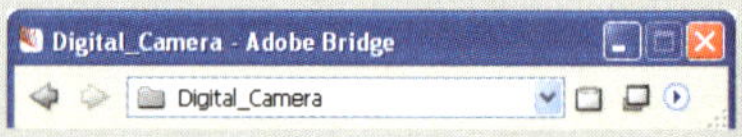

Ultrakompaktmodus

Bilder drehen und öffnen

Sie können über die Einstellung des Arbeitsbereichs und der Bildvorschau in Adobe Bridge hinaus auch die Bildlage ausgewählter Bilder ändern, um sie so anschließend in Photoshop zu öffnen. Das Drehen von Miniaturen und deren Ansicht im Dateibrowser haben keinerlei Auswirkungen auf die Auflösung oder Qualität der jeweiligen Bilder. Die Drehung ist jedoch permanent, es sei denn, Sie machen sie rückgängig.

1 Wählen Sie die Miniatur *244_0107.jpg* im Ordner *Lektion02/Digital_Camera*.

2 Klicken Sie auf die Schaltfläche »90° gegen den Uhrzeigersinn drehen« (↶) oben im Browserfenster.

3 Wählen Sie im Miniaturenfenster die Miniatur *244_0111.jpg*.

4 Klicken Sie auf die Schaltfläche »90° im Uhrzeigersinn drehen« (↷).

5 (Optional) Um ein Bild im Format PSD, TIF oder JPG in Adobe Bridge direkt in Photoshop zu öffnen, doppelklicken Sie auf die Miniatur im Miniaturenfenster.

Hinweis: *Adobe Bridge öffnet auch AI-Dateien in Adobe Illustrator, PDF-Dateien in Adobe Acrobat, INDD-Dateien in Adobe InDesign sowie DOC- und XLS-Dokumente in Microsoft Word bzw. Microsoft Excel. Sie legen die entsprechenden Dateizuordnungen in den Adobe Bridge-Voreinstellungen fest.*

Sie können auch mehrere Miniaturen in Adobe Bridge wählen und sie dann zusammen öffnen oder drehen. Wählen Sie die Dateien mit den üblichen Methoden Ihres Betriebssystems: Klicken Sie auf eine Datei und klicken Sie dann mit gedrückter Umschalttaste weiter, um aufeinander folgende Dateien zu wählen. Oder wählen Sie, indem Sie den Cursor über die gewünschten Miniaturen ziehen. Klicken Sie mit gedrückter Strg-Taste (Windows) bzw. Befehlstaste (Mac OS), um nicht aufeinander folgende Bilder zu wählen.

Bilder löschen

Mit Adobe Bridge lassen sich Dateien oder Ordner aus Ihrem System entfernen – genau so, als würden Sie diese in einem Ordner auf Ihrem Desktop löschen. Beim Löschen befördert der Dateibrowser die Dateien in den Papierkorb. Sobald Sie den Papierkorb entleeren, sind die Dateien permanent auf Ihrem Computer gelöscht.

Während Sie in Adobe Bridge Ihre Bilder prüfen, können Sie in aller Ruhe auch die Dateien wählen und löschen, die Sie nicht mehr benötigen oder die Ihnen nicht gefallen.

1 Wählen Sie die Miniatur für die Datei *244_0109.jpg*. Dieses Bild hat einen schlechten Ausschnitt, ist unscharf und auch noch unterbelichtet – also weg damit.

2 Klicken Sie oben im Bridge-Browserfenster auf die Schaltfläche »Objekt löschen« ( ). Klicken Sie im Meldungsfenster auf OK, um diese Aktion zu bestätigen.

In diesem Moment befindet sich die gelöschte Datei noch auf Ihrem Computer, obwohl sie in Adobe Bridge nicht mehr zu sehen ist. Gelöschte Dateien lassen sich finden und wiederherstellen, indem Sie auf den Desktop gehen und sie aus dem Papierkorb ziehen. Wenn Sie jedoch den Papierkorb entleeren, werden die darin enthaltenen Dateien endgültig auf Ihrem Computer gelöscht.

Bilddateien neu sortieren und umbenennen

Miniaturen lassen sich in Adobe Bridge so wie Negative oder Dias auf einem Leuchtpult sortieren. Außerdem können Sie per Stapelverarbeitung die Bilder mit aussagefähigen Dateinamen umbenennen. Sie ordnen jetzt die Miniaturen entsprechend den Bildinhalten neu – farbige Vasen, Blumen und Wolken. Anschließend geben Sie den Dateien neue Namen.

1 Ziehen Sie im Miniaturenfenster die Miniaturen der Wolkenfotos so, dass sie nacheinander angeordnet sind.

2 Wählen Sie die erste Wolkenminiatur in der Gruppe und klicken Sie dann mit gedrückter Umschalttaste auf das letzte Wolkenbild, um die komplette Gruppe zu wählen.

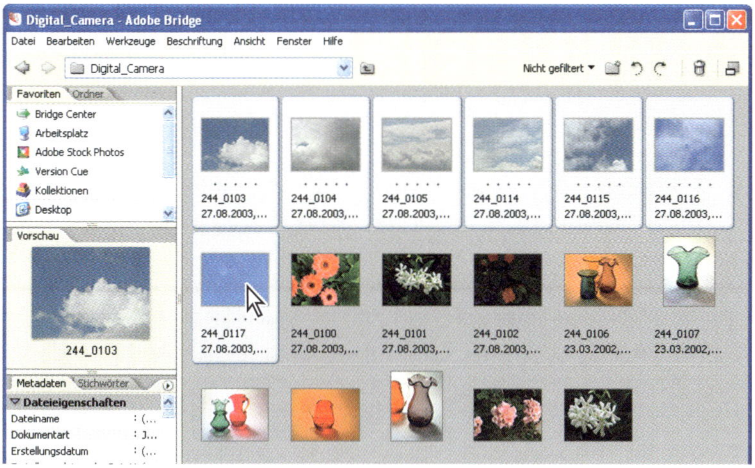

3 Wählen Sie **Werkzeuge: Stapel-Umbenennung**.

4 Wählen Sie im Dialogfeld »Stapel-Umbenennung« unter »Neue Dateinamen« aus dem Popup-Menü »Aktueller Dateiname« die Option »Text« und geben Sie in das Textfeld den Begriff **Wolken** ein.

5 Klicken Sie auf die Plus-Schaltfläche (⊕) ganz rechts im Bereich »Neue Dateinamen« und wählen Sie aus dem Popup-Menü die Option »Sequenzindexzahl«. Achten Sie darauf, dass die standardmäßige Anfangszahl »1« gewählt ist. Oder geben Sie jetzt die Anfangszahl **1** ein.

6 Klicken Sie auf die Plus-Schaltfläche für ein drittes Kriterium und wählen Sie aus dem Popup-Menü die Option »Neue Erweiterung«. Geben Sie **jpg** (ohne Punkt) in das Textfeld »Erweiterung« ein. (Dem Dateinamen wird so automatisch die Erweiterung *.jpg* angehängt.)

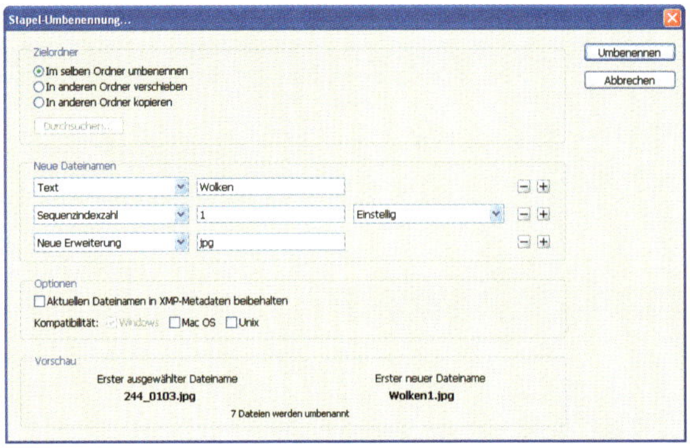

7 Aktivieren Sie unter »Optionen« für »Kompatibilität« die Optionen für die Betriebssysteme Windows, Mac OS und Unix. (Das gerade benutzte Betriebssystem ist gewählt, aber abgeblendet.)

8 Prüfen Sie das Beispiel im Vorschau-Bereich und vergewissern Sie sich, dass hier *Wolken1.jpg* steht. Klicken Sie dann auf die Schaltfläche »Umbenennen«.

9 Wählen Sie **Ansicht: Sortieren: Nach Dateiname**, um die Miniaturen in alphanumerischer Reihenfolge zu ordnen.

10 Verwenden Sie die in den Schritten 1 bis 8 beschriebene Technik, um die restlichen Fotos zu wählen und im Stapel neu zu benennen. Gehen Sie dabei von den Bildmotiven mit Vasen und Blumen aus. Geben Sie dazu im Dialogfeld »Stapel-Umbenennung« statt *Wolken* die Bezeichnung **Pflanzen** für die Blumenbilder und **Glas** für die Bilder mit den Gläsern ein. Ansonsten übernehmen Sie die gleichen Optionen wie in den Schritten 5 bis 7.

Der Befehl »Stapel-Umbenennung« verhält sich unterschiedlich, je nachdem, was bei Aufruf des Befehls gewählt wurde: Wurden keine Miniaturen gewählt, gilt das im Dialogfeld »Stapel-Umbenennung« angegebene Benennungschema für alle Dateien im gewählten Ordner. Wurden nur einige (nicht alle) Miniaturen gewählt, werden nur die ausgewählten Dateien umbenannt.

Hinweis: *Eine einzelne Datei lässt sich in Adobe Bridge auch ganz konventionell umbenennen, indem Sie in der Miniaturansicht auf den Dateinamen klicken und den vorhandenen Namen überschreiben.*

Bilder schnell wiederfinden

Adobe Bridge bietet zahlreiche Möglichkeiten, benötigte Bilder schnell und einfach zu finden. Das ist besonders dann wichtig, wenn Sie über viele gespeicherte Bilder verfügen und keine Zeit damit verbringen wollen, unter Hunderten oder gar Tausenden das gewünschte Bild auszusuchen.

Sie arbeiten in diesem Abschnitt mit drei weiteren Möglichkeiten, bestimmte Dateien mit Informationen zu versehen. Derartige Dateien lassen sich anschließend schnell wiederfinden: nach Rang, Metadaten und Stichwörtern.

Rang für Bilder festlegen und Bilder sortieren

Sie können in Adobe Bridge Ihre Dateien mit Sternen bewerten und danach die Bilddateien sortieren und gruppieren. Damit verfügen Sie über eine weitere Möglichkeit, Bilder im Miniaturenfenster zu organisieren. In dieser Übung stehen fünf Sterne für die besten Bilder, drei Sterne für Bilder durchschnittlicher Qualität und ein Stern für die schlechtesten Bilder. Wie viele Sterne Sie nun jedem Bild zuordnen, ist einfach eine Frage des persönlichen Geschmacks.

1 Achten Sie darauf, dass die Miniaturen genügend groß angezeigt werden. Wählen Sie die Miniatur eines besseren Fotos wie den roten Glaskrug.

2 Klicken Sie auf einen der kleinen Punkte direkt unter der Miniatur. Sobald Sie klicken, wird der Punkt zu einem Stern. Klicken Sie, um alle fünf Punkte in Sterne umzuwandeln.

3 Wählen Sie in jeder Kategorie (Glas, Blumen und Wolken) ein bis zwei Dateien der qualitativ guten Fotos.

Hinweis: *Klicken Sie mit gedrückter Strg- (Windows) bzw. Befehlstaste (Mac OS), um eventuell nicht zusammenhängende Miniaturen zu wählen.*

4 Wählen Sie **Beschriftung:** ***** , um die Bewertung mit fünf Sternen allen gewählten Bildern gleichzeitig zuzuweisen. Klicken Sie auf OK, um die XMP-Meldung zu übergehen.

5 Wählen Sie **Ansicht: Sortieren: Nach Wertung**, um die Miniaturen nach Wertung zu ordnen. Wählen Sie **Ansicht: Sortieren: Aufsteigende Reihenfolge** (diese Option ist jetzt deaktiviert), damit die mit fünf Sternen bewerteten Bilder ganz oben im Miniaturenfenster angezeigt werden.

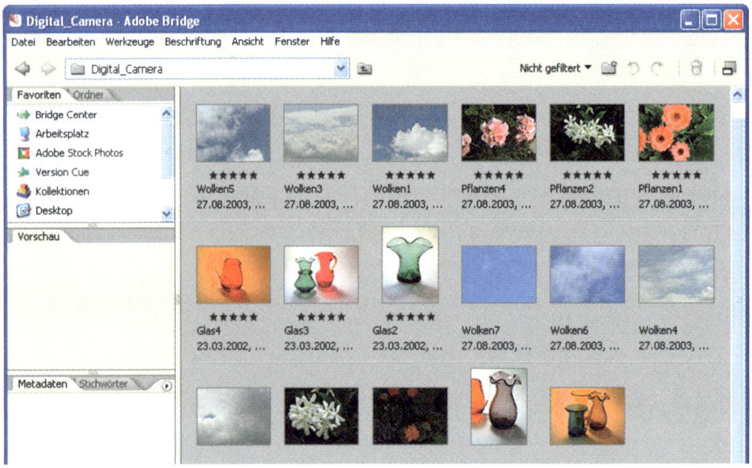

6 Weisen Sie jetzt allen Dateien im Ordner einen Rang zu (fünf, drei oder ein Stern(e)) – entweder einzeln (wie in Schritt 1 und 2) oder gemeinsam (wie in Schritt 3 und 4).

Hinweis: *Die Sterne lassen sich jederzeit wieder löschen, indem Sie die Miniatur wählen, den Zeiger über die Sterne setzen und links auf das Symbol (⊘) klicken.*

7 Wählen Sie erneut **Ansicht: Sortieren: Nach Wertung**, um die Dateien in umgekehrter alphabetischer Reihenfolge ihrer Bewertungen zu ordnen.

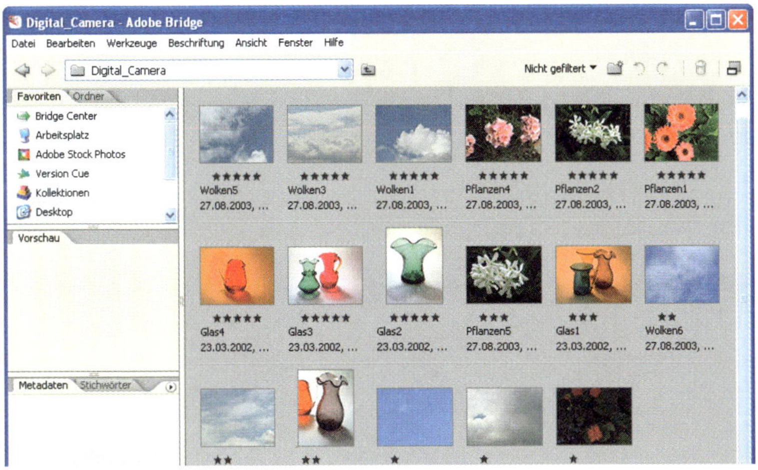

Qualität ist nicht das einzige Merkmal, auf das ein Rang hinweisen könnte. Sie können für Ihre eigene Arbeit nahezu alles mit einem Rang versehen, beispielsweise Thema, Kunde, Projektname oder Tageszeit. Wenn Sie Ihre Bilder nach mehreren Kriterien bewerten möchten, beispielsweise nach Qualität und Projekt, könnten Sie Ihre Bilder auch mit einer farbigen Beschriftung versehen. Bilder für ein Webprojekt erhalten z.B. eine gelbe Beschriftung, während Sie Bilder für einen Prospekt rot beschriften.

8 Klicken Sie auf die Miniatur eines Bildes, wie den roten Glaskrug, und wählen Sie dann **Beschriftung: Gelb**. Klicken Sie auf OK, um den XMP-Hinweis zu übergehen.

Die fünf Sterne unter der Miniatur sind jetzt gelb unterlegt.

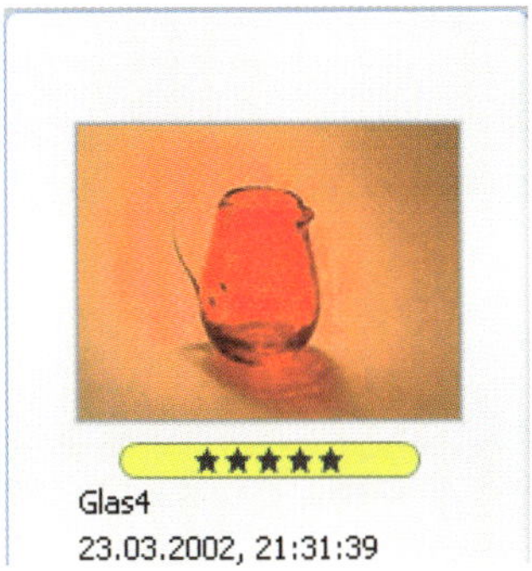

9 Weisen Sie weiteren Dateien im Ordner ebenfalls farbige Beschriftungen zu. Wählen Sie dazu die Dateien individuell oder in Gruppen aus und weisen Sie dann eine Farbe aus dem Beschriftung-Menü zu.

Hinweis: Farbige Beschriftungen lassen sich auch zuweisen, indem Sie eine oder mehrere Miniaturen wählen, mit der rechten Maustaste (Windows) bzw. mit gedrückter Control-Taste (Mac OS) klicken und dann aus dem Kontextmenü »Beschriftung« und die gewünschte Farbe wählen.

10 Wählen Sie **Ansicht: Sortieren: Nach Beschriftung**, um die Dateien entsprechend ihrer farbigen Beschriftungen im Miniaturenfenster zu sortieren.

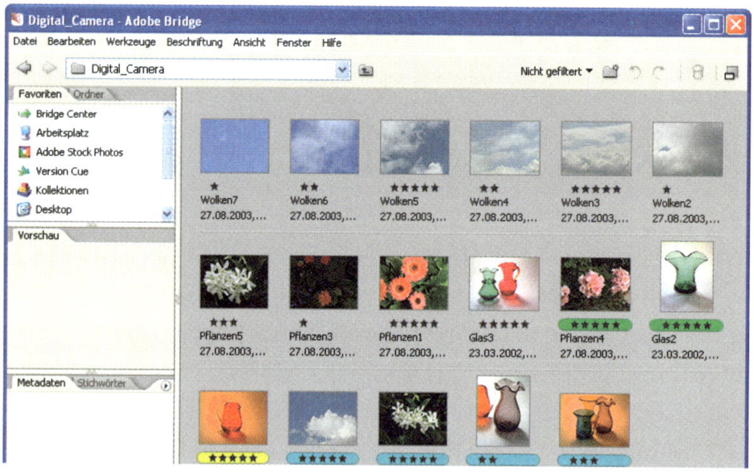

Neben dem Sortieren nach Rängen und Beschriftung lässt sich eine Ansicht auch so filtern, dass nur die Miniaturen bestimmter Ränge oder farbiger Beschriftungen angezeigt werden. Mit diesen Filtern experimentieren Sie jetzt.

11 Wählen Sie oben rechts in Adobe Bridge aus dem Popup-Menü »Nicht gefiltert« die Option »5 Sterne anzeigen«, um nur die Miniaturen mit einer Bewertung von fünf Sternen anzuzeigen.

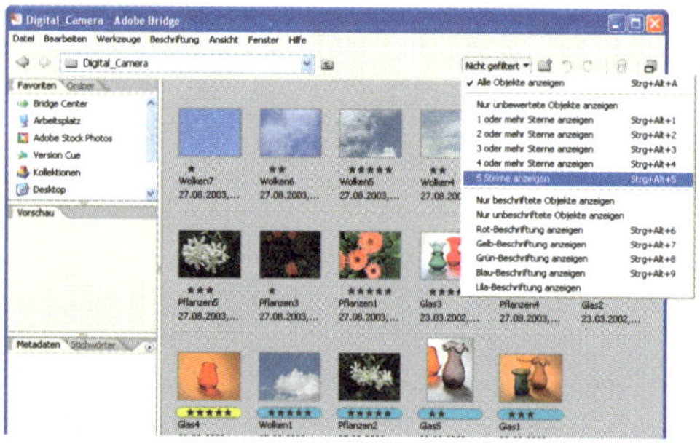

12 Wählen Sie **Gefiltert: Rot-Beschriftung anzeigen**.

13 Wählen Sie **Gefiltert: Alle Objekte anzeigen**, um wieder alle Bilddateien im Miniaturenfenster zu sehen.

Metadaten prüfen und bearbeiten

Datei-Informationen lassen sich unterschiedlich anzeigen: Setzen Sie den Mauszeiger einfach auf eine Miniatur im Miniaturenfenster, um die Informationen in einem Pop-up-Fenster anzuzeigen, oder wählen Sie die Detailansicht, um dieselben Metadaten neben der Vorschau der Bildminiatur anzuzeigen. Oder verwenden Sie die Metadaten-Palette, um alle Metadaten anzuzeigen. Sie vergleichen jetzt zwei Anzeigemöglichkeiten von Metadaten.

Die Informationen in der Metadaten-Palette sind nach Kategorien geordnet. Klicken Sie einfach auf den Pfeil neben einer Überschrift, um die gewünschten Informationen einzublenden. Ein erneutes Klicken auf den Pfeil blendet die Informationen wieder aus. Sie können unter den Kategorien bzw. Überschriften *Dateieigenschaften*, *IPTC-Kern* und *Kameradaten (Exif)* wählen. Für Stock Photos gibt es weitere Kategorien. Einige IPTC-Metadaten lassen sich in Adobe Bridge direkt bearbeiten.

1 Achten Sie darauf, dass Sie unten rechts in der Bridge die Detailansicht gewählt haben. Klicken Sie auf eine Miniatur mit einem Glas und einer Bewertung von fünf Sternen.

2 Eventuell müssen Sie auf den Metadaten-Reiter klicken, um die entsprechende Palette im unteren linken Fenster des Dateibrowsers nach vorne zu bringen. Falls eine der Hauptüberschriften zusammengeklappt ist, klicken Sie auf die Pfeile (▶), um sie wieder zu erweitern. Nur so können Sie die hier aufgelisteten Informationen mit denen in der Detailansicht der Miniaturen vergleichen.

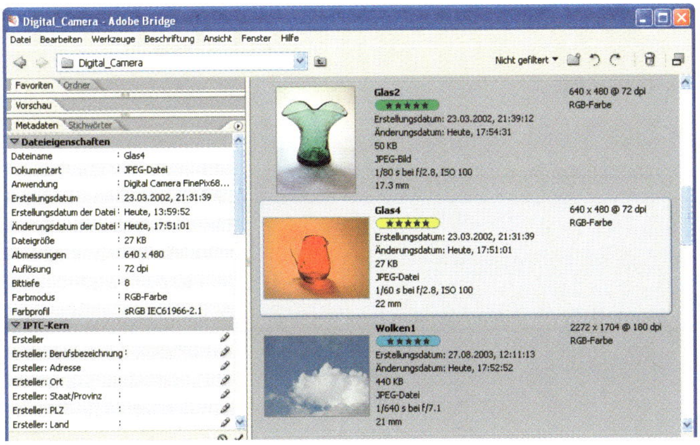

Wenn Sie mit umfangreichen Metadaten arbeiten, sollten Sie die Metadaten-Palette vergrößern, selbst wenn die Vorschau-, Favoriten- und Ordner-Paletten reduziert bzw. verkleinert werden. Sie müssen dann weniger scrollen, um die Informationen zu sehen und zu bearbeiten.

3 Eventuell müssen Sie in der Metadaten-Palette bis zur Überschrift *IPTC-Kern* scrollen, um die hier aufgeführten Elemente zu sehen. Die Stiftsymbole ( ) links weisen darauf hin, dass sich die jeweiligen Elemente bearbeiten lassen.

4 Klicken Sie im Feld rechts neben *Beschreibung* und geben Sie einige beschreibende Wörter für das Bild ein, wie z.B. **Roter Krug**.

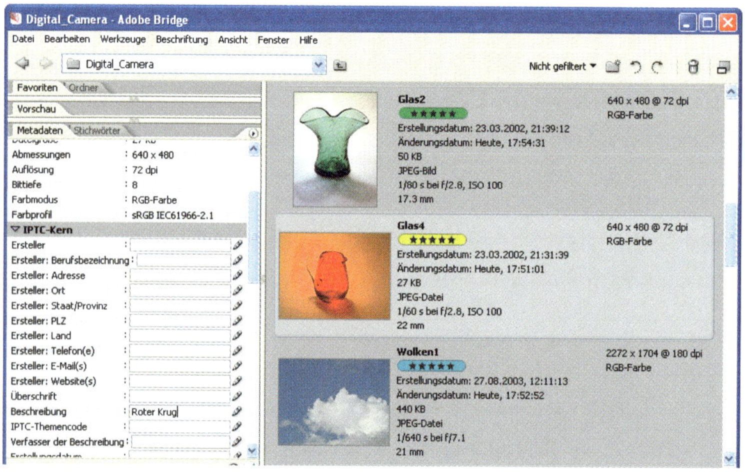

5 Klicken Sie unten in der Metadaten-Palette auf die Schaltfläche »Anwenden« ( ), um die Informationen zuzuweisen.

Stichwörter erstellen und zuweisen

Stichwörter können die Suche nach bestimmten Bildern erheblich beschleunigen. Wenn Sie über eine umfangreiche Bildersammlung verfügen, benötigen Sie nur wenige Sekunden für die Eingabe einiger gut gewählter Stichwörter, um später bei der Suche nach bestimmten Bildern diverse Stunden einzusparen.

Die Stichwörter-Palette organisiert Ihre Stichwörter nach Kategorien, die sich wie bei der Metadaten-Palette erweitern und reduzieren lassen. Die Stichwörter-Palette standardisiert Ihre Stichwörter, so dass Sie bestimmten Bildarten identische Begriffe zuweisen können. Damit verhindern Sie, dass Tippfehler oder andere Abweichungen die Stichwortsuche zu einem Alptraum werden lassen.

1 Wählen Sie den Stichwörter-Reiter, um diese Palette nach vorne zu bringen.

2 Klicken Sie oben rechts in der Stichwörter-Palette auf den Pfeil (◉), um das Palettenmenü zu öffnen. Wählen Sie die Option **Neues Stichwortset**. Oder klicken Sie unten in der Stichwörter-Palette auf die Schaltfläche »Neues Stichwortset« (▭).

3 Geben Sie in das neue leere Feld den Begriff **Glasprojekt** ein, um das Stichwortset zu benennen, und drücken Sie dann die Eingabetaste. Lassen Sie das Stichwortset *Glasprojekt* gewählt oder wählen Sie es, sobald Sie es benötigen.

4 Klicken Sie auf die Schaltfläche »Neues Stichwort« (▭), um ein Stichwort unter der Kategorie *Glasprojekt* zu erzeugen. Geben Sie **Rot** ein und drücken Sie die Eingabetaste. Wählen Sie anschließend erneut die Kategorie *Glasprojekt* und wiederholen Sie den Prozess so lange, bis Sie über fünf weitere Stichwörter mit den Namen **Grün**, **Blau**, **Orange**, **Violett** und **Gelb** verfügen.

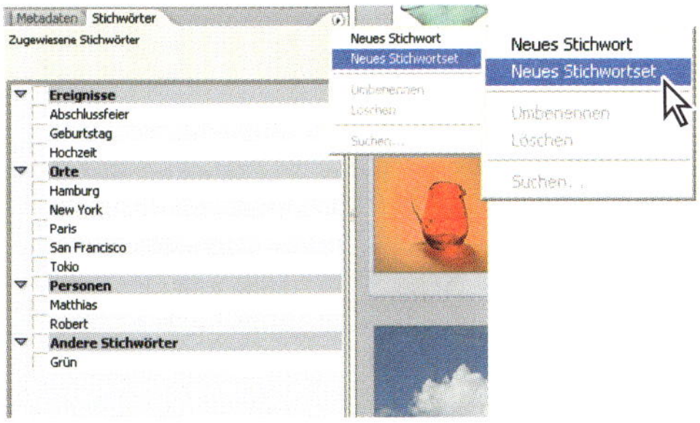

5 Wählen Sie die Miniatur des Fotos mit der grünen Vase und dem roten Krug.

6 Klicken Sie in der Stichwörter-Palette in den Feldern links neben den Stichwörtern *Rot* und *Grün*, um diese den Bild-Metadaten zuzuweisen. Oder doppelklicken Sie auf jedes der beiden Stichwörter.

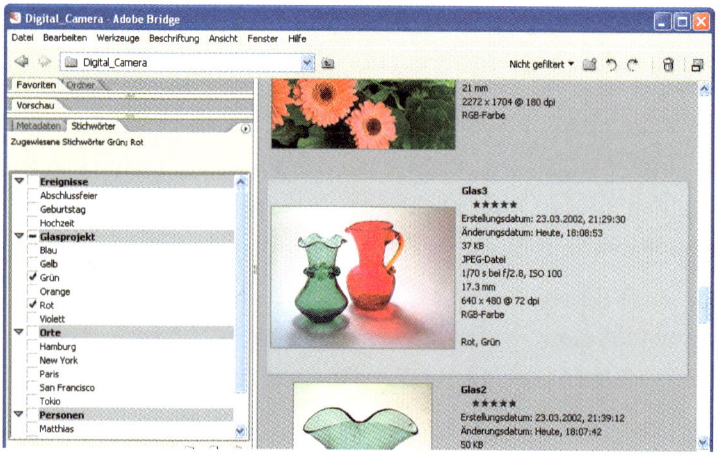

Die zugewiesenen Stichwörter sind mit einem Häkchen versehen. Der fette Trennstrich neben der Kategorie *Glasprojekt* weist darauf hin, dass einige (aber nicht alle) Stichwörter des Satzes der gewählten Datei zugewiesen wurden.

7 Wählen Sie nacheinander die anderen Bilder mit den Glasobjekten und weisen Sie ihnen entsprechende Stichwörter für die Glasfarben im Bild zu. Oder wählen Sie mehrere Dateien auf einmal – wie alle Bilder mit den blauen Glasobjekten – und weisen Sie jeder Datei gleichzeitig das Stichwort *Blau* zu.

Stichwörter löschen

Die Liste in der Stichwörter-Palette gilt für das gesamte Programm, das heißt, die Wahl eines Stichwortes ist unabhängig vom jeweiligen Ordner, den Sie durchsuchen. Da viele der voreingestellten Stichwörter für die jeweilige Aufgabe nur von geringem Nutzen sind, lassen sich nicht benötigte Stichwörter umbenennen oder löschen. Da in den Bildern kein orangefarbiges Glas enthalten ist, sollten Sie das Stichwort (*Orange*) einfach löschen.

Ein Stichwort lässt sich auch löschen, wenn es einigen Dateien aktuell zugewiesen wurde. In einem darartigen Fall löscht Photoshop das Stichwort in der Überschrift und zeigt es unter der neuen Überschrift *Andere Stichwörter*. Das prüfen Sie jetzt.

1 Wählen Sie in der Stichwörter-Palette das Stichwort *Orange* und klicken Sie unten in der Palette auf die Schaltfläche »Stichwort löschen« ( ). Klicken Sie auf OK, um den Warnhinweis zu überspringen.

2 Wiederholen Sie Schritt 1, aber löschen Sie diesmal das Stichwort *Rot*.

3 Wählen Sie eine Miniatur mit einem roten Glasobjekt. (Sie haben dieser Datei bereits das Stichwort *Rot* zugewiesen.)

4 Suchen Sie in der Stichwörter-Palette die Kategorie *Andere Stichwörter* und in ihr das Stichwort *Rot*. Ziehen Sie das Stichwort in die Kategorie *Glasprojekt*, um es mit den anderen Stichwörtern für die Farben zu gruppieren.

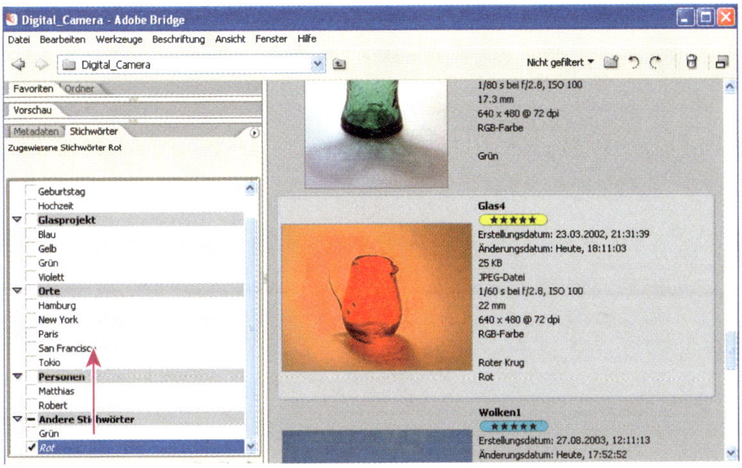

Stichwörter lassen sich mit einem kleinen Trick auch bearbeiten. Da ein Doppelklicken auf ein Stichwort dieses nur aktuell gewählten Dateien zuweist, müssen Sie erst das Stichwort und dann aus dem Menü der Stichwort-Palette bzw. dem Kontextmenü die Option »Umbenennen« wählen. Geben Sie jetzt den neuen Text ein.

Mit Adobe Bridge suchen

Da Sie die Bilder im Ordner *Lektion02/Digital_Camera* mit Informationen versehen haben, sollten Sie jetzt ausprobieren, wie sehr sich dadurch die Suche vereinfacht.

1 Wählen Sie **Bearbeiten: Suchen**.

2 Achten Sie im Dialogfeld »Suchen« darauf, dass bei der Option »Suchen in« der Ordner *Lektion02/Digital_Camera* erscheint. Oder klicken Sie auf »Durchsuchen« und navigieren Sie zu diesem Ordner.

3 Wählen Sie unter »Kriterien« die Information *Dateiname: enthält* und geben Sie in das leere Feld den Begriff **Glas** ein.

4 Klicken Sie auf die Schaltfläche mit dem Pluszeichen (⊞), um ein weiteres Menüset für Kriterien zu öffnen.

5 Wählen Sie in der zweiten Zeile die folgenden Informationen: *Stichwörter*, *enthält* und **Rot** (Eingabe).

6 Klicken Sie erneut auf die Schaltfläche mit dem Pluszeichen für eine dritte Zeile und wählen Sie *Wertung*, *ist gleich* und *fünf Sterne*.

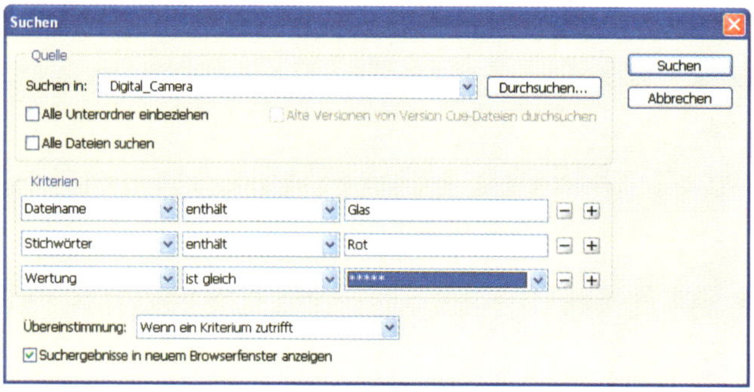

7 Klicken Sie auf »Suchen«.

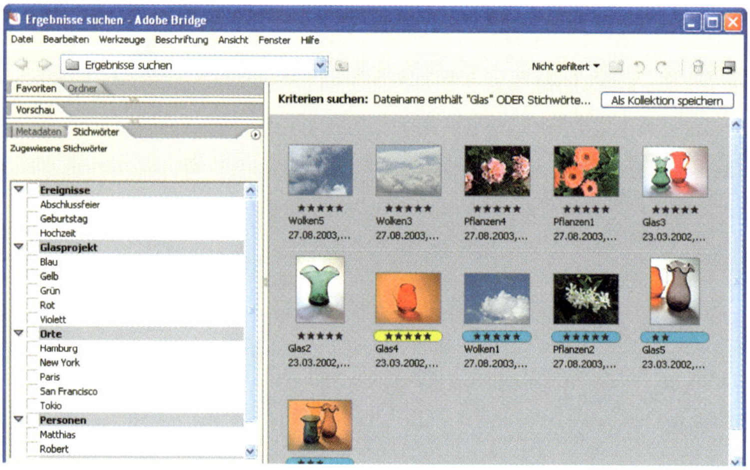

Alle Dateien, auf die die drei Sets mit den Kriterien zutreffen (Fünf-Sterne-Bilder mit rotem Glas) erscheinen im Miniaturenfenster. Beachten Sie, dass oben links im Ordner-Popup-Menü »Letzte Ordner« jetzt der neue Ordner »Ergebnisse suchen« zu sehen ist.

Julieanne Kost, Adobe Photoshop-Expertin

TIPPS VON DER PHOTOSHOP-EXPERTIN

Hi, ich bin Julieanne Kost, eine Photoshop-Expertin bei Adobe Systems, und veranstalte Kurse über Adobe Photoshop. Das Programm setze ich aber auch für mich selbst im Bereich der professionellen Fotografie ein. Photoshop ist ein mächtiges Programm und die Beherrschung einiger Tastaturbefehle und Tricks erweitert nicht nur die Funktionalität, sondern auch die Effizienz von Adobe Photoshop. Deshalb finden Sie im Buch meine Tipps und Tricks, die bestimmt auch für Sie nützlich sind.

Tastaturbefehle in Adobe Bridge

Tipps für den schnellen Start von Adobe Bridge:

- Um von Photoshop zur Bridge zu wechseln, drücken Sie Alt+Strg+O (Windows) bzw. Wahl+Befehl+O (Mac OS).
- Verwenden Sie in der Miniaturansicht zur schnellen Navigation zwischen Bildminiaturen die Pfeiltasten (Nach oben, Nach unten, Rechts und Links) .
- Drehen Sie ein oder mehrere gewählte Bilder um 90° im Uhrzeigersinn, indem Sie Strg+U (Windows) bzw. Befehl+U (Mac OS) drücken. Drehen Sie um 90° gegen den Uhrzeigersinn, indem Sie Umschalt+Strg+U (Windows) bzw. Umschalt+Befehl+U (Mac OS) drücken.

Favoriten und Kollektionen

Favoriten und Kollektionen sind zwei Möglichkeiten, mit denen sich Bilddateien optimal verwalten lassen. *Favoriten* sind gekennzeichnete Speicherorte auf der Festplatte oder im Netzwerk, die Sie mit einem Mausklick erreichen können. *Kollektionen* sind Bildergruppen, auf die Sie schnell über die Favoriten-Palette zugreifen.

Sie speichern jetzt zuerst die Suchergebnisse als eine Kollektion, damit Sie in Zukunft alle Glasbilder mit fünf Sternen einfach wiederfinden.

1. Klicken Sie oben rechts im Browserfenster auf die Schaltfläche »Als Kollektion speichern«.
2. Benennen Sie Ihre Kollektion im Dialogfeld »Kollektion speichern« mit **5-Sterne rotes Glas** und klicken Sie dann auf »Speichern«.
3. Klicken Sie auf den Favoriten-Reiter, um die Palette nach vorne zu bringen. Vergrößern Sie die Palette für eine bessere Ansicht.

Favoriten sind schnelle Links zu häufig frequentierten Speicherorten. Adobe Bridge verfügt bereits über standardmäßige Favoriten wie *Computer*, *Schreibtisch* und Ordner wie *Bilder* und *Dokumente*. *Kollektionen* ist ein weiterer Favorit, der eine Bildergruppe oder ein Suchergebnis sein kann.

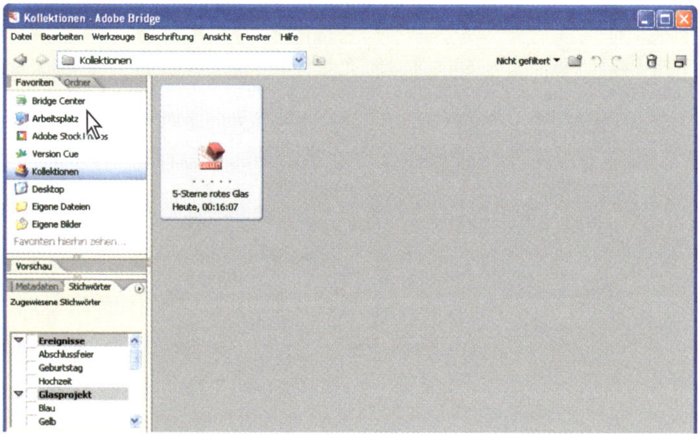

4 Klicken Sie auf »Kollektionen« in der Favoriten-Palette und doppelklicken Sie dann auf die Miniatur *5-Sterne rotes Glas* für eine Miniaturansicht der in dieser Kollektion enthaltenen Bilder.

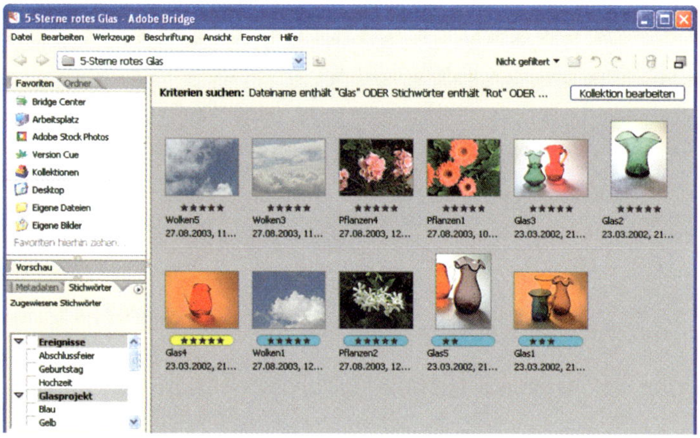

Erstellen Sie jetzt einen eigenen Favoriten für die anderen Lektionen in diesem Buch.

5 Klicken Sie auf den Ordner-Reiter, um die Ordner-Palette nach vorne zu bringen. Navigieren Sie zum *Lektionen*-Ordner, der die Übungsdateien von diesem Buch enthält.

6 Wählen Sie den Ordner *Lektionen* (in der Ordner-Palette oder im Vorschaubereich) und dann den Befehl **Datei: Zu Favoriten hinzufügen**.

Wenn Sie jetzt Dateien für die anderen Lektionen in diesem Buch suchen, klicken Sie einfach auf *Lektionen* in der Favoriten-Palette. Doppelklicken Sie anschließend, um den Ordner für eine bestimmte Lektion im Vorschaubereich zu öffnen.

Routineaufgaben automatisieren

Das Werkzeuge-Menü in Adobe Bridge enthält automatisierte Routinen, die auch in der Photoshop-Menüleiste über das Menü »Datei: Automatisieren« verfügbar sind. Probieren Sie jetzt eine dieser Routinen aus.

Der Vorteil automatisierter Befehle in Adobe Bridge liegt darin, dass sich die Befehle benutzen lassen, ohne die Dateien in Photoshop zu öffnen. Sie wenden diese Befehle wahlweise auf alle oder einzelne Dateien innerhalb eines gewählten Ordners an.

Eine Web-Fotogalerie erstellen

Der Befehl »Werkzeuge: Photoshop: Web-Fotogalerie« erzeugt eine komplette Website mit Miniaturen, Bildern, Text und sogar einem Bereich für Rückmeldungen des Betrachters. Dieser füllt in der Website einfach ein Formular aus und schickt es per E-Mail an die von Ihnen festgelegte Adresse. Für diese Aufgabe stehen Ihnen verschiedene fertige Layouts und Stile zur Verfügung, die sich je nach Bedarf individuell anpassen lassen.

1 Klicken Sie auf das Favoriten-Register, um die entsprechende Palette nach vorne zu bringen, wählen Sie *Lektionen* und navigieren Sie anschließend zum Ordner *Lektion02/Präsentation*.

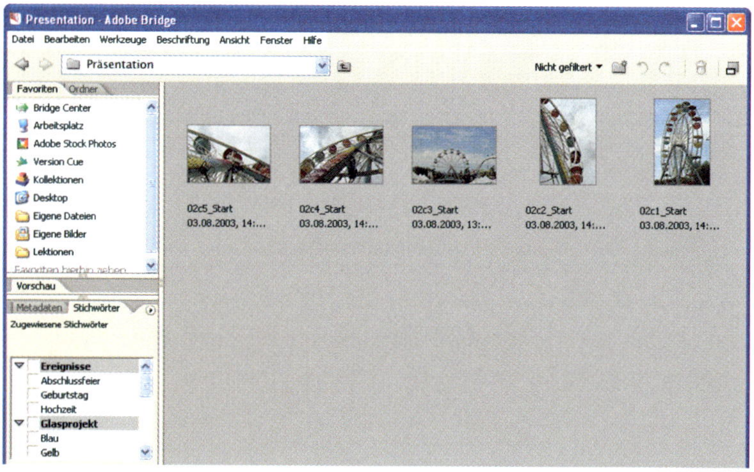

Der Ordner enthält fünf Fotos mit Riesenrädern, von denen keines gewählt ist.

2 Wählen Sie **Werkzeuge: Photoshop: Web-Fotogalerie**.

Falls Photoshop geschlossen war, wird das Programm jetzt gestartet. Ansonsten wechselt Bridge einfach zum bereits geöffneten Programm. Das Dialogfeld »Web-Fotogalerie« erscheint.

3 Wählen Sie oben im Dialogfeld »Web-Fotogalerie« die folgenden Optionen:

- Wählen Sie im Popup-Menü »Stile« die Option »Zentrierter Frame 1 - Feedback«.
- Geben Sie Ihre E-Mail-Adresse als die Adresse ein, an die der spätere Betrachter Ihrer Online-Bilder eine Rückmeldung bzw. einen Kommentar schicken soll.

4 Stellen Sie sicher, dass unter Quellbilder die folgenden Optionen gewählt sind:

- Wählen Sie für »Verwenden« die Option »Ordner«.
- Klicken Sie auf die Schaltfläche »Durchsuchen« (Windows) bzw. »Wählen« (Mac OS) und achten Sie darauf, dass der Ordner *Präsentation* gewählt ist. Ansonsten wählen Sie jetzt diesen Ordner.
- Erstellen Sie einen Zielordner für Ihre Web-Galerie: Klicken Sie auf die Schaltfläche »Ziel«, suchen Sie den Ordner *Lektion02* und klicken Sie auf die Schaltfläche »Neuer Ordner«. Geben Sie **Wheel Web Site** ein, um den Ordner zu benennen. Achten Sie darauf, dass *Wheel Web Site* als Ordneroption angezeigt wird, bevor Sie auf OK (Windows) bzw. »Öffnen« (Mac OS) klicken. Danach befinden Sie sich wieder im Dialogfeld »Web-Fotogalerie«.

5 Wählen Sie im Popup-Menü »Optionen« nacheinander die Optionen *Allgemein*, *Banner*, *Große Bilder* und *Miniaturen* und nehmen Sie folgende Einstellungen vor:

- *Allgemein*: Wählen Sie aus dem Popup-Menü »Erweiterung« die Option ».html« und deaktivieren Sie alle drei Kontrollkästchen.
- *Banner*: Geben Sie als Site-Namen **Ferris Wheel Photos** ein, **Adobe Systems** für den Fotografen und als Datum das heutige (falls erforderlich) oder ein anderes Datum ein. Sie können das Feld »Kontaktinformationen« leer lassen oder eine Telefonnummer bzw. Adresse eingeben.
- *Große Bilder*: Aktivieren Sie die Option »Bilder skalieren« (falls erforderlich), wählen Sie aus dem Popup-Menü die Option »Groß« und übernehmen Sie die anderen Voreinstellungen.
- *Miniaturen*: Wählen Sie aus dem Popup-Menü »Größe« die Option »Eigene« und geben Sie **70** Pixel ein. Übernehmen Sie die anderen Voreinstellungen.

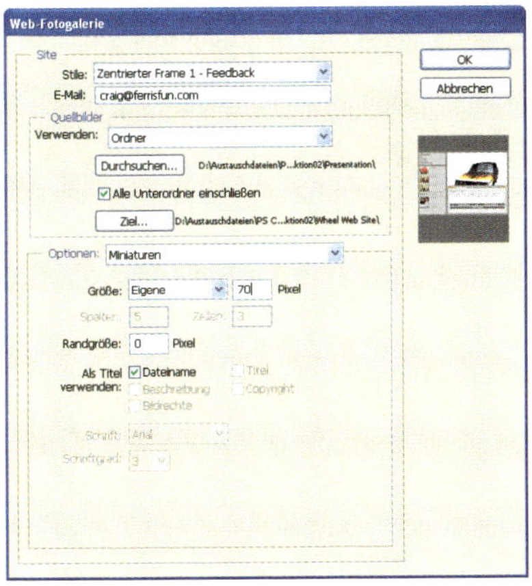

Übernehmen Sie die Voreinstellungen für »Eigene Farben« und »Schutz«.

6 Klicken Sie auf OK.

Photoshop öffnet jetzt automatisch die Dateien und erstellt die Web-Fotogalerie, die anschließend Ihr standardmäßiger Browser anzeigt.

Besucher können jetzt links auf eine Miniatur klicken, um rechts eine größere Ansicht zu erhalten. Klicken auf den Reiter »BILD-INFO« rechts unten auf der Webseite zeigt Informationen über das gewählte Bild an. Klicken auf den Reiter »BILD-FEEDBACK« ermöglicht, einen Kommentar einzugeben, das Bild zu genehmigen oder eine E-Mail an Sie zu schicken.

Die Web-Fotogalerie ist nur eine von verschiedenen automatisierten Aufgaben, die Sie in Adobe Bridge ausführen können. Probieren Sie die anderen Aufgaben einfach selber aus.

7 Schließen Sie Ihren Browser und kehren Sie zu Adobe Bridge zurück.

Adobe Stock Photos

Neben dem Einsatz von Adobe Bridge zur Verwaltung und Suche Ihrer eigenen Bilder lässt sich das Programm auch zur Suche und zum Kauf lizenzfreier Fotos einsetzen. Dazu wurde Adobe Bridge um den Service *Adobe Stock Photos* erweitert, der den Einkauf tausender Digitalbilder von zahlreichen Bildagenturen per Internet ermöglicht. Sie können Adobe Stock Photos zum Suchen, Herunterladen und Einkauf von Bildern direkt aus Adobe Bridge heraus einsetzen.

Stock Photos ansehen und suchen

Wir unterstellen, dass der Gestalter des Projekts mit den Riesenrädern noch weitere Bilder mit Riesenrädern benötigt.

1 Klicken Sie in der Favoriten-Palette von Adobe Bridge auf *Adobe Stock Photos.*

Die Homepage für *Adobe Stock Photos* hebt neue Inhalte hervor und ermöglicht Ihnen das Suchen und Ansehen von Stock-Bildern.

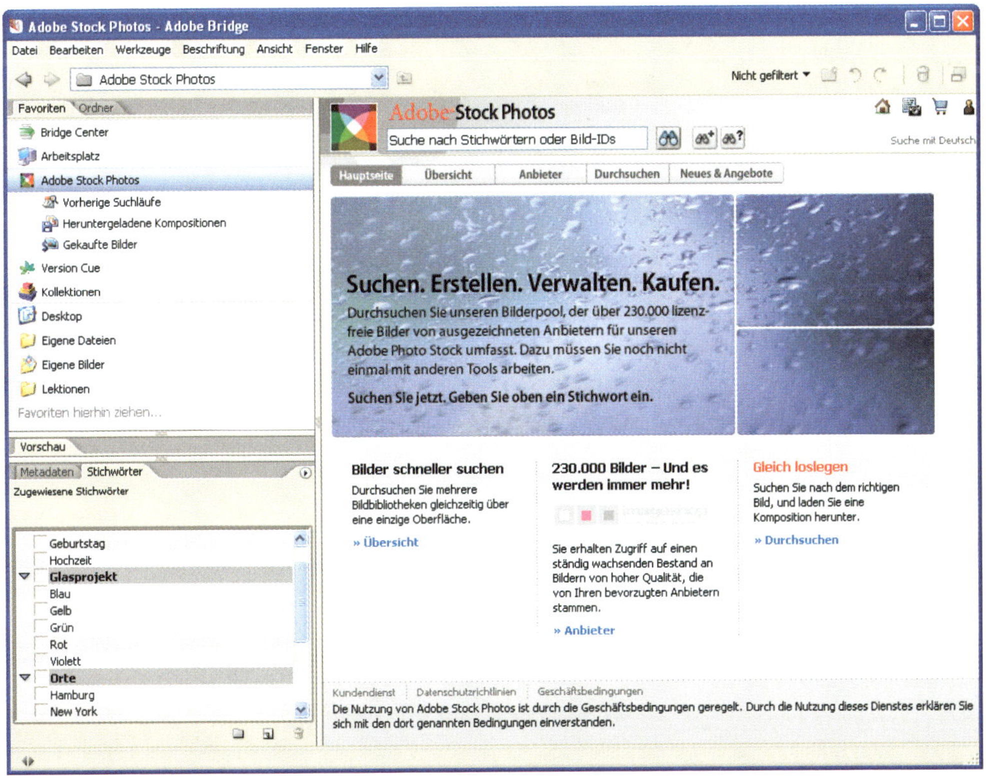

2 Geben Sie oben auf der Seite in das Suchfeld den Begriff **Riesenrad** ein und drücken Sie die Eingabetaste. Oder klicken Sie auf die Schaltfläche »Suche starten«.

Das Suchergebnis von Adobe Stock Photos erscheint im Bridge-Browserfenster mit allen einstellbaren Vorschaumöglichkeiten, einschließlich skalierbaren Miniaturen, wie bei den lokal gespeicherten Bilddateien.

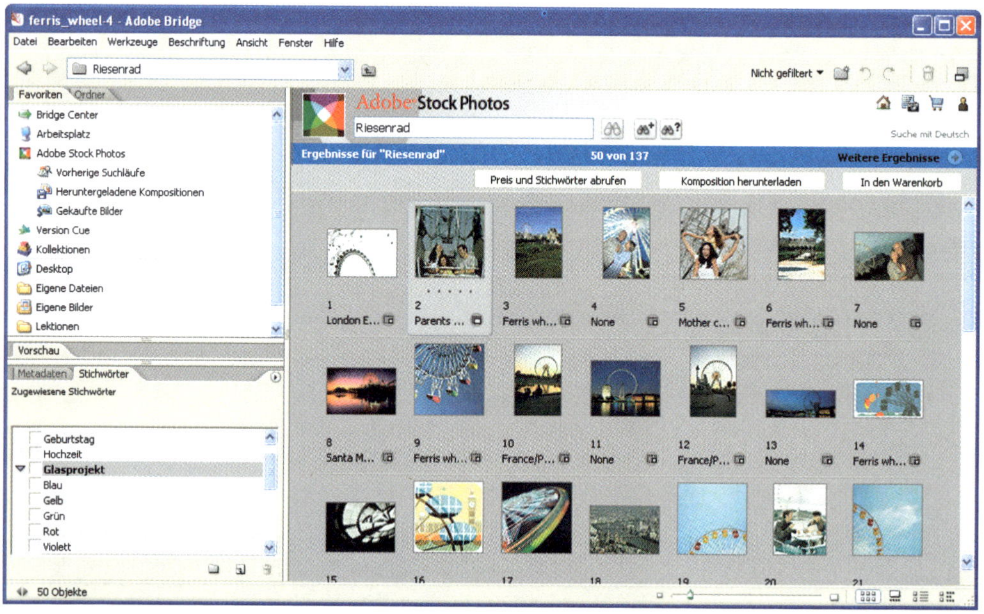

Stock Photos herunterladen und kaufen

Sie laden jetzt ein Kompositionsbild mit niedriger Auflösung herunter.

1 Wählen Sie eine oder mehrere Bildminiaturen und klicken Sie anschließend auf die Schaltfläche »Komposition herunterladen« (Komposition herunterladen).

Kompositionsbilder sind kostenlose Versionen von Bildern aus Adobe Stock Photos ohne Wasserzeichen und mit geringer Auflösung, die Sie herunterladen und für Layouts oder andere Vorbereitungen verwenden können. Kompositionen werden im Ordner *Eigene Dateien/AdobeStockPhotos* (Windows) bzw. *Dokumente/AdobeStock-Photos* (Mac OS) gespeichert.

2 Klicken Sie in der Favoriten-Palette unter *Adobe Stock Photos* auf *Heruntergeladene Kompositionen*, um die jeweiligen Bilder anzuzeigen.

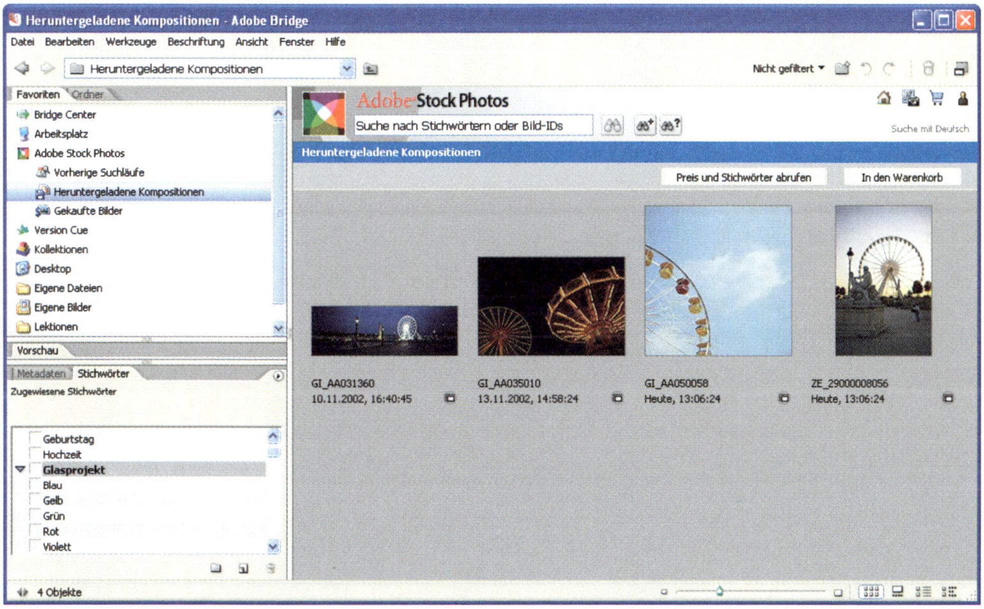

Um diese Kompositionen in Photoshop zu öffnen, doppelklicken Sie einfach auf eine Miniatur. Die heruntergeladenen Kompositionen lassen sich auch umbenennen, in andere Ordner auf der Festplatte oder im Netzwerk verschieben oder in Dateien von Layoutprogrammen platzieren. Adobe Stock Photos speichert die ursprünglichen Datei-Informationen, so dass Sie jederzeit aus Adobe Bridge heraus ein Bild kaufen können.

3 Um ein Bild käuflich zu erwerben, wählen Sie dessen Miniaturansicht und klicken Sie auf die Schaltfläche »In den Warenkorb« (In den Warenkorb).

4 Sobald Adobe Stock Photos bestätigt, dass das Bild dem Warenkorb hinzugefügt wurde, klicken Sie auf die Schaltfläche »Warenkorb anzeigen«.

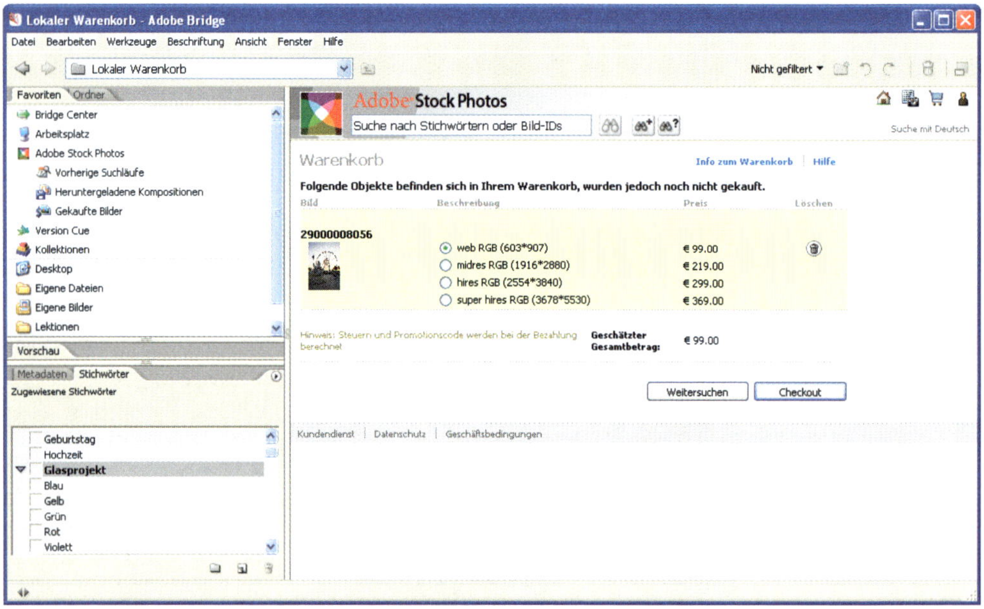

Adobe Stock Photos hat eine niedrig auflösende Bildversion Ihrem Warenkorb hinzugefügt.

Bilder im Warenkorb lassen sich löschen, Sie können eine andere Größe oder Auflösung wählen, den Einkauf fortsetzen oder von der Warenkorbseite aus zum Checkout gehen. Adobe Stock Photos ermöglicht Ihnen, Bilder als Gast zu kaufen. Oder Sie richten sich ein eigenes Konto ein. Mit beiden Möglichkeiten kaufen Sie Bilder aus mehreren Stock Photo-Bibliotheken in einer einzelnen Transaktion ein. Alle gekauften Bilder werden im Ordner *Gekaufte Bilder* gespeichert.

Glückwunsch! Sie haben diese Lektion über Adobe Bridge erfolgreich abgeschlossen. Sie haben im Verlauf des vorliegenden Buches noch weitere Gelegenheiten, mit Adobe Bridge zu arbeiten und die vielen Zeit sparenden Funktionen schätzen zu lernen.

Rückblick

Fragen

1 Beschreiben Sie zwei Möglichkeiten, um Adobe Bridge anzuzeigen.

2 Wie passen Sie das Browserfenster und die Miniaturansichten in Adobe Bridge an?

3 Welche Vorteile hat die Arbeit in Adobe Bridge gegenüber dem Desktop-Ordner?

Antworten

1 Adobe Bridge lässt sich im Vollmodus als normales Programm anzeigen. Oder Sie schalten den Ultrakompaktmodus oder den Kompaktmodus ein. Die Kompaktmodi zeigen Adobe Bridge als Schwebepalette über anderen Programmen an.

2 Sie ordnen die Paletten links im Adobe Bridge-Browserfenster an, indem Sie deren Register ziehen. Die Größe von Fenstern ändern Sie, indem Sie an den Ecken ziehen. Sie vergrößern oder verkleinern die Miniaturansicht rechts im Browserfenster, indem Sie den Miniaturenregler ziehen. Außerdem können Sie zwischen den Ansichten *Miniatur*, *Details* und *Filmstreifen* wählen.

3 Adobe Bridge zeigt hoch auflösende, skalierbare Miniaturansichten von Bilddateien sowie Metadaten über das jeweils gewählte Element. Dateien lassen sich in Adobe Bridge ändern, das heißt, sie lassen sich beispielsweise drehen. Sie verwenden Adobe Bridge auch, um Dateien mit Sternen zu bewerten oder farbig zu beschriften. Dateien lassen sich nach verschiedenen Kriterien sortieren und im Stapel umbenennen. Schließlich lassen sich in Adobe Bridge bestimmte Aufgaben automatisieren, wie das Erstellen von Web-Fotogalerien. Und Sie können lizenzfreie digitale *Stock Photos* einkaufen.

PARIS

Paris is the home of the Rodin Museum.The beautiful surroundings attracted artists including Henri Matisse, and August Rodin rented several rooms in which to store his art. The rooms became his studio where he worked and entertained friends among the wild gardens.The mansion escaped the Reign of Terror unharmed, but during Napoleon's reign, it fell victim to the times. It was sold to the Dames du Sacre-Coeur, a religious group dedicated to the education of young women, who converted the hotel into a boarding school for girls of royal and aristocratic families.

The Church and State separated in 1905 and the school was forced to close. Plans were made to demolish the mansion and replace it by rental apartments. In the meantime, it was divided into several small lodgings. The beautiful surroundings attracted artists including Henri Matisse, and August Rodin rented several rooms in which to store his art. The rooms became his studio where he worked and entertained friends among the wild gardens. Ever since 1919, the sculptures of Auguste Rodin have been housed in a mansion known as the Biron Hotel. The mansion was built by a hairdresser named Abraham Peyrenc in the seventeenth century when Paris Left Bank was still uninhabited.

Adobe Photoshop bietet Ihnen eine Vielzahl von Werkzeugen und Befehlen, um Fotos zu optimieren. Sie erfahren jetzt, wie Sie ein für den Druck vorgesehenes Foto importieren, in der Größe ändern und retuschieren. Diese Arbeitsschritte lassen sich auch auf Web-Bilder anwenden.

3 Retuschieren

Überblick

In dieser Lektion lernen Sie Folgendes:

- Zusammenhang zwischen Bildauflösung und Bildgröße
- Ein Bild auf seine Endgröße beschneiden
- Tonwerte eines Bildes korrigieren
- Einen Farbstich aus einem Bild mit dem Befehl »Auto-Farbe« entfernen
- Farbton und Sättigung bestimmter Bildbereiche mit dem Abwedler- und Schwamm-Werkzeug ändern
- Den Filter »Unscharf maskieren« anwenden, um den Retuschierprozess abzuschließen
- Bilddateien in einem Format für ein Layout-Programm speichern

Für diese Lektion benötigen Sie etwa eine Stunde. Falls erforderlich, löschen Sie den auf Ihrer Festplatte vorhandenen Lektionsordner aus der vorherigen Lektion und kopieren stattdessen den Ordner *Lektion03* auf die Festplatte. Wenn Sie die Startdateien wiederherstellen wollen, kopieren Sie diese einfach von der Buch-DVD erneut auf Ihre Festplatte.

Arbeitsablauf beim Retuschieren

Photoshop bietet Ihnen eine große Auswahl an Werkzeugen für die Korrektur von Farben und Tonwerten in Bildern. Probleme in der Farbqualität und im Tonwertumfang, die beim Fotografieren bzw. Scannen entstanden sind, lassen sich leicht korrigieren. Auch den Aufbau eines Fotos können Sie einfach ändern und seine Schärfe verbessern.

Grundlegende Schritte

Das Retuschieren erfordert meist diese acht allgemeinen Schritte:

- Das Bild oder den Scan duplizieren. (Arbeiten Sie immer mit einer Kopie der Bilddatei, damit Sie jederzeit wieder auf das Original zugreifen können.)
- Prüfen, ob die Qualität der gescannten Vorlage gut und die Auflösung für den Verwendungszweck des Bildes geeignet ist
- Das Bild auf die endgültige Größe und Orientierung beschneiden
- Scans beschädigter Fotos reparieren (wie Knicke, Staub oder Flecke)
- Den Kontrast bzw. Tonwertumfang des Bildes anpassen
- Vorhandene Farbstiche entfernen
- Farben und Tonwerte in bestimmten Bildbereichen korrigieren, um Lichter, Mitteltöne und Tiefen hervorzuheben sowie Farben zu sättigen
- Die Bildschärfe erhöhen

Sie sollten sich angewöhnen, die Arbeitschritte in der oben beschriebenen Reihenfolge durchzuführen. Es wäre sonst durchaus möglich, dass die Ergebnisse des einen Schrittes ungewollte Änderungen im Bild nach sich ziehen. Sie müssten dann zumindest einen Teil Ihrer Arbeit wiederholen.

Hinweis: *Sie arbeiten später in diesem Buch noch mit Einstellungsebenen, d.h. mit einer äußerst flexiblen Technik zum Ausprobieren unterschiedlicher Farbeinstellungen, ohne das Risiko einzugehen, das ursprüngliche Bild unabsichtlich zu beschädigen.*

Verwendungszweck des Bildes

Welche Retuschiertechniken Sie auf ein Bild anwenden, hängt teilweise vom späteren Gebrauch des Bildes ab. Ob es nun für den Schwarzweißdruck auf Zeitungspapier oder den Einsatz auf farbigen Internet-Seiten bestimmt ist – der Verwendungszweck beeinflusst alles, von der Auflösung des ursprünglichen Scan-Vorgangs bis hin zur Art der Farb- und Tonwertkorrektur. Photoshop unterstützt den CMYK-Farbmodus für die Aufbereitung eines Bildes, das mit Prozessfarben gedruckt werden soll, und zusätzlich stehen der RGB-Modus sowie andere Farbmodi z.B. für das Web zur Verfügung.

Um einen Retuschierablauf vom Anfang bis zum Ende zu verdeutlichen, führen wir Sie in dieser Lektion schrittweise durch den Korrekturprozess für ein Foto, das für den Vierfarbdruck bestimmt ist.

Weitere Informationen über den CMYK- und den RGB-Farbmodus finden Sie in Lektion 16, »Mit konsistenten Farben produzieren und drucken«.

Auflösung und Bildgröße

Als Erstes prüfen Sie beim Retuschieren eines Fotos in Photoshop, ob das Bild die korrekte Auflösung hat. Der Begriff *Auflösung* bezieht sich auf die Anzahl der kleinen, als *Pixel* bezeichneten Quadrate, die jeweils eine bestimmte Farbe bzw. einen Tonwert aufweisen und so das Bild beschreiben. Die Auflösung ergibt sich durch die *Bildmaße* oder die Anzahl der Pixel in Breite und Höhe des Bildes.

Pixel in einem Foto

Beim Digital-Design ist zwischen verschiedenen Auflösungsarten zu unterscheiden:

Die Anzahl der Pixel pro Maßeinheit in einem Bild wird als *Bildauflösung* bezeichnet und in Pixel per Inch (ppi) oder Dots per Inch (dpi) angegeben. Ein Bild mit hoher Auflösung weist mehr Pixel und daher einen größeren Dateiumfang auf als ein Bild mit denselben Maßen, aber mit niedrigerer Auflösung. Bilder in Photoshop variieren zwischen einer hohen Auflösung (300 ppi oder höher) bis zu einer niedrigen Auflösung (72 ppi oder 96 ppi).

Die Anzahl der Pixel pro Maßeinheit auf einem Monitor wird *Monitorauflösung* genannt und meist in Punkten pro Inch (dpi) angegeben. Photoshop übersetzt Bildpixel direkt in Monitorpixel. Ist die Auflösung des Bildes höher als die des Monitors, erscheint das Bild auf dem Bildschirm größer als in den Druckmaßen angegeben. Wenn Sie beispielsweise ein Bild mit einer Größe von 3 x 3 cm und 144 ppi auf einem Monitor mit 72 dpi anzeigen, nimmt das Bild einen 6 x 6 cm großen Bereich auf dem Bildschirm ein.

9,45 x 14,57 cm
bei 72 ppi
Dateigröße 342 Kbyte

100%-Ansicht auf dem Bildschirm

9,45 x 14,57 cm
bei 200 ppi
Dateigröße 2,48 Mbyte

100%-Ansicht auf dem Bildschirm

Hinweis: *Sie sollten für die Arbeit auf dem Bildschirm unbedingt wissen, was »100%-Ansicht« bedeutet. Bei 100% entspricht ein Bildpixel einem Bildschirmpixel. So lange die Bildauflösung nicht ganz exakt der Auflösung des Bildschirms entspricht, ist die Bildgröße (z.B. in Zentimeter) auf dem Bildschirm größer oder kleiner als die Bildgröße im Druck.*

Die Anzahl der von einem Belichter oder Laserdrucker produzierten Farbpunkte pro Zoll ist die Druck- bzw. Ausgabeauflösung. Die Ausgabeauflösung ist dpi (Dots per Inch). Natürlich erzeugen hoch auflösende Drucker in Kombination mit hoch auflösenden Bildern generell eine bessere Qualität. Die richtige Auflösung für ein gedrucktes Bild ergibt sich aus der Druckauflösung und der Rasterfrequenz (oder Linien pro Inch (lpi)) des Halbtonrasters für die Reproduktion von Bildern, da ein Belichter zeilenweise belichtet.

Je höher die Bildauflösung, desto größer die Datei – und das heißt z.B. auch längere Downloadzeiten im Internet.

Hinweis: *Bei der Bestimmung für das Foto dieser Lektion wurde nach der DTP-Faustregel für Farb- und Graustufenbilder vorgegangen, die für den Druck auf großen, kommerziellen Maschinen vorgesehen ist: Scannen mit einer Auflösung, die 1,5- bis 2-mal größer ist als die vom Drucker verwendete Rasterweite. Da die Zeitschrift, in der das Bild erscheinen soll, eine Rasterweite von 133 lpi benutzt, wurde das Bild mit einer Auflösung von 200 ppi (133 lpi x 1,5) gescannt.*

Weitere Informationen zu Auflösung und Bildgröße finden Sie in der *Adobe Photoshop-Hilfe*.

Vorbereitungen

Das Bild für diese Lektion ist ein gescanntes Foto. Sie bereiten in diesem Szenario das Bild für ein Adobe InDesign-Zeitschriftenlayout auf. Die endgültige Bildgröße im Layout beträgt 5,0 mal 7,6 cm.

Sie beginnen diese Lektion, indem Sie das gescannte und noch unbearbeitete Foto mit dem fertigen Bild vergleichen.

1 Starten Sie Photoshop und halten Sie sofort danach Strg+Alt+Umschalt (Windows) bzw. Befehl+Wahl+Umschalt (Mac OS) gedrückt, um die standardmäßigen Voreinstellungen zu erhalten. (Siehe »Die Standardeinstellungen wiederherstellen« auf Seite 20.)

2 Klicken Sie im Meldungsfenster zur Bestätigung auf »Ja«, um die standardmäßigen Voreinstellungen zu erhalten, und auf »Schließen«, um den Start- bzw. Willkommen-Bildschirm zu schließen.

3 Klicken Sie in der Optionsleiste auf die Schaltfläche »Gehe zu Bridge« ( ), um Adobe Bridge zu öffnen.

4 Klicken Sie oben links in der Favoriten-Palette auf *Lektionen*. Doppelklicken Sie anschließend im Vorschaubereich auf den Ordner *Lektion03*, um dessen Inhalt anzuzeigen.

5 Achten Sie auf ausreichend große Miniaturen und vergleichen Sie dann die Dateien *03Start.psd* und *03End.psd*.

Der Scan ist verdreht, die Farben sind ziemlich dumpf und das Bild hat einen Rotstich. Außerdem sind die Bildmaße größer als für die Zeitschrift benötigt. Sie verbessern jetzt die vorhandene Bildqualität und beginnen mit dem Ausrichten und Beschneiden des Bildes.

6 Doppelklicken Sie auf die Miniatur *03Start.psd*, um die Datei in Photoshop zu öffnen.

7 Wählen Sie in Photoshop **Datei: Speichern unter** und speichern Sie die Startdatei im Ordner *Lektion03*, diesmal jedoch mit dem Namen **03Arbeit.psd**.

Wenn Sie eine Bilddatei korrigieren, sollten Sie immer mit einer Kopie und nicht mit dem Original arbeiten. Wenn jetzt etwas schief läuft, sind Sie zumindest in der Lage, mit einer Kopie des Originals neu zu beginnen.

Julieanne Kost, offizielle Adobe Photoshop-Expertin

TIPPS VON DER PHOTOSHOP-EXPERTIN

Das Freistellungswerkzeug kann noch mehr!

Hier zwei Möglichkeiten für die effektivere Arbeit mit dem Freistellungswerkzeug (Z):

- Vergrößern Sie mit dem Freistellungswerkzeug die Arbeitsfläche. Öffnen Sie ein Bild in Photoshop, vergrößern Sie das Bildfenster so durch Ziehen, dass das Bild mit einer grauen Fläche umgeben ist. Ziehen Sie dann mit dem Freistellungswerkzeug eine Auswahl. Nach Loslassen der Maus können Sie die Griffe außerhalb des Bildbereichs ziehen. Drücken Sie nun die Eingabetaste, um die Arbeitsfläche um diesen Bereich zu vergrößern und mit der Hintergrundfarbe zu füllen.
- Verwenden Sie die Maße eines Bildes, um damit ein anderes Bild freizustellen. Öffnen Sie beide Bilder in Photoshop und aktivieren Sie das Bild mit den gewünschten Freistellungsmaßen. Klicken Sie mit dem Freistellungswerkzeug in der Optionsleiste auf die Schaltfläche »Vorderes Bild«, um Höhe, Breite und Auflösung des Bildes in die entsprechenden Felder der Optionsleiste zu übertragen. Aktivieren Sie jetzt das Bild, das Sie freistellen möchten, und ziehen Sie mit dem Freistellungswerkzeug. Die Proportionen bleiben beim Ziehen erhalten. Sobald Sie die Maustaste loslassen und die Freistellung zuweisen, hat das Bild die gewünschte Höhe, Breite und Auflösung.

Bild anpassen und beschneiden

Mit dem Freistellungswerkzeug beschneiden und skalieren Sie das Foto für diese Lektion, so dass es in den dafür vorgesehenen Platz im Layout passt. Alternativ löschen Sie mit dem Befehl »Freistellen« alle Pixel außerhalb des Freistellungsbereichs dauerhaft.

1 Wählen Sie in der Werkzeugpalette das Freistellungswerkzeug (⌗). Geben Sie in der Optionsleiste (ganz oben im Arbeitsbereich) die Maße des fertigen Bildes ein: **5** cm (Breite) und **7,6** cm (Höhe).

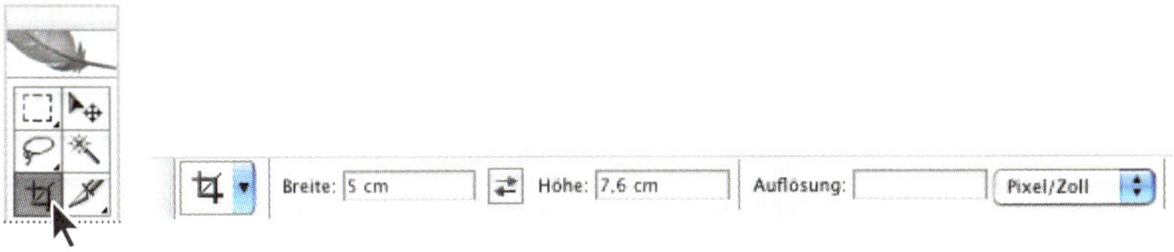

2 Ziehen Sie ein Auswahlrechteck um das Bild. Das Bild muss nicht vollständig eingeschlossen sein, da Sie das Auswahlrechteck später noch anpassen.

Das Auswahlrechteck vergrößert sich beim Ziehen proportional zu der in der Optionsleiste eingegebenen Zielgröße (5 x 7,6).

Sobald Sie die Maustaste loslassen, liegt eine *Abdeckung* über dem Bereich außerhalb des Freistellungsbereichs. Die Optionsleiste zeigt nun Optionen für den Abdeckungsbereich.

3 Achten Sie in der Optionsleiste darauf, dass das Kontrollkästchen »Perspekt. bearbeiten« deaktiviert (ohne Häkchen) ist.

4 Bewegen Sie im Bildfenster den Zeiger außerhalb des Freistellungsrechtecks. Der Zeiger ändert sich in einen gebogenen Doppelpfeil (↰). Ziehen Sie im Uhrzeigersinn, bis das Auswahlrechteck parallel zu den Bildkanten steht.

5 Positionieren Sie den Zeiger innerhalb des Freistellungsrechtecks und ziehen Sie, bis die Auswahl alle Bildteile enthält, die Sie weiterverwenden wollen. Passen Sie gegebenenfalls die Rechteckgröße an, indem Sie an einem der Eckgriffe ziehen.

6 Drücken Sie die Eingabetaste. Das Bild ist damit beschnitten und füllt das Bildfenster entsprechend Ihren Angaben für Größe und Beschnitt bzw. Freistellung.

In Photoshop schneiden Sie über den Befehl »Bild: Zuschneiden« transparente bzw. farbige Bereiche an den Bildkanten ab.

7 Wählen Sie **Datei: Speichern**.

Automatisch anpassen

Photoshop enthält eine Anzahl äußerst effektiver Automatikfunktionen, über die sich mit sehr geringem Aufwand und ohne großes Vorwissen bestimmte Bilder anpassen und verbessern lassen. Benötigen Sie jedoch subtilere Eingriffsmöglichkeiten, sollten Sie sich mehr mit den technischen Möglichkeiten und den Einstellungen in Photoshop vertraut machen.

Zuerst probieren Sie die automatischen Einstellungen zum Aufhellen der Farben im Bild aus. Anschließend arbeiten Sie mit den manuellen Einstellungen, und zwar mit einer weiteren Kopie der Lektionsdatei.

1 Die freigestellte Datei ist gespeichert. Ansonsten wählen Sie jetzt **Datei: Speichern**.

2 Wählen Sie **Datei: Speichern unter**, geben Sie als neuen Namen **03Auto.psd** ein und klicken Sie auf »Speichern«.

3 Wählen Sie **Bild: Anpassen: Auto-Farbe**.

4 Wählen Sie **Bild: Anpassen: Tiefen/Lichter**.

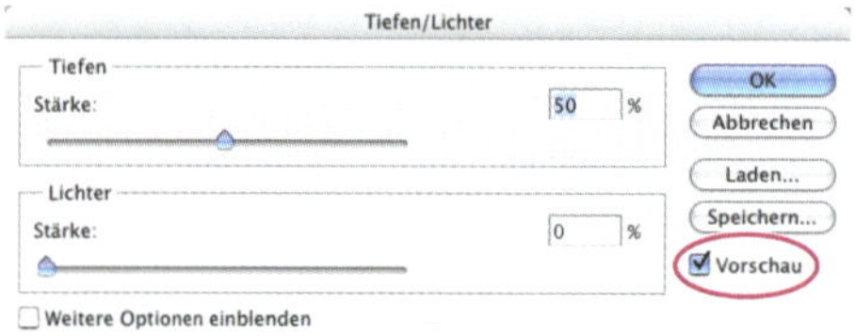

5 Ziehen Sie im Dialogfeld »Tiefen/Lichter« die Regler »Tiefen« und »Lichter« so, dass das Bild Ihren Vorstellungen entspricht. Achten Sie darauf, dass »Vorschau« gewählt ist, damit Sie während der Arbeit die jeweiligen Änderungen im Bildfenster sehen.

6 Klicken Sie auf OK, um das Dialogfeld zu schließen. Wählen Sie **Datei: Speichern**.

7 Schließen Sie die Datei *03Auto.psd*. Wählen Sie **Datei: Letzte Dateien öffnen** und dann *03Arbeit.psd* aus dem Menü der zuletzt geöffneten Dateien.

Tonwertbereich manuell anpassen

Der Tonwertumfang eines Bildes steht für den *Kontrast* bzw. die Detailgenauigkeit im Bild und ergibt sich aus der Verteilung der Pixel im Bild. Er reicht von Schwarz (den dunkelsten Pixeln) bis zu Weiß (den in der Regel – Ausnahme Spitzlichter wie metallische Reflexe – hellsten Pixeln). Sie korrigieren nun mit dem Befehl »Tonwertkorrektur« den Kontrast im Foto.

Sie verwenden für diese Aufgabe im Dialogfeld »Tonwertkorrektur« eine Grafik, die den Tonwertbereich (dunkel und hell) repräsentiert. Die Grafik hat Kontrollmöglichkeiten für die Tiefen, Lichter und Mitteltöne bzw. Gamma des Bildes. Sie orientieren sich außerdem in der Histogramm-Palette, die Ihnen die benötigten Informationen zeigt. So lange Sie nicht einen speziellen Effekt erzielen wollen, reicht das ideale Histogramm über die volle Breite der Grafik. Der mittlere Bereich hat dabei ziemlich gleichmäßige Höhen und Tiefen, was auf angemessene Pixeldaten in den Mitteltönen hinweist.

1 Wählen Sie **Fenster: Histogramm** oder klicken Sie auf den Histogrammreiter in der Navigator-Palettengruppe. Wählen Sie anschließend aus dem Palettenmenü die Option »Erweiterte Ansicht«.

2 Wählen Sie **Bild: Anpassen: Tonwertkorrektur**, um das Dialogfeld »Tonwertkorrektur« zu öffnen.

3 Die Vorschau ist aktiviert. Eventuell müssen Sie das Dialogfeld verschieben, um gleichzeitig das Bildfenster und die Histogramm-Palette zu sehen.

Drei Dreiecke unter dem Histogramm stehen für die Tiefen (schwarzes Dreieck), Lichter (weißes Dreieck) und Mitteltöne oder Gamma (graues Dreieck). Würde das Bild über Farben im gesamten Helligkeitsspektrum verfügen, würde sich die Grafik auch über die gesamte Breite des Histogramms erstrecken. Beachten Sie an dieser Stelle, dass die Grafiken im Dialogfeld »Tonwertkorrektur« und in der Histogramm-Palette identisch sind.

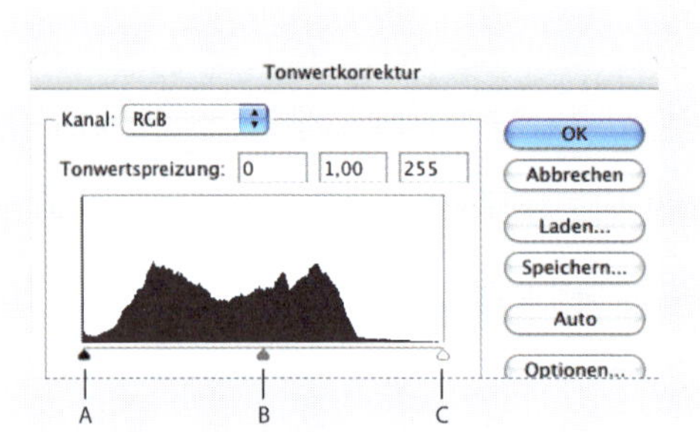

A. Tiefen B. Mitteltöne oder Gamma C. Lichter

4 Ziehen Sie das linke Dreieck nach rechts bis zu dem Punkt, an dem das Histogramm auf den Beginn der dunkelsten Farben hinweist.

Während des Ziehens ändert sich der Wert für »Tonwertspreizung« (über dem Histogramm) und auch das Bild selbst. In der Histogramm-Palette reicht der linke Teil der Grafik bis zum Rand des Rahmens. Das zeigt an, dass die dunkelsten Tiefen näher zu Schwarz verschoben wurden.

Hinweis: *Sie können auch scrubben (ziehen), um den Eingabe-Wert zu ändern: Klicken Sie zuerst im Eingabefeld für den zu ändernden Wert und ziehen Sie dann den Zeiger über dem Wort* Tonwertspreizung.

5 Ziehen Sie das rechte Dreieck nach links bis zu dem Punkt, wo das Histogramm den Beginn der hellsten Farbe anzeigt. Beachten Sie wieder die Änderungen des dritten Wertes für die Tonwertspreizung und des Bildes sowie die geänderte Form der Grafik in der Histogramm-Palette.

6 Ziehen Sie das mittlere Dreieck etwas nach links, um die Mitteltöne aufzuhellen.

Beobachten Sie die Änderungen im Bildfenster und in der Grafik der Histogramm-Palette, um herauszufinden, wie weit Sie das mittlere Dreieck ziehen müssen.

7 Wenn Ihnen das Bild so gefällt (im Beispiel haben wir die Werte für die Tonwertspreizung auf 25, 1,20 und 197 eingestellt), klicken Sie auf OK, um die Änderungen anzuwenden. Speichern Sie jetzt Ihre Arbeit.

Der Befehl Auto-Kontrast

Sie stellen den Kontrast (Lichter und Tiefen) und die Farbverteilung in einem Bild automatisch ein, indem Sie den Befehl »Bild: Anpassen: Auto-Kontrast« aufrufen. Diese Einstellung des Kontrastes definiert die hellsten und dunkelsten Pixel im Bild als Schwarz- und Weißwerte und verteilt die dazwischen liegenden Pixel proportional. Diese Verteilung betont die Lichter und die Tiefen, das heißt, viele Fotos und Halbtonbilder lassen sich so verbessern (kaum jedoch flache, ausgewaschene Bilder).

Standardmäßig beschneidet der Befehl »Auto-Kontrast« die weißen und schwarzen Pixel um 0,5%, das heißt, beim Ermitteln der hellsten und dunkelsten Bildpixel ignoriert Photoshop die ersten 0,5% jedes Extrembereichs. Das Programm stützt die Weiß- und Schwarzwerte auf repräsentative helle und dunkle Pixel und nicht auf vereinzelte extreme Pixelwerte im Bild.

Auch wenn Sie in dieser Lektion nicht mit dem Befehl »Auto-Kontrast« arbeiten, sollten Sie sich diesen Befehl für eigene Projekte merken.

Farbstich entfernen

Manche Bilder enthalten einen Farbstich (ein Ungleichgewicht der Farben), der entweder während des Scan-Vorgangs aufgetreten ist oder schon in der Vorlage vorhanden war. Unser Fensterfoto hat einen Rotstich, den Sie mit dem Befehl »Auto-Farbe« in Photoshop korrigieren.

1 Wählen Sie **Bild: Anpassen: Auto-Farbe**.

Der rote Farbstich ist nicht mehr vorhanden.

2 Wählen Sie **Datei: Speichern**.

Die Befehle »Auto-Farbe« und »Auto-Farbkorrekturoptionen«

Der Befehl »Auto-Farbe« stellt den Kontrast und die Farbe eines Bildes ein, indem im eigentlichen Bild und nicht in den Histogrammen der Kanäle nach Tiefen, Mitteltönen und Lichtern gesucht wird. Mit diesem Befehl werden die Mitteltöne neutralisiert und die weißen und schwarzen Pixel anhand der im Dialogfeld »Auto-Farbkorrekturoptionen« festgelegten Werte beschnitten.

Im Dialogfeld »Auto-Farbkorrekturoptionen« können Sie den gesamten Tonwertbereich eines Bildes automatisch einstellen, Beschneidungsprozentwerte festlegen und Tiefen, Mitteltönen und Lichtern Farbwerte zuweisen. Um das Dialogfeld »Auto-Farbkorrekturoptionen« zu öffnen, klicken Sie im Dialogfeld »Tonwertkorrektur« oder »Gradationskurven« auf »Optionen«. Es ist möglich, die Einstellungen auf einmal mit dem Dialogfeld »Tonwertkorrektur« oder »Gradationskurven« einzustellen, Sie können diese aber auch für die künftige Verwendung mit den Befehlen »Tonwertkorrektur«, »Auto-Tonwertkorrektur«, »Auto-Kontrast«, »Auto-Farbe« und »Gradationskurven« speichern.

Farben in einem Bild ersetzen

Der Befehl »Farbe ersetzen« ermöglicht Ihnen, für bestimmte Farben vorübergehend eine Maske zu erstellen und dann diese Farben zu ersetzen. Mit Masken lassen sich Bildpartien isolieren, damit sich Änderungen nur auf den ausgewählten Bereich und nicht auf das restliche Bild auswirken. Mit den Optionen des Dialogfelds »Farbe ersetzen« korrigieren Sie Farbton, Sättigung und Lab-Helligkeit der Auswahl. *Farbton* ändert die Farbe, *Sättigung* bezieht sich auf das Verhältnis der RGB-Anteile einer Farbe und *Lab-Helligkeit* steuert die Anteile von Weiß oder Schwarz in einem Bild.

Sie ändern nun mit dem Befehl »Farbe ersetzen« die Farbe einer Tulpe im Bild.

1 Ziehen Sie mit dem Auswahlrechteck-Werkzeug (⬚) eine Auswahl um die gelbe Tulpe links im Bildvordergrund. Die Auswahl muss nicht perfekt sein, sie sollte jedoch die gelbe Blüte vollständig umschließen.

2 Wählen Sie **Bild: Anpassen: Farbe ersetzen**.

Im Dialogfeld »Farbe ersetzen« erscheint im Bereich »Auswahl« standardmäßig ein schwarzes Rechteck, das die aktuelle Auswahl repräsentiert.

Beachten Sie die drei Pipetten im Dialogfeld »Farbe ersetzen«. Die erste Pipette wählt eine einzelne Farbe aus, die zweite fügt der Auswahl Farben hinzu und die dritte entfernt Farben aus der Auswahl.

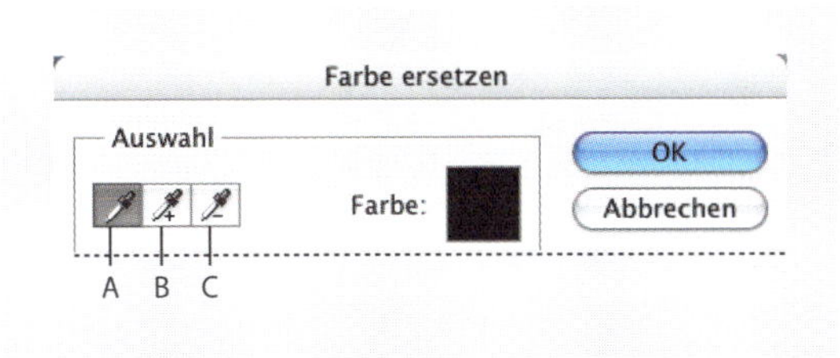

A. Wählt einzelne Farbe ***B.*** *Fügt der Auswahl Farben hinzu* ***C.*** *Zieht von der Auswahl Farben ab*

3 Klicken Sie auf die erste Pipette ()im Dialogfeld »Farbe ersetzen« und dann auf die gelbe Tulpe im Bildfenster, um alle Bereiche mit dieser Farbe zu wählen.

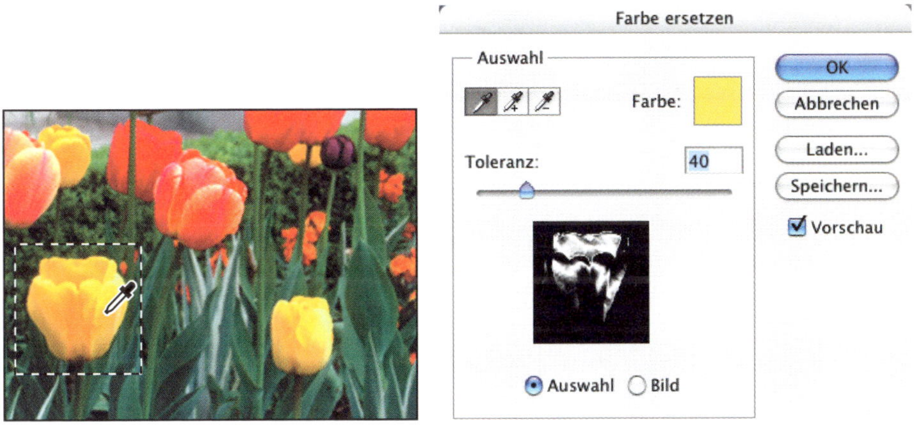

4 Wählen Sie die Pipette mit dem Plus-Zeichen () und ziehen Sie sie über die anderen Bereiche der gelben Tulpe, bis die komplette Blume im Dialogfeld weiß hervorgehoben ist.

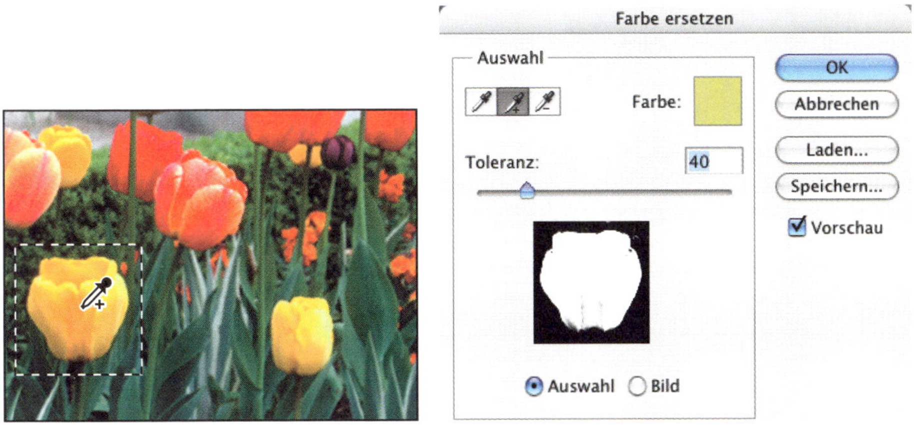

5 Ändern Sie den Toleranzwert der Maske, indem Sie den Regler »Toleranz« auf 45 schieben.

Mit Hilfe des Toleranzwerts steuern Sie, in welchem Ausmaß verwandte Farben in die Maske einbezogen werden.

6 Falls das Dialogfeld noch weiße Bereiche der Maske zeigt und diese *nicht* Teil der Tulpe sind, wählen Sie die Pipette mit dem Minus-Zeichen (⁄-) und klicken Sie in die entsprechenden Bereiche im Bildfenster oder im Dialogfeld »Farbe ersetzen«, um alle Weißanteile zu entfernen.

7 Ziehen Sie im Transformieren-Bereich des Dialogfelds »Farbe ersetzen« den Farbtonregler auf **-40**, den Sättigungsregler auf **-10** und den Lab-Helligkeitsregler auf **0**.

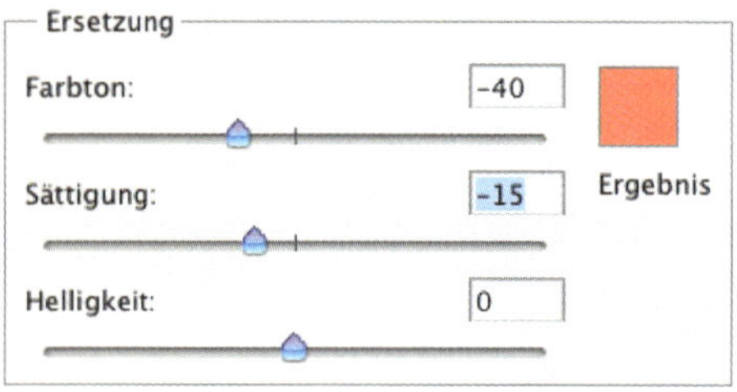

Diese neuen Werte ändern Farbton, Sättigung und Lab-Helligkeit der ursprünglich gelben Tulpe, so dass sie jetzt rot ist.

8 Klicken Sie auf OK, um die Änderungen anzuwenden.

9 Wählen Sie **Auswahl: Auswahl aufheben** und anschließend den Befehl **Datei: Speichern**.

Helligkeit mit dem Abwedler-Werkzeug anpassen

Als Nächstes hellen Sie mit dem Abwedler-Werkzeug die Lichter der Skulptur auf, um die Details zu betonen. Die Funktion des Abwedler-Werkzeugs entspricht dem Zurückhalten von Licht beim Belichten eines Fotos, eine traditionelle Technik in der Fotografie zum Aufhellen eines Bildbereichs.

1 Wählen Sie in der Werkzeugpalette das Abwedler-Werkzeug ( ).

2 Nehmen Sie in der Optionsleiste die folgenden Einstellungen vor:

- Wählen Sie aus dem Popup-Menü »Pinsel« einen weichkantigen Pinsel (z.B. mit dem Durchmesser 27). Klicken Sie außerhalb der Palette, um sie zu schließen.
- Wählen Sie aus dem Popup-Menü »Bereich« die Option »Lichter«.
- Geben Sie unter »Belichtung« den Wert **15%** ein.

3 Ziehen Sie das Abwedler-Werkzeug mit senkrechten Strichen über die Skulptur, um die Details herauszuarbeiten.

Das Abwedler-Werkzeug lässt sich beliebig ziehen, die senkrechten Striche eignen sich jedoch speziell für dieses Bild. Falls Sie Fehler machen oder Ihnen das Ergebnis nicht gefällt, wählen Sie **Bearbeiten: Rückgängig** und starten Sie dann einen neuen Versuch.

Original

Ergebnis

4 Wählen Sie **Datei: Speichern**.

Sättigung mit dem Schwamm-Werkzeug anpassen

Sie verstärken jetzt mit dem Schwamm-Werkzeug die Sättigung der Geranien. Wenn Sie die Sättigung einer Farbe ändern, wirkt sich das auf deren Reinheit bzw. Grauanteil aus. Das Schwamm-Werkzeug bietet sich an, wenn die Farbsättigung bestimmter Bildbereiche fein eingestellt werden soll.

1 Wählen Sie das Schwamm-Werkzeug ( ), das unter dem Abwedler-Werkzeug ( ) verborgen ist.

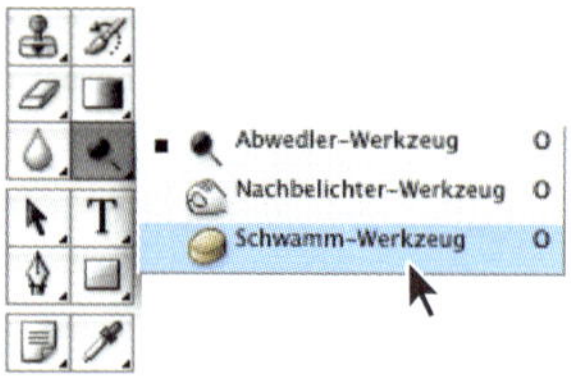

2 Nehmen Sie in der Optionsleiste die folgenden Einstellungen vor:

- Wählen Sie aus dem Popup-Menü »Pinsel« einen weichkantigen Pinsel (z.B. mit dem Durchmesser 27). Klicken Sie anschließend außerhalb der Palette, um sie zu schließen.
- Wählen Sie aus dem Popup-Menü »Modus« die Option »Sättigung erhöhen«.
- Geben Sie unter »Fluss« den Wert **90** (%) ein, um die Intensität des Sättigungseffekts zu erhöhen.

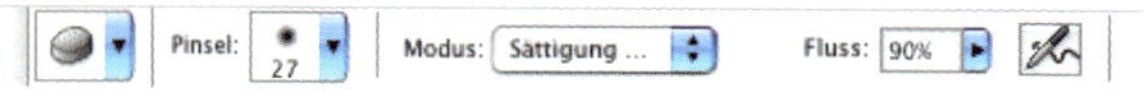

3 Wischen Sie mit dem Schwamm-Werkzeug über die Tulpen und Blätter, um deren Farbe stärker zu sättigen. Je häufiger Sie über einen Bereich ziehen, desto stärker wird die Farbsättigung.

4 Speichern Sie Ihre Arbeit.

Den Filter »Unscharf maskieren« zuweisen

Als letzter Schritt bei dem Retuschieren eines Fotos wenden Sie den Filter »Unscharf maskieren« an. Der Filter korrigiert den Kantenkontrast und lässt das Bild schärfer aussehen.

1 Wählen Sie **Filter: Scharfzeichnungsfilter: Unscharf maskieren**.

2 Überzeugen Sie sich, dass im Dialogfeld »Unscharf maskieren« das Kontrollkästchen »Vorschau« aktiviert ist, damit Sie das Ergebnis im Bildfenster sehen können.

Um einen besseren Überblick zu erhalten, positionieren Sie den Zeiger im Vorschaufenster und zeigen durch Ziehen verschiedene Teile des Bildes an. Außerdem lässt sich mit den Plus- und Minus-Schaltflächen unterhalb des Vorschaufensters die Darstellungsgröße des Bildes im Vorschaufenster ändern.

3 Ziehen Sie den Stärkeregler, bis das Bild die gewünschte Schärfe hat (wir haben mit 62% gearbeitet).

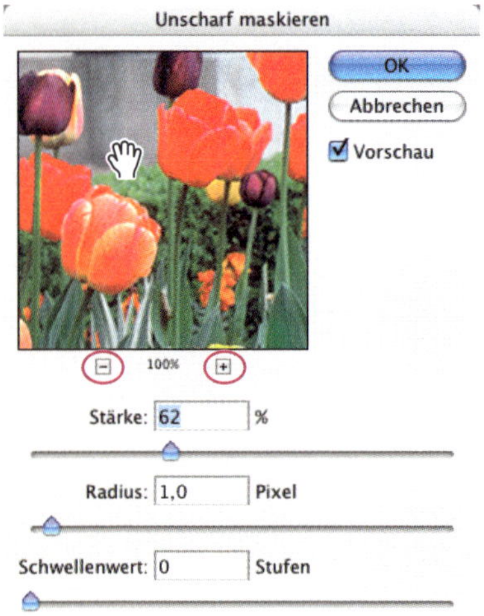

Schalten Sie beim Ausprobieren der verschiedenen Einstellungen die Vorschau ein und aus, um die Änderungen im Bildfenster zu beurteilen. Oder klicken Sie im Bild innerhalb des Dialogfensters, um den Filter aus- und wieder einzuschalten. Bei einem großen Bild bietet sich eher die Anzeige im Dialogfenster an, da nur ein kleiner Bildbereich aktualisiert werden muss.

4 Ziehen Sie den Radiusregler, um die Anzahl der Pixel zu bestimmen, die die Kantenpixel umgeben und die scharfgezeichnet werden sollen. Je höher die Auflösung, desto größer sollte der Radius sein. (Wir haben den voreingestellten Wert 1,0 Pixel benutzt.)

5 (Optional) Bestimmen Sie mit dem Schwellenwertregler, wie unterschiedlich die Helligkeit zwischen zwei Pixeln sein muss, bevor Photoshop sie als Kantenpixel betrachtet und mit dem Filter »Unscharf maskieren« scharfzeichnet. Der standardmäßige Schwellenwert 0 zeichnet alle Pixel des Bildes scharf. Probieren Sie einen anderen Wert wie 4 oder 5 aus.

6 Klicken Sie auf OK, um den Filter »Unscharf maskieren« zuzuweisen.

7 Wählen Sie **Datei: Speichern**.

Unscharf maskieren

Unscharf maskieren oder USM ist ein fotografisches Maskierungsverfahren der traditionellen Reprotechnik zum Scharfzeichnen von Bildkanten. Mit dem Filter »Unscharf maskieren« wird eine beim Fotografieren, Scannen, Neuberechnen oder Drucken auftretende Unschärfe korrigiert. Er ist nützlich bei Bildern, die gedruckt und online bereitgestellt werden sollen.

Mit dem Filter »Unscharf maskieren« werden Pixel gesucht, die sich um einen von Ihnen angegebenen Wert von den benachbarten Pixeln unterscheiden, und der Kontrast dieser Pixel um einen bestimmten Wert erhöht. Außerdem legen Sie den Radius des Bereichs fest, mit dem jedes Pixel verglichen wird.

Die Effekte des Filters »Unscharf maskieren« sind auf dem Bildschirm wesentlich deutlicher als bei einer hoch auflösenden Ausgabe. Wenn das Bild gedruckt werden soll, experimentieren Sie mit verschiedenen Einstellungen, um die beste Einstellung für das Bild zu ermitteln.

Manuelle und automatische Ergebnisse vergleichen

Sie haben ziemlich zu Beginn der Lektion das Lektionsbild nur mit der automatischen Farb- und Tonwertkorrektur eingestellt. Anschließend haben Sie mit manuellen Einstellungen gearbeitet, um ansprechende Ergebnisse zu erzielen. Jetzt ist es an der Zeit, beide Vorgehensweisen miteinander zu vergleichen.

1 Wählen Sie **Datei: Letzte Dateien öffnen** und wählen Sie (sofern verfügbar) die *Datei 03Auto.psd*. Ansonsten benutzen Sie den Dateibrowser oder wählen Sie **Datei: Öffnen**, um die Datei zu finden und zu öffnen.

2 Wählen Sie **Fenster: Anordnen: Nebeneinander**, um die Bildfenster *03Auto.psd* und *03Arbeit.psd* nebeneinander anzuordnen.

3 Vergleichen Sie die beiden Ergebnisse auf Ihrem Bildschirm.

03Auto.psd

03Arbeit.psd

4 Schließen Sie die Datei *03Auto.psd*.

Für manche Anwender sind die automatischen Befehle völlig ausreichend, während andere mit höheren visuellen Anforderungen ausschließlich auf die manuellen Einstellungen schwören. Wie so oft liegt der goldene Mittelweg dazwischen. Womit und wie Sie schließlich arbeiten, hängt meist vom jeweiligen Projekt und Bild ab.

Bild für den Vierfarbdruck speichern

Bevor Sie eine Photoshop-Datei für eine vierfarbige Publikation speichern, müssen Sie das Bild in den CMYK-Farbmodus umwandeln, um es mit den vier Prozessfarben korrekt zu drucken. Sie ändern mit dem Modus-Befehl den Farbmodus.

Vollständige Informationen über die Farbmodi finden Sie unter »Konvertieren zwischen Farbmodi« in der Photoshop-Hilfe.

1 Wählen Sie den Befehl **Bild: Modus: CMYK-Farbe**.

- Wenn Sie mit Adobe InDesign Ihre Publikation erstellen, übergehen Sie die weiteren Schritte und wählen Sie **Datei: Speichern**. InDesign importiert Photoshop-Dateien, so dass das Bild nicht erst in das TIFF-Format konvertiert werden muss.
- Benutzen Sie ein anderes Layout-Programm, müssen Sie das Foto als TIFF-Datei speichern.

2 Wählen Sie **Datei: Speichern unter**.

3 Wählen Sie im Dialogfeld »Speichern unter« unter »Format« die Option »TIFF«.

4 Klicken Sie auf »Speichern«.

5 Wählen Sie im Dialogfeld »TIFF-Optionen« das korrekte Format (Byte-Anordnung) für das entsprechende System und klicken Sie auf OK.

Wählen Sie im Dialogfeld »TIFF-Optionen« das korrekte Format (Byte-Anordnung) für das entsprechende System und klicken Sie auf OK.

Das retuschierte Bild ist damit gespeichert und lässt sich jederzeit in einem Seitenlayoutprogramm platzieren.

Weitere Informationen über Dateiformate finden Sie unter »Dateiformate« auf Seite 252.

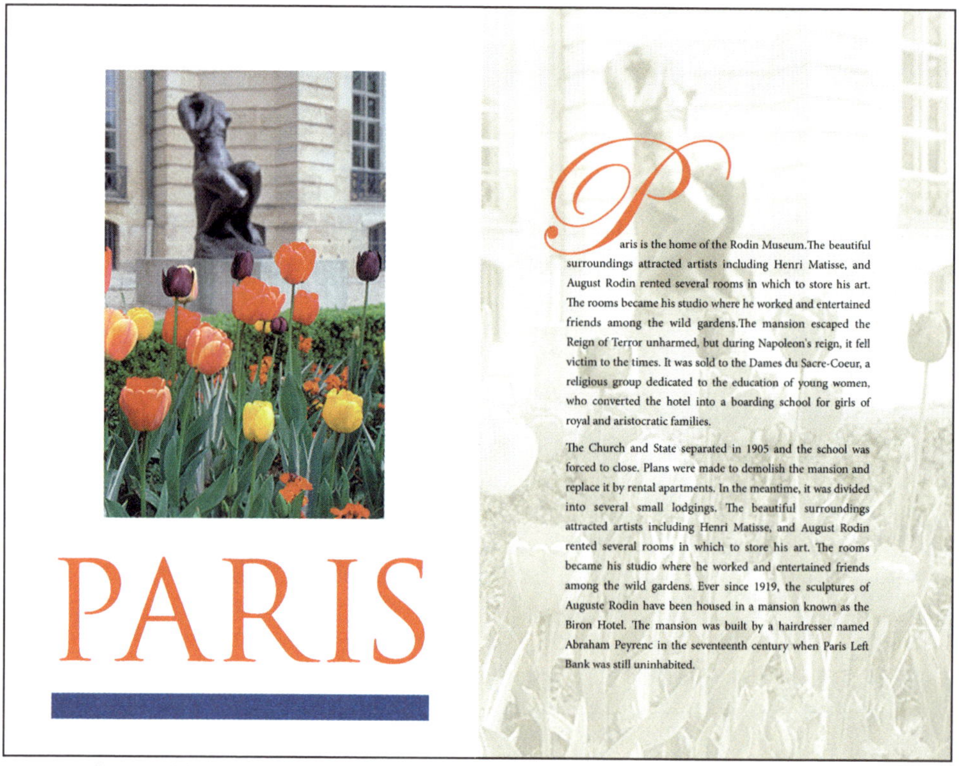

Das retuschierte Bild in einem Prospekt

Rückblick

Fragen

1 Was verstehen Sie unter *Auflösung*?

2 Wie setzt man das Freistellungswerkzeug bei der Retusche ein?

3 Wie ändern Sie den Tonwertumfang eines Bildes?

4 Was verstehen Sie unter Sättigung und wie ändern Sie sie?

5 Wann wenden Sie den Filter »Unscharf maskieren« auf ein Foto an?

Antworten

1 Der Begriff *Auflösung* bezieht sich auf die Anzahl der Pixel, die ein Bild beschreiben und für die Details verantwortlich sind. Es gibt drei Arten von Auflösungen: *Bild- und Eingabeauflösung*, gemessen in Pixel pro Inch (ppi), *Ausgabeauflösung*, gemessen in Punkten pro Inch (dpi), und *Druck-* bzw. *Belichterauflösung*, gemessen in Linien pro Inch (lpi).

2 Mit dem Freistellungswerkzeug beschneiden und skalieren Sie ein Bild und richten es gerade aus.

3 Sie benutzen die schwarzen, weißen und grauen Dreiecke unterhalb des Tonwertkorrektur-Histogramms, um zu steuern, wo die dunkelsten und hellsten Punkte in einem Bild beginnen, um so den Tonwertumfang zu erweitern.

4 Die Sättigung bezieht sich auf die Reinheit bzw. den Grauanteil einer Farbe im Bild. Sie erhöhen die Sättigung bestimmter Bildbereiche mit Hilfe des Schwamm-Werkzeugs.

5 Der Filter »Unscharf maskieren« passt den Kontrast der Kantendetails an und vermittelt dadurch den Eindruck zusätzlicher Bildschärfe.

Photoshop enthält mächtige Klonwerkzeuge, um die Bildretusche einfacher und intuitiver zu machen. Selbst die Retusche eines Gesichts ist so natürlich, dass Unterschiede zwischen dem Original und dem veränderten Bild kaum wahrzunehmen sind.

4 Retuschieren und reparieren

Überblick

In dieser Lektion lernen Sie Folgendes:

- Mit dem Kopierstempel-Werkzeug unerwünschte Bildteile entfernen
- Mit dem Bereichsreparatur-Pinsel-Werkzeug Bildteile reparieren
- Mit dem Reparatur-Pinsel- und dem Ausbessern-Werkzeug korrigieren
- Korrekturen auf einer Ebenenkopie vornehmen und angleichen
- Arbeitssitzung mit Hilfe der Protokoll-Palette nachverfolgen
- Mit dem Protokollpinsel-Werkzeug ein Bild teilweise in den vorherigen Zustand zurückversetzen
- Mit Schnappschüssen frühere Zustände der Arbeit sichern und mit Alternativen vergleichen

Für diese Lektion benötigen Sie etwa 45 Minuten. Falls erforderlich, löschen Sie den auf Ihrer Festplatte vorhandenen Lektionsordner aus der vorherigen Lektion und kopieren stattdessen den Ordner *Lektion04* auf die Festplatte. Während der Arbeit in dieser Lektion überschreiben Sie die Startdateien. Wenn Sie die Startdateien wiederherstellen wollen, kopieren Sie diese einfach von der Buch-DVD.

Vorbereitungen

Sie arbeiten in dieser Lektion mit drei Projekten, in denen Sie drei unterschiedliche Fotos bearbeiten. Jedes Projekt erfordert andere Retuschierwerkzeuge, damit Sie die Stärken und speziellen Einsatzmöglichkeiten der einzelnen Werkzeuge kennen lernen.

Zuerst sehen sich die drei Bilder an, die Sie in dieser Lektion retuschieren.

1 Starten Sie Photoshop und halten Sie sofort danach die Tasten Strg+Alt+Umschalt (Windows) bzw. Befehl+Wahl+Umschalt (Mac OS) gedrückt, um die standardmäßigen Voreinstellungen zu erhalten. (Siehe »Die Standardeinstellungen wiederherstellen« auf Seite 20.)

2 Klicken Sie im Meldungsfenster zur Bestätigung auf »Ja«, um die Voreinstellungen zurückzusetzen. Klicken Sie auf »Schließen«, um den Startbildschirm zu schließen.

3 Klicken Sie in der Optionsleiste auf die Schaltfläche »Gehe zu Bridge« (), um Adobe Bridge zu öffnen.

4 Klicken Sie in der Favoriten-Palette auf *Lektionen* und doppelklicken Sie dann auf die Miniatur des *Lektion04*-Ordners, um eine Vorschau des Inhaltes zu erhalten.

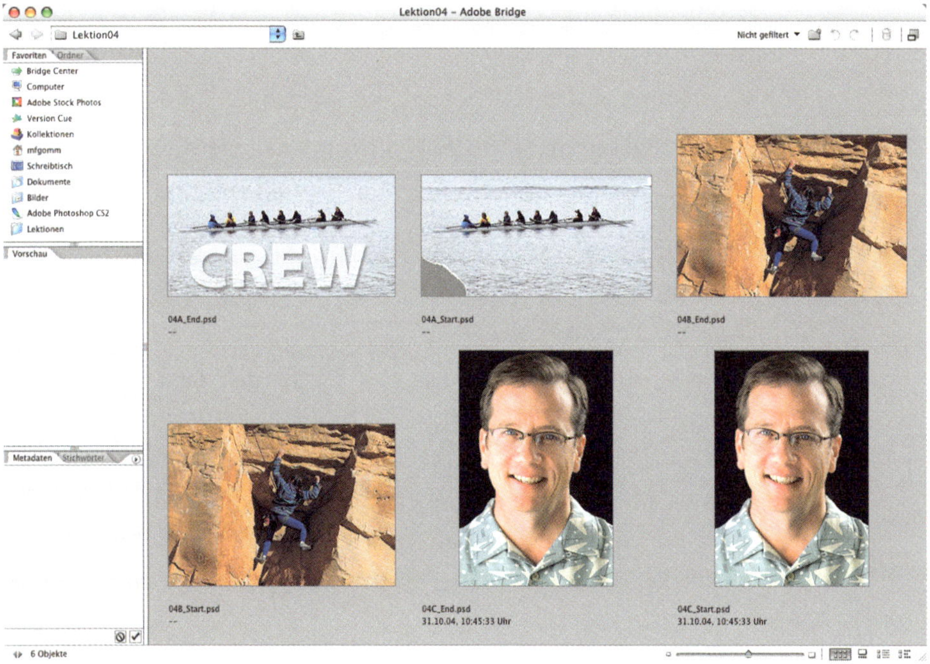

- Das erste Projekt ist ein Foto einer Frauen-Rudermannschaft und etwas Text im Vordergrund. Sie reparieren die abgerissene Ecke eines gescanntes Bildes und entfernen anschließend die störenden Bereiche mit der Heckwelle eines anderen Bootes hinter den Ruderinnen.
    - Im zweiten Projekt säubern Sie die Felswand neben dem Bergsteiger, das heißt, Sie entfernen Graffiti und einige Löcher auf bzw. in der Felswand.

- Im dritten Projekt retuschieren Sie das Porträt und entfernen einige Falten auf der Stirn und um die Augen herum.

5 Doppelklicken Sie jetzt auf die Miniatur der Datei *04A_Start.psd*, um das Bild in Photoshop zu öffnen.

6 Falls erforderlich, vergrößern Sie auf 100% und stellen das Bildfenster so ein, dass das komplette Bild zu sehen ist.

Mit dem Kopierstempel-Werkzeug reparieren

Das Kopierstempel-Werkzeug verwendet Pixel eines Bildbereichs, um damit die Pixel in einem anderen Bildbereich zu ersetzen. Sie können mit diesem Werkzeug nicht nur unerwünschte Bildobjekte entfernen, sondern auch fehlende Bereiche in Fotografien ausfüllen, die Sie von beschädigten Originalen gescannt haben.

Zuerst füllen Sie die abgerissene Ecke des Fotos mit der Wasseroberfläche aus einem anderen Bildbereich.

1 Wählen Sie das Kopierstempel-Werkzeug ( ).

2 Öffnen Sie in der Optionsleiste die Pinsel-Popup-Palette und wählen Sie eine mittelgroße Werkzeugspitze mit weicher Kante wie die voreingestellte *Rund weich 21 Pixel*. Die Option »Ausger.« (Ausgerichtet) ist in der Optionsleiste aktiviert.

3 Bewegen Sie den Zeiger des Kopierstempels auf die Bildmitte (etwa in der gleichen Höhe wie die obere Risskante). Drücken Sie dann die Alt- (Windows) bzw. Wahltaste (Mac OS) – der Zeiger wird zum Fadenkreuz – und klicken Sie, um diesen Teil des Bildes aufzunehmen. Lassen Sie die Alt- bzw. Wahltaste los.

4 Ziehen Sie das Kopierstempel-Werkzeug (an der oberen Kante der abgerissenen Fotoecke beginnend) über den fehlenden Bildbereich.

Beachten Sie, wie das Fadenkreuz rechts neben dem Kopierstempel-Werkzeug während des Malens der Pinselspitze folgt. Das Fadenkreuz kennzeichnet den Bildbereich, den das Kopierstempel-Werkzeug zum Malen verwendet.

5 Lassen Sie die Maustaste los. Setzen Sie den Zeiger in einen anderen Bereich der fehlenden Fotoecke und ziehen Sie erneut.

Das Fadenkreuz erscheint nicht an der ursprünglichen Aufnahmeposition, die Sie in Schritt 3 gewählt haben, sondern dort, wo Sie den ersten Malstrich gezogen haben. Grund: Sie haben die Option »Ausger.« aktiviert, wodurch Photoshop das Fadenkreuz wieder an diese Position setzt und zwar unabhängig von der Position des Kopierstempel-Werkzeugs.

Hinweis: *Ist die Option »Ausger.« (Ausgerichtet) deaktiviert und malen Sie mehrere Striche, behalten das Fadenkreuz und der Pinsel die gleiche räumliche Abhängigkeit (Dimension und Richtung), die beim ersten Malstrich vorhanden war, und zwar unabhängig von der Stelle des ursprünglichen Aufnahmeortes.*

6 Kopieren Sie weiter die Wasseroberfläche, bis die fehlende Ecke vollständig mit Wasser gefüllt ist.

Um die Wasseroberfläche im Vergleich zum restlichen Bild natürlich aussehen zu lassen, passen Sie das Kopierstempel-Werkzeug entsprechend an, indem Sie einen neuen Aufnahmebereich wählen (wie in Schritt 3) und erneut kopieren. Oder kopieren Sie mit deaktivierter Ausrichten-Option (»Ausger.«).

7 Wenn Sie mit der Kopieraktion zufrieden sind, wählen Sie **Datei: Speichern**.

Mit dem Bereichsreparatur-Pinsel-Werkzeug arbeiten

Als Nächstes müssen Sie das Boot mit der Heckwelle auf dem oberen Bildbereich entfernen. Sie könnten dazu das Kopierstempel-Werkzeug verwenden, aber diesmal setzen Sie eine andere Technik ein. Sie übermalen mit dem Bereichsreparatur-Pinsel-Werkzeug die Heckwelle nebst Boot.

Mit dem Bereichsreparatur-Pinsel-Werkzeug malen

Das Bereichsreparatur-Pinsel-Werkzeug entfernt schnell Schönheitsfehler und andere unerwünschte Effekte aus Ihren Fotos. Das Werkzeug funktioniert ähnlich wie der Reparatur-Pinsel: Pixel aus einem Bild oder Muster werden aufgenommen und Struktur, Beleuchtung, Transparenz und Schattierung der aufgenommenen Pixel werden mit den zu reparierenden Pixeln abgeglichen. Anders als beim Reparatur-Pinsel müssen Sie beim Bereichsreparatur-Pinsel keinen Aufnahmepunkt festlegen. Der Bereichsreparatur-Pinsel nimmt automatisch Pixel aus der Umgebung des retuschierten Bereichs auf.

Das Bereichsreparatur-Pinsel-Werkzeug eignet sich ideal für die Retusche von Hautunreinheiten in Porträts, funktioniert aber auch gut im vorliegenden Bild mit dem Boot auf dem Wasser. Grund: Das Wasser hat gleichförmige Struktur im gesamten oberen Bildbereich.

1 Wählen Sie in der Werkzeugpalette das Bereichsreparatur-Pinsel-Werkzeug ().

2 Klicken Sie in der Optionsleiste auf das Pinsel-Popup-Menü und stellen Sie den Pinseldurchmesser auf etwa 30 Pixel ein.

3 Ziehen Sie mit dem Bereichsreparatur-Pinsel-Werkzeug im Bildfenster über die Heckwelle und das kleine Motorboot im Hintergrund. Malen Sie mit einem langen oder mehreren kurzen Strichen so lange, bis Ihnen das Ergebnis zusagt. Der Strich

ist während des Ziehens dunkelgrau, hat aber nach dem Loslassen der Maustaste den übermalten Bereich repariert.

Sie führen jetzt noch eine kleine Aktion aus, um dieses Projekt abzuschließen.

4 Klicken Sie in der Ebenen-Palette neben der CREW-Ebene für ein Augensymbol (👁), um den Text im Bildfenster anzuzeigen.

5 Wählen Sie **Datei: Speichern** und schließen Sie die Datei *04A_Start.psd*.

Das Reparatur-Pinsel- und das Ausbessern-Werkzeug

Das Reparatur-Pinsel- und das Ausbessern-Werkzeug gehen über die Möglichkeiten des Kopierstempel- und Bereichsreparatur-Pinsel-Werkzeugs hinaus. Mit diesen beiden Werkzeugen mischen Sie die Pixel eines Bereichs mit denen in einem anderen Bereich, was zu natürlich wirkenden Retuschen in Bildbereichen mit lebhaften Farben und Strukturen führt.

In diesem Projekt retuschieren Sie die Felswand, indem Sie Graffiti-Malereien und Löcher auf bzw. im Fels entfernen. Da der Fels unterschiedliche Farben, Strukturen und Lichter hat, wäre es äußerst kompliziert, nur mit dem Kopierstempel die beschädigten Bildbereiche zu reparieren. Zum Glück gibt es jedoch das Reparatur-Pinsel- und das Ausbessern-Werkzeug, die diesen Vorgang erheblich vereinfachen.

Falls Sie sich die Vorher-/Nachher-Versionen des Bildes ansehen wollen, verwenden Sie Adobe Bridge wie unter »Vorbereitungen« auf Seite 129 beschrieben.

Fehler mit dem Reparatur-Pinsel-Werkzeug entfernen

Zuerst entfernen Sie die Initialen, die die Felswand verschandeln.

1 Klicken Sie in der Optionsleiste auf die Schaltfläche »Gehe zu Bridge« ( ) und doppelklicken Sie dann auf die Datei *04B_Start.psd*, um sie in Photoshop zu öffnen.

2 Wählen Sie in Photoshop das Zoom-Werkzeug ( ) und klicken Sie auf die Initialen *DJ*, die im unteren linken Felsbereich eingekratzt wurden. Der Bildbereich sollte auf etwa 200% vergrößert sein.

3 Wählen Sie in der Werkzeugpalette das Reparatur-Pinsel-Werkzeug ( ), das unter dem Bereichsreparatur-Pinsel-Werkzeug verborgen ist.

4 Klicken Sie in der Optionsleiste auf den Pfeil für die Pinsel-Optionen, um die Pinsel-Popup-Palette zu öffnen. Ziehen Sie den Regler oder geben Sie direkt den Durchmesser **10 Px** ein. Schließen Sie die Popup-Palette und achten Sie darauf, dass alle anderen Einstellungen in der Optionsleiste den Standard-Einstellungen entsprechen: Modus Normal, unter »Quelle« die Option »Aufgenommen« und deaktiviertes Kontrollkästchen »Ausger.«.

5 Halten Sie die Alt- (Windows) bzw. Wahltaste (Mac OS) gedrückt und klicken Sie etwas oberhalb der Initialen, um diesen Teil des Felsens aufzunehmen. Lassen Sie die Alt-/Wahltaste los.

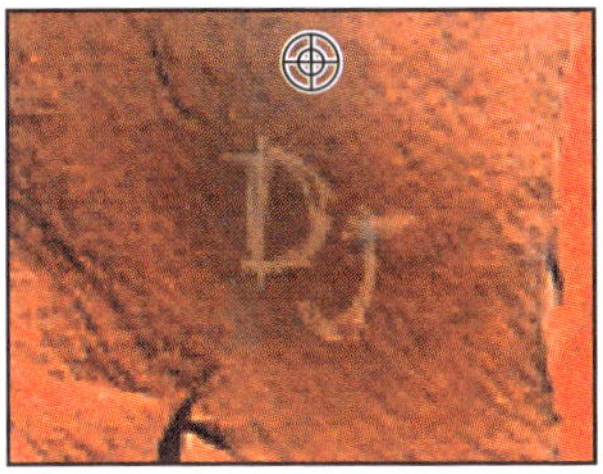

6 Beginnen Sie oberhalb des *D* gerade nach unten über den oberen Teil des Buchstabens zu malen. Setzen Sie kurze Malstriche.

Während des Malens sieht es so aus, als würde die Farbe nur schlecht zum darunter liegenden Bild passen. Doch sobald Sie die Maustaste loslassen, vermischt sich der Malstrich ideal mit der Oberfläche des Felsens.

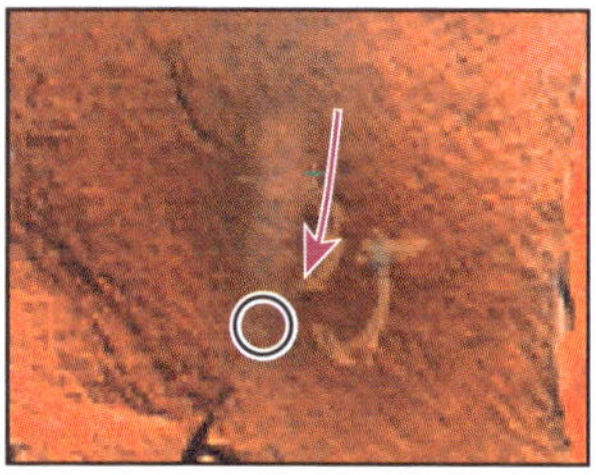
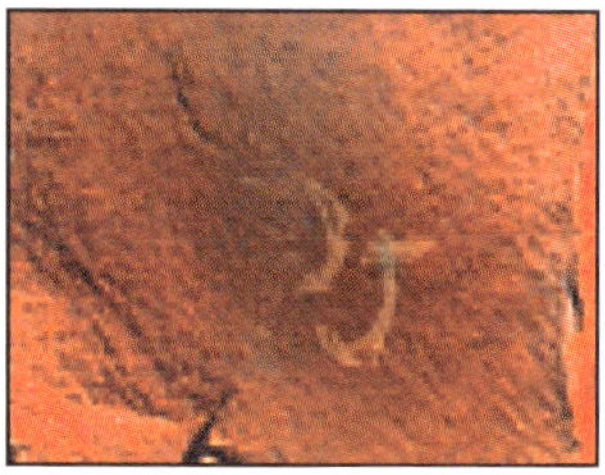

7 Malen Sie weiter von oben nach unten mit kurzen Strichen über das Graffiti, bis keine Buchstaben mehr vorhanden sind.

Nachdem Sie das Graffiti entfernt haben, sehen Sie sich die Felsoberfläche an: Sogar die subtile Schichtung des Felsens ist wieder natürlich im Bild enthalten.

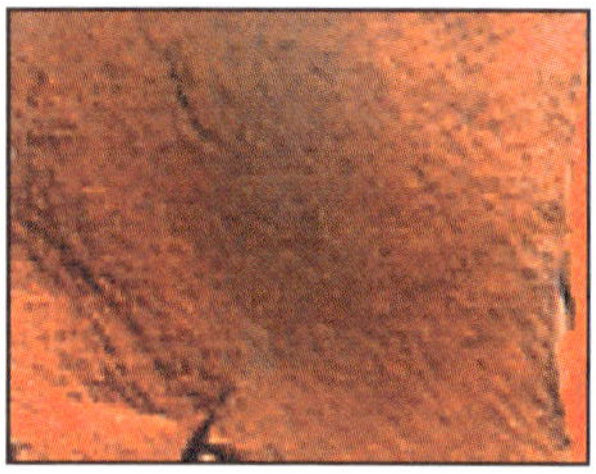

8 Verkleinern Sie auf 100% und wählen Sie **Datei: Speichern**.

Über Schnappschüsse und Status in der Protokoll-Palette

Häufig retuschiert man einfach zu viel, das heißt, die Bilder sehen nicht mehr realistisch aus. Speichern Sie deshalb die einzelnen Retuscheschritte als Photoshop-Schnappschuss, um später bei Bedarf auf den jeweiligen Status zurückzukommen.

Die Protokoll-Palette zeichnet automatisch die bei der Arbeit in einer Photoshop-Datei anfallenden Schritte auf. Sie benutzen die Zustände in der Protokoll-Palette wie einen mehrfachen Rückgängig-Befehl und bringen so das Bild gezielt in einen vorherigen Zustand zurück. Um beispielsweise die letzten sechs Schritte rückgängig zu machen, klicken Sie einfach auf den sechsten Schritt über dem aktuellen Status in der Protokoll-Palette. Um den letzten aktuellen Status zu erhalten, scrollen Sie in der Protokoll-Palette nach unten und wählen den Status in der untersten Position innerhalb der Liste.

Die Anzahl der in der Protokoll-Palette gespeicherten Schritte hängt von den Voreinstellungen ab. Standardmäßig zeichnet Photoshop nur die letzten 20 Schritte auf. Später ausgeführte Schritte überschreiben die am weitesten zurückliegenden Zustände in der Protokoll-Palette.

Sobald Sie einen früheren Schritt in der Protokoll-Palette wählen, zeigt das Bildfenster den Zustand in dieser Phase. Alle folgenden Schritte sind darunter in der Protokoll-Palette aufgelistet. Wenn Sie jedoch einen früheren Status Ihrer Arbeit wählen und dann neu ändern, ersetzt Photoshop alle Zustände durch den geänderten Status.

Hinweis: *Die folgende Technik empfiehlt sich nicht, wenn Sie mit großen und komplexen Bildern arbeiten. Beispielsweise verlangsamt ein Bild mit vielen Ebenen die Arbeitsgeschwindigkeit des Systems erheblich. Das Speichern vieler Zustände und Schnappschüsse ist RAM-intensiv. Wenn Sie häufig mit komplizierten Bildern arbeiten und diese maximalen Arbeitsspeicher benötigen, sollten Sie die Anzahl der Protokoll-Zustände in Ihren Photoshop-Voreinstellungen reduzieren.*

Schnappschüsse ermöglichen Ihnen, unterschiedliche Techniken auszuprobieren und dann mit der richtigen zu arbeiten. Sie nehmen einfach einen Schnappschuss eines Zustands als Ausgangsbasis für Ihr weiteres Vorgehen auf. Anschließend probieren Sie so lange Varianten aus, bis Ihnen das Ergebnis zusagt. Wenn Sie in dieser Phase einen weiteren Schnappschuss aufnehmen, wird dieser für die aktuelle Arbeitssitzung an der Datei gespeichert. Kehren Sie nun zum ersten Schnappschuss zurück und probieren Sie weitere Techniken und Ideen für das fertige Bild aus. Jetzt könnten Sie einen dritten Schnappschuss aufnehmen, zum ersten Schnappschuss zurückkehren und erneut probieren.

Sobald Sie das Experimentieren abgeschlossen haben, scrollen Sie in der Protokoll-Palette nach oben zu den aufgelisteten Schnappschüssen. Wählen Sie dann die einzelnen Schnappschüsse und vergleichen Sie die Ergebnisse.

Wenn Sie den besten Schnappschuss ausgewählt haben, speichern und schließen Sie die Datei. Zu diesem Zeitpunkt löscht Photoshop alle bisherigen Schnappschüsse und Schritte in der Protokoll-Palette.

Hinweis: *Sie können festlegen, dass im Verlaufsprotokoll alle Änderungen, die am jeweiligen Bild erfolgt sind, in Textform aufgezeichnet werden. Die Verlaufsprotokoll-Metadaten können entweder in Adobe Bridge oder im Dialogfeld »Datei-Informationen« angezeigt werden. Weitere Informationen finden Sie in der Photoshop-Hilfe.*

Einen Schnappschuss aufnehmen

Die Ergebnisse der Retuschearbeiten auf der Felswand gefallen Ihnen jetzt – der ideale Zeitpunkt, um einen Schnappschuss aufzunehmen. Dieser Schnappschuss ist dann die Grundlage für weitere Experimente. (Denken Sie daran, dass Schnappschüsse und Listen in der Protokoll-Palette beim Schließen einer Datei gelöscht werden.)

1 Schließen Sie für diese Lektion die Navigator-, Farbregler- und Ebenen-Palettengruppen und benutzen Sie den freien Platz, um die Protokoll-Palette so zu erweitern, dass möglichst viele Elemente zu sehen sind. Eventuell müssen Sie in der Protokoll-Palette nach unten scrollen, um die zuletzt vorgenommenen Änderungen im Bild anzuzeigen.

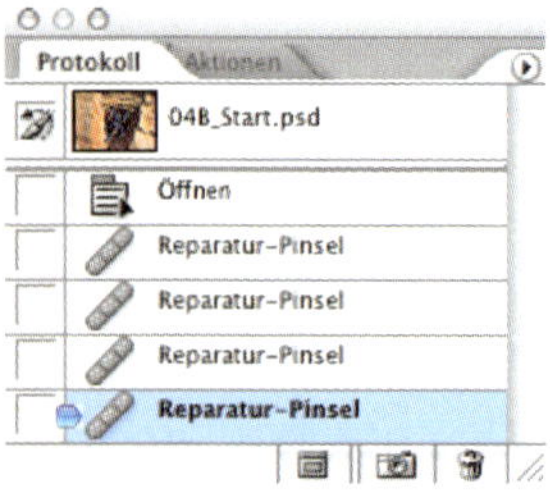

2 In der Protokoll-Palette ist der letzte Status gewählt. Klicken Sie unten in der Protokoll-Palette auf die Schaltfläche »Erstellt einen neuen Schnappschuss« (📷), um einen Schnappschuss des aktuellen Status aufzunehmen.

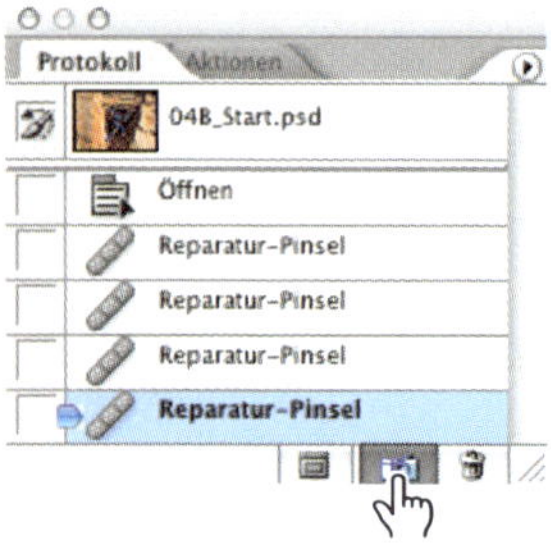

3 Scrollen Sie in der Protokoll-Palette nach oben. Hier erscheint der neue Schnappschuss *Schnappschuss 1*.

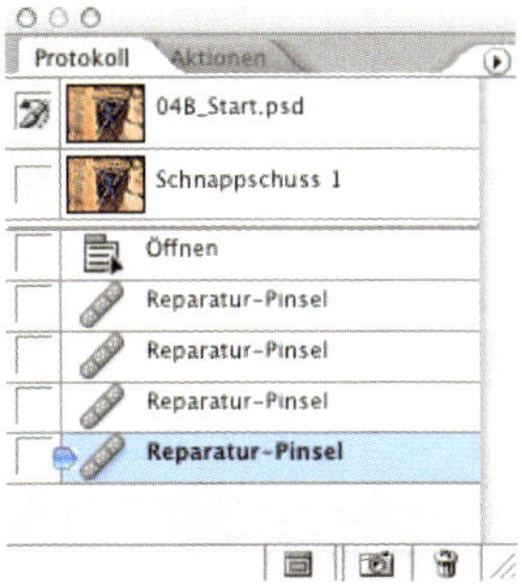

4 Doppelklicken Sie auf *Schnappschuss 1* und geben Sie als neuen Namen **Postgraffiti** ein. Drücken Sie die Eingabetaste, um den Schnappschuss umzubenennen.

Hinweis: *Schnappschüsse lassen sich auch von früheren Phasen der aktuellen Arbeitssitzung aufnehmen. Wählen Sie den entspechenden Schritt in der Protokoll-Palette und klicken Sie auf die Schaltfläche »Neuer Schnappschuss« unten in der Palette. Wenn Sie diesen Schnappschuss umbenannt haben, wählen Sie wieder den Schritt, an dem Sie die Arbeit fortsetzen wollen.*

5 Achten Sie darauf, dass entweder der Schnappschuss *Postgraffiti* oder der letzte Status in der Liste innerhalb der Protokoll-Palette gewählt ist. Wählen Sie dann **Datei: Speichern**.

Das Ausbessern-Werkzeug

Das Ausbessern-Werkzeug kombiniert das Auswahlverhalten des Lassos mit den Farbanpassungsmöglichkeiten des Reparatur-Pinsels. Sie wählen mit dem Ausbessern-Werkzeug einen Bereich, den Sie als Quelle (Bereich, der ausbessert) oder als Ziel (auszubessernder Bereich) bestimmen. Ziehen Sie anschließend die Auswahlbegrenzung des Ausbessern-Werkzeugs auf einen anderen Bildteil. Sobald Sie die Maustaste loslassen, bessert Photoshop aus. Die Auswahlbegrenzung ist weiterhin über dem ausgebesserten Bereich aktiviert und lässt sich erneut ziehen – entweder zu einem ebenfalls auszubessernden Bereich (Option »Ziel« ist aktiviert) oder zu einem anderen Aufnahmebereich (Option »Quelle« ist aktiviert).

Bevor Sie beginnen, sollten Sie einzoomen, um die Bilddetails gut zu erkennen.

1 Wählen Sie in der Werkzeugpalette das Ausbessern-Werkzeug (), das unter dem Reparatur-Pinsel-Werkzeug () verborgen ist.

2 In der Optionsleiste ist die Option »Quelle« aktiviert.

3 Ziehen Sie wie mit dem Lasso den Cursor des Ausbessern-Werkzeugs auf der Felswand um einige der Löcher rechts von der Person und lassen Sie dann die Maustaste los.

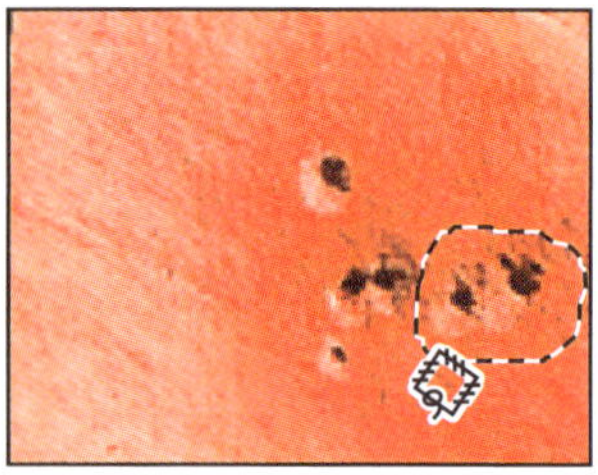

4 Ziehen Sie die Auswahl auf einen unbeschädigten Bereich des Felsens. Achten Sie darauf, dass dieser Bereich möglichst die gleiche Farbe wie der auszubessernde Bereich hat – zwingend erforderlich ist das jedoch nicht.

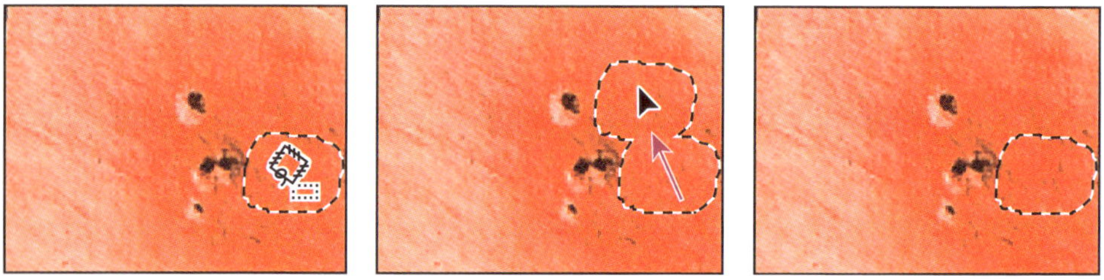

Während des Ziehens zeigt der ursprünglich gewählte Bereich die gleichen Pixel wie der Bereich, den Sie ziehen. Sobald Sie die Maustaste loslassen, ändert sich die Farbe – nicht die Struktur – wieder in das ursprüngliche Farbschema der Auswahl.

5 Ziehen Sie mit dem Ausbessern-Werkzeug eine neue Auswahl um andere Löcher und ziehen Sie dann wieder in einen unbeschädigten Bildbereich. Reparieren Sie das Bild so lange, bis die Löcher ausgebessert bzw. retuschiert sind. (Achten Sie auch auf die Löcher links im Bild.)

6 Wählen Sie **Auswahl: Auswahl aufheben**.

7 Wählen Sie **Datei: Speichern**.

Mit dem Protokoll-Pinsel-Werkzeug selektiv neu bearbeiten

Selbst mit den besten Werkzeugen benötigen Sie für die Fotoretusche einige Erfahrung, um ein natürlich wirkendes Ergebnis zu erzielen. Wenn Sie das Bild mit dem Kletterer kritisch betrachten werden Sie feststellen, dass einige Bereiche der Retusche mit dem Reparatur-Pinsel- bzw. dem Ausbessern-Werkzeug jetzt zu uniform sind, das heißt, diese Bereiche sehen nicht mehr realistisch aus. Das korrigieren Sie jetzt mit einem anderen Werkzeug.

Das Protokoll-Pinsel-Werkzeug ähnelt dem Kopierstempel-Werkzeug, arbeitet jedoch nicht mit einem definierten Bildbereich als Quelle, sondern mit einem vorherigen Status als Quelle.

Das Protokoll-Pinsel-Werkzeug hat den Vorteil, dass sich begrenzte Bildbereiche wieder herstellen lassen. Deshalb erhalten Sie die im Bild erfolgreichen Retusche-Effekte und bringen andere, weniger erfolgreiche Versuche in den vorherigen Zustand zurück. In diesen Bereichen starten Sie dann erneut mit der Retusche.

1 Wählen Sie das Protokoll-Pinsel-Werkzeug () aus der Werkzeugpalette.

2 Scrollen Sie nach oben in der Protokoll-Palette und klicken Sie in das leere Feld neben dem Schnappschuss *Postgraffiti*, um den Quell-Zustand für das Protokoll-Pinsel-Werkzeug festzulegen.

3 Ziehen Sie das Protokoll-Pinsel-Werkzeug über den ursprünglichen Bereich mit den Felslöchern und beginnen Sie, diesen Bildteil wieder wie vorher herzustellen. Das Malen bringt die Löcher zurück.

4 Experimentieren Sie in der Optionsleiste mit den Einstellungen für den Protokoll-Pinsel und den verschiedenen Modi bzw. Füllmethoden. Beachten Sie die Auswirkungen während des Malens auf dem Felsen.

Falls Ihnen während des Experimentierens ein Resultat nicht zusagt, wählen Sie **Bearbeiten: Rückgängig** oder klicken Sie unten in der Protokoll-Palette auf einen vorherigen Status, um an dieser Stelle weiterzuarbeiten.

5 Arbeiten Sie so lange mit dem Protokoll-Pinsel- und dem Ausbessern-Werkzeug, bis Ihnen das endgültige Bild gefällt.

6 Wählen Sie **Datei: Speichern** und dann **Datei: Schließen**.

Damit haben Sie die Arbeit an diesem Bild abgeschlossen.

Auf gesonderter Ebene retuschieren

Sie haben im bisherigen Projekt Ihre Retuschearbeiten mit Schnappschüssen und dem Protokoll-Pinsel-Werkzeug abgesichert. Das Originalbild lässt sich aber auch dadurch schützen, dass Sie auf einer gesonderten Ebenenkopie des Originalbildes retuschieren. Anschließend lassen sich diese beiden Ebenen kombinieren. Diese Technik erzielt normalerweise bessere Ergebnisse, das heißt, die Retusche wirkt natürlicher und realistischer.

Mit dem Reparatur-Pinsel-Werkzeug auf einer Ebenenkopie arbeiten

Sie retuschieren jetzt ein Porträtfoto.

1 Wählen Sie **Fenster: Arbeitsbereich: Palettenpositionen zurücksetzen**, um wieder die standardmäßige Palettenanordnung zu erhalten.

2 Klicken Sie in der Optionsleiste auf die Schaltfläche »Gehe zu Bridge« ( ) und doppelklicken Sie auf die Miniatur *04C_Start.psd*, um diese Datei in Photoshop zu öffnen.

3 Ziehen Sie in der Ebenen-Palette die Hintergrundebene auf die Schaltfläche »Neue Ebene erstellen«( ), um eine Ebenenkopie anzulegen. Doppelklicken Sie auf die neue Ebene und geben Sie den Namen **Retusche** ein. Lassen Sie die Ebene gewählt.

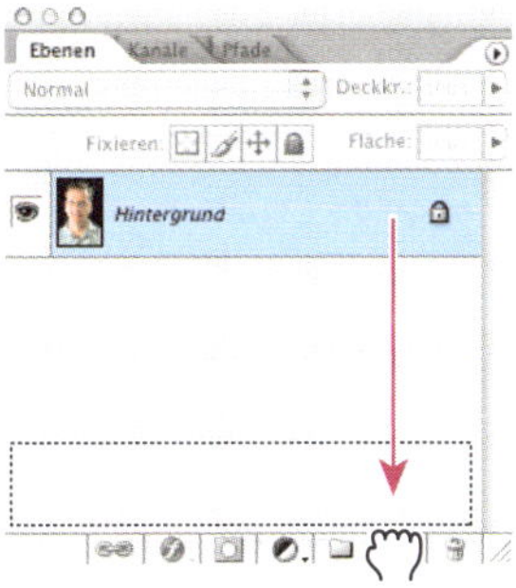

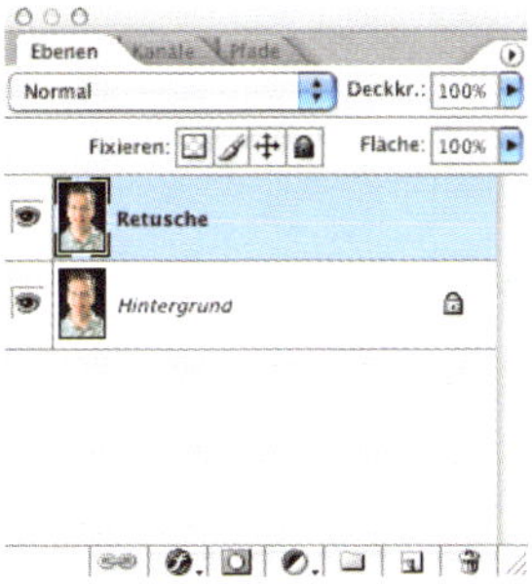

4 Wählen Sie in der Werkzeugpalette das Reparatur-Pinsel-Werkzeug (), das eventuell noch unter dem Ausbessern-Werkzeug () verborgen ist.

5 Öffnen Sie in der Optionsleiste die Pinsel-Popup-Palette und stellen Sie den Durchmesser der Werkzeugspitze auf **12** Pixel ein. Schließen Sie die Palette und aktivieren Sie die Option »Ausger.«. Übernehmen Sie die anderen Einstellungen (»Normal« für Modus und »Aufgenommen« für Quelle).

Betrachten Sie die beiden horizontal verlaufenden Falten auf der Stirn des Mannes (eventuell müssen Sie vergrößern).

6 Halten Sie die Alt- (Windows) bzw. Befehlstaste (Mac OS) gedrückt und klicken Sie links im Bild, um einen weichen Hautbereich aufzunehmen. Ziehen Sie nun den Reparatur-Pinsel über die untere der beiden Stirnfalten.

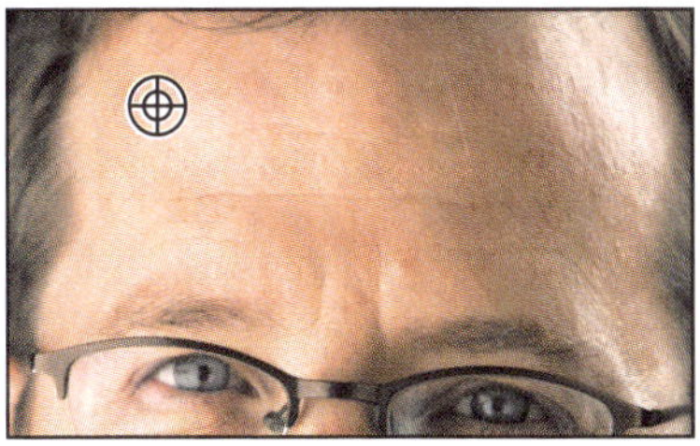

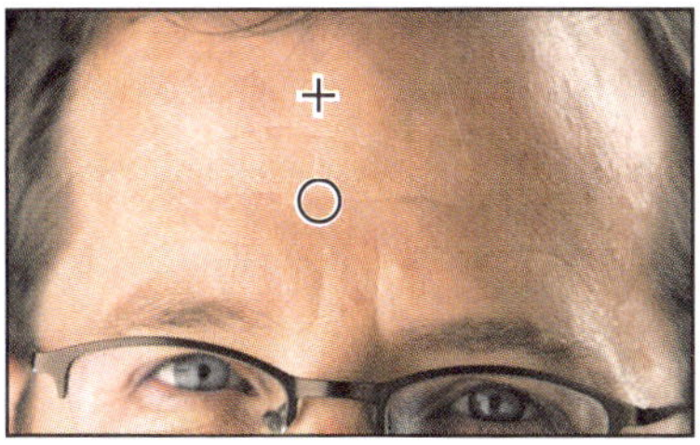

Während des Ziehens sieht das Bild so aus, als würden Sie etwas komplett falsch machen. Die gemalten Pixel erscheinen viel dunkler als die natürlichen Hauttöne. Doch sobald Sie die Maustaste loslassen, korrigiert sich die Farbe von ganz alleine und die Haut sieht wieder normal aus.

7 Malen Sie weiter mit dem Reparatur-Pinsel und entfernen Sie die obere Stirnfalte und die Falte zwischen den Augenbrauen.

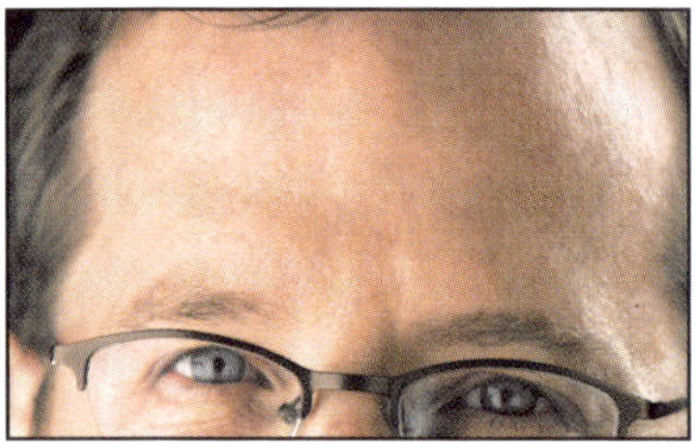

EXTRA: Probieren Sie auch das Bereichsreparatur-Pinsel-Werkzeug bei diesem Bild aus und vergleichen Sie die Ergebnisse.

Auf gesonderter Ebene ausbessern und weichzeichnen

Sie setzen die kosmetischen Operationen an dem Gesicht fort und benutzen dazu das Ausbessern-Werkzeug und die bereits erstellte Ebenenkopie. Achten Sie darauf, dass vorher die *Retusche*-Ebene in der Ebenen-Palette gewählt ist.

1 Wählen Sie in der Werkzeugpalette das Ausbessern-Werkzeug (), das unter dem Reparatur-Pinsel-Werkzeug () verborgen ist. Ziehen Sie jetzt eine Auswahl um die Falten unterhalb des Auges außerhalb der Brillengläser.

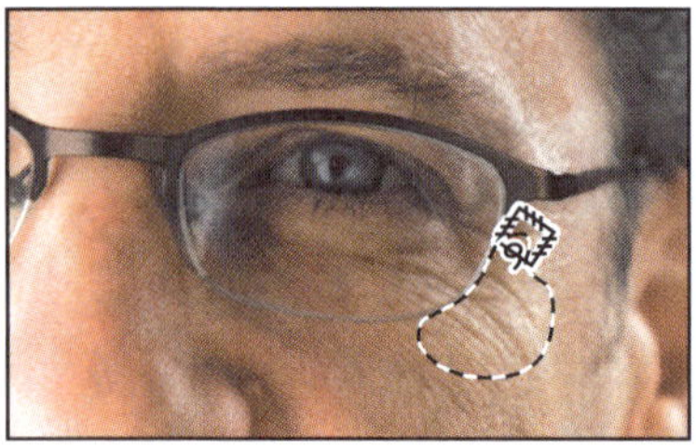

2 Setzen Sie das Ausbessern-Werkzeug in den gewählten Bereich und ziehen Sie in einen glatten Bereich auf der Stirn. Benutzen Sie die gleiche Technik, um auch die Falten innerhalb der Gläser unter dem rechten und innerhalb und außerhalb der Gläser unter dem linken Auge zu entfernen.

3 Setzen Sie die Gesichtsretusche mit dem Ausbessern-Werkzeug fort, um die meisten Falten zu entfernen oder zumindest weichzuzeichnen.

Achten Sie immer darauf, dass kosmetische Gesichtsretuschen möglichst natürlich wirken. Es gibt eine einfache Möglichkeit, dass Ihre Korrekturen weder zu weich noch wie Plastik aussehen. Dazu kommen wir jetzt.

4 Ändern Sie in der Ebenen-Palette den Deckkraft-Wert für die *Retusche*-Ebene auf **65%**. Jetzt sieht man die ehemals stärksten Falten nur etwas angedeutet, wodurch das überarbeitete Bild viel realistischer aussieht.

Lee Unkrich

5 Klicken Sie auf das Augensymbol (👁) für die *Retusche*-Ebene, um die Unterschiede zwischen dem Originalbild und dem retuschierten Bild zu vergleichen.

Beachten Sie die beiden Zahlen im Informationsfeld rechts neben dem Zoom-Prozentwert unten rechts im Bildfenster. (Wenn Sie die beiden Zahlen nicht sehen, klicken Sie auf den nach rechts weisenden Pfeil und wählen Sie **Einblenden: Dateigrößen**). Die erste Zahl (bei uns etwa 6,18 Mbyte) repräsentiert die Dateigröße, wenn die beiden Ebenen auf eine Ebene reduziert würden. Die zweite Zahl (bei uns etwas 12,4 Mbyte) zeigt die aktuelle Größe der Datei mit zwei Ebenen. Allerdings lässt sich das Bild nach dem Reduzieren nicht mehr in zwei getrennte Ebenen umwandeln. Wenn Sie jedoch der Meinung sind, dass das vorliegende Bild die Endversion ist und nicht weiter retuschiert werden muss, sollten Sie jetzt platzsparend reduzieren.

6 Wählen Sie **Ebene: Auf Hintergrundebene reduzieren** oder wählen Sie aus dem Menü der Ebenen-Palette die Option »Auf Hintergrundebene reduzieren«.

7 Wählen Sie **Datei: Speichern**.

Das Bild hat jetzt nur noch eine Ebene, in der der nicht geänderte Originalhintergrund und die semitransparente retuschierte Ebenenkopie kombiniert sind.

Damit haben Sie die Arbeit in dieser Lektion beendet. Schließen Sie alle geöffneten Dateien.

Rückblick

Fragen

1 Worin ähneln und unterscheiden sich Kopierstempel-Werkzeug, Bereichsreparatur-Pinsel-Werkzeug, Reparatur-Pinsel-Werkzeug, Ausbessern-Werkzeug und Protokoll-Pinsel-Werkzeug?

2 Was ist ein Schnappschuss und warum ist er nützlich?

Antworten

1 Die Retusche-Werkzeuge ähneln und unterscheiden sich folgendermaßen:

- Kopierstempel-Werkzeug: Dupliziert während des Malens die Pixel eines Bildbereichs in einen anderen Bildbereich. Sie bestimmen den Aufnahmebereich, indem Sie mit gedrückter Alt- (Windows) bzw. Wahltaste (Mac OS) mit dem Kopierstempel klicken.
- Bereichsreparatur-Pinsel-Werkzeug: Entfernt Schönheitsfehler und andere unerwünschte Effekte aus einem Foto. Das Werkzeug übernimmt automatisch Pixel aus der Umgebung des retuschierten Bereichs auf und gleicht Struktur, Beleuchtung, Transparenz und Schattierung der aufgenommenen Pixel mit den zu reparierenden Pixeln ab.
- Reparatur-Pinsel-Werkzeug: Funktioniert wie der Kopierstempel mit der Ausnahme, dass Photoshop die aufgenommenen Pixel mit dem Malbereich vermischt. Die Retusche ist damit sehr natürlich und dennoch effektiv.
- Ausbessern-Werkzeug: Funktioniert wie der Reparatur-Pinsel mit der Ausnahme, dass Sie nicht mit einem zuvor festgelegten Bereich malen, sondern eine Auswahl ziehen und diese anschließend auf einen anderen Bereich ziehen, der dann den gewählten Bereich repariert.

- Protokoll-Pinsel-Werkzeug: Funktioniert wie der Kopierstempel mit der Ausnahme, dass mit einem vorher in der Protokoll-Palette gewählten Status oder Schnappschuss gemalt wird.

2 Ein Schnappschuss ist eine zeitweise Aufzeichnung eines bestimmten Status Ihrer Arbeitssitzung. Die Protokoll-Palette speichert nur eine begrenzte Anzahl von Schritten. Photoshop entfernt nach jedem ausgeführten Schritt den am weitesten zurückliegenden Schritt in der Protokoll-Palette. Wenn Sie jedoch während der Arbeit von jedem verfügbaren Schritt einen Schnappschuss aufnehmen und dann die Arbeit fortsetzen, lässt sich diese Phase später über den Schnappschuss in der Protokoll-Palette rekonstruieren, unabhängig davon, wie viele Schritte zwischenzeitlich ausgeführt wurden. Sie speichern so viele Schnappschüsse, wie Sie benötigen.

Das Auswählen von Bildbereichen ist für die Arbeit in Adobe Photoshop äußerst wichtig. Es lässt sich jeweils nur der gewählte Bereich bearbeiten. Bereiche außerhalb der Auswahl sind vor Änderungen geschützt.

5 Auswahlbereiche

Überblick

In dieser Lektion lernen Sie Folgendes:

- Bildteile mit Hilfe verschiedener Werkzeuge auswählen
- Position einer Auswahlbegrenzung korrigieren
- Auswahl bewegen und duplizieren
- Zeit sparende Tastatur-Maus-Kombinationen verwenden
- Auswahl aufheben
- Bewegung einer Auswahl einschränken
- Position eines ausgewählten Bereichs mit den Pfeiltasten positionieren
- Auswahl erweitern und reduzieren
- Auswahl drehen
- Mehrere Auswahl-Werkzeuge für komplexe Auswahl verwenden
- Pixel innerhalb einer Auswahl löschen

Falls erforderlich, löschen Sie den auf Ihrer Festplatte vorhandenen Lektionsordner aus der vorherigen Lektion und kopieren stattdessen den Ordner *Lektion05* auf die Festplatte. Während der Arbeit in dieser Lektion überschreiben Sie die Startdateien. Wenn Sie die Startdateien wiederherstellen wollen, kopieren Sie diese von der Buch-DVD erneut auf Ihre Festplatte.

Auswählen und Auswahl-Werkzeuge

Einen Bildbereich auswählen und ändern ist ein Prozess, der aus zwei Schritten besteht. In Photoshop wählen Sie erst die Bildteile, die Sie mit einem der Auswahl-Werkzeuge ändern wollen. Anschließend können Sie für die Änderungen ein anderes Werkzeug verwenden, um z.B. gewählte Pixel an eine andere Stelle zu verschieben oder innerhalb der Auswahl zu löschen. Sie können für eine Auswahl in Abhängigkeit von Größe, Form oder Farbe vier grundlegenden Auswahl-Werkzeuge benutzen: Auswahlrechteck, Lasso, Zauberstab und Zeichenstift. Eine Auswahl beschränkt Änderungen nur auf die gewählten Bereiche – alles außerhalb bleibt unbeeinflusst.

Hinweis: *Diese Lektion behandelt nur das Auswahlrechteck-, Lasso- und Zauberstab-Werkzeug. Die Zeichenstift-Werkzeuge finden Sie dagegen in Lektion 10, »Grundlegende Zeichenstifttechniken«.*

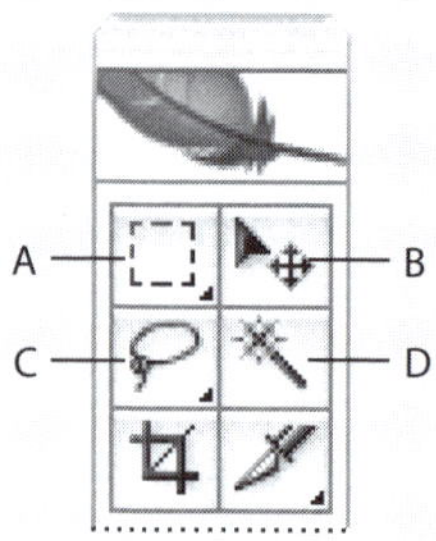

A. *Auswahlrechteck-Werkzeug*
B. *Verschieben-Werkzeug*
C. *Lasso-Werkzeug*
D. *Zauberstab-Werkzeug*

Das beste Auswahl-Werkzeug für einen bestimmten Bereich wird häufig von den Eigenschaften des Bereichs bestimmt, wie seine Form oder Farbe. Es gibt drei Auswahl-Kategorien:

Geometrische Auswahl Das *Auswahlrechteck-Werkzeug* (⬚) ermöglicht die Auswahl eines rechteckigen Bereichs in einem Bild. Das *Auswahlellipse-Werkzeug* (◌), verborgen unter dem Auswahlrechteck-Werkzeug, dient der Auswahl elliptischer Bereiche. Mit den Auswahl-Werkzeugen *Einzelne Zeile* (⁞) oder *Einzelne Spalte* (┅)wählen Sie eine ein Pixel hohe Zeile bzw. eine ein Pixel breite Spalte.

Freihändige Auswahl Mit dem *Lasso-Werkzeug* (ᑭ) zeichnen Sie eine Auswahllinie frei um einen Bereich. Beim *Polygon-Lasso-Werkzeug* (ᐯ) setzt sich die freihändige Auswahl aus geraden Linien zusammen. Das *Magnetische Lasso-Werkzeug* (ᑭ) funktioniert wie eine Kombination der beiden anderen Lasso-Werkzeuge. Es bietet sich besonders dann an, wenn zwischen dem Auswahlbereich und seiner Umgebung ein guter Kontrast vorhanden ist.

Farborientierte Auswahl Mit dem *Zauberstab*-Werkzeug (🪄) wählen Sie Bildbereiche nach Farben, das heißt, Photoshop bezieht alle angrenzenden Pixel mit ähnlichem Farbton in die Auswahl ein. Dieses Werkzeug bietet sich für die Auswahl komplexerer Konturen an, so dass sich ein kompliziertes Nachzeichnen mit dem Lasso-Werkzeug erübrigt.

Vorbereitungen

Öffnen Sie erst das fertige Bild aus dieser Lektion, um eine Vorstellung von dem zu erhalten, was Sie anschließend mit den Auswahl-Werkzeugen in Photoshop selbst erstellen.

1 Starten Sie Photoshop und halten Sie sofort danach Strg+Alt+Umschalt (Windows) bzw. Befehl+Wahl+Umschalt (Mac OS) gedrückt, um die standardmäßigen Voreinstellungen zu erhalten. (Siehe »Die Standardeinstellungen wiederherstellen« auf Seite 20.)

2 Klicken Sie im Meldungsfenster zur Bestätigung auf »Ja«, um die Standardeinstellungen wiederherzustellen. Klicken Sie auf »Schließen«, um das Willkommen-Fenster zu schließen.

3 Klicken Sie in der Optionsleiste auf die Schaltfläche »Gehe zu Bridge« (), um Adobe Bridge zu öffnen.

4 Klicken Sie in der Favoriten-Palette auf *Lektionen* und doppelklicken Sie dann auf die Miniatur des *Lektion05*-Ordners, um eine Vorschau des Inhaltes zu erhalten.

5 Wählen Sie die Datei *05End.psd*, damit sie in der Vorschau-Palette zu sehen ist.

Das Projekt besteht aus einer Collage mit symbolhaften Objekten: einem Notizbuch, einem Füller, Globen, einer Zahl, einer Seerose und einem kleinen Vorhängeschloss. Die Anordnung dieser Objekte liegt bei Ihnen und Ihrem gestalterischen Empfinden und muss nicht exakt mit dem Beispiel im Buch übereinstimmen. Es gibt also keine falsche oder richtige Anordnung.

6 Doppelklicken Sie auf die Miniatur *05Start.psd*, um die Bilddatei in Photoshop zu öffnen.

Mit dem Zauberstab-Werkzeug wählen

Das Zauberstab-Werkzeug ist eine der einfachsten Möglichkeiten für eine Auswahl. Sie klicken einfach auf einen bestimmten farbigen Punkt im Bild, um die Bereiche mit dieser Farbe zu wählen. Diese Methode ist besonders erfolgreich bei der Auswahl von Bereichen mit ähnlichen Farben, die von anderen Farben umgeben sind. Sobald Sie die anfängliche Auswahl vorgenommen haben, können Sie Bereiche hinzufügen oder abziehen, indem Sie das Zauberstab-Werkzeug mit einer bestimmten Tastaturkombination verwenden.

In der Optionsleiste des Zauberstab-Werkzeugs bestimmen Sie im Eingabefeld »Toleranz«, wie viele ähnliche Farbtöne Photoshop in die Auswahl einbezieht, sobald Sie auf einen bestimmten Bereich klicken. Der Standardwert ist 32. Dies bedeutet, dass das Zauberstab-Werkzeug 32 ähnliche hellere Farbtöne und 32 ähnliche dunklere Farbtöne wählt. Die ideale Toleranz hängt von den Farbbereichen und den Variationen im Bild ab.

Mit dem Zauberstab-Werkzeug einen Farbbereich wählen

Die große Zahl 5 in der Datei *05Start.psd* (diese Datei sollte jetzt geöffnet sein) eignet sich gut für das Zauberstab-Werkzeug, da sie durchgängig blau und die Umgebung leicht grau schattiert ist. Sie wählen und verschieben für die Collage, die Sie in dieser Lektion erstellen, nur die Zahl und nicht den dahinter befindlichen Schatten oder Hintergrund.

1 Wählen Sie das Zauberstab-Werkzeug ( ).

2 Scrubben Sie in der Optionsleiste auf der Bezeichnung *Toleranz* oder geben Sie in das entsprechende Feld den Wert **70** ein, um mehr ähnliche Töne zu wählen.

3 Klicken Sie mit dem Zauberstab-Werkzeug auf die Oberfläche der großen Zahl 5. Diese ist nun größtenteils gewählt.

4 Um die restlichen Bereiche der Zahl 5 zu wählen, halten Sie die Umschalttaste gedrückt. Das nun neben dem Zauberstab-Werkzeug erscheinende Plus-Zeichen weist darauf hin, dass das Zauberstab-Werkzeug der aktuellen Auswahl etwas hinzufügt. Klicken Sie jetzt in nicht gewählte Bereiche der blauen Zahl 5.

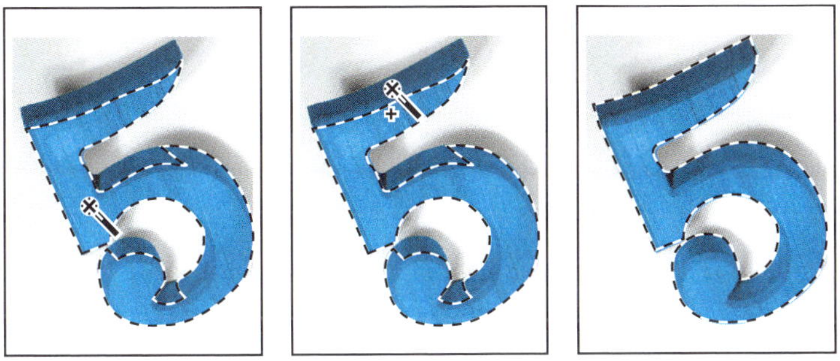

***Hinweis:** Auch bei anderen Auswahl-Werkzeugen (z.B. Auswahlrechteck-Werkzeug oder Lasso-Werkzeug) drücken Sie die Umschalttaste, um der Auswahl etwas hinzuzufügen. Später in dieser Lektion ziehen Sie von einer Auswahl auch ab.*

5 Fügen Sie der Auswahl so lange hinzu, bis alle blauen Bereiche gewählt sind. Falls Sie versehentlich einen Bereich außerhalb der blauen Zahl wählen, wählen Sie **Bearbeiten: Rückgängig** und versuchen Sie es erneut.

Lassen Sie die Auswahl aktiviert, um sie im nächsten Schritt zu verwenden.

Auswahlbereich bewegen

Wenn Sie einen Bildbereich gewählt haben, lassen sich nur noch die Pixel innerhalb der Auswahl ändern. Die restlichen Bildteile bleiben unverändert erhalten.

Wenn Sie den gewählten Bildbereich innerhalb der Kompositionen verschieben wollen, verwenden Sie das Verschieben-Werkzeug. In einem Bild mit nur einer Ebene (wie in dem vorliegenden Bild) ersetzen die verschobenen Pixel die Pixel darunter. Diese Änderung wird erst dann permanent, wenn Sie die bewegten Pixel abwählen, d.h. die Auswahl aufheben. Sie können also mit der verschobenen Auswahl experimentieren, bevor Sie sich endgültig für die richtige Stelle entscheiden.

1 Falls die blaue 5 nicht mehr gewählt ist, müssen Sie die Auswahl erneut vornehmen.

2 Wählen Sie das Verschieben-Werkzeug (▸✥). Die blaue 5 ist weiterhin gewählt.

3 Ziehen Sie die Auswahl (die 5) oben links so in die Collage, dass ein kleiner Teil der Zahl auf dem Buch liegt.

4 Wählen Sie **Auswahl: Auswahl aufheben** und dann **Datei: Speichern**.

In Photoshop ist es relativ schwierig, eine Auswahl versehentlich aufzuheben. So lange kein Auswahl-Werkzeug aktiviert ist, hebt ein Klicken im Bildfenster die Auswahl nicht auf. Um bewusst abzuwählen bzw. eine Auswahl aufzuheben, verwenden Sie eine dieser drei Methoden: Wählen Sie »Auswahl: Auswahl aufheben«, drücken Sie Strg+D (Windows) bzw. Befehl+D (Mac OS) oder klicken Sie mit einem Auswahl-Werkzeug außerhalb einer vorhandenen Auswahl, um mit einer anderen Auswahl zu beginnen.

Zauberstab-Werkzeug mit anderen Auswahl-Werkzeugen

Wenn Sie einen mehrfarbigen Bereich auf einem andersfarbigen Hintergrund wählen wollen, ist es häufig viel einfacher, den Hintergrund und nicht den Bereich selber zu wählen. Das probieren Sie jetzt aus.

1 Wählen Sie das Auswahlrechteck-Werkzeug (⬚).

2 Ziehen Sie eine Auswahl um die Seerose. Achten Sie darauf, dass die Auswahl den weißen Hintergrund zwischen den Blütenspitzen und dem Auswahlrahmen enthält.

Zu diesem Zeitpunkt sind die Seerosen und der weiße Hintergrundbereich gewählt. Als Nächstes ziehen Sie den weißen Bereich von der Auswahl ab, damit sich nur noch die Seerose in der Auswahl befindet.

3 Wählen Sie das Zauberstab-Werkzeug. Geben Sie in der Optionsleiste unter »Toleranz« den Wert **32** ein, um den Farbumfang für die Auswahl zu reduzieren.

4 Halten Sie die Alt- (Windows) bzw. Wahltaste (Mac OS) gedrückt. Neben dem Zauberstab-Werkzeug erscheint ein Minus-Zeichen. Klicken Sie dann im weißen Hintergrund innerhalb des Auswahlrechtecks.

Jetzt sind alle weißen Pixel abgewählt, das heißt, nur noch die Seerose ist gewählt.

5 Wählen Sie das Verschieben-Werkzeug (▶✥) und ziehen Sie die Seerose neben das Buch, das heißt, einige Blätter liegen auf der unteren rechten Seite des Notizbuches.

6 Wählen Sie **Auswahl: Auswahl aufheben** und speichern Sie Ihre Arbeit.

Julieanne Kost, Adobe Photoshop-Expertin

TIPPS VON DER PHOTOSHOP-EXPERTIN

Raffiniertes zum Verschieben-Werkzeug

Wenn Sie Objekte in einer Datei mit mehreren Ebenen mit dem Verschieben-Werkzeug (V) bewegen und zwischendurch eine der Ebenen wählen möchten, versuchen Sie Folgendes: Das Verschieben-Werkzeug ist gewählt. Setzen Sie den Zeiger auf einen Bildbereich und klicken Sie mit der rechten Maustaste (Windows) bzw. mit gedrückter Control-Taste (Mac OS). Die Ebenen unter dem Zeiger erscheinen im Kontextmenü. Wählen Sie die Ebene, die Sie aktivieren möchten.

Elliptische und runde Auswahlbereiche

Sie haben bereits Erfahrung mit dem Auswahlrechteck. Jetzt arbeiten Sie mit einem anderen Auswahl-Werkzeug. Außerdem lernen Sie einige Zeit sparende Tastaturbefehle kennen. Die Techniken für das Positionieren entsprechen dabei denen anderer Auswahl-Werkzeuge.

Auswahlbegrenzung während des Erstellens neu positionieren

Die Auswahl von elliptischen und runden Bereiche ist nicht immer einfach. Wo soll mit dem Ziehen begonnen werden? Manchmal lässt sich eine Auswahl auch nicht zentrieren, weil das Seitenverhältnis (Höhe zu Breite) nicht passt. Sie machen sich jetzt mit Techniken zur Lösung dieser Probleme vertraut und lernen auch zwei wichtige Tastatur-Maus-Kombinationen kennen, mit denen Sie die Arbeit in Photoshop erheblich vereinfachen.

Befolgen Sie die Anweisungen – besonders was den Umgang mit der Maustaste und das Drücken bestimmter Tasten auf der Tastatur anbelangt. Falls Sie die Maustaste versehentlich zum falschen Zeitpunkt loslassen, beginnen Sie einfach von vorne mit Schritt 1.

1 Wählen Sie das Zoom-Werkzeug (🔍) und klicken Sie in das schwarze Oval rechts im Bildfenster. Vergrößern Sie auf mindestens 100% (arbeiten Sie mit 200%, sofern die Bildschirmgröße das zulässt).

2 Wählen Sie das Auswahlellipse-Werkzeug (◌), das unter dem Auswahlrechteck-Werkzeug verborgen ist.

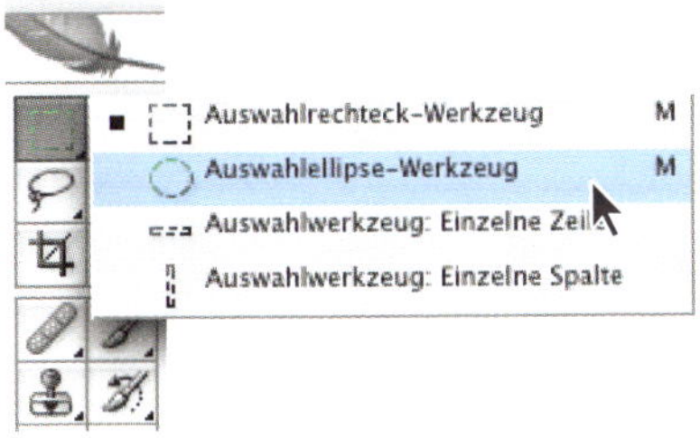

3 Ziehen Sie diagonal über das Oval für eine Auswahl. *Lassen Sie die Maustaste nicht los*. Es ist kein Problem, wenn die Auswahlbegrenzung mit der ovalen Form noch nicht deckungsgleich ist.

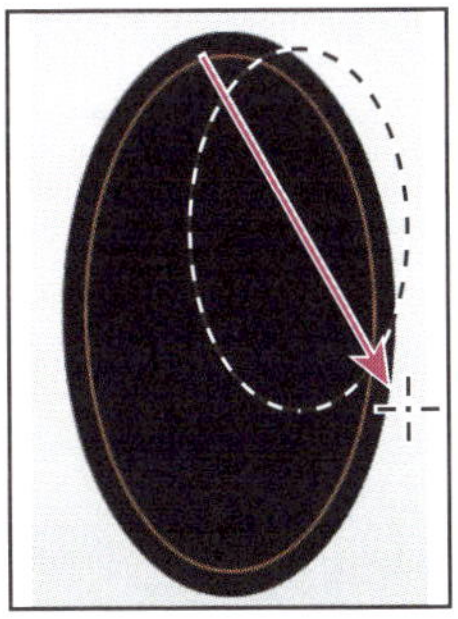

Falls Sie die Maustaste versehentlich loslassen, zeichnen Sie eine neue Auswahl. In den meisten Fällen ersetzt eine neue Auswahl die vorherige.

4 Halten Sie die Maustaste weiterhin gedrückt. Drücken Sie zusätzlich die Leertaste und ziehen Sie die Auswahl an die neue Position. Die Begrenzung verschiebt sich nun entsprechend.

5 Lassen Sie die Leertaste los (nicht aber die Maustaste) und ziehen Sie weiter. Versuchen Sie, Größe und Form der Auswahl möglichst genau mit dem Oval in Übereinstimmung zu bringen. Eventuell müssen Sie die Leertaste drücken und ziehen, um den Auswahlrahmen genau über das schwarze Oval zu bringen.

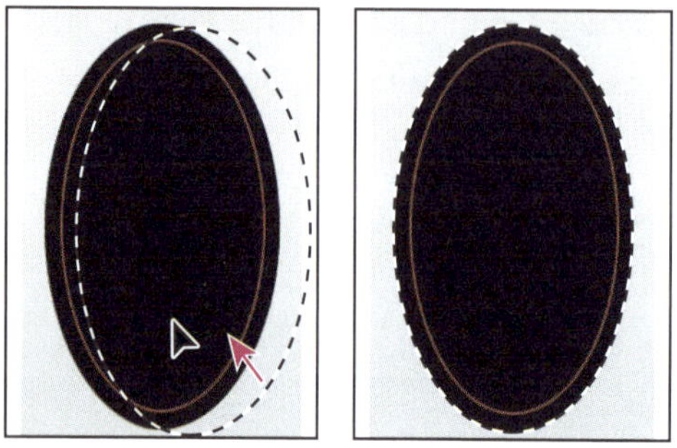

Hinweis: *Das schwarze Oval muss nicht hundertprozentig gewählt sein. Achten Sie aber darauf, dass die Form Ihrer Auswahl mit den Proportionen des Ovals übereinstimmt und dass sich die dünne gelbe Linie symmetrisch innerhalb der Auswahl befindet. Es ist alles in Ordnung, wenn sich der Auswahlrahmen zwischen der gelben Linie und dem äußeren Rand befindet.*

6 Wenn die Auswahlbegrenzung die korrekte Position und Größe hat, lassen Sie die Maustaste los.

7 Wählen Sie **Ansicht: Auszoomen** oder benutzen Sie den Regler in der Navigator-Palette, um das komplette Bild anzuzeigen.

Lassen Sie das Auswahlellipse-Werkzeug (◌) und die Auswahl für die nächste Prozedur aktiviert.

Gewählte Pixel mit einem Tastaturbefehl verschieben

Als Nächstes wählen Sie das schwarze Oval und verschieben es dann mit einem Tastaturbefehl auf das Buch. Sie aktivieren mit dem Kurzbefehl vorübergehend das Verschieben-Werkzeug, ohne es in der Werkzeugpalette wählen zu müssen.

1 Falls das schwarze Oval noch nicht gewählt ist, wiederholen Sie die vorherige Prozedur, um es erneut zu wählen.

Lassen Sie das Auswahlellipse-Werkzeug (◌) in der Werkzeugpalette gewählt.

2 Halten Sie die Strg- (Windows) bzw. Befehlstaste (Mac OS) gedrückt und positionieren Sie den Zeiger innerhalb der Auswahl. Neben dem Zeiger erscheint eine Schere (), woran Sie erkennen, dass Photoshop die Auswahl aus der aktuellen Position ausschneidet.

***Hinweis:** Wenn Sie die Strg- (Windows) bzw. Befehlstaste (Mac OS) drücken, um zwischendurch das Verschieben-Werkzeug zu wählen, brauchen Sie zum Ziehen die Taste nicht gedrückt zu halten. Das Verschieben-Werkzeug bleibt aktiviert, selbst wenn Sie die Maustaste loslassen. Photoshop geht zum vorher gewählten Werkzeug zurück, sobald Sie außerhalb der Auswahl klicken oder den Befehl »Auswahl aufheben« wählen.*

3 Ziehen Sie das Oval so auf das Buch, dass es grob positioniert ist. (Sie arbeiten jetzt mit einer anderen Technik, um das Oval auf die exakte Position zu bringen.) Lassen Sie die Maustaste los, aber heben Sie die Auswahl noch nicht auf.

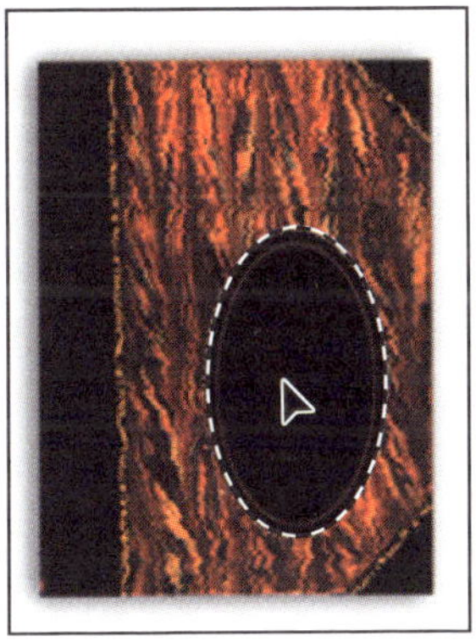

Mit den Pfeiltasten bewegen

Mit den Pfeiltasten können Sie minimalste Änderungen an der Position einer Auswahl vornehmen, das heißt, die Auswahl lässt sich in Schritten von einem Pixel bzw. zehn Pixel verschieben.

Ist ein Auswahl-Werkzeug in der Werkzeugpalette aktiviert, bewegen die Pfeiltasten die Auswahlbegrenzung, nicht aber deren Inhalt. Wenn das Verschieben-Werkzeug aktiviert ist, bewegen die Pfeiltasten die Auswahlbegrenzung und deren Inhalt.

Das schwarze Oval im Bildfenster ist noch gewählt.

1 Wählen Sie in der Werkzeugpalette das Verschieben-Werkzeug () und drücken Sie einige Male die Pfeil-nach-oben-Taste (), um das Oval nach oben zu verschieben.

Bei jedem Drücken der Pfeiltaste verschiebt sich das Oval um ein Pixel. Üben Sie auch mit den anderen Pfeiltasten, um deren Auswirkungen auf die Auswahl kennen zu lernen.

2 Halten Sie die Umschalttaste gedrückt und drücken Sie eine Pfeiltaste.

Die Auswahl verschiebt sich jetzt in Schritten von zehn Pixel.

Manchmal stört die Begrenzung um einen ausgewählten Bereich bei der Arbeit. Deshalb lässt sich die Auswahlbegrenzung zeitweise ausblenden, ohne dass Photoshop die Auswahl dabei aufhebt. Wenn Sie Ihre Änderungen durchgeführt haben, blenden Sie die Auswahlbegrenzung wieder ein.

3 Wählen Sie **Ansicht: Einblenden: Auswahlkanten** oder **Ansicht: Extras** durch erneutes Anwählen ab – das Häkchen verschwindet.

Die Auswahlbegrenzung um das Oval verschwindet.

4 Drücken Sie die Pfeiltasten so lange, bis das Oval an der gewünschten Position ist. Wählen Sie dann **Ansicht: Einblenden: Auswahlkanten** oder **Ansicht: Extras**.

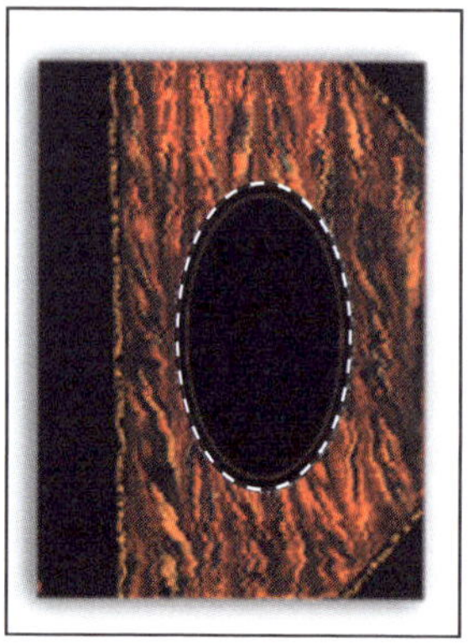

5 Wählen Sie **Auswahl: Auswahl aufheben** oder drücken Sie Strg+D (Windows) bzw. Befehl+D (Mac OS).

Vom Mittelpunkt aus wählen

Bei elliptischen oder rechteckigen Auswahlen ist es manchmal einfacher, die Auswahl vom Objektmittelpunkt aus aufzuziehen. Mit dieser Methode wählen Sie den Globus bzw. die Weltkugel.

1 Scrollen Sie zum Globus im unteren linken Bildbereich (sofern erforderlich).

2 Wählen Sie das Zoom-Werkzeug (🔍) und klicken Sie mit dem Zoom-Werkzeug auf dem Globus für eine 300%-Vergrößerung. Der Globus sollte das Bildfenster komplett ausfüllen.

3 Wählen Sie in der Werkzeugpalette das Auswahlellipse-Werkzeug (◌).

4 Positionieren Sie den Zeiger auf die Mitte des Globus.

5 Klicken Sie und beginnen Sie mit dem Ziehen. Drücken Sie dann bei gedrückter Maustaste die Alt- (Windows) bzw. Wahltaste (Mac OS) und ziehen Sie die Auswahl bis zum äußeren Rand des Globus.

Der Ausgangspunkt ist gleichzeitig der Mittelpunkt der Auswahl.

Um wirklich einen Kreis zu erhalten, ziehen Sie mit gedrückter Umschalttaste. Wenn Sie die Umschalttaste zusammen mit dem Auswahlrechteck-Werkzeug drücken, zeichnen Sie ein Quadrat.

6 Der Globus ist gewählt. Lassen Sie erst die Maustaste und dann die Alt- (Windows) bzw. Wahltaste (Mac OS) los – und die Umschalttaste, sofern Sie sie benutzt haben. Heben Sie die Auswahl noch nicht auf.

7 Eventuell müssen Sie die Auswahlbegrenzung noch mit einer der bereits bekannten Methoden angleichen. Falls Sie die Alt- (Windows) bzw. Wahltaste (Mac OS) versehentlich vor der Maustaste loslassen, müssen Sie den Globus erneut wählen.

Pixel in einer Auswahl verschieben und ändern

Sie benutzen nun das Verschieben-Werkzeug, um den Globus in den oberen rechten Bereich des Buches zu bewegen. Danach bringen Sie eine ganz andere Änderung an, und zwar ändern Sie die Farbe des Globus.

Achten Sie darauf, dass der Globus noch gewählt ist. Ansonsten müssen Sie ihn mit den bereits bekannten Verfahren erneut wählen.

1 Wählen Sie **Ansicht: Ganzes Bild**, damit das Bild das Bildfenster füllt.

2 Wählen Sie in der Werkzeugpalette das Verschieben-Werkzeug (▸✥).

3 Positionieren Sie den Zeiger innerhalb der Globus-Auswahl. Der Zeiger erscheint als Pfeil mit Schere (▸✂). Photoshop schneidet beim Ziehen die Auswahl aus der alten Position und versetzt sie an die neue Position.

4 Ziehen Sie den Globus über das Buchbild an dessen rechten Rand. Wenn Sie die Position nach dem Ziehen ändern wollen, ziehen Sie ganz einfach neu. Während des gesamten Vorgangs bleibt der Globus gewählt.

5 Wählen Sie **Bild: Anpassen: Umkehren**.

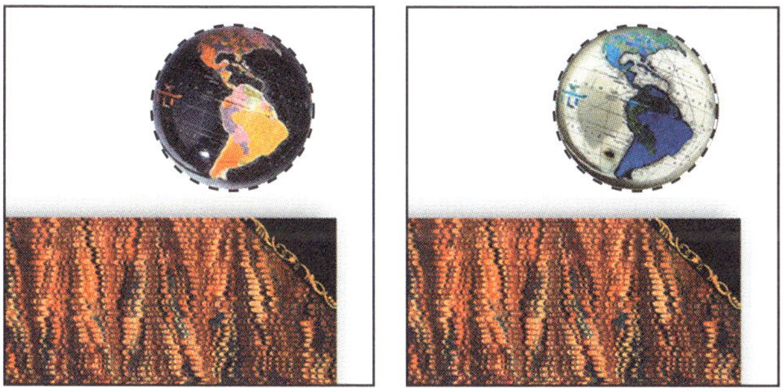

Die Farben des Globus entsprechen jetzt einem Farbnegativ des Originals.

6 Der Globus bleibt gewählt. Speichern Sie Ihre Arbeit.

Gleichzeitig verschieben und duplizieren

Sie verschieben jetzt eine Auswahl und duplizieren sie. Der Globus ist gewählt.

1 Klicken Sie wenn nötig in der Werkzeugpalette auf das Verschieben-Werkzeug (▸✥), halten Sie die Alt- (Windows) bzw. Wahltaste (Mac OS) gedrückt und positionieren Sie den Zeiger innerhalb der Auswahl. Der Zeiger erscheint als Doppelpfeil, woran Sie erkennen, dass Photoshop beim Bewegen der Auswahl eine Kopie erstellt.

2 Halten Sie die Alt- bzw. Wahltaste weiterhin gedrückt und ziehen Sie die Kopie des Globus nach unten an die obere rechte Ecke des Buchbilds. Die Kopie des Globus darf auch über der Ecke liegen. Lassen Sie die Maustaste und die Alt- bzw. Wahltaste los, die Globuskopie bleibt weiterhin gewählt.

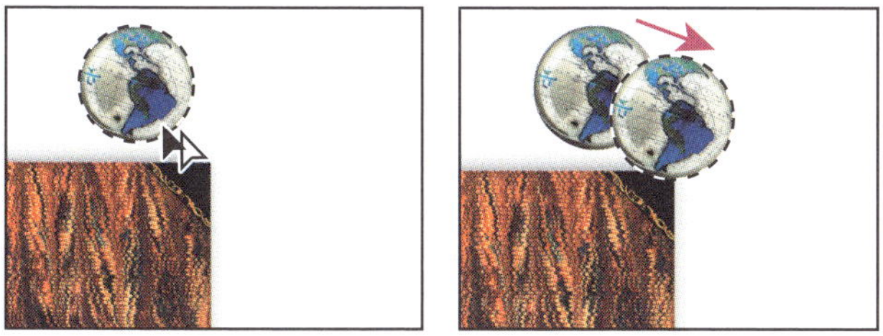

3 Wählen Sie **Bearbeiten: Transformieren: Skalieren**, um für die Auswahl einen Begrenzungsrahmen zu aktivieren.

4 Halten Sie die Umschalttaste gedrückt und ziehen Sie einen Eckpunkt, um den Globus 50% größer als das Original zu machen. Drücken Sie die Eingabetaste, um die Transformation zu bestätigen und den Begrenzungsrahmen auszublenden.

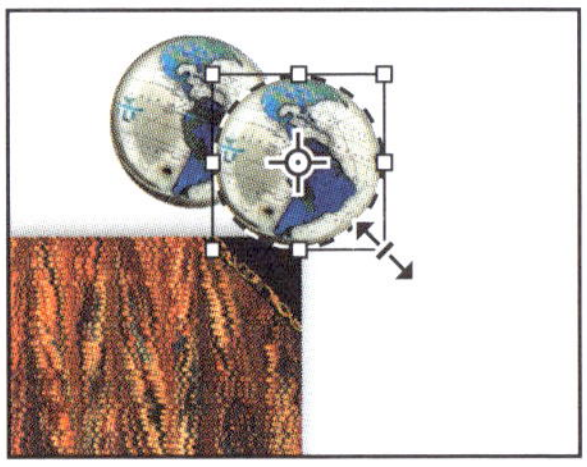

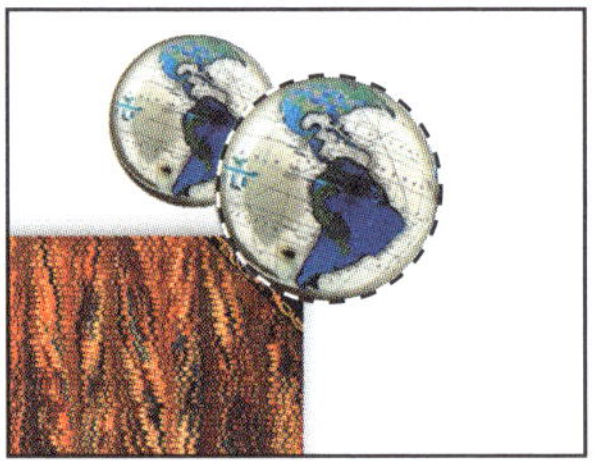

Die Auswahl hat sich an die neue Größe des duplizierten Globus angepasst, der weiterhin gewählt ist. Die gedrückte Umschalttaste erhält die Proportionen, so dass der vergrößerte Globus nicht eingeschränkt wird.

5 Halten Sie die Umschalt+Alt-Taste (Windows) bzw. Umschalt+Wahltaste (Mac OS) gedrückt und ziehen Sie eine neue Kopie des zweiten Globus nach unten und nach rechts.

Wenn Sie eine Auswahl mit gedrückter Umschalttaste verschieben, beschränken Sie die Bewegung horizontal oder vertikal auf 45°-Schritte.

6 Wiederholen Sie die Schritte 3 und 4 für den dritten Globus – mit der doppelten Größe wie der erste Globus.

7 Gefällt Ihnen die Größe und Position des dritten Globus, wählen Sie **Auswahl: Auswahl aufheben** und dann **Datei: Speichern**.

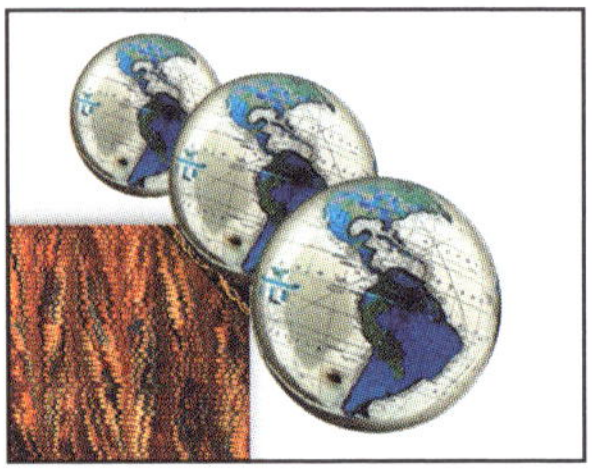

Informationen über die Arbeit mit dem Mittelpunkt in Transformationen finden Sie unter »So platzieren oder verschieben Sie den Referenzpunkt für eine Transformation« in der Photoshop-Hilfe.

Eine Auswahl oder Ebene kopieren

Mit dem Verschieben-Werkzeug können Sie eine Auswahl kopieren, wenn Sie sie innerhalb von oder zwischen Bildern ziehen. Sie können sie auch mit den Befehlen »Kopieren«, »Auf eine Ebene reduziert kopieren«, »Ausschneiden« und »Einfügen« kopieren und verschieben. Beim Ziehen mit dem Verschieben-Werkzeug sparen Sie Speicherplatz, da die Zwischenablage im Gegensatz zu den einzelnen Befehlen nicht verwendet wird.

Photoshop verfügt über mehrere Kopieren- und Einfügen-Befehle:

- *Mit dem Befehl »Kopieren« wird der ausgewählte Bereich in die aktive Ebene kopiert.*
- *Mit dem Befehl »Auf eine Ebene reduziert kopieren« wird eine reduzierte Kopie aller im gewählten Bereich sichtbaren Ebenen kopiert.*
- *Mit dem Befehl »Einfügen« wird eine ausgeschnittene oder kopierte Auswahl in einen anderen Teil des Bildes oder als neue Ebene in ein anderes Bild eingefügt.*
- *Mit dem Befehl »In die Auswahl einfügen« wird eine ausgeschnittene oder kopierte Auswahl innerhalb einer anderen Auswahl in dasselbe Bild oder ein anderes Bild eingefügt. Die Quellauswahl wird auf einer neuen Ebene eingefügt und die Auswahlbegrenzung der Zielauswahl wird in eine Ebenenmaske konvertiert.*

Beachten Sie, dass die Pixelmaße der eingefügten Daten erhalten bleiben, wenn eine Auswahl oder Ebene zwischen Bildern mit unterschiedlichen Auflösungen eingefügt wird. Dies kann dazu führen, dass der eingefügte Teil in dem neuen Bild zu groß oder zu klein wirkt. Verwenden Sie vor dem Kopieren und Einfügen den Befehl »Bildgröße«, um die Auflösung der Quell- und Zielbilder anzugleichen.

Mit dem Lasso-Werkzeug wählen

Mit dem Lasso-Werkzeug erstellen Sie Auswahlen, die sich aus frei gezeichneten Linien und geraden Liniensegmenten zusammensetzen. Auf diese Weise wählen Sie den Füller für die Collage. Der Wechsel zwischen geraden und frei gezeichneten Auswahllinien erfordert ein wenig Geschick – wenn Ihnen also beim Auswählen des Füllers ein Fehler unterläuft, heben Sie die Auswahl einfach auf und fangen noch einmal von vorne an.

1 Wählen Sie das Zoom-Werkzeug (🔍) und klicken Sie auf den Füller, um diesen mit 100% anzuzeigen. Der Füller füllt das Fenster komplett aus.

2 Wählen Sie das Lasso-Werkzeug ( ). Beginnen Sie unten links im Bild und ziehen Sie um das abgerundete Ende des Füllers. Zeichnen Sie die Form möglichst genau nach und *lassen Sie die Maustaste nicht los.*

3 Halten Sie die Alt-Taste (Windows) bzw. Wahltaste (Mac OS) gedrückt und lassen Sie dann die Maustaste los, damit sich das Lasso-Werkzeug in das Polygon-Lasso-Werkzeug (⊻) ändert. *Lassen Sie die Alt- bzw. Wahltaste nicht los.*

4 Klicken Sie entlang der Füllerkappe und des Gehäuses, um Ankerpunkte zu platzieren. Arbeiten Sie je nach Kontur mit längeren oder kürzeren Segmenten. Während des gesamten Vorgangs halten Sie die Alt- bzw. Wahltaste gedrückt.

Die Auswahlbegrenzung dehnt sich automatisch wie ein Gummiband zwischen den Ankerpunkten.

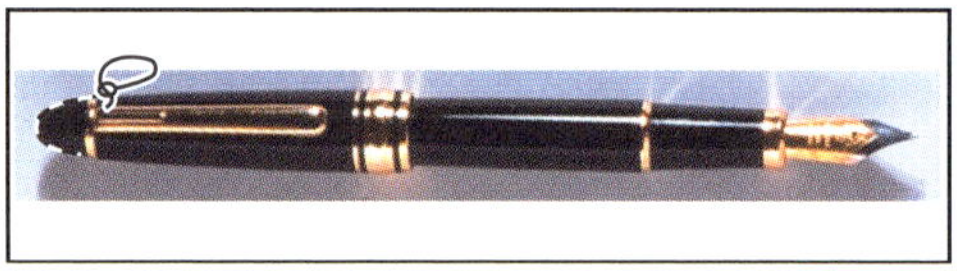

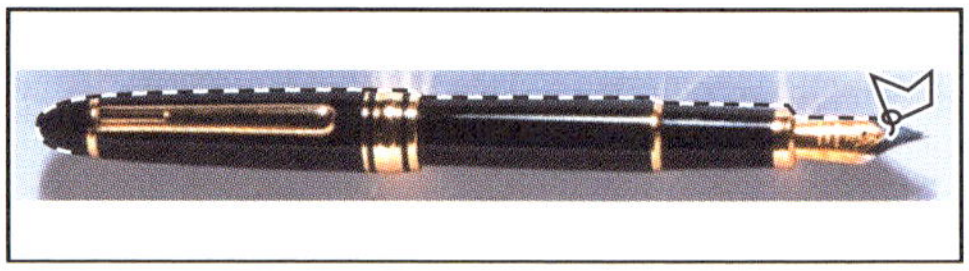

5 Wenn Sie die geschwungene Kante der Schreibfeder erreichen, lassen Sie die Maustaste weiterhin gedrückt, die Alt- bzw. Wahltaste dagegen los. Der Zeiger verwandelt sich wieder in das Lasso.

6 Ziehen Sie sorgfältig entlang der Schreibfeder und lassen Sie dabei die Maustaste gedrückt.

7 Sobald Sie die untere Seite des Füllergehäuses erreichen, drücken Sie wieder die Alt- bzw. Wahltaste, lassen dann die Maustaste los und klicken entlang des Füllergehäuses. Klicken Sie weiter, bis Sie wieder den Ausgangspunkt Ihrer Auswahl links im Bild erreichen.

8 Überkreuzen Sie die letzte gerade Linie mit dem Ausgangspunkt der Auswahl, so dass die Auswahl vollständig geschlossen ist. Lassen Sie erst die Alt- bzw. Wahltaste und dann die Maustaste los. Der komplette Füller ist jetzt gewählt. Lassen Sie die Auswahl bestehen.

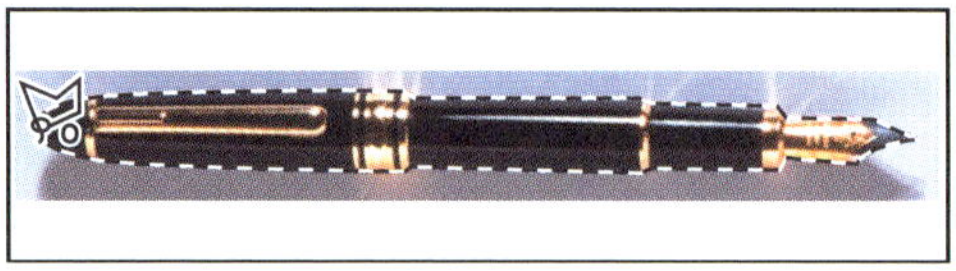

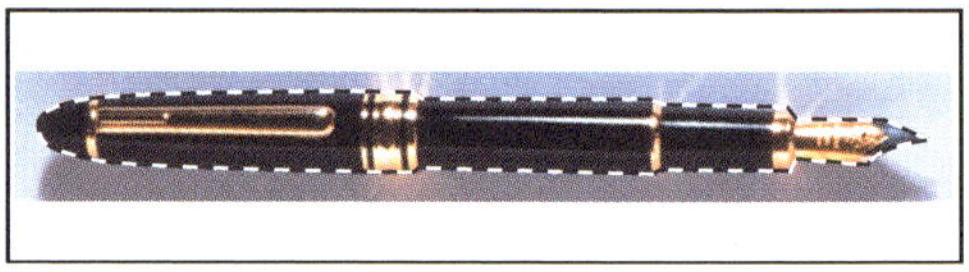

Auswahl drehen

Bis jetzt haben Sie gewählte Bilder verschoben und die Farben eines gewählten Bereichs umgekehrt. Es gibt aber noch viele weitere Möglichkeiten, um eine Auswahl zu bearbeiten. Sie drehen nun ein Objekt.

Achten Sie darauf, dass der Füller gewählt ist.

1 Wählen Sie **Ansicht: Ganzes Bild**, um das Bildfenster bildschirmfüllend anzuzeigen.

2 Halten Sie die Strg- (Windows) bzw. Befehlstaste (Mac OS) gedrückt und ziehen Sie die Auswahl des Füllers auf den Bereich links unter das Notizbuch.

3 Wählen Sie **Bearbeiten: Transformieren: Drehen**. Der Füller nebst Auswahlbegrenzung erscheint jetzt in einem Begrenzungsrahmen und der Zeiger ist ein gebogener Doppelpfeil (↰).

4 Positionieren Sie den Zeiger außerhalb des Begrenzungsrahmens und ziehen Sie, um den Füller wie in der folgenden Abbildung zu drehen. Drücken Sie die Eingabetaste, um die Transformation zu bestätigen.

5 Eventuell müssen Sie das Verschieben-Werkzeug (▸✥) wählen und ziehen, um die Position des Füllers zu ändern. Wählen Sie abschließend den Befehl **Auswahl: Auswahl aufheben**.

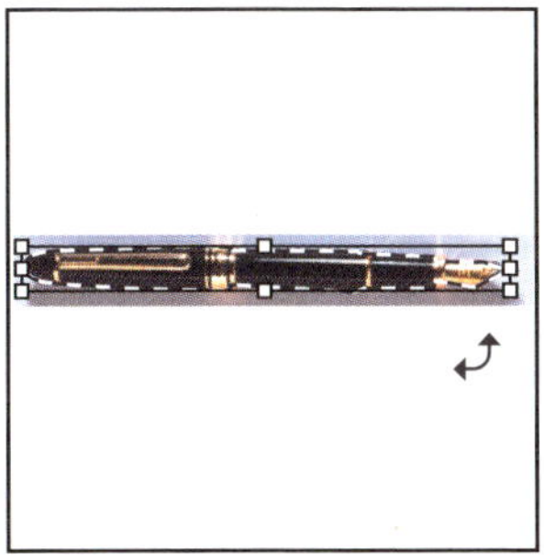

6 Wählen Sie **Datei: Speichern**.

Mit dem Magnetischen Lasso-Werkzeug wählen

Mit dem *Magnetischen Lasso-Werkzeug* erstellen Sie freihändige Auswahlen von Bereichen, die sehr kontrastreich sind, sich also stark voneinander abheben. Wenn Sie mit dem Magnetischen Lasso-Werkzeug eine Auswahl zeichnen, springt deren Begrenzung automatisch auf die Kante, die Sie nachziehen. Außerdem lenken Sie den Pfad des Lassos in eine bestimmte Richtung, indem Sie gelegentlich mit der Maus auf die Auswahlbegrenzung klicken, um Fixpunkte zu setzen.

Sie verschieben jetzt das Vorhängeschloss auf die Mitte des schwarzen Ovals. Mit dem Magnetischen Lasso-Werkzeug wählen Sie dazu das Schloss.

1 Wählen Sie das Zoom-Werkzeug () und klicken Sie auf das Vorhängeschloss für eine 300%-Ansicht.

2 Wählen Sie das Magnetische Lasso-Werkzeug (), das sich verborgen unter dem Lasso-Werkzeug () befindet.

3 Klicken Sie nun einmal an der unteren linken Ecke des Vorhängeschlosses und beginnen Sie, die Kontur nachzuzeichnen.

Ohne dass Sie die Maustaste drücken, rastet das Werkzeug an der Kante ein und fügt automatisch Fixpunkte hinzu.

Zieht das Lasso-Werkzeug die Kante nicht exakt genug nach, setzen Sie durch Klicken mit der Maustaste Ihre eigenen Fixpunkte auf der Begrenzung. Die Anzahl der Fixpunkte bleibt dabei Ihnen überlassen. Wenn Sie Fixpunkte entfernen und im Pfad zurückgehen wollen, drücken Sie die Entfernen- bzw. Löschtaste und bewegen Sie die Maus zum letzten beizubehaltenden Fixpunkt zurück.

4 Sobald Sie wieder die linke Kante des Schlosses erreicht haben, doppelklicken Sie mit der Maustaste. Sie weisen das Magnetische Lasso-Werkzeug damit an, zum Ausgangspunkt zurückzukehren und die Auswahl zu schließen. Oder setzen Sie das Magnetische Lasso-Werkzeug auf den Ausgangspunkt und klicken Sie einmal.

5 Doppelklicken Sie auf das Hand-Werkzeug (), um das ganze Bild auf dem Bildschirm anzuzeigen.

6 Wählen Sie das Verschieben-Werkzeug () und ziehen Sie das Vorhängeschloss in die Mitte des schwarzen Ovals auf dem Notizbuch.

7 Wählen Sie **Auswahl: Auswahl aufheben** und dann **Datei: Speichern**.

Eine weiche Auswahlkante erstellen

Sie können harte Kanten einer Auswahl mit der Option »Glätten« oder »Weiche Kante« glätten.

Glätten *Hierdurch werden unregelmäßige Kanten einer Auswahl geglättet, indem der Farbübergang zwischen Kantenpixeln und Hintergrundpixeln verwischt wird. Da sich nur die Kantenpixel ändern, bleiben alle Details erhalten. Diese Option ist nützlich, wenn eine Auswahl zum Erstellen von Composite-Bildern ausgeschnitten, kopiert oder eingefügt wird.*

Die Option »Glätten« ist für die Werkzeuge Lasso, Polygon-Lasso, Magnetisches Lasso, Auswahlellipse und Zauberstab verfügbar. (Wählen Sie ein Werkzeug aus, um die dazugehörige Optionsleiste anzuzeigen.) Sie müssen diese Option wählen, bevor Sie die Werkzeuge verwenden. Wenn Sie eine Auswahl erstellt haben, können Sie im Nachhinein nicht mehr glätten.

Weiche Kante *Kanten werden dadurch weichgezeichnet, dass eine Übergangsgrenze zwischen der Auswahl und den umliegenden Pixeln erstellt wird. Durch das Weichzeichnen können an der Auswahlkante Details verloren gehen.*

Eine weiche Kante kann für die Werkzeuge Auswahlrechteck, Lasso, Polygon-Lasso oder Magnetisches Lasso beim Verwenden des Werkzeugs definiert werden oder einer vorhandenen Auswahl hinzugefügt werden. Weiche-Kante-Effekte werden sichtbar, wenn Sie eine Auswahl verschieben, ausschneiden, kopieren oder füllen.

- *Um »Glätten« zu verwenden, wählen Sie die Werkzeuge Lasso, Polygon-Lasso, Magnetisches Lasso, Auswahlellipse oder Zauberstab. Aktivieren Sie die Option »Glätten« in der Optionsleiste.*
- *Eine weiche Kante wählen Sie mit dem Lasso- oder Auswahlrechteck-Werkzeug aus. Geben Sie in der Optionsleiste unter »Weiche Kante« einen Wert zwischen 1 und 250 Pixeln ein.*
- *Eine weiche Kante für eine vorhandene Auswahl legen Sie mit* ***Auswahl: Weiche Auswahlkante*** *fest. Geben Sie unter »Radius« einen Wert ein und klicken Sie auf OK.*

Bild freistellen und in einer Auswahl löschen

Um die Grafik fertig zu stellen, beschneiden Sie das Bild auf seine endgültige Größe und entfernen die Kratzer auf dem Hintergrund, die beim Verschieben der Auswahlen entstanden sind. Sie verwenden entweder das Freistellungswerkzeug oder den Befehl »Bild: Freistellen«.

1 Wählen Sie das Freistellungswerkzeug (⌗) oder drücken Sie die Taste C, um vom aktuellen Werkzeug zum Freistellungswerkzeug zu wechseln. Ziehen Sie dann diagonal über die Komposition, um das Freistellen vorzubereiten.

2 Passen Sie den Freistellungsbereich an, wenn es erforderlich ist.

- Falls Sie das Freistellungswerkzeug neu positionieren wollen, setzen Sie den Zeiger irgendwo in das Auswahlrechteck und ziehen Sie.
- Falls Sie die Größe des Rechtecks ändern wollen, ziehen Sie an einem der Griffe.

3 Wenn das Rechteck die gewünschte Position hat, drücken Sie die Eingabetaste, um das Bild zu beschneiden.

Das freigestellte Bild enthält eventuell noch einige Kratzer des grauen Hintergrunds, auf dem Sie die Formen gewählt und verschoben haben. Das korrigieren Sie jetzt.

4 Verwenden Sie das Auswahlrechteck-Werkzeug oder das Lasso-Werkzeug ( ) und ziehen Sie damit eine Auswahl um einen Bereich mit Teilen des nicht gewünschten grauen Hintergrunds. Achten Sie darauf, dass die Auswahl keine Bildteile enthält.

5 Wählen Sie in der Werkzeugpalette das Radiergummi-Werkzeug ( ). Achten Sie darauf, dass die standardmäßigen Vorder- und Hintergrundfarben eingestellt sind: Schwarz im Vordergrund und Weiß im Hintergrund.

6 Sind die standardmäßigen Farben nicht Schwarz und Weiß, klicken Sie unten in der Werzeugpalette links unten neben den Farbfeldern für Vorder- und Hintergrund auf das Symbol »Standardfarben für Vordergrund und Hintergrund« ( ).

7 Ziehen Sie das Radiergummi-Werkzeug über das Grau im Auswahlbereich. Photoshop tauscht die grauen Pixel aus und ersetzt sie durch die Hintergrundfarbe Weiß. Wenn Sie außerhalb der Auswahlbegrenzung löschen, passiert nichts, da nicht gewählte Bereiche vor Änderungen geschützt sind.

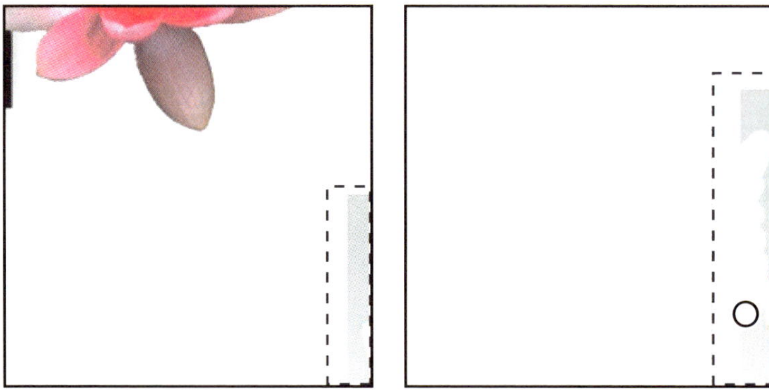

Um mit breiten Strichen zu radieren, wählen Sie in der Optionsleiste einen größeren Pinsel.

8 Wählen Sie einen anderen Bereich mit unerwünschten Pixeln und drücken Sie diesmal die Löschen- bzw. Entfernen-Taste.

Setzen Sie das Auswählen und Radieren bzw. Löschen so lange fort, bis alle Kratzer auf dem Hintergrund entfernt sind. Wählen Sie anschließend **Datei: Speichern**.

Hinweis: *Sie müssen einen Bereich nicht zwingend wählen, um ihn zu löschen. Dennoch empfiehlt sich diese Vorgehensweise, besonders wenn der zu löschende Bereich direkt neben Elementen liegt, die Sie schützen bzw. erhalten wollen.*

Die Collage ist nun fertig.

Um schnell mehrere Bilder von einem Scan zu erstellen, verwenden Sie den Befehl »Fotos freistellen und gerade ausrichten«. Bilder mit einer klar erkennbaren Begrenzung und einem gleichförmigen Hintergrund – wie die Datei 05Start.psd *– eignen sich am besten. Öffnen Sie einfach diese Datei im Ordner* Lektion05 *und wählen Sie* **Datei: Automatisieren: Fotos freistellen und gerade ausrichten***. Photoshop beschneidet automatisch die einzelnen Bilder in der Startdatei und erzeugt dann entsprechende Photoshop-Dateien. Schließen Sie anschließend die einzelnen Dateien, ohne sie zu speichern.*

Original

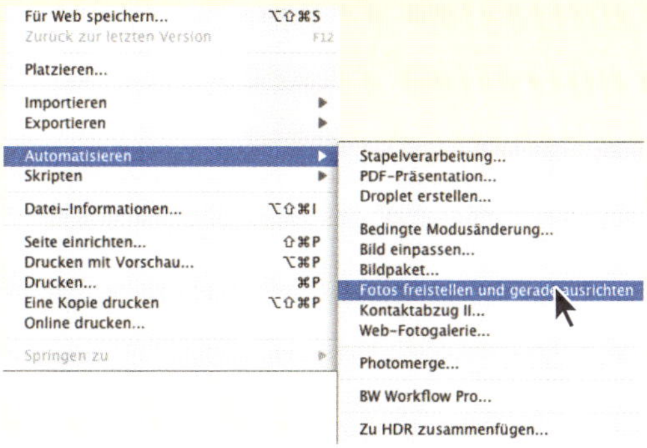

Wählen Sie den Befehl **Datei: Automatisieren: Fotos freistellen und gerade ausrichten***.*

Ergebnis

Sonnenschein mit Photoshop

Vorher

Nachher

Der perfekte Himmel, sonnenklar und schnell gemacht!

Wer wissen will, wie schnell auch die letzten Wölkchen von einem Fotohimmel verschwinden, der sollte den folgenden Workshop mal ausprobieren. Funktioniert auch bei schlechtem Wetter! Einfach Photoshop starten und mitmachen. Ganz detailliert können Sie diesen Workshop im Videofilm auf der Buch-DVD verfolgen.

Los geht's! Lassen Sie uns wolkenfreies Schönwetter machen!

Gerhard Koren

Die Bilder, die in diesem Workshop verwendet werden, sind auf der beigelegten DVD im Verzeichnis *Video-Training/Rohmaterial/Skyline* zu finden.

Sie finden diesen und noch mehr Filme im Verzeichnis Video-Training *auf der Buch-DVD.*

Schritt 1: Bild öffnen und Auswahl

Öffnen Sie die Beispieldatei *seattle_vom_wasser_start.jpg*. Klicken Sie mit dem Zauberstab-Werkzeug auf einen blauen Teil des Himmels. Die danach entstandene Auswahl enthält Punkte, deren Farbe ähnlich der Farbe des zuerst angeklickten Bildpunktes ist. Falls nicht der gesamte Himmel mit diesem Klick ausgewählt wurde, klicken Sie bei gedrückter Umschalt-Taste nochmals mit dem Zauberstab-Werkzeug in einen anderen Teil des blauen Himmels. Dadurch addieren Sie weitere Pixel zur Auswahl. Wiederholen Sie diesen Schritt, bis der blaue Teil des Himmels ausgewählt worden ist. Die Wolken werden im nächsten Schritt der Auswahl hinzugefügt.

Schritt 2: Auswahl vervollständigen

Aktivieren Sie das Auswahlrechteck-Werkzeug und ziehen Sie bei gedrückt gehaltener Umschalt-Taste ein Rechteck auf, das alle Wolken enthält. Solange Sie die Umschalt-Taste gedrückt halten, befindet sich das Auswahl-Rechteck-Werkzeug im »Der Auswahl hinzufügen«-Modus. Sie können Wolken auf diese Weise auch einzeln der Auswahl hinzufügen. Wenn die Auswahl komplett ist, blenden Sie die Auswahlkanten über Strg+H bzw. Befehl + H aus. Beachten Sie, dass die Auswahl dann noch immer vorhanden ist, allerdings die störenden Auswahlkanten nicht mehr sichtbar sind.

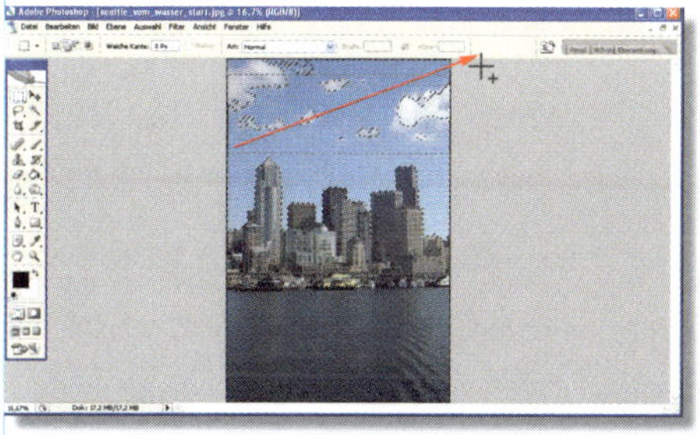

Schritt 3: Farbe wählen

Wählen Sie das Pipette-Werkzeug über das Tastenkürzel I und klicken Sie im helleren Bereich des Himmels, um diese Himmelsfarbe als Vordergrundfarbe aufzunehmen. Klicken Sie danach bei gedrückter Alt-Taste (Mac: Options-Taste) im dunkleren Bereich des Himmels, um dunkelblaue Farbe als Hintergrundfarbe aufzunehmen. Alternativ können Sie zwei Blautöne Ihrer Wahl als Vorder- und Hintergrundfarbe definieren. Verwenden Sie dazu entweder das Farbwähler-Dialogfenster, die Farbregler- oder die Farbfelder-Palette.

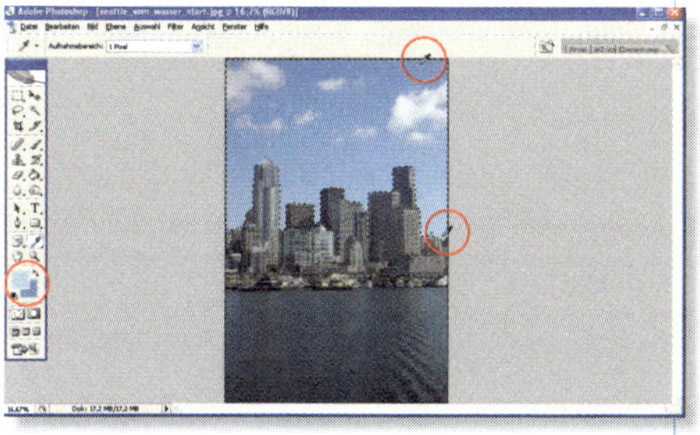

Schritt 4: Himmelsfarbe vertiefen

Wählen Sie das Verlaufswerkzeug und wechseln Sie über die Werkzeugoptionen in den Modus »Verlauf von Vorder- zu Hintergrundfarbe«. Ziehen Sie mit dem Verlaufswerkzeug einen linearen Verlauf von unten nach oben im Bild auf. Sie können unterschiedlichste Varianten des Himmels erzeugen, indem Sie die Verlaufsart oder die Vorder- und Hintergrundfarben verändern. Blenden Sie über Strg + H bzw. Befehl + H die Auswahlkanten wieder ein und heben Sie die Auswahl über Strg + D bzw. Befehl + D auf. Über »Bild-Anpassen-Tonwertkorrektur« gestalten Sie die Farben noch ein wenig intensiver.

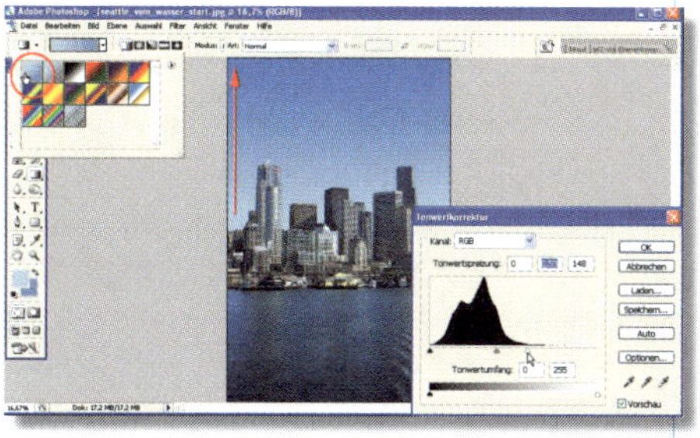

Rückblick

Fragen

1 Welche Bildbereiche einer Auswahl lassen sich bearbeiten?

2 Wie erweitern oder reduzieren Sie eine Auswahl?

3 Wie verschieben Sie eine Auswahlbegrenzung während Sie die Auswahl erzeugen?

4 Wie garantieren Sie bei der Arbeit mit dem Lasso-Werkzeug, dass die Auswahllinie an der gewünschten Stelle beginnt und endet bzw. die Auswahllinie die gewünschte Form annimmt?

5 Wie bestimmt man mit dem Zauberstab-Werkzeug die zu wählenden Bildbereiche ? Was bedeutet Toleranz und wie wirkt sie sich auf eine Auswahl aus?

Antworten

1 Nur der Bereich innerhalb der Auswahlbegrenzung lässt sich bearbeiten.

2 Um eine Auswahl zu erweitern, halten Sie die Umschalttaste gedrückt und ziehen oder klicken mit dem aktiven Auswahl-Werkzeug in den Bereich, um den die Auswahl erweitert werden soll. Um eine Auswahl zu reduzieren, halten Sie die Alt- (Windows) bzw. Wahltaste (Mac OS) gedrückt und ziehen oder klicken Sie mit dem aktiven Auswahl-Werkzeug auf den Bereich, um den die Auswahl reduziert werden soll.

3 Halten Sie die Maustaste gedrückt, drücken Sie zusätzlich die Leertaste und ziehen Sie, um die Auswahl neu zu positionieren.

4 Damit die Auswahl die gewünschte Form hat, schließen Sie eine Auswahl durch Ziehen über den Ausgangspunkt ab. Wenn Sie die Auswahl an verschiedenen Punkten anfangen und beenden, zeichnet Photoshop oder ImageReady eine gerade Linie vom Start- bis zu Ausgangspunkt der Auswahl.

5 Mit dem Zauberstab-Werkzeug lassen sich farblich verwandte Pixel in einem Bild auswählen. Mit der Toleranz bestimmen Sie, wie viele ähnliche Farbtöne Photoshop in die Auswahl einbezieht. Je größer die Toleranz, desto mehr Farbtöne sind in der Auswahl einbezogen.

Mit Adobe Photoshop isolieren Sie verschiedene Teile eines Bildes auf unterschiedlichen Ebenen. Jede Ebene lässt sich dann als separate Einheit bearbeiten, was Ihnen eine unbegrenzte Flexibilität beim Zusammenstellen und Bearbeiten eines Bildes ermöglicht.

6 Grundlagen für Ebenen

Überblick

In dieser Lektion lernen Sie Folgendes:

- Bildelemente in Ebenen aufteilen
- Ebenen erstellen, ein-/ausblenden und wählen
- Ebenen anders anordnen, um die Darstellung von Motiven in einem Bild zu ändern
- Füllmethoden auf Ebenen anwenden
- Ebenen verknüpfen, um sie gemeinsam zu bearbeiten
- Verläufe auf eine Ebene anwenden
- Text und Ebenen-Effekte zu einer Ebene hinzufügen
- Alle Ebenen auf eine einzige reduzieren und eine Kopie der Datei speichern

Für diese Lektion benötigen Sie etwa eine Stunde. Falls erforderlich, löschen Sie den auf Ihrer Festplatte vorhandenen Lektionsordner aus der vorherigen Lektion und kopieren stattdessen den Ordner *Lektion06* auf die Festplatte. Während der Arbeit an dieser Lektion überschreiben Sie die Startdateien. Wenn Sie die Startdateien wiederherstellen wollen, kopieren Sie diese von der CD *Adobe Photoshop CS2 Classroom in a Book* erneut auf Ihre Festplatte.

Ebenen

Jedes Bild hat in Adobe Photoshop eine oder mehrere Ebenen. Jede neue Datei wird mit einem Hintergrund erstellt, der eine Farbe oder ein Bild enthält und durch transparente Bereiche nachfolgender Ebenen durchscheint. Mit der Ebenen-Palette zeigen Sie die einzelnen Ebenen an und bearbeiten sie. Alle neu erstellten Ebenen eines Bildes sind transparent, bis Sie Text oder Bildelemente (Pixel) hinzufügen.

Die Ebenen in Photoshop sind mit transparenten Folien vergleichbar, die verschiedene Teile einer Zeichnung enthalten – die einzelnen Folien lassen sich individuell bearbeiten, neu anordnen und komplett entfernen, ohne dass sich dies auf andere Folien auswirkt. Und wenn die Folien übereinander gestapelt sind, sieht man das Bild in seiner Gesamtheit.

Vorbereitungen

Sie öffnen zuerst das fertige Bild aus dieser Lektion.

1 Starten Sie Photoshop und halten Sie sofort danach die Tasten Strg+Alt+Umschalt (Windows) bzw. Befehl+Wahl+Umschalt (Mac OS) gedrückt, um die standardmäßigen Voreinstellungen zu erhalten. (Siehe »Die Standardeinstellungen wiederherstellen« auf Seite 20.)

2 Klicken Sie im Meldungsfenster zur Bestätigung auf »Ja«, um die Standardeinstellungen zu übernehmen. Klicken Sie auf »Schließen«, um das Willkommen-Fenster zu schließen.

3 Klicken Sie in der Optionsleiste auf die Schaltfläche »Gehe zu Bridge« ( ), um Adobe Bridge zu öffnen.

4 Klicken Sie in der Favoriten-Palette auf *Lektionen* und doppelklicken Sie dann auf den Ordner *Lektion06*. Wählen Sie die Datei *06End.psd*.

Die aus Ebenen zusammengesetzte Komposition zeigt den Umschlag eines Albums. Diesen gestalten Sie jetzt und lernen dabei, wie Sie Ebenen erzeugen, bearbeiten und organisieren.

5 Wählen Sie die Datei *06Start.psd* und doppelklicken Sie, um die Datei in Photoshop zu öffnen.

Ebenen-Palette

Die Ebenen-Palette zeigt Ebenen mit ihrem *Ebenennamen* und einer *Ebenenminiatur* der auf der Ebene vorhandenen Bilder an. Mit der Ebenen-Palette können Sie Ebenen aus- und einblenden, neu positionieren, löschen, umbenennen und verschmelzen. Beim Bearbeiten aktualisiert Photoshop automatisch die Miniaturen.

1 Falls die Ebenen-Palette auf Ihrem Bildschirm nicht zu sehen ist, wählen Sie **Fenster: Ebenen**.

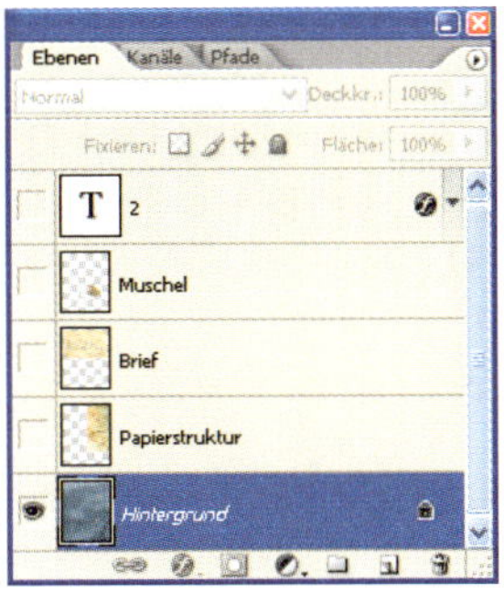

Die Ebenen-Palette für die Datei *05Start.psd* enthält die fünf Ebenen (von oben nach unten): die Textebene *2*, *Muschel*, *Brief*, *Papierstruktur* und *Hintergrund*.

2 Klicken Sie auf die *Hintergrund*-Ebene, um sie zu aktivieren (falls diese Ebene noch nicht gewählt ist). Beachten Sie die Ebenenminiaturen und die Symbole auf der *Hintergrund*-Ebene:

- Das Schloss-Symbol (🔒) zeigt an, dass die Hintergrundebene geschützt ist.
- Das Augensymbol (👁) zeigt an, dass die Ebene im Bildfenster zu sehen ist. Sobald Sie auf das Auge klicken, wird diese Ebene nicht mehr im Bildfenster angezeigt.

Verwenden Sie das Kontextmenü, um Ebenenminiaturen auszublenden oder deren Größe zu ändern. Klicken Sie mit der rechten Maustaste (Windows) oder gedrückter Control-Taste (Mac OS) in einem leeren Bereich der Ebenen-Palette, um das Kontextmenü zu öffnen. Wählen Sie dann unter den Optionen Ohne, Klein, Mittel *oder* Groß.

Als erste Aufgabe für dieses Projekt fügen Sie ein sepiagetöntes Bild in die Montage des Albumtitels ein. Das Bild laden Sie jetzt.

3 Klicken Sie in der Optionsleiste auf die Schaltfläche »Gehe zu Bridge« (▣) und doppelklicken Sie im Ordner *Lektion06* auf die Datei *Photo.psd*, um sie in Photoshop zu öffnen.

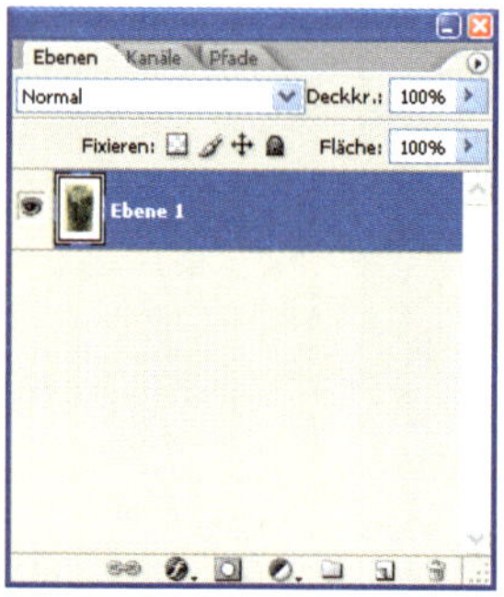

Die Ebenen-Palette zeigt nun die Ebeneninformation und eine Miniatur für die aktive Datei *Photo.psd*. Beachten Sie, dass im Bild *Photo.psd* nur eine Ebene vorhanden ist: *Ebene 1* ohne *Hintergrund*. (Weitere Informationen finden Sie unter »Die Hintergrundebene« auf der folgenden Seite.)

Die Hintergrundebene

Wenn Sie ein neues Bild mit einem weißen oder farbigen Hintergrund erstellen, ist das unterste Bild in der Ebenen-Palette der Hintergrund. Ein Bild kann immer nur einen Hintergrund haben. Die Zeichenordnung, Füllmethode und Deckkraft des Hintergrundes können Sie nicht ändern. Sie können eine Hintergrundebene aber in eine normale Ebene konvertieren.

Wenn Sie ein neues Bild mit transparentem Inhalt erstellen, hat das Bild keine Hintergrundebene. Die unterste Ebene hat in diesem Fall nicht die Eigenschaften einer Hintergrundebene. Sie können die Ebene also beliebig in der Ebenen-Palette verschieben und ihre Deckkraft und Füllmethode ändern.

So konvertieren Sie einen Hintergrund in eine Ebene:

1 *Doppelklicken Sie in der Ebenen-Palette auf »Hintergrund« oder wählen Sie **Ebene: Neu: Ebene aus Hintergrund**.*

2 *Legen Sie die gewünschten Ebenenoptionen (einschließlich Umbenennen) fest.*

3 *Klicken Sie auf OK.*

So konvertieren Sie eine Ebene in einen Hintergrund:

1 *Wählen Sie eine Ebene in der Ebenen-Palette .*

2 *Wählen Sie **Ebene: Neu: Hintergrund aus Ebene.***

Hinweis: Ein Hintergrund kann nicht erstellt werden, indem Sie einfach eine normale Ebene in »Hintergrund« umbenennen. Sie müssen den Befehl »Hintergrund aus Ebene« verwenden.

Ebene umbenennen und kopieren

Eine neue Ebene zu erstellen ist so einfach wie das Ziehen von einer Datei in das Bildfenster einer anderen Datei. Egal, ob Sie vom Bildfenster der Originaldatei oder von Ihrer Ebenen-Palette ziehen – nur die jeweils aktive Ebene erscheint in der Zieldatei. Bevor Sie beginnen, müssen Sie darauf achten, dass die Dateien *06Start.psd* und *Photo.psd* geöffnet sind. Die Datei *Photo.psd* ist aktiviert.

Sie versehen als Erstes die *Ebene 1* mit einem aussagekräftigeren Namen.

1 Doppelklicken Sie in der Ebenen-Palette auf den Namen *Ebene 1* und geben Sie **Photo** ein. Drücken Sie dann die Eingabetaste.

2 Eventuell müssen Sie die Bildfenster der Dateien *Photo.psd* und *06Start.psd* so ziehen, dass möglichst viele Bildteile zu sehen sind. Wählen Sie anschließend das Bild *Photo.psd* als aktive Datei.

3 Wählen Sie in der Werkzeugpalette das Verschieben-Werkzeug (▸✥) und positionieren Sie es im Bildfenster von *Photo.psd*.

4 Ziehen Sie das Photobild in das Bildfenster von *06Start.psd*.

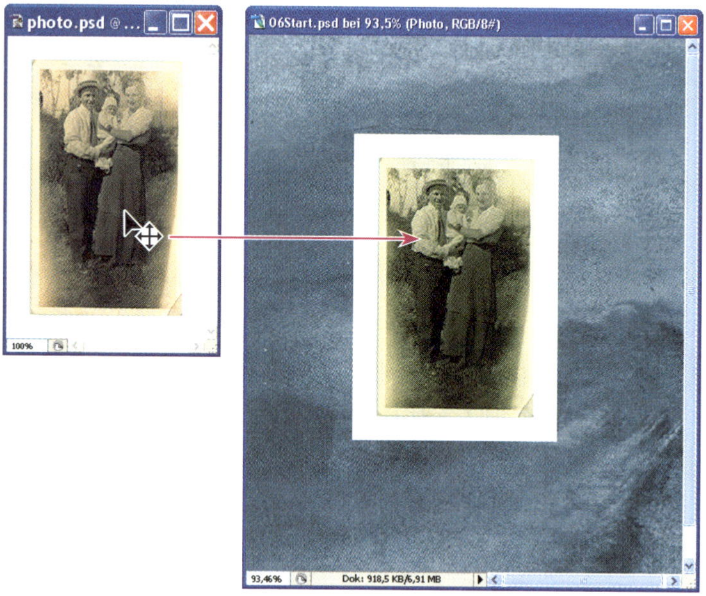

Die *Photo*-Ebene erscheint jetzt im Bildfenster der Datei *06Start* und in der dazugehörigen Ebenen-Palette, zwischen den Ebenen *Papierstruktur* und *Hintergrund*.

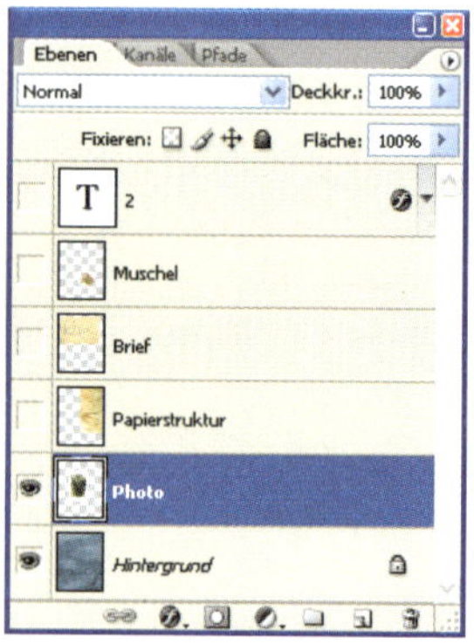

Wenn Sie mit gedrückter Umschalttaste ein Bild von einer Datei in eine andere ziehen, zentriert sich die gezogene Datei automatisch im Ziel-Bildfenster.

Einzelne Ebenen anzeigen

Die Ebenen-Palette zeigt, dass die Datei *06Start.psd* jetzt sechs Ebenen enthält. Einige der Ebenen sind eingeblendet (sichtbar), andere sind ausgeblendet (unsichtbar). Das Augensymbol (👁) links neben dem Ebenennamen in der Palette zeigt an, dass diese Ebene sichtbar ist. Durch Klicken auf dieses Symbol können Sie Ebenen aus- und einblenden.

1 Klicken Sie auf das Augensymbol (👁) neben der Photo-Ebene, um das Foto auszublenden.

2 Klicken Sie nochmals, um sie wieder anzuzeigen.

Pixel einer Ebene wählen und entfernen

Als Sie das Fotomotiv auf die *Start*-Datei verschoben haben, haben Sie auch den weißen Bereich mitbewegt, der das Foto umgibt. Dieser nicht transparente Bereich verdeckt Teile des blauen Hintergrunds, da die *Photo*-Ebene über der blauen *Hintergrund*-Ebene liegt.

Sie entfernen jetzt mit dem Radiergummi den umliegenden weißen Bereich auf der *Photo*-Ebene.

1 Die *Photo*-Ebene ist gewählt. (Um die Ebene zu wählen, klicken Sie auf den Ebenennamen in der Ebenen-Palette.)

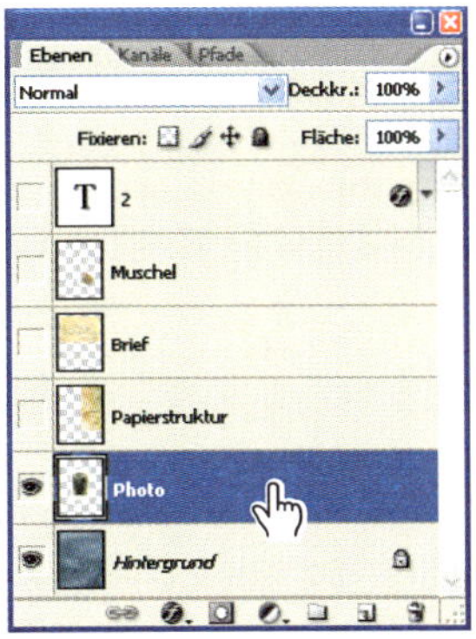

Der Name der Ebene ist hervorgehoben, was bedeutet, dass Sie aktiviert ist.

2 Um die deckenden Bereiche auf dieser Ebene deutlicher hervorzuheben, blenden Sie alle Ebenen bis auf die *Photo*-Ebene aus. Dafür drücken Sie die Alt- (Windows) bzw. Wahltaste (Mac OS) und klicken auf das Augensymbol (👁) für die *Photo*-Ebene.

Der blaue Hintergrund und andere Objekte im Startbild verschwinden und das Foto erscheint auf einem Schachbretthintergrund. Das Schachbrettmuster steht für die transparenten Bereiche in der aktiven Ebene.

3 Wählen Sie das Magische-Radiergummi-Werkzeug (), das unter dem Radiergummi-Werkzeug () verborgen ist.

Sie stellen jetzt die Toleranz für das Magische-Radiergummi-Werkzeug ein. Eine geringere Toleranz lässt neben dem Foto noch Anteile von Weiß stehen, während eine zu hohe Toleranzeinstellung einen Teil des Fotos entfernt.

4 Stellen Sie in der Optionsleiste per Scrubben oder direkter Eingabe den entsprechenden Toleranzwert ein (wir haben mit dem Wert **22** gearbeitet).

5 Klicken Sie anschließend im weißen Bereich, der das Foto im Bildfenster umgibt.

Statt des weißen Bereichs erscheint jetzt das Schachbrettmuster und kennzeichnet den Bereich als transparent.

6 Blenden Sie die *Hintergrund*-Ebene wieder ein, indem Sie links neben deren Namen in der Spalte mit dem Augensymbol klicken. Der weiße Bereich in der *Photo*-Ebene ist jetzt transparent.

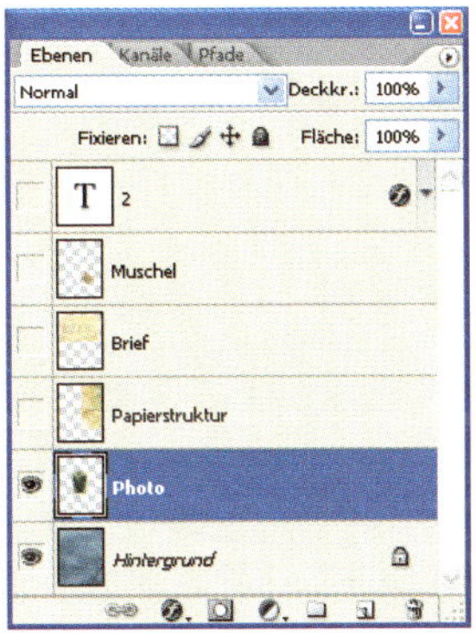

Die Anordnung von Ebenen ändern

Die Art, in der Photoshop die Ebenen eines Bildes stapelt, bezeichnet man als *Ebenen-Anordnung*. Die Anordnung der Ebenen bestimmt, was im Bild zu sehen ist – Sie können diese Anordnung verändern, um bestimmte Bildelemente vor oder hinter anderen Ebenen erscheinen zu lassen.

Als Nächstes ordnen Sie die Ebenen so um, dass Photoshop das Photomotiv vor ein anderes Bild in der Datei stellt (das andere Bild ist noch ausgeblendet).

1 Zeigen Sie die Ebenen *Muschel*, *Brief* und *Papierstruktur* an, indem Sie links neben deren Namen auf die Spalte für das Augensymbol klicken.

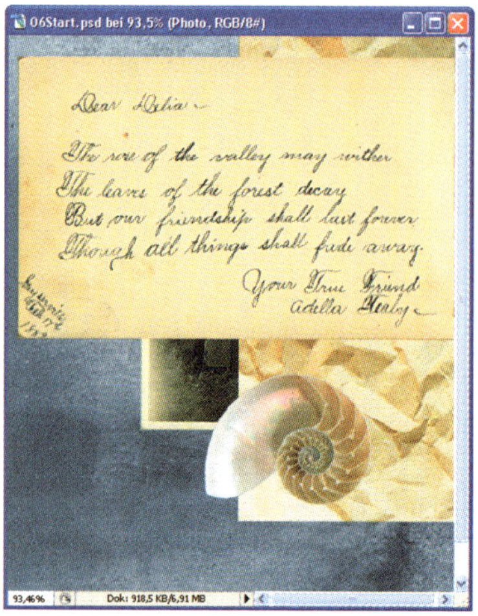

Sie sehen, dass das Foto durch die Bilder in den anderen Ebenen zum Teil verdeckt ist.

Hinweis: *Die* Photo-*Ebene befindet sich auch unterhalb der* 2-Text-*Ebene, die sich ganz oben im Ebenenstapel befindet. Diese Ebene bleibt im Augenblick noch ausgeblendet, wir kommen aber im weiteren Verlauf dieser Lektion noch darauf zurück.*

2 Ziehen Sie in der Ebenen-Palette die *Photo*-Ebene so, dass sie zwischen den Ebenen *Muschel* und *Brief* positioniert ist. Achten Sie dabei auf eine dicke Linie zwischen den Ebenen im Stapel. Lassen Sie dann die Maustaste los.

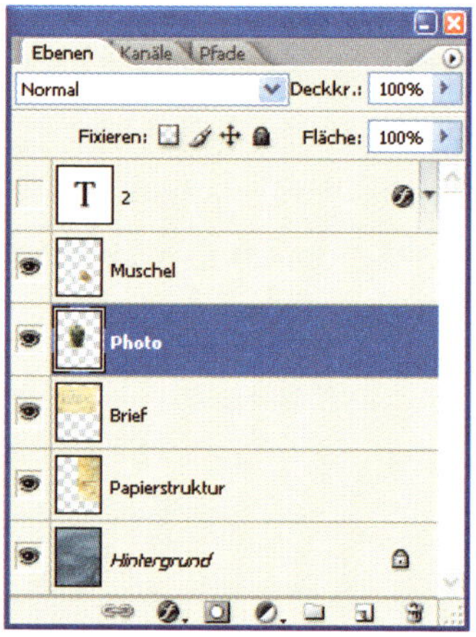

Die *Photo*-Ebene befindet sich jetzt zwei Stufen höher in der Stapelfolge, das heißt, Photoshop zeigt das Foto über dem *Brief* und der *Papierstruktur*, aber unter der *Muschel* und der *2*.

Sie können die Stapelfolge von Ebenen auch kontrollieren, wenn Sie die gewünschte Ebene in der Ebenen-Palette wählen und dann den Befehl ***Ebene: Anordnen*** *und unter den Optionen* ***Nach vorne bringen, Schrittweise vorwärts, Schrittweise rückwärts*** *und* ***Nach hinten stellen*** *wählen.*

Deckkraft und Füllmethode einer Ebene ändern

Das zerknüllte Papier ist deckend und lässt den blauen Hintergrund der darunter angeordneten Ebene nicht erkennen. Allerdings lässt sich die Deckkraft jeder Ebene so verringern, dass andere Ebenen durchscheinen. Außerdem können Sie verschiedene Füllmethoden auf die Ebene anwenden, mit denen Sie steuern, wie Photoshop die Farbpixel im Photomotiv mit den darunterliegenden Ebenen kombiniert. (Die aktuelle Füllmethode ist *Normal*.) Sie bearbeiten jetzt die *Papierstruktur*-Ebene, damit der Hintergrund durchscheint.

1 Wählen Sie die Papierstruktur-Ebene, klicken Sie dann in der Ebenen-Palette auf den Pfeil neben dem Textfeld »Deckkraft« und ziehen Sie den Regler auf **50%**. Oder scrubben Sie auf der Bezeichnung *Deckkraft*, um den Wert für die Deckkraft einzustellen. Sie können den Wert auch direkt in das Textfeld eingeben.

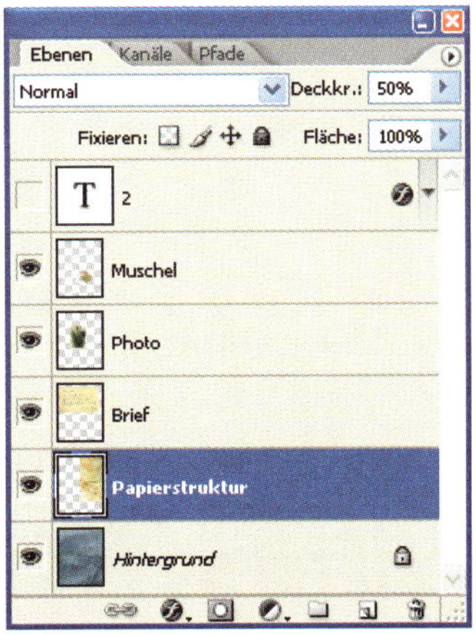

Die Papierstruktur ist nun semitransparent und Sie können den darunter liegenden Hintergrund erkennen. Beachten Sie, dass sich die Änderung der Deckkraft nur auf die Bildelemente der *Papierstruktur*-Ebene auswirkt – der Brief, das Foto und die Muschel haben weiterhin die volle Deckkraft.

2 Öffnen Sie links neben der Deckkraft-Option in der Ebenen-Palette das Popup-Menü für die Füllmethode und wählen Sie »Luminanz«. (Eventuell müssen Sie im Popup-Menü scrollen.)

3 Ändern Sie die Deckkraft auf **75%**.

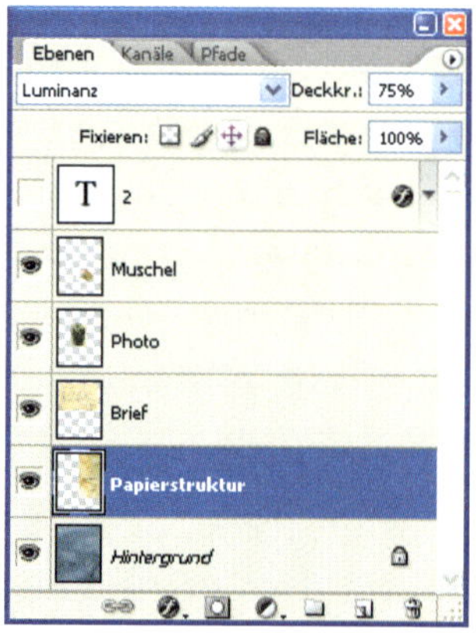

4 Wählen Sie **Datei: Speichern**.

Mehr über Füllmethoden mit Beschreibung und Bildbeispielen finden Sie in der Photoshop-Hilfe.

Ebenen verbinden

Sie können die Arbeit mit Ebenen effizient gestalten, wenn Sie zwei oder mehr Ebenen miteinander verknüpfen. Auf diese Art und Weise bewegen und transformieren Sie Ebenen gleichzeitig, ohne dass sich etwas an ihrer Ausrichtung zueinander ändert.

Sie verknüpfen jetzt die Ebenen *Photo* und *Brief* und verschieben und skalieren sie dann als Einheit.

1 Wählen Sie die *Photo*-Ebene in der Ebenen-Palette und drücken Sie dann die Umschalttaste, um die *Brief*-Ebene zu wählen.

2 Wählen Sie aus dem Menü der Ebenen-Palette die Option »Ebenen verbinden«. Oder klicken Sie unten in der Ebenen-Palette auf das Symbol »Ebenen verbinden«.

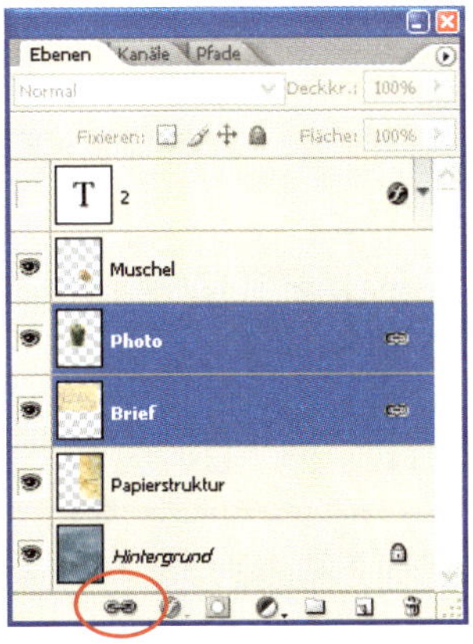

Das Verbindensymbol (⚭) erscheint neben beiden Ebenennamen in der Ebenen-Palette und weist darauf hin, dass die Ebenen verbunden bzw. verknüpft sind.

Jetzt skalieren Sie die verbundenen Ebenen gleichzeitig.

3 Die verbundenen Ebenen sind noch in der Ebenen-Palette gewählt. Wählen Sie **Bearbeiten: Frei transformieren**. Ein Begrenzungsrahmen erscheint um die Bilder in den verbundenen Ebenen.

4 Halten Sie die Umschalttaste gedrückt und ziehen Sie an einem der Eckgriffe nach innen, um das Foto und den Brief um etwa 20% zu verkleinern.

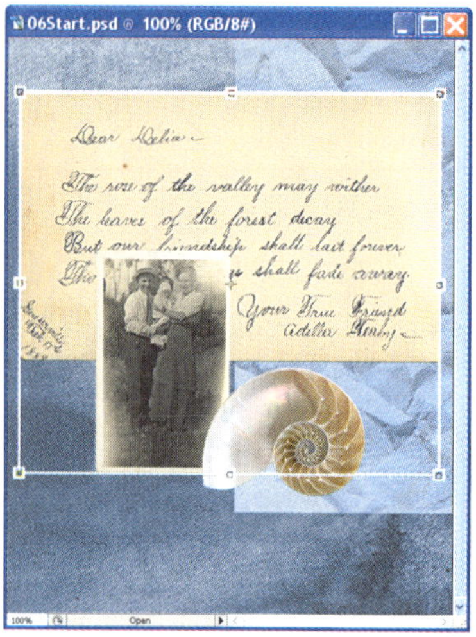

5 Der Zeiger befindet sich innerhalb des Begrenzungsrahmens. Ziehen Sie die Bilder mit dem Foto und dem Brief nach unten und nach links im Bildfenster, so dass die Montage der folgenden Abbildung entspricht.

6 Drücken Sie die Eingabetaste, um die Transformation anzuwenden.

7 Wählen Sie **Datei: Speichern**.

Einen Verlauf zu einer Ebene hinzufügen

Im Folgenden erstellen Sie eine neue leere Ebene. (Leere Ebenen in eine Datei einzufügen ist vergleichbar mit dem Hinzufügen leerer Transparentfolien in einem Bilderstapel.) Danach wenden Sie auf die Ebene einen halbtransparenten Verlaufseffekt an, der sich auf die darunter befindlichen Ebenen auswirkt.

1 Klicken Sie in der Ebenen-Palette auf die Ebene *Papierstruktur*, um sie zu aktivieren, und klicken Sie unten in der Ebenen-Palette auf die Schaltfläche »Neue Ebene« ( ).

Eine neue Ebene mit der Bezeichnung *Ebene 1* erscheint jetzt zwischen den Ebenen *Papierstruktur* und *Brief*.

Hinweis: *Eine neue Ebene lässt sich auch über den Befehl »Neue Ebene« aus dem Menü der Ebenen-Palette oder mit dem Befehl »Ebenen: Neue Ebene« in der Photoshop-Menüleiste erstellen.*

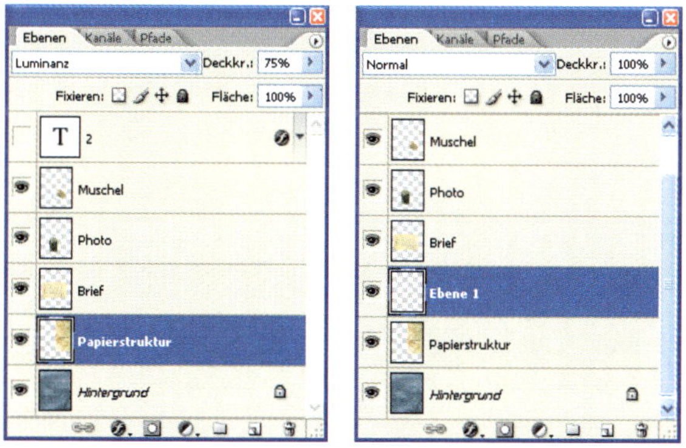

2 Doppelklicken Sie auf den Ebenennamen *Ebene 1*, geben Sie **Verlauf** ein und drücken Sie die Eingabetaste, um die Ebene umzubenennen.

3 Wählen Sie in der Werkzeugpalette das Verlaufswerkzeug ( ).

4 Achten Sie darauf, dass in der Optionsleiste die Schaltfläche »Linearer Verlauf« ( ) gewählt ist. Klicken Sie neben dem Verlauf-Farbbalken auf den nach unten weisenden Pfeil, um die Liste mit Vorgabe-Verlaufsfüllungen anzuzeigen.

5 Wählen Sie den Verlauf *Vordergrund-Transparent* und klicken Sie anschließend im Bildfenster, um die Liste wieder zu schließen.

Verlaufsfüllungen lassen sich auch als Name und nicht als Miniatur anzeigen. Öffnen Sie das Palettenmenü in der Liste mit den Vorgabe-Verlaufsfüllungen und klicken Sie auf den nach rechts weisenden Pfeil (◉). Wählen Sie dann die Option »Kleine Liste« oder »Große Liste«. Oder setzen Sie den Zeiger auf eine Miniatur, bis die QuickInfo mit dem Verlaufsnamen angezeigt wird.

6 Klicken Sie auf den Reiter der Farbfelder-Palette, um die Farbfelder innerhalb der Palettengruppe nach vorn zu stellen, und wählen Sie einen grünen Farbton.

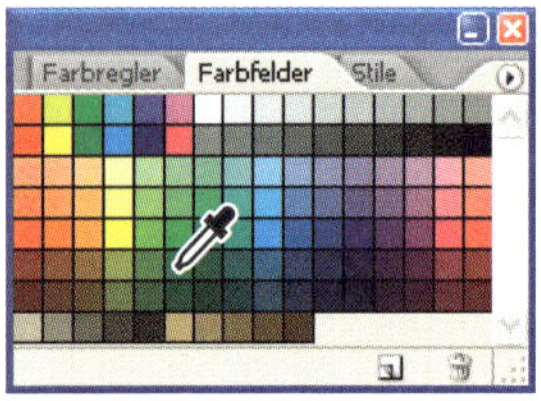

7 Die *Verlauf*-Ebene ist in der Ebenen-Palette aktiv. Ziehen Sie das Verlaufswerkzeug von der unteren rechten Bildecke zur oberen linken Ecke.

Der Verlauf erstreckt sich kontinuierlich über die Ebene – von grün unten rechts bis zu transparent oben links. Da der Verlauf die Papierstruktur teilweise unkenntlich macht, ändern Sie nun die Füllmethode und verringern die Deckkraft der *Verlauf*-Ebene.

8 Die *Verlauf*-Ebene ist noch aktiviert. Wählen Sie in der Ebenen-Palette aus dem Popup-Menü »Füllmethode« die Option »Multiplizieren« und ändern Sie die Deckkraft auf **75%**. Jetzt kommen die Ebenen *Papierstruktur* und *Hintergrund* durch den Verlauf zum Vorschein.

Text hinzufügen

Sie fügen jetzt etwas Text hinzu. Zur Eingabe des Textes verwenden Sie das horizontale Text-Werkzeug, das den Text auf einer eigenen Textebene platziert. Anschließend bearbeiten Sie den Text und wenden einen Spezialeffekt auf die Ebene an.

1 Klicken Sie in der Ebenen-Palette außerhalb der Ebenennamen, um alle Ebenen abzuwählen (eventuell müssen Sie für einen leeren Bereich die Palette durch Ziehen vergrößern).

2 Klicken Sie unten in der Werkzeugpalette auf das kleine Feld »Standardfarben für Vordergrund und Hintergrund« (■), um die Vordergrundfarbe Schwarz zu wählen. In dieser Farbe soll der Text erscheinen.

3 Wählen Sie in der Werkzeugpalette das horizontale Text-Werkzeug (T). Wählen Sie anschließend in der Optionsleiste die folgenden Optionen für das Text-Werkzeug:

- Wählen Sie eine Schrift aus dem Popup-Menü »Schriftfamilie einstellen« (wir haben *Adobe Garamond* gewählt).
- Wählen Sie einen Schriftschnitt (wir haben *Italic* benutzt).
- Geben Sie in das Textfeld »Schriftgrad einstellen« die Schriftgröße ein (wir haben mit **76** Punkt gearbeitet) und drücken Sie die Eingabetaste.
- Wählen Sie aus dem Popup-Menü »Glättung einstellen« (ªa) die Option »Scharf«.
- Klicken Sie auf die Schaltfläche »Text rechts ausrichten« (☰).

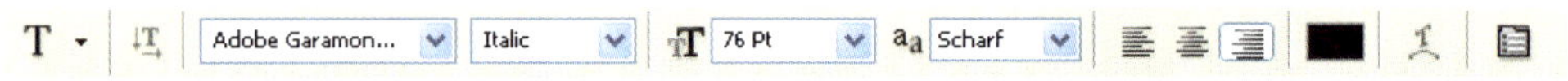

4 Klicken Sie in der oberen *rechten* Ecke des Briefbereichs im Bildfenster und geben Sie **Scrapbook** (Album) ein. Klicken Sie dann in der Optionsleiste auf die Schaltfläche »Aktuelle Bearbeitungen bestätigen« (✓).

Die Ebenen-Palette enthält jetzt die weitere Ebene *Scrapbook*, die mit einem *T*-Symbol gekennzeichnet ist. Das Symbol weist darauf hin, dass es sich um eine Textebene handelt. Diese Ebene befindet sich ganz oben im Ebenenstapel.

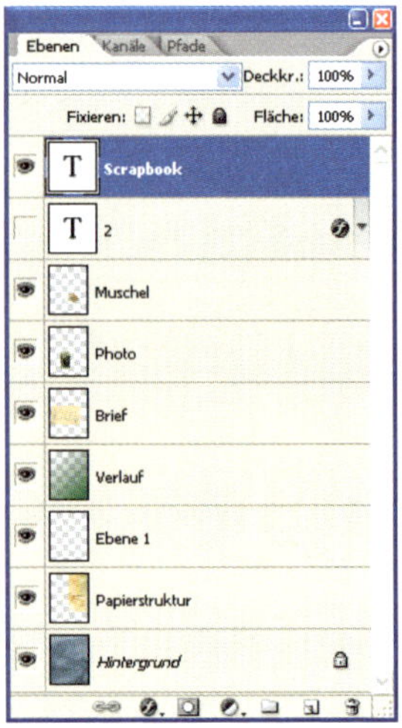

Der Text erscheint im Bild an der Stelle des Mausklicks – sicherlich nicht exakt die Stelle, an der Sie den Text positionieren möchten.

5 Wählen Sie das Verschieben-Werkzeug (▸✥) und ziehen Sie den Text *Scrapbook* so, dass die Grundlinie an der oberen rechten Briefkante ausgerichtet ist.

Einen Ebenenstil zuweisen

Sie können eine Ebene erweitern, wenn Sie Schlagschatten, Schein, abgeflachte Kante und Relief oder andere Spezialeffekte aus einer Sammlung automatisierter und bearbeitbarer Ebenenstile hinzufügen. Die Stile lassen sich einfach zuweisen und sind direkt mit der von Ihnen angegebenen Ebene verknüpft.

Wie Ebenen können Sie auch einzelne Stile vorübergehend dadurch ausblenden, dass Sie auf das Augensymbol (👁) in der Ebenen-Palette klicken. Sie haben auch die Möglichkeit, einen Ebenenstil auf eine andere Ebene zu kopieren, indem Sie den Effekt auf die Zielebene ziehen.

Sie heben den Text jetzt hervor, indem Sie die Schrift mit einem Relief und einem Schlagschatten versehen und ihn dann gelb einfärben.

1 Die *Scrapbook*-Ebene ist aktiv. Wählen Sie **Ebene: Ebenenstil: Abgeflachte Kante und Relief**. (Eventuell dauert es etwas länger, bis das Dialogfeld geöffnet ist.)

Sie können das Dialogfeld »Ebenenstil« auch dadurch öffnen, dass Sie in der Ebenen-Palette auf den Ebenennamen doppelklicken bzw. unten in der Ebenen-Palette auf die Schaltfläche »Neuer Ebenenstil«(ƒ) klicken und dann aus dem Popup-Menü einen Effekt wählen.

2 Aktivieren Sie wenn nötig im Dialogfeld »Ebenenstil« die Option »Vorschau« und verschieben Sie das Dialogfeld so auf dem Bildschirm, dass Sie den Text *Scrapbook* sehen.

3 Achten Sie darauf, dass im Bereich »Struktur« der Stil »Abgeflachte Kante innen« und als Technik »Abrunden« gewählt sind. Stellen Sie dann die Farbtiefe auf **50%**, die Größe auf **5** Pixel und Weichzeichnen auf **0** Pixel ein. Als Richtung ist »Nach oben« gewählt.

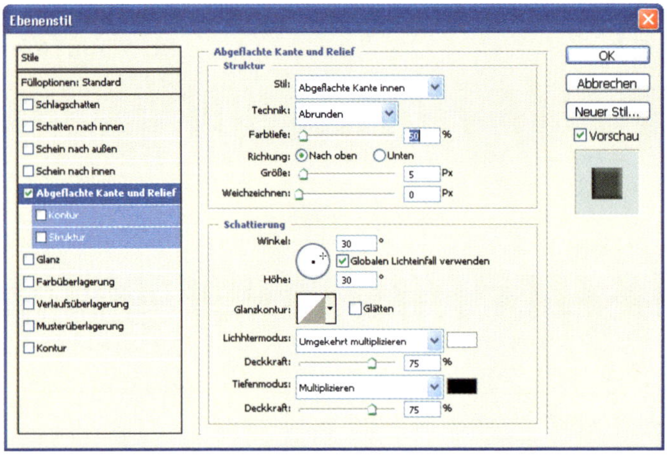

4 Klicken Sie links im Dialogfeld »Ebenenstil« oben in der Stile-Liste auf *Schlagschatten*. Photoshop versieht diesen Stil automatisch mit einem Häkchen und zeigt die verfügbaren Optionen für den *Schlagschatten*-Ebenenstil an. Die kleine Vorschau rechts zeigt nun die Auswirkung der von Ihnen gewählten Stile.

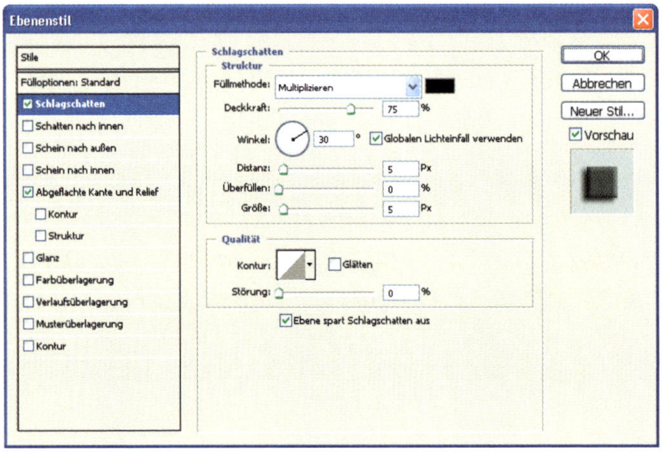

5 Übernehmen Sie die standardmäßigen Schlagschatten-Optionen und klicken Sie in der *Stile*-Liste auf *Farbüberlagerung*.

6 Klicken Sie im Bereich *Farbüberlagerung* auf das Farbfeld, um den Farbwähler zu öffnen. Wählen Sie einen Gelbton (wir haben R=**255**, G=**218** und B=**47** benutzt). Klicken Sie auf OK, um den Farbwähler zu schließen und wieder in das Dialogfeld »Ebenenstil« zu gelangen.

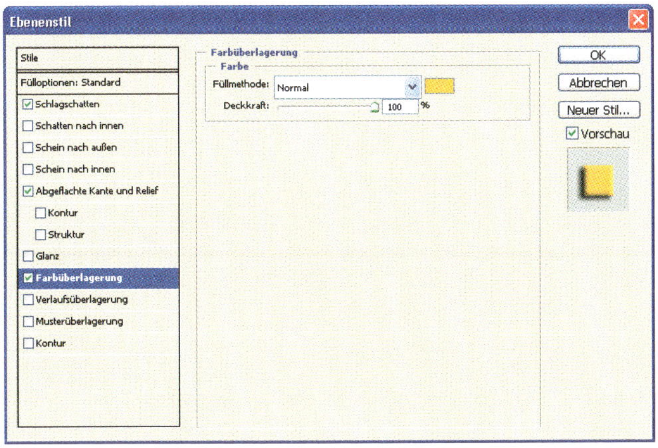

7 Prüfen Sie den *Scrapbook*-Text im Bildfenster. Klicken Sie anschließend auf OK, um die Einstellungen zu übernehmen und das Dialogfeld »Ebenenstil« zu schließen.

8 Um alle angeführten Ebeneneffekte anzuzeigen, klicken Sie rechts in der Ebene *Scrapbook* auf den Pfeil neben dem Symbol für Ebeneneffekte.

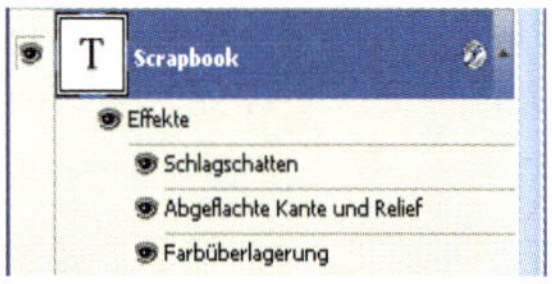

Die Textebene *Scrapbook* enthält vier verschachtelte Zeilen mit Informationen. Die anderen drei Zeilen sind mit den Effekten benannt, die Sie der Ebene zugewiesen haben: *Schlagschatten, Abgeflachte Kante und Relief* sowie *Farbüberlagerung*. Außerdem steht neben diesen drei Bezeichnungen das Symbol für Ebeneneffekte (👁). Sie schalten einen Effekt aus, indem Sie auf sein Augensymbol klicken. Ein erneutes Klicken in dieses »Sichtbarkeitsfeld« bringt wieder das Augensymbol und damit auch den Effekt zurück. Für die nächsten Schritte sind die Augensymbole für alle vier Elemente unter der Ebene *Scrapbook* aktiviert.

9 Um alle angeführten Ebeneneffekte auszublenden, klicken Sie erneut rechts in der Ebene *Scrapbook* auf den Pfeil neben dem Symbol für Ebeneneffekt.

Den Ebeneneffekt aktualisieren

Photoshop passt Ebeneneffekte automatisch an, wenn Sie auf einer Ebene Änderungen vornehmen. Bearbeiten Sie den Text und beobachten Sie, wie sich der Ebeneneffekt verändert.

1 Schalten Sie in der Ebenen-Palette die Sichtbarkeit für die Text-Ebene *2* ein und wählen bzw. aktivieren Sie diese Ebene.

2 Wählen Sie in der Werkzeugpalette das horizontale Text-Werkzeug (T), klicken Sie aber noch nicht im Bildfenster.

3 Ändern Sie in der Optionsleiste den Schriftgrad in **225** pt (Punkt) und drücken Sie die Eingabetaste.

Sie haben den Text nicht durch Ziehen mit dem Text-Werkzeug gewählt (wie Sie in einem Textverarbeitungsprogramm gemacht hätten), und doch hat die *2* jetzt eine Schriftgröße von 225 Punkt.

4 Wählen Sie mit dem Text-Werkzeug die *2* und ändern Sie die Zahl in **3**.

Beachten Sie, dass Photoshop die ursprünglichen Textformatierungen und Ebeneneffekte unverändert beibehält.

5 Wählen Sie das Verschieben-Werkzeug ( ) und ziehen Sie die *3*, um sie senkrecht zwischen dem *Scrapbook*-Text und der Muschel zu zentrieren.

Hinweis: *Nach Eingabe der Zahl 3 müssen Sie nicht auf die Schaltfläche »Aktuelle Bearbeitungen bestätigen« klicken, da die Wahl des Verschieben-Werkzeugs den gleichen Effekt hat.*

6 Wählen Sie **Datei: Speichern**.

Mehr Tiefe mit einem Schlagschatten

Die Arbeit am Albumtitel ist fast fertig – die einzelnen Elemente in der Komposition sind richtig angeordnet. Jetzt versehen Sie noch die Ebenen *Brief*, *Photo* und *Muschel* mit einem einfachen Schlagschatten-Effekt.

1 Wählen Sie in der Ebenen-Palette die *Brief*-Ebene, klicken Sie unten in der Palette auf die Schaltfläche »Ebenenstil hinzufügen« ( ) und wählen Sie aus dem Popup-Menü den Effekt *Schlagschatten*.

2 Stellen Sie im Dialogfeld »Ebenenstil« die Deckkraft auf **50 %**, die Distanz auf **5** Pixel, Überfüllen auf **5 %** und die Größe auf **10** Pixel ein. Klicken Sie anschließend auf OK, um das Dialogfeld zu schließen und den Effekt zuzuweisen.

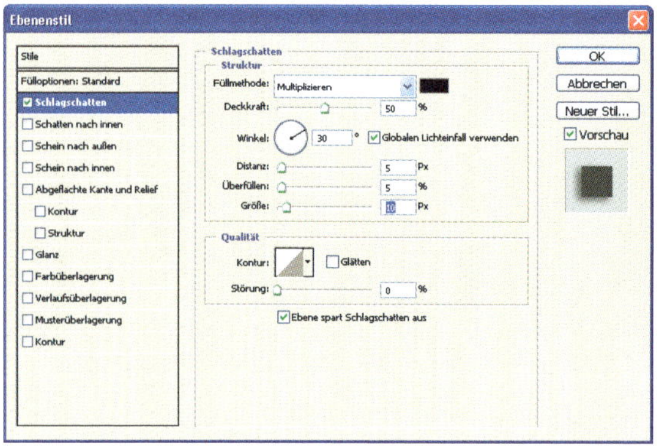

Statt nun weitere Schlagschatten für das Foto und die Muschel von Grund auf neu zu erzeugen, kopieren Sie den vorhandenen Schlagschatten.

3 Ziehen Sie mit gedrückter Alt- (Windows) bzw. Wahltaste (Mac OS) das Ebenenstilsymbol (●) für den Schlagschatten aus der *Brief*-Ebene auf die *Photo*-Ebene.

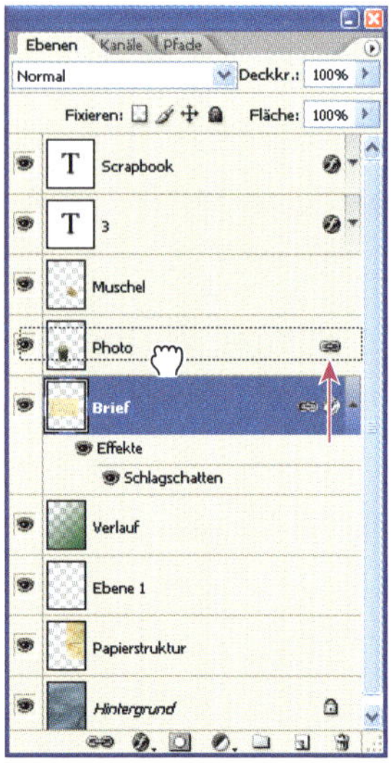

4 Wiederholen Sie Schritt 3, um auch die *Muschel*-Ebene mit einem Schlagschatten zu versehen.

5 Um schließlich unterhalb der *Muschel*-Ebene etwas mehr Tiefe zu erzeugen, doppelklicken Sie auf das Ebenenstilsymbol für das Dialogfeld »Ebenenstil«. Wählen Sie *Schlagschatten* aus der Stile-Liste und ändern Sie die Größe in **25** Pixel. Klicken Sie auf OK, um die Änderung zu übernehmen und das Dialogfeld zu schließen.

Das fertige Bild und die Ebenen-Palette sollten der Abbildung auf der nächsten Seite entsprechen.

Dateien auf eine Ebene reduzieren und speichern

Wenn Sie mit dem Bearbeiten aller Ebenen Ihres Bildes fertig sind, können Sie eine Kopie der Datei mit verschmolzenen Ebenen erstellen. Dabei reduziert Photoshop die Ebenen der Datei auf eine einzige Hintergrundebene. Die Dateigröße verringert sich damit erheblich. Achten Sie darauf, dass Sie die Ebenen erst dann reduzieren, wenn Sie keine gestalterischen Änderungen mehr vornehmen wollen. In den meisten Fällen wird es ratsam sein, eine Kopie der Datei mit intakten Ebenen anzulegen, falls zu einem späteren Zeitpunkt doch noch Änderungen anfallen sollten.

Um einen Eindruck zu erhalten, was beim Reduzieren einer Datei passiert, beachten Sie die Zahlen für die Dateigröße in der Informationsleiste unten im Bildfenster.

Hinweis: *Klicken Sie auf das Pfeil-Popup-Menü in der Statusleiste und wählen Sie* ***Einblenden: Dateigrößen****, falls in der Statusleiste keine Dateigrößen angezeigt werden.*

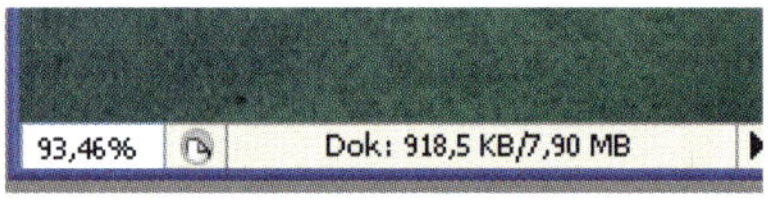

Die erste Zahl steht für das reduzierte Bild, das heißt, wenn alle Ebenen im Hintergrund zusammengefügt sind. Die zweite Zahl steht für die aktuelle Dateigröße (ohne Reduzierung). Im aktuellen Beispiel würde die reduzierte Datei etwa 918,5 Kbyte groß sein, während die aktuelle Datei etwa 7,5 Mbyte groß ist. Es lohnt sich also, das vorliegende Bild zu reduzieren.

1 Falls das Text-Werkzeug (T) noch in der Werkzeugpalette gewählt ist, wählen Sie ein anderes Werkzeug, um den Bearbeitungsmodus zu verlassen. Wählen Sie **Datei: Speichern** (falls verfügbar), damit sämtliche Änderungen an der Datei gespeichert werden.

2 Wählen Sie **Bild: Bild duplizieren**.

3 Geben Sie im Dialogfeld »Bild duplizieren« den Dateinamen **06Redu.psd** ein und klicken Sie auf OK.

4 Schließen Sie die Datei *06Start.psd*, aber lassen Sie die Datei *06Redu.psd* geöffnet.

5 Wählen Sie aus dem Menü der Ebenen-Palette die Option »Auf Hintergrundebene reduzieren«.

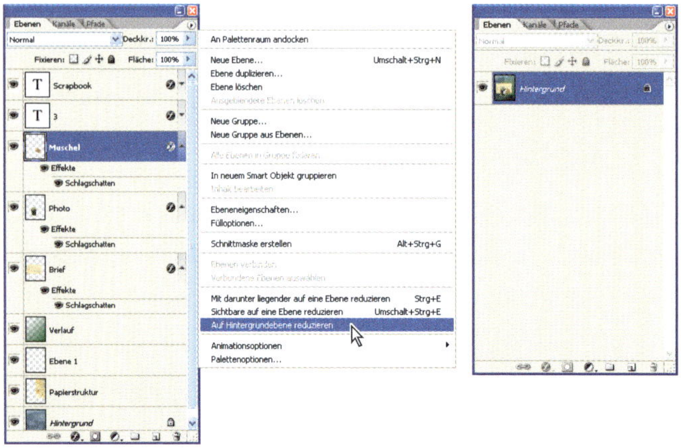

6 Wählen Sie **Datei: Speichern**. Obwohl Sie »Speichern« statt »Speichern unter« gewählt haben, erscheint das Dialogfeld »Speichern unter«.

7 Speichern Sie im Ordner *Lektionen/Lektion06*. Klicken Sie auf »Speichern«, um die Vorgaben zu übernehmen.

Sie haben jetzt zwei Dateiversionen gespeichert: eine reduzierte Version der Datei und die Originaldatei, bei der alle Ebenen intakt bleiben.

Falls Sie nur bestimmte Ebenen einer Datei reduzieren möchten, klicken Sie auf die Augensymbole der Ebenen, die nicht reduziert werden sollen. Wählen Sie dann aus der Ebenen-Palette die Option »Sichtbare auf eine Ebene reduzieren«.

Ebenenkompositionen

*Ebenenkompositionen (*Ebenenkomp.*) sind flexibel, da Sie zwischen verschiedenen Ansichten einer aus mehreren Ebenen bestehenden Bilddatei hin- und herschalten können. Eine Ebenenkomposition definiert einfach Einstellungen in der Ebenen-Palette. Wenn Sie eine Ebenenkomposition definiert haben, lassen sich beliebig viele Einstellungen in der Ebenen-Palette ändern. Danach erstellen Sie eine weitere Ebenenkomposition, um diese Konfiguration der Ebeneneigenschaften zu erhalten. Jetzt schalten Sie zwischen den Ebenenkompositionen um und prüfen so schnell die beiden Designs. Ebenenkompositionen sind besonders dann wichtig, wenn Sie beispielsweise einem Kunden verschiedene Gestaltungsalternativen demonstrieren wollen. Wenn Sie einige Ebenenkompositionen erzeugt haben, können Sie die verschiedenen Gestaltungsvarianten prüfen, ohne die Augensymbole permanent ein- und auszuschalten oder Einstellungen in der Ebenen-Palette zu ändern.*

Sie gestalten beispielsweise eine Broschüre als deutsche und englische Sprachversion. In einer einzigen Bilddatei könnte der deutsche Text auf einer Ebene und der englische auf einer anderen Ebene stehen. Um zwei unterschiedliche Ebenenkompositionen zu erstellen, schalten Sie einfach die Sichtbarkeit der deutschen Ebene ein und die der englischen aus. Anschließend klicken Sie in der Ebenenkomp.-Palette auf das Symbol »Neue Ebenenkomp. erstellen«. Dann gehen Sie umgekehrt vor – schalten Sie die Sichtbarkeit der englischen Ebene ein und die der deutschen aus. Klicken Sie wieder auf die Schaltfläche »Neue Ebenenkomp. erstellen« für die englische Ebenenkomposition.

Um die verschiedenen Ebenenkompositionen anzusehen, klicken Sie neben dem Namen im Feld »Ebenenkomp.« ( ). Sie können sich jetzt bestimmt vorstellen, welche Zeit Sie bei komplexen Varianten einsparen. Ebenenkompositionen sind besonders wertvoll, wenn das Design noch im Entstehen ist oder Sie mehrere Variationen zu einem Grundthema benötigen.

Glückwunsch! Sie haben die Arbeit an der Montage für das Album-Cover abgeschlossen. Diese Lektion bietet nur einen Einblick in die vielen Möglichkeiten und die große Flexibilität, über die Sie durch Photoshop-Ebenen und Ebenenkompositionen verfügen. Im Verlauf der weiteren Lektionen gewinnen Sie noch mehr an Erfahrung, da Sie in fast jeder Lektion neue Ebenentechniken kennen lernen – besonders in Lektion 11, »Fortgeschrittene Ebenentechniken«.

Rückblick

Fragen

1 Welchen Vorteil hat die Verwendung von Ebenen? Wie lassen sie sich ausblenden?

2 Wie lassen Sie Grafik in einer Ebene vor Grafik in einer anderen Ebene erscheinen?

3 Wie bearbeiten Sie mehrere Ebenen gleichzeitig?

4 Wie minimieren Sie nach der Fertigstellung eines Bildes dessen Dateigröße, ohne die Qualität oder die Maße zu ändern?

Antworten

1 In Ebenen lassen sich verschiedene Teile eines Bildes als separate Einheiten bearbeiten. Einzelne Ebenen lassen sich während der Arbeit in anderen Ebenen dadurch ausblenden, dass Sie durch Klicken auf das Augensymbol (👁) die nicht benötigten Ebenen ausblenden.

2 Eine Ebene mit Bildelementen lassen Sie vor anderen Ebenen erscheinen, indem Sie an dem Ebenennamen in der Ebenen-Palette nach oben oder unten in der Stapelfolge ziehen oder unter **Ebene: Anordnen** die Befehle **Nach vorne bringen**, **Schrittweise vorwärts**, **Schrittweise rückwärts** und **Nach hinten stellen** wählen. Die Position der Hintergrundebene lässt sich dagegen nicht ändern.

3 Ebenen lassen sich verbinden, indem Sie eine Ebene in der Ebenen-Palette wählen und anschließend mit gedrückter Umschalttaste auf die Ebene klicken, mit der verbunden werden soll. Klicken Sie anschließend unten in der Ebenen-Palette auf das Symbol »Ebene verbinden«. Nach dem Verbinden lassen sich beide Ebenen zusammen verschieben, drehen und skalieren.

4 Die Dateigröße lässt sich verringern, indem Sie alle Ebenen der Datei auf eine einzige Hintergrundebene reduzieren. Speichern Sie aber auch die Datei mit den Ebenen, falls Sie später noch ändern möchten.

In Adobe Photoshop benutzen Sie Masken, um Teile eines Bildes zu isolieren, die Sie dann gesondert bearbeiten. Eine Maske ist wie eine Schablone: Der ausgeschnittene Teil der Maske lässt sich ändern, während der übrige Bereich geschützt ist. Sie erstellen Masken für einmalige Anwendungen oder speichern sie für wiederholten Gebrauch.

7 Masken und Kanäle

Überblick

In dieser Lektion lernen Sie Folgendes:

- Auswahl im (temporären) Maskierungsmodus überarbeiten
- Auswahl als Maske speichern
- Maske in der Kanäle-Palette ansehen
- Gespeicherte Maske laden und Effekte zuweisen
- In einer Maske malen, um eine Auswahl zu modifizieren
- Komplexe Auswahl mit dem »Extrahieren«-Befehl erstellen
- Verlaufsmaske erstellen und anwenden

Falls erforderlich, löschen Sie den auf Ihrer Festplatte vorhandenen Lektionsordner aus der vorherigen Lektion und kopieren stattdessen den Ordner *Lektion07* auf die Festplatte. Während der Arbeit in dieser Lektion überschreiben Sie die Startdateien. Wenn Sie die Startdateien wiederherstellen wollen, kopieren Sie diese einfach von der Buch-DVD.

Im Maskierungsmodus und mit Kanälen arbeiten

Sie verwenden Masken, um einen Bildteil zu isolieren und zu schützen. Wenn Sie einen Teil eines Bildes wählen, ist der nicht gewählte Teil *maskiert* und damit vor Änderungen geschützt. Mit Masken erstellen Sie zeitaufwendige Auswahlen und speichern sie, um sie später wieder zu benutzen. Darüber hinaus lassen sich Masken für viele andere, komplexe Aufgaben einsetzen – wie für Farbänderungen, Filter und andere Effekte.

Im Adobe Photoshop-Maskierungsmodus können Sie eine temporäre Maske erstellen. Sie können außerdem mit Masken zeitaufwendige Auswahlen als *Alpha-Kanäle* (spezielle Graustufen-Kanäle) speichern und diese später wieder verwenden. Photoshop benutzt Kanäle auch, um Informationen über die in einem Bild vorhandenen Farben und Volltonfarben zu speichern. Anders als Ebenen lassen sich Kanäle nicht drucken. Sie benutzen die Kanäle-Palette, um die Kanäle zu sehen und mit ihnen zu arbeiten.

Vorbereitungen

Sie öffnen erst das fertige Bild aus dieser Lektion, um eine Vorstellung von dem zu erhalten, was Sie anschließend mit Masken und Kanälen selber gestalten.

1 Starten Sie Photoshop und halten Sie sofort danach die Tasten Strg+Alt+Umschalt (Windows) bzw. Befehl+Wahl+Umschalt (Mac OS) gedrückt, um die standardmäßigen Voreinstellungen zu erhalten. (Siehe »Die Standardeinstellungen wiederherstellen« auf Seite 20.)

2 Klicken Sie im Meldungsfenster zur Bestätigung auf »Ja«, um die Standardeinstellungen zu übernehmen. Klicken Sie auf »Schließen«, um das Willkommen-Fenster zu schließen.

3 Klicken Sie in der Optionsleiste auf die Schaltfläche »Gehe zu Bridge« ( ), um Adobe Bridge zu öffnen.

4 Klicken Sie in der Favoriten-Palette auf *Lektionen* und doppelklicken Sie dann auf den Ordner *Lektion07*, um dessen Inhalt zu sehen.

5 Wählen Sie die Datei *07End.psd*, um sie in der Vorschau-Palette anzusehen.

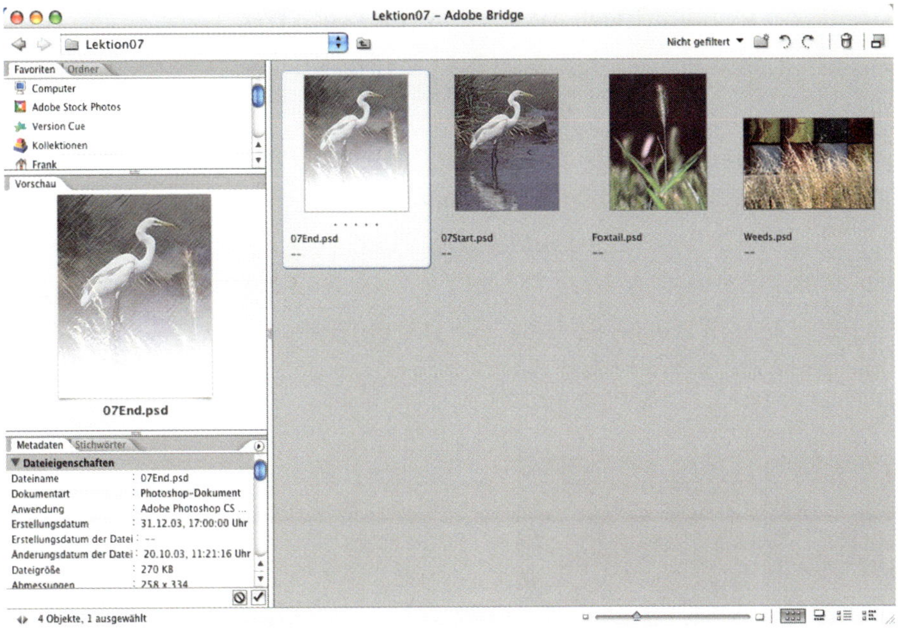

Sie sollen in dieser Lektion ein einfaches Foto eines Kranichs mit einer Landschaft kombinieren. Dieses Foto wandeln Sie dann in eine farbige Buntstiftzeichnung um. Danach wählen Sie mit einer komplexen Extrahierung einige Gräser aus anderen Fotos und platzieren diese im Vordergrund des Kranichbildes. Abschließend fügen Sie einen Verlauf hinzu, um das Motiv weichzuzeichnen.

6 Doppelklicken Sie auf die Miniatur der Datei *07Start.psd*, um sie in Photoshop zu öffnen.

Eine temporäre Maske erstellen

Sie beginnen die Lektion, indem Sie im temporären Maskierungsmodus eine Auswahlbegrenzung in eine temporäre Maske umwandeln. Später konvertieren Sie diese Maske wieder in eine Auswahlbegrenzung. Solange Sie diese temporäre Maske nicht in Alpha-Kanälen speichern, entfernt Photoshop die Maske beim Umwandeln in eine Auswahl.

Sie wählen mit dem Zauberstab einen Bereich des Kranichs in der Datei *07Start* und bearbeiten den Bereich im temporären Maskierungsmodus.

1 Wählen Sie das Zauberstab-Werkzeug (✱).

2 Geben Sie in der Optionsleiste in das Feld »Toleranz« den Wert **12** ein.

3 Klicken Sie irgendwo im weißen Bereich des Kranichs, um mit der Auswahl zu beginnen.

4 Halten Sie die Umschalttaste gedrückt und klicken Sie mit dem Zauberstab-Werkzeug auf einen anderen Weißbereich im Kranich, um die Auswahl zu vergrößern. Wenn Sie die Umschalttaste drücken, erscheint ein Plus-Zeichen neben dem Zauberstab-Werkzeug, was darauf hinweist, dass die Auswahl ausgeweitet wird.

5 Klicken Sie weiter mit gedrückter Umschalttaste, um noch mehr Bereiche der Auswahl hinzuzufügen. Belassen Sie es dabei – Sie perfektionieren die Auswahl erst später.

Auswahl mit Zauberstab-Werkzeug

Ausgeweitete Auswahl

6 Klicken Sie in der Werkzeugpalette auf die Schaltfläche »Im Maskierungsmodus bearbeiten« () – bislang haben Sie im vorgegebenen Standardmodus gearbeitet.

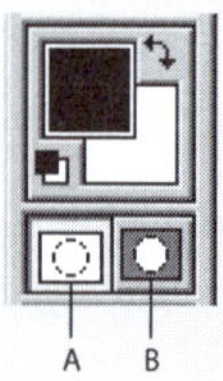

***A.** Standardmodus*
***B.** Maskierungsmodus*

Auswahl im Maskierungsmodus mit rotem Farbüberzug

Im Maskierungsmodus bedeckt ein roter Farbüberzug (ähnlich einer *Rotfolie*, mit der im grafischen Gewerbe maskiert wird) den geschützten Bereich, d.h. das gesamte Bild außerhalb der Auswahlbegrenzung. Sie können nur den ungeschützten Bereich, der sichtbar und ausgewählt ist, verändern.

Hinweis: *Um im Maskierungsmodus den Farbüberzug zu sehen, muss eine Auswahl vorhanden sein.*

Eine temporäre Maske bearbeiten

Sie präzisieren nun die Auswahl des Kranichs, indem Sie Teile des maskierten Bereichs löschen bzw. ausweiten. Sie ändern die temporäre Maske mit dem Pinsel. Das Bearbeiten einer Auswahl als temporäre Maske hat den Vorteil, dass sich fast jedes Adobe-Photoshop-Werkzeug und viele Filter zum Modifizieren der Maske benutzen lassen. (Sogar die Auswahl-Werkzeuge lassen sich verwenden.) Die gesamte Maskenbearbeitung findet im Bildfenster statt.

Im Maskierungsmodus aktiviert Photoshop automatisch den Graustufenmodus sowie die standardmäßige Vordergrundfarbe (Schwarz) und Hintergrundfarbe (Weiß). Wenn Sie im temporären Maskierungsmodus mit einem Mal- oder Bearbeitungswerkzeug arbeiten, sollten Sie Folgendes berücksichtigen:

- Malen mit Weiß löscht die Maske (den roten Farbüberzug) und vergrößert den Auswahlbereich.
- Malen mit Schwarz vergrößert die Maske (den roten Farbüberzug) und verkleinert den Auswahlbereich.

Auswahl durch Löschen maskierter Bereiche vergrößern

Sie malen zuerst mit Weiß, um den Auswahlbereich im Kranich auszuweiten. Damit löschen Sie einen Teil der Maske.

1 Um die Vordergrundfarbe Weiß zu wählen, klicken Sie in der Werkzeugpalette auf das kleine Symbol »Vorder- und Hintergrundfarbe vertauschen« (↰).

2 Wählen Sie das Zoom-Werkzeug ( ) und vergrößern Sie die Bildansicht (sofern erforderlich).

Julieanne Kost, Adobe Photoshop-Expertin

TIPPS VON DER PHOTOSHOP-EXPERTIN

Zoomen mit Tastaturbefehlen

Sie müssen während der Bildbearbeitung häufig für Einzelheiten vergrößern und anschließend wieder verkleinern, um die Änderungen im Zusammenhang zu sehen. Hier jetzt einige Tastaturbefehle, die das Zoomen schneller und einfacher machen.

- Drücken Sie Strg+Leertaste (Windows) bzw. Befehl+Leertaste (Mac OS), um zwischendurch kurz zu vergrößern. Sobald Sie die Tasten loslassen, steht Ihnen wieder das zuvor verwendete Werkzeug zur Verfügung.
- Drücken Sie Alt+Leertaste (Windows) bzw. Wahl+Leertaste (Mac OS), um zwischendurch kurz zu vergrößern. Sobald Sie die Tasten loslassen, steht Ihnen wieder das zuvor verwendete Werkzeug zur Verfügung.
- Doppelklicken Sie in der Werkzeugpalette auf das Zoom-Werkzeug für die 100 %-Ansicht.
- Drücken Sie die Alt- (Windows) bzw. Wahltaste (Mac OS), um vom Einzoomen- in das Auszoomen-Werkzeug umzuschalten. Klicken Sie dann in dem Bildbereich, den Sie verkleinern möchten. Jedes weitere Klicken mit gedrückter Alt-/Wahltaste verkleinert das Bild weiter.
- Drücken Sie bei einem gewählten Werkzeug die Strg- (Windows) bzw. Befehlstaste (Mac OS) zusammen mit dem Pluszeichen zum Einzoomen bzw. dem Minuszeichen zum Auszoomen.

3 Wählen Sie das Pinsel-Werkzeug ( ).

4 Achten Sie darauf, dass in der Optionsleiste der Modus »Normal« gewählt ist. Klicken Sie anschließend auf den Pfeil, um die Pinsel-Popup-Palette anzuzeigen. Wählen Sie einen mittelgroßen Pinsel (z.B. 13 Pixel). Klicken Sie außerhalb der Palette, um sie zu schließen.

Hinweis: *Sie wechseln im Verlauf dieser Lektion einige Male den Pinsel. Ziehen Sie deshalb die Pinsel-Palette aus dem Palettenraum (rechts in der Optionsleiste), damit sie permanent geöffnet ist und die Pinsel verfügbar sind.*

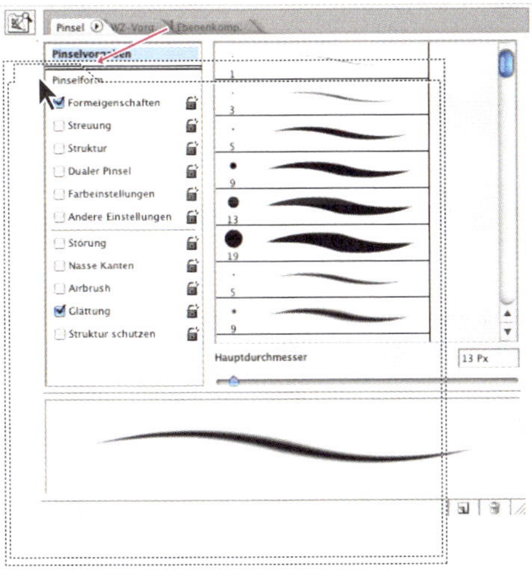

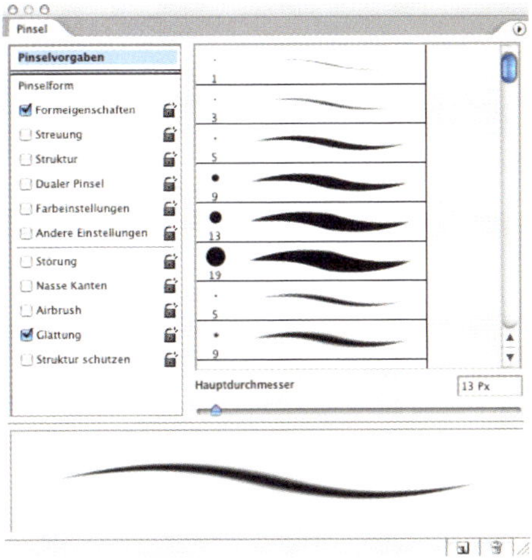

5 Malen Sie mit dem Pinsel im Fenster in den roten Bereichen auf dem Körper des Kranichs.

Sie malen zwar mit Weiß, dennoch löscht Photoshop die roten Bereiche im Bildfenster.

Wenn Sie Teile der Maske löschen, kann es vorkommen, dass Sie auch einmal versehentlich außerhalb des Körpers malen. Entsprechende Korrekturen nehmen Sie später vor.

Unbearbeitete Maske

Malen mit Weiß

Ergebnis

6 Malen Sie weiter mit Weiß, um die restlichen Bereiche der (roten) Maske auf dem Kranich zu löschen, einschließlich Schnabel und Beine. Schalten Sie während der Arbeit einfach zwischen Maskierungs- und Standardmodus um und prüfen Sie, wie sich der Auswahlbereich durch das Malen in der Maske ändert.

Die Auswahl hat sich vergrößert, das heißt, Sie haben mehr vom Kranich gewählt.

Standard-
modus

Bearbeitete Maske
im Standardmodus

Auswahl in der Maske

Wenn im Kranich noch nicht ausgewählte Bereiche vorhanden sind, haben Sie die Maske nur unvollständig gelöscht.

Auswahl im
Standardmodus

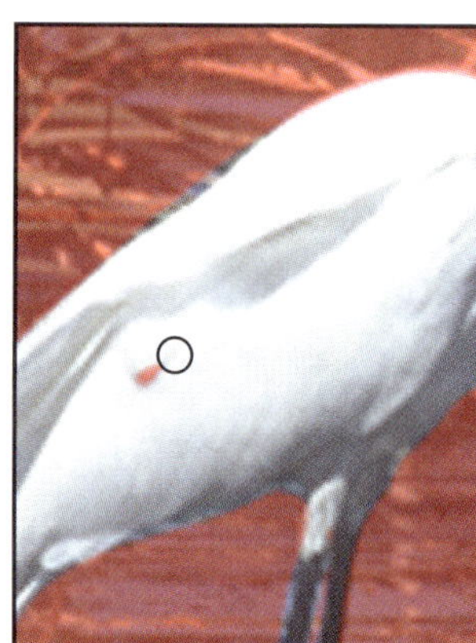

Löschen im
Maskierungsmodus

7 Wenn Sie alle Bereiche auf dem Kranich gelöscht haben, klicken Sie erneut auf das Standardmodussymbol (◻), um die temporäre Maske als Auswahl zu sehen.

Durch Hinzufügen maskierter Bereiche die Auswahl reduzieren

Beim Löschen der Maske bzw. beim Malen haben Sie eventuell auch Bereiche außerhalb des Kranichs gewählt, das heißt, Teile des Hintergrunds befinden sich in der Auswahl. Sie wählen deshalb noch einmal den Maskierungsmodus, um die Maske für diese Bereiche wiederherzustellen. Dazu malen Sie mit Schwarz.

1 Klicken Sie auf die Schaltfläche »Bearbeitung im Maskierungsmodus« (◘), um wieder den temporären Maskierungsmodus zu aktivieren.

2 Um die Farbe Schwarz zu wählen (sie wird im Maskierungsmodus als Rot aufgetragen), klicken Sie in der Werkzeugpalette auf das Symbol »Vorder- und Hintergrundfarbe vertauschen« (↰). Vergewissern Sie sich, dass das schwarze Farbfeld im Vordergrund angezeigt wird. Sobald Sie im Bildfenster mit Schwarz malen, erweitert Photoshop die rote Maske entsprechend.

3 Wählen Sie einen Pinsel aus der Pinsel-Popup-Palette. Wählen Sie eine kleine Spitze (1 Px, 3 Px oder 5 Px), da Sie die Ränder der Auswahl genauer überarbeiten wollen.

4 Sie reparieren mit der Farbe Schwarz die Maske (den roten Farbüberzug) in den Hintergrundbereichen, die noch immer ungeschützt sind. Arbeiten Sie weiter, bis nur der Bereich mit dem Kranich unmaskiert ist und Sie mit der Auswahl völlig zufrieden sind.

Während der Arbeit sollten Sie ein- und auszoomen. Falls erforderlich, wechseln Sie zwischen Standard- und Maskierungsmodus.

***Hinweis:** Arbeiten Sie mit dem Radiergummi im Maskierungsmodus, um Auswahlbereiche zu entfernen und die Maske wiederherzustellen.*

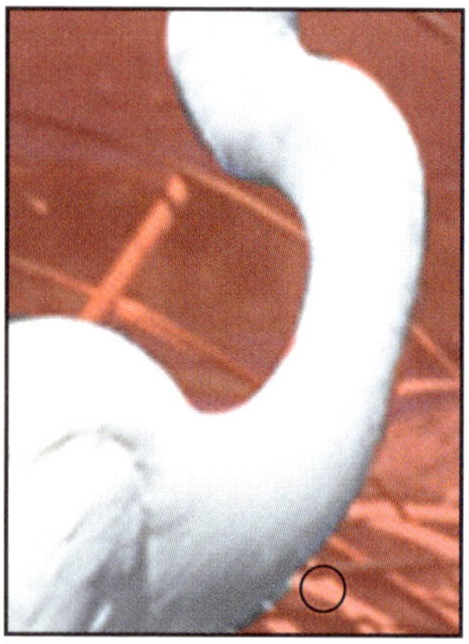

Malen mit Schwarz, um die Maske wiederherzustellen

5 Wechseln Sie in der Werkzeugpalette in den Standardmodus, um die endgültige Auswahl des Kranichs zu prüfen.

6 Doppelklicken Sie auf das Hand-Werkzeug (), um das Kranichmotiv an das Bildfenster anzupassen.

Eine Auswahl als Maske speichern

Im Maskierungsmodus angelegte Masken sind temporär – sie gehen verloren, sobald Sie die Auswahl aufheben. Allerdings lässt sich eine Auswahl als Maske in einem Alpha-Kanal speichern, so dass Sie die Auswahl jederzeit wieder verwenden können. Alpha-Kanäle lassen sich sogar in andere Photoshop-Bilder laden.

Stellen Sie sich Alpha-Kanäle einfach als Speicherbereiche für bestimmte Informationen vor, wie über Bildfarbe und im Bild enthaltene Auswahlbereiche. Ebenen enthalten dagegen Informationen über Pixel (Malen und Effekte).

***Hinweis:** Wenn Sie eine Datei im Maskierungsmodus speichern und schließen, zeigt Photoshop beim nächsten Öffnen der Datei die Maske in einem eigenen Kanal. Wenn Sie dagegen die Datei im Standardmodus speichern und schließen, ist die Maske beim nächsten Öffnen der Datei nicht mehr vorhanden.*

1 Klicken Sie in der Gruppe mit der Ebenen-Palette auf den Kanäle-Reiter, um die Kanäle-Palette nach vorn zu bringen. Oder wählen Sie **Fenster: Kanäle**.

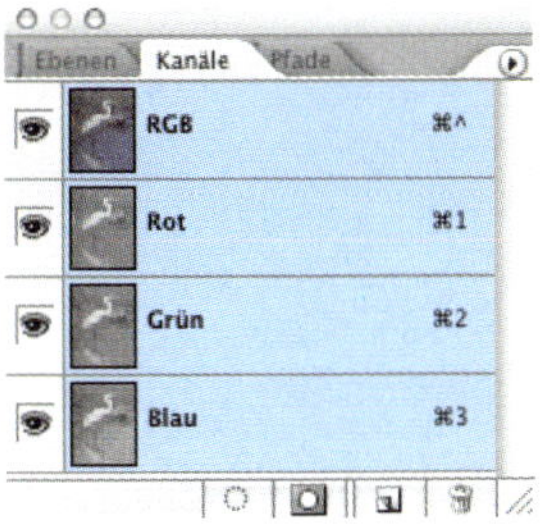

Der Kanäle-Palette enthält die vorgegebenen Kanäle mit Farbinformationen – je einen für Rot, Grün und Blau plus einem Gesamtkanal für die Bearbeitung des RGB-Bildes.

Hinweis: *Klicken Sie auf die Augensymbole (👁) in der Kanäle-Palette, um einzelne Farbkomponenten aus- bzw. einzublenden. Wenn der RGB-Kanal zu sehen ist, sind auch die drei Einzelkanäle mit einem Augensymbol versehen und umgekehrt. Wenn Sie einen der Einzelkanäle ausblenden, wird auch das Augensymbol für diesen zusammengesetzten Kanal (der RGB-Kanal) ausgeblendet.*

2 Die Kranich-Auswahl (im Standardmodus) ist noch im Bildfenster aktiviert. Klicken Sie unten in der Kanäle-Palette auf die Schaltfläche »Auswahl als Kanal speichern« (◘).

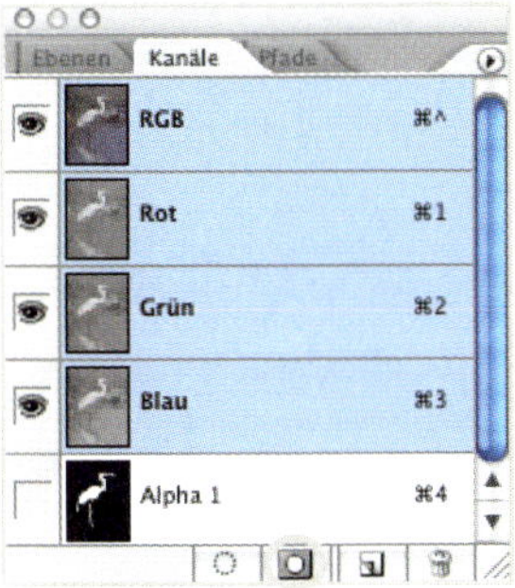

Alpha 1 erscheint als neuer Kanal in der Kanäle-Palette. Neue Kanäle haben die gleichen Dimensionen und Pixel wie das Originalbild.

3 Um den Kanal umzubenennen, doppelklicken Sie in der Kanäle-Palette auf den Kanal *Alpha 1*. Geben Sie im Dialogfeld »Kanal-Optionen« den Namen **Kranich** ein und klicken Sie auf OK.

Wenn Sie den Kanal wählen, zeigt Photoshop die Kranich-Auswahl im Bildfenster schwarzweiß an und blendet alle Farbkanäle aus.

4 Wählen Sie **Auswahl: Auswahl aufheben**, um den Kranich abzuwählen.

Alpha-Kanäle

Ein Alpha-Kanal besitzt die folgenden Eigenschaften:

- *Jedes Bild kann bis zu 56 Kanäle enthalten, einschließlich aller Farb- und Alpha-Kanäle.*
- *Alle Kanäle sind 8-Bit-Graustufenbilder, mit denen 256 Graustufen angezeigt werden können.*
- *Sie können für jeden Kanal einen Namen, eine Farbe, eine Maskenoption und eine Deckkraft festlegen. (Die Deckkraft wirkt sich auf die Vorschau des Kanals aus, nicht auf das Bild.)*
- *Alle neuen Kanäle haben dieselben Dimensionen und dieselbe Pixelanzahl wie das Originalbild.*
- *Sie können die Maske in einem Alpha-Kanal mit den Mal- und Bearbeitungswerkzeugen sowie mit Filtern bearbeiten.*
- *Sie können Alpha-Kanäle in Volltonfarbenkanäle konvertieren.*

Maske bearbeiten

Sie perfektionieren nun die Kranich-Auswahl, indem Sie den Alpha- bzw. Masken-Kanal bearbeiten. Häufig sind ganz kleine Bildbereiche in der anfänglichen Auswahl nicht enthalten; Sie sehen sie erst dann, wenn Photoshop die gespeicherte Auswahl als Masken-Kanal anzeigt.

Ein Alpha-Kanal lässt sich mit den meisten Mal- und Bearbeitungswerkzeugen bearbeiten – beispielsweise im temporären Maskierungsmodus. Diesmal stellen Sie die Maske als Graustufenbild dar und bearbeiten sie dann.

1 Der Kranich-Kanal ist noch gewählt. Klicken Sie auf die Augensymbole neben den anderen Kanälen, um alle Kanäle bis auf den *Kranich*-Kanal auszublenden.

(Sind alle Kanäle eingeblendet, zeigt Photoshop das Kranich-Motiv mit einem roten Farbüberzug.)

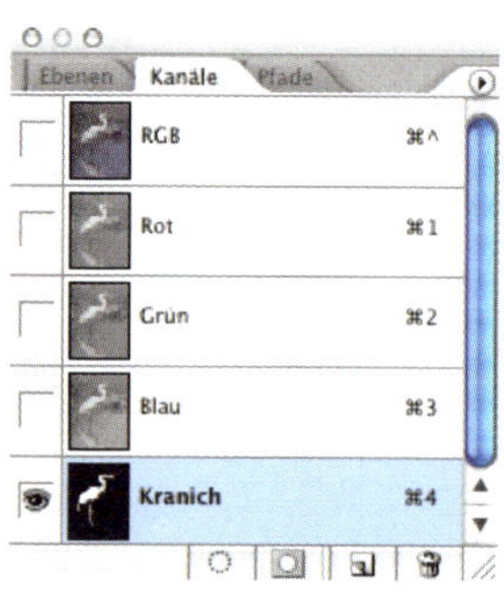

Suchen Sie nach den schwarzen und grauen Flecken auf dem Kranichkörper. Sie werden die Flecken löschen bzw. weiß übermalen, um den Auswahlbereich zu vergrößern. Hier noch einmal die Merkregeln für das Bearbeiten eines Kanals mit einem Mal- oder Bearbeitungswerkzeug:

- Malen mit Weiß löscht die Maske und vergrößert den Auswahlbereich.
- Malen mit Schwarz vergrößert die Maske und verkleinert den Auswahlbereich.
- Malen mit Grautönen verändert die Deckkraft der Maske in Abhängigkeit von der Intensität des verwendeten Grautons: je dunkler das Grau, desto größer die Deckkraft der Maske und desto weniger Pixel in der Auswahl.

2 Zoomen Sie, um den weißen Kranich-Bereich deutlich anzuzeigen.

3 Wählen Sie in der Werkzeugpalette das Pinsel-Werkzeug ( ) und achten Sie darauf, dass Weiß als Vordergrundfarbe gewählt ist. Eventuell müssen Sie in der Werkzeugpalette auf das Symbol »Vorder- und Hintergrundfarbe vertauschen« ( ) klicken.

4 Zum *Ausflecken* wählen Sie nun in der Pinsel-Palette eine kleine Spitze (wie 3 Px oder 5 Px) und übermalen alle schwarzen und grauen Flecken im Kranich.

Auswahl im Kanal *Mit Schwarz oder Grau ausflecken*

5 Sind im schwarzen Bereich des Kanals noch weiße Punkte vorhanden, wählen Sie Schwarz als Vordergrundfarbe und flecken diese Stellen ebenfalls aus. Noch einmal: Malen mit Schwarz vergrößert die Maske und verkleinert den Auswahlbereich.

6 Docken Sie die Pinsel-Palette an, indem Sie den Reiter in den Palettenraum ziehen.

7 Wählen Sie **Datei: Speichern**.

Maske laden und Tonwertkorrektur zuweisen

Sie laden nun den Alpha-Kanal *Kranich* als Auswahl. Selbst wenn Sie den Alpha-Kanal als Auswahl geladen haben, ist dieser weiterhin in der Kanäle-Palette gespeichert. Damit lässt sich die Maske jederzeit wieder verwenden.

1 Klicken Sie in der Kanäle-Palette auf den RGB-Vorschaukanal, um das ganze Bild anzuzeigen. Klicken Sie dann auf das Augensymbol ( ) für den *Kranich*-Kanal, um ihn auszublenden.

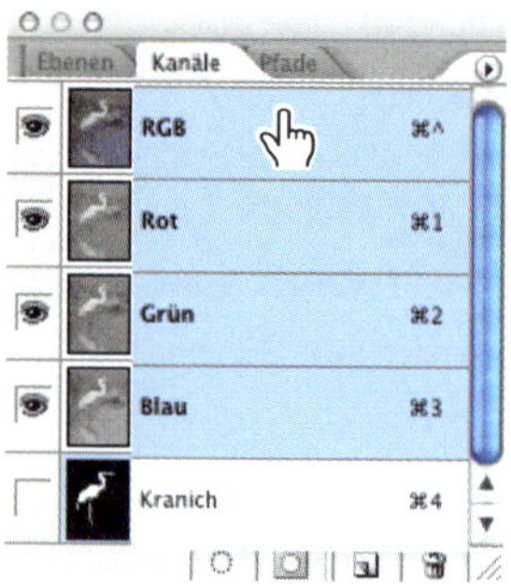

2 Wählen Sie **Auswahl: Auswahl laden** und klicken Sie dann auf OK, um die standardmäßigen Optionen im Dialogfeld zu übernehmen.

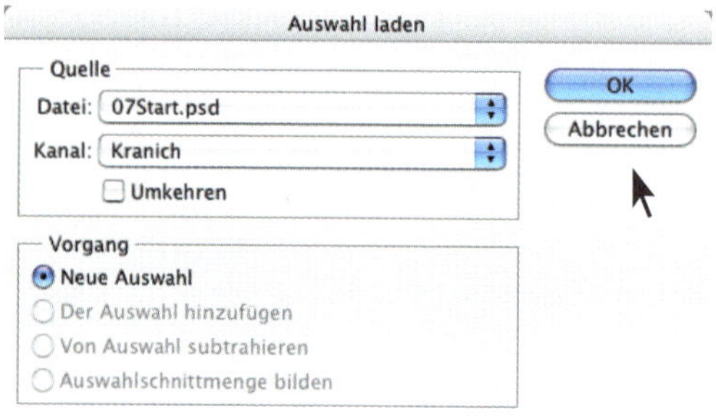

Die *Kranich*-Auswahl erscheint im Bildfenster.

3 Klicken Sie auf den Reiter der Ebenen-Palette, um sie in der Kanäle-Palettengruppe erneut nach vorn zu bringen. Achten Sie darauf, dass die Hintergrundebene gewählt ist.

Da Sie die Auswahl bereits durch das Malen im Alpha-Kanal korrigiert haben, korrigieren Sie jetzt die Tonwerte in der Auswahl (und damit im Kranichkörper).

Eine Auswahl in ein Bild über Tastaturbefehle laden

Sie können eine zuvor gespeicherte Auswahl erneut verwenden, indem Sie sie in ein Bild laden. Um eine gespeicherte Auswahl mit Hilfe von Tastaturbefehlen zu laden, führen Sie in der Kanäle-Palette einen der folgenden Schritte durch:

- *Wählen Sie den Alpha-Kanal, klicken Sie am unteren Palettenrand auf »Kanal als Auswahl laden« und klicken Sie dann in der Nähe des oberen Palettenrands auf den Composite-Farbkanal.*
- *Ziehen Sie den Kanal mit der zu ladenden Auswahl auf die Schaltfläche »Kanal als Auswahl laden«.*
- *Klicken Sie bei gedrückter Strg-Taste (Windows) bzw. Befehlstaste (Mac OS) auf den Kanal mit der Auswahl, die Sie laden möchten.*
- *Wenn Sie die Maske einer vorhandenen Auswahl hinzufügen möchten, drücken Sie die Strg- und Umschalttaste (Windows) bzw. Befehls- und Umschalttaste (Mac OS) und klicken auf den Kanal.*
- *Wenn Sie die Maske aus einer vorhandenen Auswahl entfernen möchten, drücken Sie die Strg- und Alt-Taste (Windows) bzw. Befehls- und Wahltaste (Mac OS) und klicken auf den Kanal.*
- *Wenn Sie die Schnittmenge der gespeicherten Auswahl und einer vorhandenen Auswahl laden möchten, drücken Sie die Strg- und Alt- und Umschalttaste (Windows) bzw. Befehls- und Wahl- und Umschalttaste (Mac OS) und wählen den Kanal aus.*

4 Wählen Sie **Bild: Anpassen: Auto-Tonwertkorrektur**. Photoshop korrigiert automatisch die Tonwerte aller in der Auswahl enthaltenen Farben.

Der Befehl »Auto-Tonwertkorrektur« definiert die hellsten und dunkelsten Pixel jedes Kanals als Weiß- und Schwarzwerte und verteilt sie proportional auf die dazwischen liegenden Pixel.

5 Wählen Sie **Bearbeiten: Rückgängig**, um die gerade durchgeführte Korrektur zu vergleichen. Wählen Sie dann **Bearbeiten: Wiederherstellen**, um die Korrektur wieder zuzuweisen.

6 Wählen Sie **Auswahl: Auswahl aufheben**.

7 Wählen Sie **Datei: Speichern**.

Bild extrahieren

Sie arbeiten jetzt mit einem anderen Maskierungs- und Auswahl-Werkzeug, dem Befehl »Extrahieren«, um einige komplexe Objekte wie Gräser und Unkraut auszuwählen.

Mit dem Extrahieren-Befehl lassen sich Vordergrundobjekte hervorragend vom Hintergrund lösen. Selbst Objekte mit ausgefransten, komplizierten oder undefinierbaren Kanten stellt Photoshop nun mit minimalem Aufwand vom Hintergrund frei.

Sie beginnen mit einem Bild, das aus nur einer Ebene besteht. Sie müssen in einer Ebene arbeiten, um den Extrahieren-Befehl anwenden zu können. Wenn das Originalbild keine Ebene besitzt (also nur einen *Hintergrund*), duplizieren Sie das Bild in eine neue Ebene.

Hinweis: *Das Bild mit den Gräsern hat dieselbe Auflösung wie das Kranichbild, d.h. 72 Pixel pro Inch (ppi). Um Überraschungen beim Kombinieren mit Elementen aus anderen Dateien zu vermeiden, sollten Sie entweder Dateien mit derselben Bildauflösung verwenden oder die unterschiedlichen Auflösungen kompensieren. Wenn beispielsweise das Originalbild eine Auflösung von 72 ppi hat und Sie ein Element aus einem Bild mit 144 ppi Auflösung hinzufügen, wird das zusätzliche Element doppelt so groß, da es zweimal so viel Pixel enthält. Ausführliche Informationen über unterschiedliche Auflösungen finden Sie unter »Bildgröße und Auflösung« in der Photoshop-Hilfe.*

Ein Objekt aus seinem Hintergrund extrahieren

Beim Extrahieren eines Objekts heben Sie zunächst im Dialogfeld »Extrahieren« die Kanten des Objekts hervor bzw. markieren diese. Dann definieren Sie den Innenbereich des Objekts und zeigen eine Vorschau der Extrahierung an. Dabei lässt sich die

Extrahierung beliebig oft verfeinern und als Vorschau anzeigen. Wenn Sie alle Vorbereitungen getroffen haben, macht Photoshop den Hintergrund transparent und lässt nur das extrahierte Objekt stehen.

1 Klicken Sie auf die Schaltfläche »Gehe zu Bridge« (), um zu Adobe Bridge zu wechseln. Wählen Sie die Datei *Foxtail.psd* im Ordner *Lektionen/Lektion07* und doppelklicken Sie auf die Miniaturansicht, um die Datei in Photoshop zu öffnen.

2 Wählen Sie **Filter: Extrahieren**.

Im Dialogfeld »Extrahieren« ist oben links der Kantenmarker ( ) gewählt.

Falls erforderlich, ändern Sie die Größe des Dialogfelds, indem Sie an der unteren rechten Ecke ziehen.

3 Geben Sie rechts im Dialogfeld unter »Werkzeugoptionen« im Popup-Menü »Pinselgröße« den Wert **20** Pixel ein oder ziehen Sie den Regler entsprechend.

Sie könnten eine Spitze kleiner als 20 Pixel wählen, obwohl das nicht notwendig ist. Die Extrahieren-Funktion unterscheidet zwischen dem hellen Halm und dem dunklen Hintergrund. Die wenigen zusätzlichen Hintergrundpixel beeinflussen das Ergebnis nicht.

4 Führen Sie mit dem Kantenmarker die folgenden Aktionen aus:

- Ziehen Sie, um den Grashalm und das einzelne Blatt hervorzuheben. (Die Hervorhebung reicht über die Kanten des Halms und des Blatts hinaus.)
- Ziehen Sie so lange mit dem Kantenmarker über die ausgefransten Enden und die Spitze der Ähre, bis sie komplett umrandet, nicht aber gefüllt ist.

Hinweis: *Es ist durchaus in Ordnung, wenn der Kantenmarker die Kante überlappt. Der Extrahieren-Befehl nimmt eine Auswahl vor, indem er den Kontrastunterschied zwischen Pixeln ermittelt. Sie brauchen das Kantenlicht nicht auf Bereiche anzuwenden, in denen das Objekt die Bildbegrenzung berührt.*

Wenn Sie versehentlich mehr als gewünscht hervorheben, wählen Sie im Dialogfeld den Radiergummi (◊) und ziehen über die Hervorhebung im Bild.

5 Klicken Sie im Dialogfeld auf das Füllwerkzeug (◊) und dann innerhalb des Objekts, um dessen Innenbereich zu füllen. (Sie müssen den Innenbereich des Objekts definieren, bevor Sie sich die Extrahierung ansehen.)

Die vorgegebene Füllfarbe (Hellblau) kontrastiert gut mit der Farbe des Kantenmarkers (Grün). Sobald Sie einen stärkeren Kontrast zwischen den Bildfarben benötigen, können Sie beide Farben ändern. Benutzen Sie dazu im Dialogfeld unter »Vorschau« die Anzeigeoptionen »Markierung einblenden« und »Füllung einblenden«.

6 Klicken Sie auf »Vorschau«, um die Extrahierung anzuzeigen, und führen Sie eine der folgenden Aktionen aus:

- Wenn Ihnen das Ergebnis zusagt, klicken Sie auf OK, um die Extrahierung zuzuweisen.
- Wenn Sie die Extrahierung verfeinern wollen, wählen Sie im Menü »Einblenden« die Option »Original« und aktivieren Sie dann die beiden Optionen »Markierung einblenden« und »Füllung einblenden«. Arbeiten Sie weiter mit den Werkzeugen im Dialogfeld »Extrahieren«, um Bereiche der Auswahl hinzuzufügen oder zu löschen, bis Sie mit dem Ergebnis zufrieden sind. (Eventuell müssen Sie sich das Ergebnis als Vorschau anzeigen lassen, wenn Sie die Hervorhebung korrigiert haben.) Klicken Sie auf OK.

Das Dialogfeld »Extrahieren« schließt sich und das Bildfenster zeigt den extrahierten Bereich. (Das könnte schwierig zu erkennen sein, da die Farbe blass ist und sich deshalb vom Schachbrettmuster für die Transparenz kaum abhebt.)

Eine Auswahl im Extrahieren-Dialogfeld verfeinern

Um Ihre Auswahl zu verfeinern, bearbeiten Sie die Extrahieren-Begrenzungen mit folgenden Techniken:

- *Schalten Sie mit Hilfe des »Einblenden«-Menüs im Dialogfeld »Extrahieren« zwischen den Ansichten »Original« und »Extrahiert« um.*
- *Klicken Sie mit dem Füll-Werkzeug in einem gefüllten Bereich, um die Füllung zu entfernen.*
- *Benutzen Sie den Radiergummi ( ) aus dem Dialogfeld »Extrahieren« und ziehen Sie, um jede unerwünschte Hervorhebung zu entfernen.*
- *Wählen Sie die Optionen »Markierung einblenden« und »Füllung einblenden«, um die jeweiligen Hervorhebungs- und Füllungsfarben anzuzeigen. Wählen Sie die Optionen ab, um die Farben auszublenden.*
- *Vergrößern Sie im Dialogfeld »Extrahieren« die Ansicht mit dem Zoom-Werkzeug. Verwenden Sie zum Bearbeiten eine kleinere Werkzeugspitze und wechseln Sie zwischen dem Kantenmarker und dem Radiergummi für ein genaueres Arbeiten.*
- *Wechseln Sie zwischen dem Kantenbereiniger und dem Radiergummi, indem Sie bei der Wahl eines dieser Werkzeuge die Taste B (Kantenbereiniger) oder E (Radiergummi) drücken.*
- *Wechseln Sie zu einem kleineren Pinsel, indem Sie unter »Pinselgröße« einen kleineren Wert eingeben. Verfeinern Sie dann die Auswahlbegrenzung mit dem Kantenmarker und/oder Radiergummi.*

Das extrahierte Bild als Ebene hinzufügen

Sie fügen nun das extrahierte Bild dem Kranichbild hinzu.

1 Das Bild mit der Ähre ist noch ausgewählt. Ziehen Sie mit dem Verschieben-Werkzeug ( ) das Bild an die rechte Seite des Kranichbilds. Die Ähre wird als neue Ebene dem Kranichbild hinzugefügt.

2 Schließen Sie das Bildfenster *Foxtail.psd*, ohne Ihre Änderungen zu speichern. Die aktive Datei ist jetzt *06Start.psd* und die neue Ebene mit der Ähre (*Ebene 1*) ist gewählt.

3 Zoomen Sie so aus, dass das Kranichbild nur etwas die halbe Höhe des Bildfensters einnimmt.

4 Wählen Sie **Bearbeiten: Transformieren: Skalieren**, um die Ähre zu skalieren. Ziehen Sie an einem Griff. Halten Sie dabei die Umschalttaste gedrückt, um proportional zu skalieren. Ziehen Sie so weit, bis der Halm etwas zwei Drittel der Bildhöhe eingenommen hat. Drücken Sie die Eingabetaste, um die Skalierung zuzuweisen.

5 Die Ebene mit der Ähre (*Ebene 1*) ist gewählt. Erhöhen Sie die Deckkraft auf **70%**.

6 Wählen Sie **Datei: Speichern**.

Mit erzwungenem Vordergrund extrahieren

Mit der Option »Vordergrund erzwingen« erzielen Sie bei einem komplexen Objekt ohne klaren Innenbereich dennoch eine Auswahl.

1 Benutzen Sie Adobe Bridge oder wählen Sie **Datei: Öffnen**, um die Datei *Weeds.psd* im Ordner *Lektionen/Lektion07* zu öffnen.

2 Wählen Sie **Filter: Extrahieren**.

3 Aktivieren Sie rechts im Dialogfeld »Extrahieren« die Option »Vordergrund erzwingen«.

Sie wählen zuerst die Farbe aus, auf der Ihre Auswahl basieren bzw. die als Vordergrund gelten soll. Die Technik mit erzwungenem Vordergrund eignet sich am besten für Objekte mit Tönen einer einzigen Farbe.

4 Wählen Sie im Dialogfeld die Pipette ( ) und klicken Sie in einen hellen Bereich der Gräser, um die Farbe aufzunehmen, die als Vordergrund gelten soll.

5 Wählen Sie den Kantenmarker ( ) und stellen Sie rechts im Dialogfeld mit dem Regler oder per Eingabe für die Pinselgröße eine relativ große Werkzeugspitze ein (etwa **20** bis **30**).

6 Beginnen Sie mit dem Kantenlicht an den büscheligen Enden der Gräser, dort wo diese vor dem dunklen Hintergrund stehen. Ziehen Sie über diese Bereiche. Wenn Sie die Grasspitzen eingeschlossen haben, ziehen Sie, um das obere Drittel der Gräser voll zu markieren. Die Markierung sollte jetzt eine geschlossene Form bilden.

Markierung auf den Kanten

Das obere Drittel wählen

7 Wählen Sie unten rechts im Dialogfeld unter »Vorschau« aus dem Menü »Anzeigen« die Option »Schwarzen Hintergrund«.

Ein schwarzer Hintergrund bildet einen guten Kontrast für eine Auswahl mit hellen Farben. Für eine Auswahl mit dunklen Farben eignen sich die Optionen mit weißem bzw. grauem Hintergrund. Die Option »Keinen« zeigt die Auswahl vor einem transparenten Hintergrund.

8 Klicken Sie auf »Vorschau«, um sich das extrahierte Objekt anzusehen.

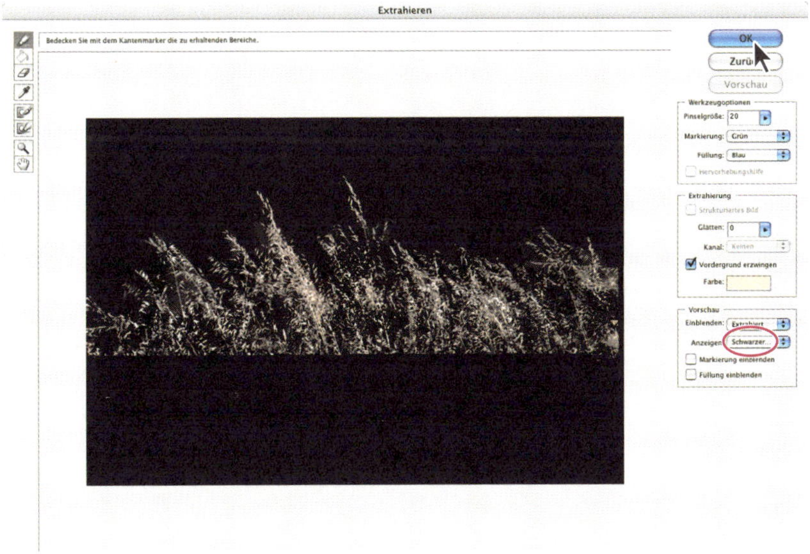

9 Um die Auswahl anzuzeigen und zu verfeinern, verwenden Sie eine der folgenden Techniken:

- Schalten Sie unter »Vorschau« im Menü »Anzeigen« zwischen den Ansichten »Original« und »Extrahiert« um.
- Wählen Sie die Optionen »Markierung einblenden« und »Füllung einblenden«, um die Begrenzung der Extrahierung anzuzeigen.

10 Wenn Ihnen die Auswahl gefällt, klicken Sie auf OK, um die endgültige Extrahierung zuzuweisen. Alle Pixel auf der Ebene außerhalb des extrahierten Objekts sind jetzt transparent.

Wenn Sie ein Bild extrahiert haben, sollten Sie mit dem Hintergrund-Radiergummi und dem Protokoll-Pinsel eventuell noch vorhandene unsaubere Kanten im Bild entfernen.

Eine andere Methode für eine komplizierte Auswahl ist die Wahl bestimmter Farbbereiche. Wählen Sie dazu den Befehl ***Auswahl: Farbbereich auswählen****. Nehmen Sie mit der Pipette aus dem Dialogfeld die Farben für Ihre Auswahl auf. Farben lassen sich sowohl im Bildfenster als auch im Vorschaufenster aufnehmen.*

Den erzwungenen Vordergrund als weitere Ebene hinzufügen

Sie fügen jetzt die extrahierten Gräser dem Kranichbild hinzu.

1 Das Bild *Weeds.psd* ist ausgewählt. Ziehen Sie mit dem Verschieben-Werkzeug (▸✥) die extrahierte Auswahl in das Kranichbild. Positionieren Sie die Gräser so, dass sie das untere Drittel des Kranichbildes ausfüllen.

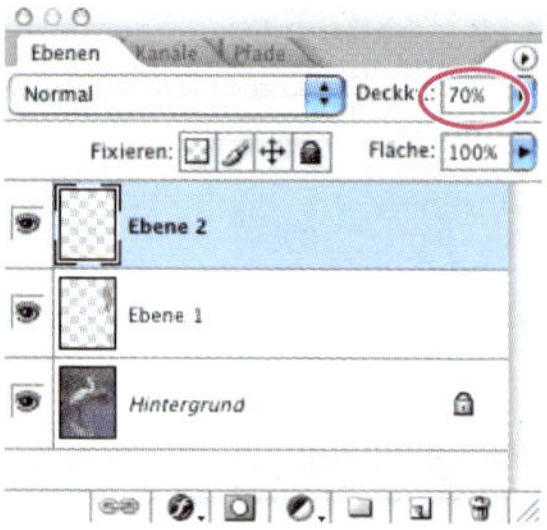

Die Auswahl wird dem Kranichbild als neue Ebene hinzugefügt.

2 Reduzieren Sie in der Ebenen-Palette die Deckkraft der neuen Ebene auf **70%**.

3 Wählen Sie **Datei: Speichern**.

4 Schließen Sie die Datei *Weeds.psd*, ohne die Änderungen zu speichern.

Filtereffekt auf maskierte Auswahl zuweisen

Um das Kranichbild zu komplettieren, isolieren Sie den Kranich und weisen dann dem Bildhintergrund einen Filter zu.

1 Wählen Sie in der Ebenen-Palette die *Hintergrund*-Ebene.

2 Ziehen Sie in der Kanäle-Palette den Kranich-Kanal auf die Schaltfläche »Kanal als Auswahl laden« (◌) unten in der Palette, damit Photoshop den Kanal in das Bild lädt. *Achten Sie darauf, dass jetzt der RGB- und nicht der Kranich-Kanal gewählt ist.*

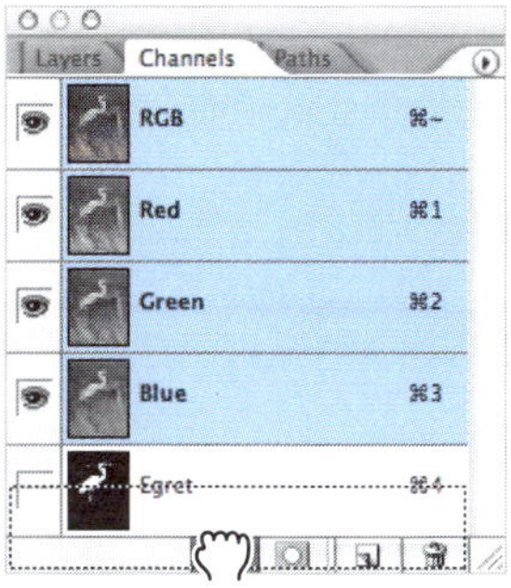

3 Wählen Sie **Auswahl: Auswahl umkehren**.

Die bisherige Auswahl (der Kranich) ist jetzt geschützt und der Hintergrund ist ausgewählt. Sie bearbeiten nun den Hintergrund, ohne dass dabei dem Kranich etwas passiert.

4 Klicken Sie auf den Reiter der Ebenen-Palette und vergewissern Sie sich, dass die Hintergrundebene ausgewählt ist. Wählen Sie anschließend den Befehl **Filter: Kunstfilter: Buntstiftschraffur**. Experimentieren Sie mit den Reglern und sehen Sie sich die Auswahl an, bevor Sie den Filter anwenden.

Hinweis: *Falls das Filter-Menü nicht verfügbar (abgeblendet) ist, könnten Sie beim Ziehen auf die Schaltfläche »Kanal als Auswahl laden« den Kranich-Kanal gewählt haben. Wählen Sie in diesem Fall »Auswahl: Auswahl aufheben« und stellen Sie sicher, dass der RGB-Kanal beim Laden des Kranich-Kanals gewählt ist.*

5 Klicken Sie auf OK, wenn Ihnen die Filtereinstellungen zusagen. Photoshop wendet den Filter auf die Hintergrundauswahl an.

Wenden Sie auch andere Filtereffekte auf den Hintergrund an. Sie brauchen nur **Bearbeiten: Rückgängig** zu wählen, um die zuletzt vorgenommene Aktion aufzuheben.

6 Wählen Sie **Auswahl: Auswahl aufheben**.

Bevor Sie Ihre Datei speichern, reduzieren Sie das Bild auf den Hintergrund, um die Datei kleiner zu machen. Prüfen Sie jedoch noch einmal das Bild, da sich die einzelnen Ebenen nach dem Reduzieren nicht mehr korrigieren lassen – sie sind mit dem Hintergrund verschmolzen.

7 Wählen Sie **Ebene: Auf Hintergrundebene reduzieren** und anschließend **Datei: Speichern**.

Eine Verlaufsmaske erstellen

Zusätzlich zu der Verwendung von Schwarz und Weiß zur Anzeige gewählter bzw. nicht gewählter Bildteile können Sie für eine partielle Transparenz auch mit Grautönen malen. Wenn Sie z.B. in einem Alpha-Kanal mit einem Grau malen, das in der Mitte zwischen den Farben Schwarz und Weiß liegt, erscheint das darunterliegende Bild teilweise (50% oder mehr) sichtbar.

Sie probieren diese Möglichkeit jetzt aus. Dazu versehen Sie einen Alpha-Kanal mit einem Verlauf (von Schwarz über Grau zu Weiß) und füllen die Auswahl farbig. Anschließend prüfen Sie, welchen Einfluss die Transparenzstufen von Schwarz, Grau und Weiß auf das Bild haben.

1 Erstellen Sie in der Kanäle-Palette einen neuen Alpha-Kanal, indem Sie unten in der Palette auf das Symbol »Neuen Kanal erstellen« (▣) klicken.

Der neue Kanal *Alpha 1* erscheint unten in der Kanäle-Palette und die anderen Kanäle sind im Bildfenster ausgeblendet.

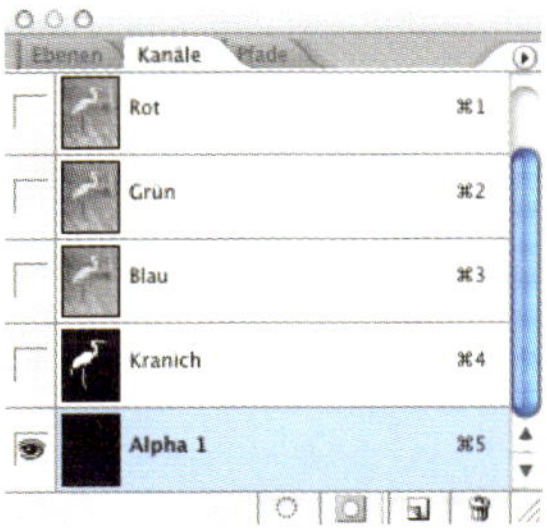

2 Doppelklicken Sie auf den Kanal *Alpha 1* und nennen Sie den Kanal **Verlauf**. Drücken Sie die Eingabetaste.

3 Wählen Sie das Verlaufswerkzeug (▣).

4 Klicken Sie in der Optionsleiste auf den Pfeil, um die Auswahlliste für Verläufe einzublenden. Wählen Sie den Verlauf »Schwarz, Weiß« (sofern notwendig). Benutzen Sie die QuickInfo, wenn Sie wissen wollen, welche Miniatur für die Option steht. Klicken Sie außerhalb, um die Auswahlliste zu schließen.

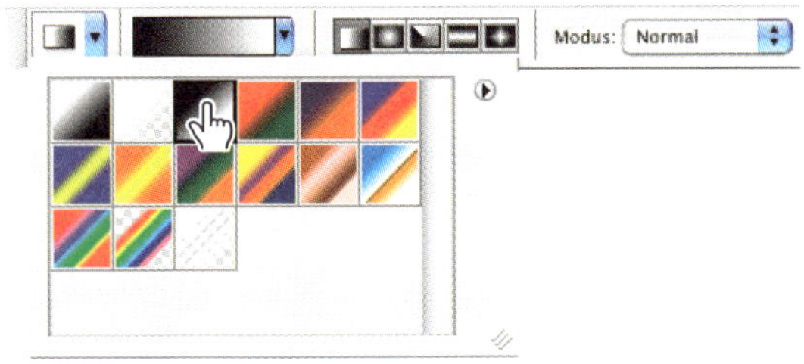

5 Halten Sie die Umschalttaste gedrückt für einen vertikalen Verlauf und ziehen Sie das Verlaufswerkzeug im Bild von oben nach unten.

Photoshop weist den Verlauf dem Kanal zu.

Effekte per Verlaufsmaske zuweisen

Wenn Sie einen Verlauf als Auswahl laden und diese farbig füllen, ändert sich die Transparenz der Füllfarbe über die Länge des Verlaufs. Wo der Verlauf schwarz ist, ist keine Füllfarbe vorhanden, während im grauen Bereich die Füllfarbe teilweise und im weißen Bereich vollständig sichtbar ist.

1 Klicken Sie in der Kanäle-Palette auf den RGB-Kanal, um den Gesamtkanal bzw. die Vorschau des Bildes mit allen Kanälen anzuzeigen. Klicken Sie dann auf das Augensymbol (👁) für den *Verlauf*-Kanal, um ihn auszublenden.

Sie laden jetzt den Kanal *Verlauf* als Auswahl.

2 Positionieren Sie den Zeiger (ohne den RGB-Kanal abzuwählen) im *Verlauf*-Kanal. Ziehen Sie den Kanal auf die Schaltfläche »Kanal als Auswahl laden« (◌) unten in der Palette.

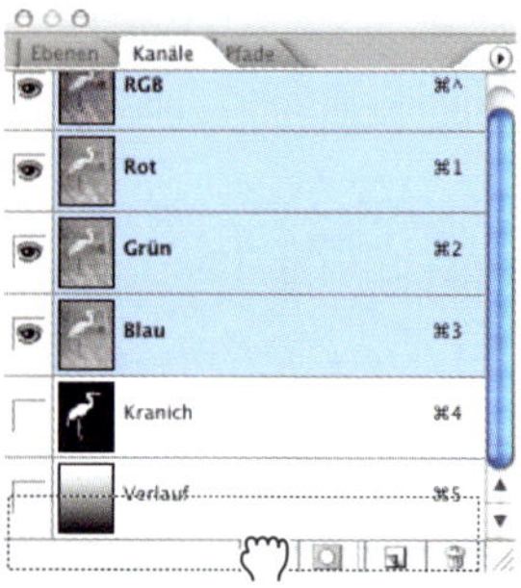

Eine Auswahlbegrenzung erscheint im Fenster, und zwar nur für die Hälfte des Bildes, was aber korrekt ist.

3 Achten Sie darauf, dass in der Werkzeugpalette die standardmäßigen Vorder- und Hintergrundfarben (Schwarz und Weiß) gewählt sind. Ansonsten klicken Sie in der Werkzeugpalette auf das Symbol »Standardfarben für Vordergrund und Hintergrund« (■).

4 Drücken Sie die Entf.- bzw. Rückschritt-Taste, um die Auswahl mit der aktuellen Hintergrundfarbe (Weiß) zu füllen.

5 Wählen Sie **Auswahl: Auswahl aufheben**, um alles abzuwählen.

6 Wählen Sie **Datei: Speichern**.

Damit ist diese Lektion beendet. Auch wenn Sie für die Arbeit mit Kanälen einige Erfahrung brauchen, haben Sie sich doch mit allen notwendigen Grundlagen vertraut gemacht und sind in der Lage, Masken und Kanäle auch für eigene Arbeiten einzusetzen.

Rückblick

Fragen

1 Worin liegt der Vorteil einer temporären Maske?

2 Was passiert beim Abwählen einer temporären Maske?

3 Sie speichern eine Auswahl als Maske. Wo wird diese Maske gespeichert?

4 Wie bearbeiten Sie eine zuvor gespeicherte Maske in einem Kanal?

5 Worin unterscheiden sich Kanäle von Masken?

6 Wie verwenden Sie den »Extrahieren«-Befehl, um ein Objekt mit komplexen Kanten aus einem Bild zu isolieren?

Antworten

1 Temporäre Masken sind sinnvoll für das schnelle Anlegen einmaliger Auswahlen. Außerdem lässt sich mit der temporären Maske und den Malwerkzeugen eine Auswahl einfach bearbeiten.

2 Temporäre Masken verschwinden, sobald Sie die Auswahl aufheben.

3 Photoshop speichert Masken in Kanälen, die man sich als Speicherbereiche innerhalb eines Bildes vorstellen kann.

4 Sie malen in einer in einem Kanal enthaltenen Maske direkt mit den Farben Schwarz, Weiß und Abstufungen von Grau.

5 Photoshop benutzt Kanäle als Speicherbereiche für gespeicherte Auswahlen. Ein Kanal erscheint weder im Bild noch im Ausdruck, es sei denn, Sie lassen sich den Kanal explizit anzeigen. Im Gegensatz zu den Kanälen lassen sich mit Ebenen einzelne Bildelemente isolieren, um sie mit Mal- oder Bearbeitungswerkzeugen sowie anderen Effekten separat zu bearbeiten.

6 Um ein Objekt zu extrahieren, markieren Sie im Dialogfeld »Extrahieren« die Kanten eines Objekts. Anschließend definieren Sie den Innenbereich des Objekts und lassen sich die Extrahierung anzeigen. Das Zuweisen der Extrahierung macht den Hintergrund transparent und lässt nur das extrahierte Objekt bestehen. Wählen Sie die Option »Vordergrund erzwingen«, um Objekte mit unterschiedlichen Tönen einer einzigen Farbe zu extrahieren bzw. freizustellen.

Die digitale Fotografie hat sich allgemein durchgesetzt. Ob Sie nun über Digitalbilder für Kunden oder Projekte verfügen oder über eine persönliche Kollektion, die Sie verfeinern und archivieren möchten – Photoshop bietet die Werkzeuge für den Import, die Bearbeitung und das Archivieren Ihrer digitalen Fotos.

8 Digitale Fotos korrigieren und verbessern

Überblick

In dieser Lektion lernen Sie Folgendes:

- Camera Raw-Bilder bearbeiten und als digitale Negative speichern
- Digitale Fotos korrigieren, rote Augen und Rauschen entfernen sowie Lichter und Tiefen besser durchzeichnen
- Perspektive von Bildobjekten mit Hilfe des Fluchtpunkt-Filters korrigieren
- Bild mit dem Blendenkorrektur-Filter entzerren.
- Eine PDF-Präsentation der korrigierten Bilder aufbereiten

Sie benötigen für diese Lektion etwa zwei Stunden. Falls erforderlich, löschen Sie den auf Ihrer Festplatte vorhandenen Lektionsordner aus der vorherigen Lektion und kopieren stattdessen den Ordner *Lektion08* auf die Festplatte. Während der Arbeit in dieser Lektion überschreiben Sie die Startdateien. Wenn Sie die Startdateien wiederherstellen wollen, kopieren Sie diese von der Buch-DVD erneut auf Ihre Festplatte.

Vorbereitungen

Sie arbeiten in dieser Lektion mit mehreren Bildern, um sich mit der Ver- und Bearbeitung von Camera Raw-Bildern in Photoshop vertraut zu machen. Außerdem lernen Sie die unterschiedlichsten Möglichkeiten kennen, mit denen Sie digitale Fotos korrigieren und verbessern. Sie speichern jedes korrigierte Bild im Portfolio-Ordner, dessen Inhalt Sie am Ende der Lektion als PDF-Diashow aufbereiten. Sie beginnen, indem Sie sich die Vorher-/Nachher-Bilder in Adobe Bridge ansehen.

1 Starten Sie Photoshop und halten Sie sofort danach Strg+Alt+Umschalt (Windows) bzw. Befehl+Wahl+Umschalt (Mac OS) gedrückt, um die standardmäßigen Voreinstellungen zu erhalten (siehe »Die Standardeinstellungen wiederherstellen« auf Seite 20).

2 Klicken Sie im Meldungsfenster zur Bestätigung auf »Ja«, um die Standardeinstellungen wiederherzustellen. Klicken Sie auf »Schließen«, um das Willkommen-Fenster zu schließen.

3 Klicken Sie in der Optionsleiste auf die Schaltfläche »Gehe zu Bridge« ( ), um Adobe Bridge zu öffnen.

4 Klicken Sie in der Favoriten-Palette auf *Lektionen* und doppelklicken Sie dann auf die Miniatur des *Lektion08*-Ordners, um eine Vorschau des Inhaltes zu erhalten.

5 Achten Sie auf eine ausreichend große Miniaturansicht Ihrer Bilder und suchen Sie die Dateien *08A_Start.crw* und *08A_End.psd*.

Vorher

Nachher

Das Originalfoto der im spanischen Stil erbauten Kirche ist eine Camera Raw-Datei. Deshalb fehlt die übliche *.psd*-Dateierweiterung, mit der Sie bisher in diesem Buch gearbeitet haben. Das Bild wurde mit einer digitalen Canon-Spiegelreflexkamera aufgenommen und hat die Canon-eigene *.crw*-Dateierweiterung. Sie verarbeiten dieses proprietäre Raw-Format, um es heller, schärfer und brillanter zu machen. Anschließend speichern Sie das Bild als digitales Negativ im herstellerübergreifenden DNG-Format.

6 Suchen Sie die Dateien *08B_Start.psd* und *08B_End.psd* und studieren Sie die jeweiligen Miniaturansichten.

Vorher

Nachher

Sie werden an dem Porträt von Mutter und Sohn verschiedene Korrekturen vornehmen, wie Details in den Tiefen und Lichtern herausarbeiten, rote Augen entfernen und das Bild schärfen.

7 Suchen Sie die Dateien *08C_Start.psd* und *08C_End.psd* und sehen Sie sich die Miniaturansichten an.

Vorher

Nachher

Bearbeiten Sie das Bild des roten Farmhauses, indem Sie ein zusätzliches Fenster hinzufügen, den grünen Kranz entfernen und gleichzeitig den Fluchtpunkt bzw. die Perspektive beibehalten.

8 Suchen Sie die Dateien *08D_Start.psd* und *08D_End.psd* und studieren Sie die Miniaturansichten.

Vorher

Nachher

Im Verlauf dieser Lektion korrigieren Sie die Verzerrung in diesem Bild.

Camera Raw

Eine *Camera Raw*-Datei enthält unverarbeitete Bilddaten aus dem Bildsensor einer Digitalkamera. Viele Digitalkameras können Bilddateien im Camera Raw-Format speichern. Auf diese Weise können Fotografen die Bilddaten später interpretieren und verarbeiten, die Kamera nimmt also nicht automatisch Anpassungen und Konvertierungen vor. Deshalb können (oder müssen) Sie Weißbalance, Tonwertbereich, Kontrast, Farbsättigung und Scharfzeichnung selbst in Photoshop festlegen. Camera Raw-Dateien entsprechen quasi den Negativen Ihrer Fotos. Sie können die Dateien jederzeit neu verarbeiten, um die gewünschten Ergebnisse zu erzielen.

Wenn Sie Raw-Dateien erzeugen möchten, müssen Sie Ihre Kamera so einstellen, dass Dateien im (noch herstellereigenen bzw. proprietären) Raw-Dateiformat gespeichert werden. Sobald Sie eine Camera Raw-Datei aus der Kamera oder der Speicherkarte herunterladen, hat die Datei eine Erweiterung wie *.nef* (Nikon) oder *.crw* (Canon). In Adobe Bridge und Photoshop können Sie Camera Raw-Dateien vieler unterstützter Kameras wie von Canon, Kodak, Leica oder Nikon verarbeiten. Es lassen sich sogar mehrere Bilder gleichzeitig verarbeiten. Anschließend exportieren Sie die proprietären Camera Raw-Dateien als digitales Negativ im DNG-Dateiformat. Adobe hat dieses öffentlich erhältliche Dateiformat entwickelt, um Kompatibilität zu gewährleisten und die Verbreitung der unterschiedlichsten proprietären Camera Raw-Dateiformate einzudämmen. Sie können aber auch in den Formaten JPEG, TIFF und PSD exportieren.

Eine Liste der von Adobe Camera Raw unterstüzten Kameras finden Sie unter http://www.adobe.de/products/photoshop/cameraraw.html.

Camera Raw-Dateien verarbeiten

Wenn Sie ein Camera Raw-Bild verarbeiten (z.B. das Bild gerade stellen oder beschneiden), bewahren Photoshop und Adobe Bridge die Originaldatei. Deshalb können Sie das Bild beliebig bearbeiten und anschließend exportieren. Das Original bleibt für spätere Bearbeitungen unangetastet erhalten.

Camera Raw-Bilder öffnen

Sie können sowohl in Adobe Bridge als auch in Photoshop CS2 mehrere Camera Raw-Bilddateien öffnen und gleichzeitig verarbeiten. Beide Module nutzen das identische Dialogfeld »Camera Raw« mit umfangreichen Einstellmöglichkeiten für Weißbalance, Belichtung, Kontrast, Schärfe, Tonwertkurven und vieles andere mehr. Wenn Sie über eine Belichtungsreihe der gleichen Aufnahme verfügen, können Sie im Dialogfeld »Camera Raw« eine Aufnahme verarbeiten und diese Einstellungen anschließend allen anderen Aufnahmen zuweisen. Das probieren Sie jetzt aus.

1 Navigieren Sie in Adobe Bridge zum Ordner *Lektionen/Lektion08/Mission*, der drei Aufnahmen der Ihnen bereits bekannten spanischen Kirche enthält.

2 Klicken Sie mit gedrückter Umschalttaste nacheinander auf die Bilder *Mission01.crw*, *Mission02.crw* und *Mission03.crw* (alle drei Bilder sind jetzt gewählt) und wählen Sie **Datei: In Camera Raw öffnen**.

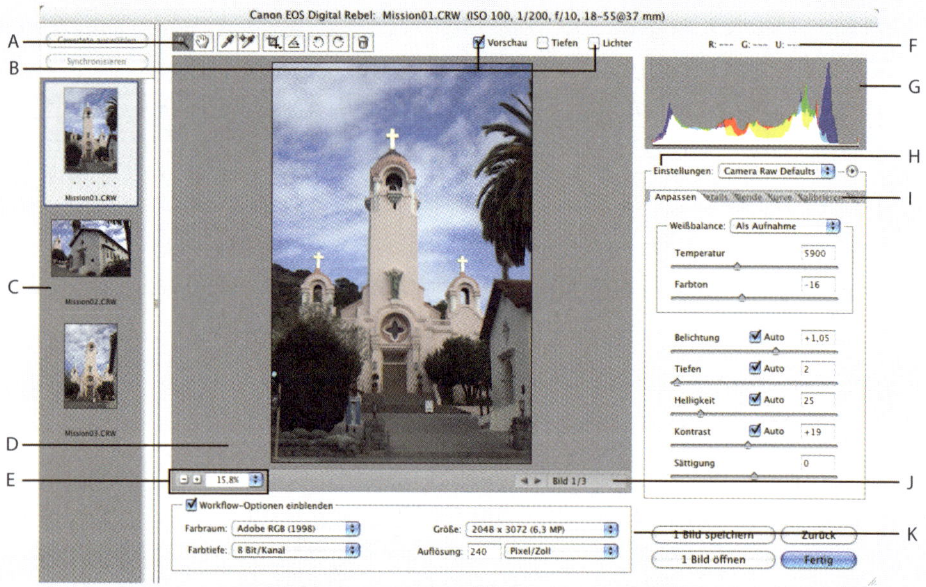

A. Werkzeuge ***B.*** *Vorschauen* ***C.*** *Filmstreifen-Miniatur* ***D.*** *Bildvorschau* ***E.*** *Zoomstufen* ***F.*** *RGB-Werte* ***G.*** *Histogramm* ***H.*** *Einstellungen-Menü* ***I.*** *Tonwert- und Farbkorrektur-Paletten* ***J.*** *Navigationssteuerung für Mehrfachbilder* ***K.*** *Workflow-Optionen*

Das Dialogfeld »Camera Raw« zeigt eine große Vorschau des ersten Raw-Bildes und links einen Filmstreifen mit allen geöffneten Camera Raw-Bildern. Das Histogramm rechts oben zeigt den Tonwertbereich des ersten Bildes und die Workflow-Optionen unten im Dialogfeld informieren über den Farbraum des ersten Bildes, die Farbtiefe, die Größe und die Auflösung. Die Werkzeuge oben im Dialogfeld ermöglichen unter anderem, das Bild zu vergrößern und zu verschieben, Farbe aufzunehmen, freizustellen, zu drehen und zu rotieren. Mit Hilfe der Paletten rechts im Dialogfeld stellen Sie die Weißbalance, die Farbe, den Tonwert und andere Details ein. Diese Einstellungen lernen Sie jetzt während der Bearbeitung der ersten Bilddatei kennen.

3 Klicken Sie auf die Vorwärts-Schaltfläche rechts unten im Haupt-Vorschaubereich. Oder scrollen Sie im Filmstreifen nach unten und wählen Sie nacheinander die Miniaturen, um durch die Bilder zu blättern. Gehen Sie dann wieder zurück zur Datei *Mission01.crw*.

4 Achten Sie darauf, dass oben im Dialogfeld die Option »Vorschau« aktiviert ist, damit Sie die von Ihnen durchgeführten Einstellungen sehen können. Die Optionen »Tiefen« und »Lichter« bleiben zurzeit noch deaktiviert.

Weißbalance und Belichtung einstellen

Die Weißbalance eines Bildes reflektiert die Lichtverhältnisse, die zum Zeitpunkt und am Ort der Aufnahme herrschten. Eine Digitalkamera speichert die entsprechenden Daten bei der Belichtung und deshalb erscheint diese Information auch im »Camera Raw«-Dialogfeld.

Die Weißbalance besteht aus zwei Komponenten. Zum einen ist es die Temperatur, die in Kelvin gemessen wird und bestimmt, ob ein Bild kalt (blaugrüner Farbton) oder warm (gelbroter Farbton) ist. Die zweite Komponente ist der Farbton, über den sich grünstichige bzw. magentastichige Fotos korrigieren lassen.

Die Weißbalance der Kamera ist zwar normalerweise fast optimal, dennoch können Sie eventuell vorhandene Abweichungen jederzeit im »Camera Raw«-Dialogfeld korrigieren. Die Weißbalance ist ein guter Ausgangspunkt für Ihre Korrekturen.

1 Klicken Sie auf das »Anpassen«-Register, um die Palette eventuell nach vorn zu bringen. Wählen Sie aus dem Popup-Menü »Weißbalance« die Option »Trüb«.

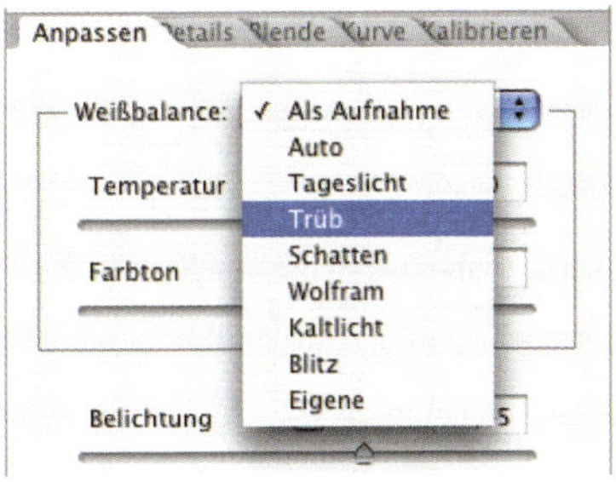

Die Temperatur »Trüb« ist etwas wärmer als die Einstellung »Tageslicht« und eignet sich gut für dieses Bild, das an einem wolkigen Tag aufgenommen wurde.

2 Ändern Sie die anderen Einstellungen in der Anpassen-Palette wie folgt:

- Belichtung: **+1,20**
- Tiefen: **0**
- Helligkeit: **50**
- Kontrast: **+29**
- Sättigung: **–5**

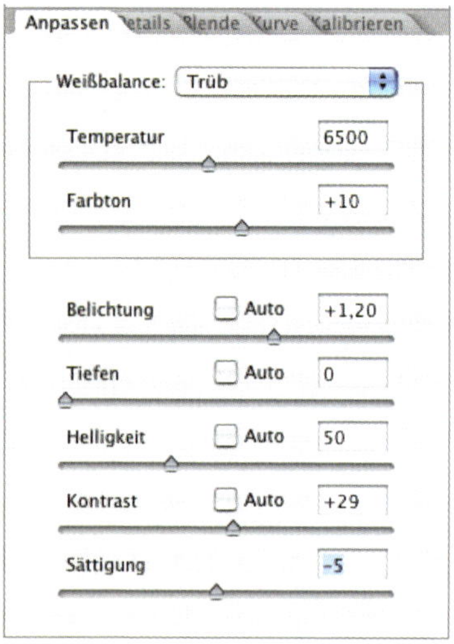

Diese Einstellungen bringen die Mitteltöne im Bild heraus und lassen es kräftiger und tiefer aussehen, ohne dass die Farbsättigung zu stark ist.

Das Camera Raw-Histogramm

Das Histogramm oben rechts im Dialogfeld »Camera Raw« zeigt alle drei Kanäle (Rot, Grün und Blau) des Vorschaubildes gleichzeitig an. Das Histogramm wird automatisch aktualisiert, sobald Sie Einstellungen ändern. Das Histogramm zeigt außerdem die RGB-Werte für den Pixelbereich unter dem Zeiger eines beliebigen Werkzeugs.

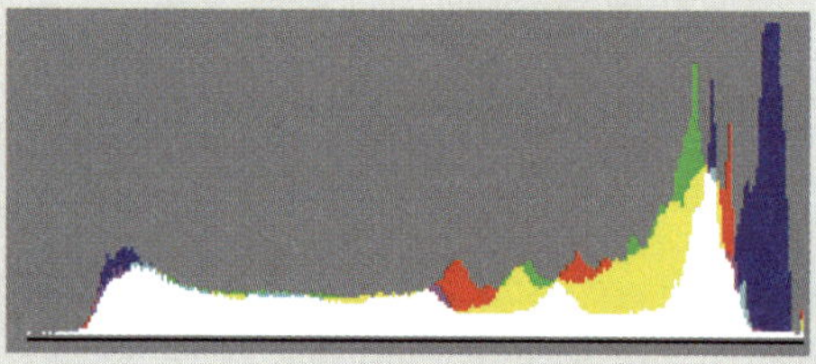

Schärfe zuweisen

Als Nächstes schärfen Sie das Bild für mehr Details.

1 Klicken Sie auf das »Details«-Register, um die entsprechende Palette nach vorn zu bringen. Vergrößern Sie so auf die Kirchturmspitze, dass Sie die Einzelheiten sehen (mindestens 100%).

2 Ziehen Sie den Regler für die Bildschärfe auf etwa **35**.

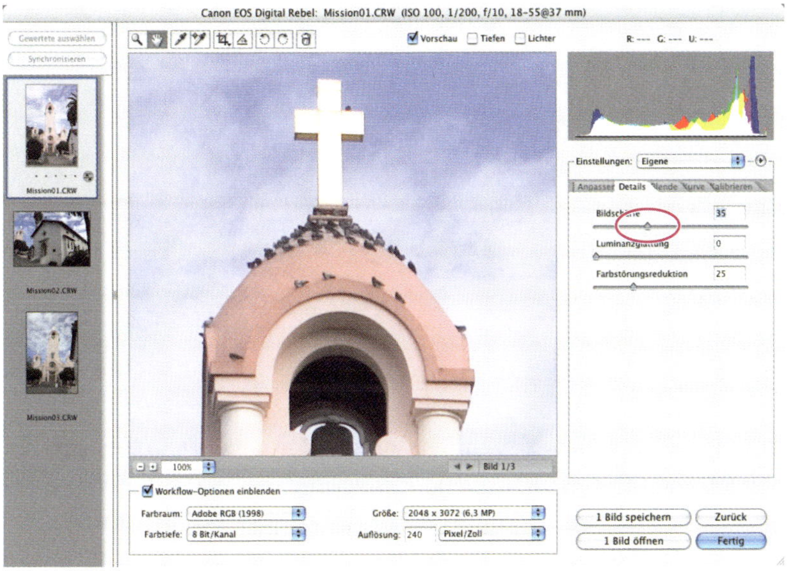

Der höhere Schärfewert zeigt mehr Bilddetails und betont die Kanten im vorliegenden Bild.

Einstellungen auf mehrere Bilddateien anwenden

Da das Bild der Kirche jetzt richtig gut aussieht, können Sie die Camera Raw-Einstellungen automatisch auf die beiden anderen Kirchenbilder anwenden. Diese Bilder wurden zur gleichen Tageszeit und unter gleichen Lichtverhältnissen aufgenommen. Für diese Aktion wählen Sie den Befehl »Synchronisieren«.

1 Klicken Sie oben links im »Camera Raw«-Dialogfeld auf die Schaltfläche »Alles auswählen«, um alle Miniaturen im Filmstreifen zu wählen.

2 Klicken Sie auf die Schaltfläche »Synchronisieren«.

Im jetzt geöffneten Dialogfeld »Synchronisieren« können Sie die Einstellungen bestimmen, die Sie auf die ausgewählten Bilder anwenden möchten. Standardmäßig sind alle Optionen (»Freistellen« ausgenommen) gewählt. Das ist für unser Projekt so in Ordnung, obwohl Sie nicht alle vorhandenen Einstellungen vorher angepasst haben.

3 Klicken Sie auf OK.

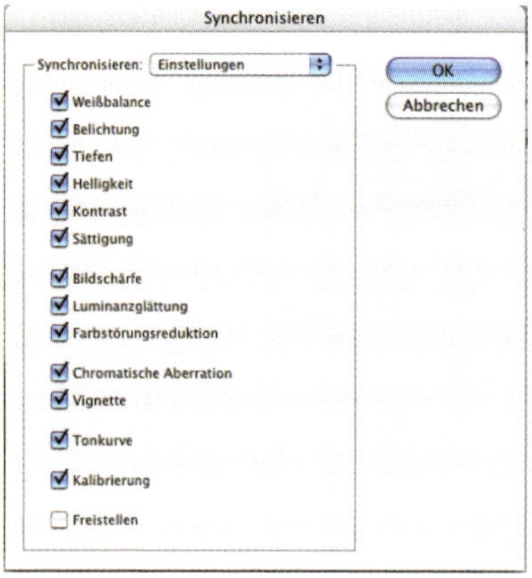

Wenn Sie die Einstellungen unter allen gewählten Camera Raw-Bildern synchronisieren, zeigen die Miniaturen die vorgenommenen Änderungen. Gefällt Ihnen das Ergebnis, können Sie sich über die Navigationspfeile die einzelnen Bilder als große Vorschau anzeigen lassen.

Hinweis: *Deaktivieren Sie oben im »Synchronisieren«-Dialogfeld die Optionen »Belichtung« und »Tiefen«. Zu helle oder zu dunkle Bildteile, die eventuell beschnitten oder unterdrückt werden könnten, erscheinen in der Bildvorschau rot bzw. blau. Das Risiko für ein eventuelles Beschneiden (Clipping) vermeiden Sie, indem Sie die Tonwertbereiche des jeweiligen Bildes einstellen. Allerdings besitzen die vorliegenden Bilder keine erkennbar ausgefressenen bzw. überstrahlten Lichter oder zu dunkle Tiefen, die korrigiert werden müssten.*

Camera Raw-Änderungen speichern

Das Speichern der bislang vorgenommenen Änderungen beinhaltet zwei Aufgaben: Speichern der synchronisierten Änderungen für alle drei Bilder und Speichern des einzelnen Bildes *Mission01* für das PDF-Portfolio, das Sie dann später in dieser Lektion erzeugen.

1 Die drei Bilder sind noch im Camera Raw-Filmstreifen gewählt. Klicken Sie jetzt auf die Schaltfläche »3 Bilder speichern«.

2 Führen Sie im Dialogfeld »Speicheroptionen« Folgendes aus:

- Wählen Sie als Ziel »Im selben Ordner speichern« (*Lektionen/Lektion08/Mission*).
- Übernehmen Sie unter »Dateibenennung« die Option *Dokumentname* im ersten Feld.
- Wählen Sie unten im Dialogfeld aus dem Format-Popup-Menü die Option »JPEG«.
- Klicken Sie auf »Speichern«.

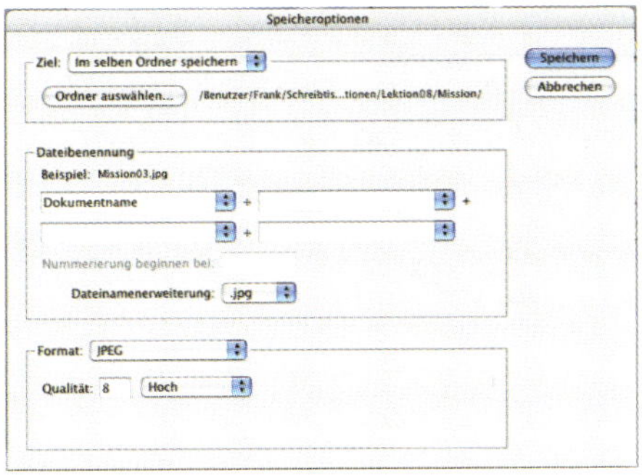

Die korrigierten Bilder werden jetzt als heruntergerechnete 72-dpi-JPEGs gespeichert, damit sie per Mail verschickt oder im Internet veröffentlicht werden können. Die Dateien erhalten die Bezeichnungen *Mission01.jpg*, *Mission02.jpg* und *Mission03.jpg*.

Hinweis: *Bevor Sie die Bilder im Internet veröffentlichen, sollten Sie sie in Photoshop öffnen und die Größe auf 640 x 480 Pixel einstellen. Die Bilder sind momentan noch viel größer, das heißt. sie lassen sich auf den meisten Bildschirmen nur per Scrollen vollständig betrachten.*

Adobe Bridge bringt Sie zurück in das Dialogfeld »Camera Raw« und zeigt bis zum Speichern an, wie viele Bilder verarbeitet wurden. Die *.crw*-Miniaturen befinden sich weiterhin im Dialogfeld »Camera Raw«. Sie verfügen jetzt über JPEG-Versionen und die unbearbeiteten Original-*crw.*-Bilddateien, die Sie jetzt oder später erneut bearbeiten könnten.

Sie speichern jetzt eine Kopie des Bildes *Mission01* im *Portfolio*-Ordner, in dem Sie auch alle anderen Bilder für Ihr Portfolio speichern.

Dateiformate

Das Camera Raw-Dialogfeld »Speicheroptionen« bietet vier Dateiformate an: DNG, JPEG, TIFF und PSD. Mit diesen Formaten lassen sich RGB- und CMYK-Halbton-Pixelbilder speichern, und alle Formate (ausgenommen DNG) sind auch in den Photoshop-Dialogfeldern »Speichern« und »Speichern unter« verfügbar.

Adobe Digital Negative (DNG) ist ein Dateiformat, das die rohen Bilddaten einer Digitalkamera sowie Metadaten enthält, durch die die Bedeutung dieser Daten definiert wird. DNG, das öffentlich erhältliche Archivierungsformat von Adobe für Camera Raw-Dateien, wurde entwickelt, um Kompatibilität zu gewährleisten und die zunehmende Verbreitung verschiedener Camera Raw-Dateiformate einzudämmen.

Das JPEG-Format (Joint Photographic Experts Group) ist das gängige Dateiformat zum Anzeigen von Fotos und anderen RGB-Halbtonbildern im World Wide Web. Das JPEG-Format übernimmt alle Farbinformationen eines Bildes, komprimiert jedoch die Dateigröße durch selektives Entfernen von Daten. Je höher der Komprimierungsgrad, desto niedriger die Bildqualität (und umgekehrt).

Das TIF-Format (Tagged-Image File Format) dient zum Austauschen von Dateien zwischen unterschiedlichen Programmen und Plattformen. TIFF ist ein flexibles Bitmap-Bildformat, das von praktisch allen Mal-, Bildbearbeitungs- und Seitenlayoutprogrammen unterstützt wird. Auch können so gut wie alle Desktop-Scanner TIFF-Bilder erstellen.

Das Photoshop-Format (PSD) ist das Standarddateiformat. Wegen der engen Integration verschiedener Adobe-Produkte können PSD-Dateien direkt in andere Adobe-Anwendungen importiert werden (z.B. in Adobe Illustrator, Adobe InDesign, Adobe Premiere, Adobe After Effects und Adobe GoLive). Dabei bleiben zahlreiche Photoshop-Merkmale erhalten.

3 Im Filmstreifen des Dialogfelds »Camera Raw« ist nur die Datei *Mission01.crw* gewählt. Klicken Sie auf die Schaltfläche »1 Bild öffnen«, um das bearbeitete Raw-Bild in Photoshop zu öffnen.

4 Wählen Sie **Datei: Speichern unter** und dann im Dialogfeld »Speichern unter« das Format »Photoshop«. Speichern Sie das Bild unter dem Namen **mission_end.psd** im Ordner *Lektion08/Portfolio*. Schließen Sie das Bildfenster.

Sie wissen jetzt, wie Sie ein Camera Raw-Bild verarbeiten. Jetzt führen Sie bei verschiedenen Digitalfotos allgemein übliche Korrekturen aus.

Digitalfotos korrigieren

Photoshop bietet die unterschiedlichsten Funktionen, mit denen Sie recht einfach die Qualität von Digitalfotos optimieren. Sie verbessern automatisch die Durchzeichnung in den hellen und dunklen Bildbereichen, entfernen rote Augen, entfernen Bildrauschen und schärfen ein Bild. Sie lernen diese Möglichkeiten kennen, indem Sie jetzt ein anderes Digitalfoto bearbeiten: das Porträt einer Mutter mit ihrem Kind.

Tiefen und Lichter einstellen

Der Befehl »Tiefen/Lichter« eignet sich zur Korrektur von 8- oder 16-Bit-RGB-, CMYK- oder Lab-Fotos, in denen Objekte im starken Gegenlicht aufgenommen wurden oder wo ein zu naher Blitz zu einer Überbelichtung führte. Die Einstellungen sind auch ideal, um zu dunkle Schattenbereiche in einem sonst guten Bild aufzuhellen.

1 Klicken Sie auf die Schaltfläche »Gehe zu Bridge« (). Klicken Sie auf den Favoriten-Ordner *Lektionen* (sofern noch nicht gewählt) und doppelklicken Sie dann auf den Ordner *Lektion08*. Suchen Sie die Datei *08B_Start.psd* und doppelklicken Sie, um die Datei in Photoshop zu öffnen.

2 Wählen Sie **Bild: Anpassen: Tiefen/Lichter**. Photoshop wendet automatisch die Standardeinstellungen auf das Bild an und hellt den Hintergrund auf. Diese Einstellungen ändern Sie nun, um die Tiefen und Lichter mit mehr Zeichnung bzw. Details zu versehen und den Sonnenuntergang stärker zu betonen. (Achten Sie darauf, dass im Dialogfeld »Tiefen/Lichter« die Option »Vorschau« aktiviert ist, damit Sie die Auswirkungen im Bildfenster sehen können.)

3 Aktivieren Sie unten im Dialogfeld »Tiefen/Lichter« die Option »Weitere Optionen einblenden« und nehmen Sie die folgenden Einstellungen vor:

- Stellen Sie im Bereich »Tiefen« die Stärke auf **80%** und die Tonbreite auf **65%** ein. Belassen Sie den Radius bei 30 Pixel.
- Stellen Sie im Bereich »Lichter« die Stärke auf **5%** ein. Die Tonbreite bleibt bei 50% und der Radius bei 30 Pixel.
- Ziehen Sie im Bereich »Korrekturen« den Farbkorrektur-Regler auf **+45**.

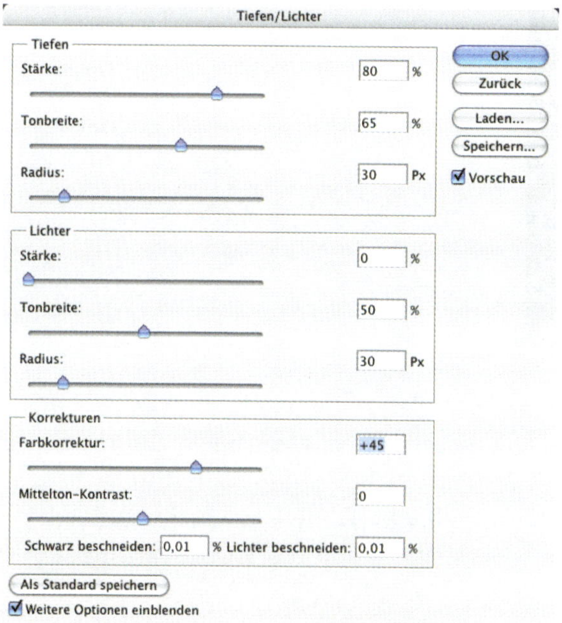

4 Klicken Sie auf OK, um die Änderungen zu übernehmen.

5 Wählen Sie **Datei: Speichern**.

Rote-Augen-Effekt korrigieren

Der *Rote-Augen-Effekt* entsteht, wenn das Blitzlicht der Kamera von der Netzhaut der fotografierten Person reflektiert wird. Dieser Effekt ist häufig bei Aufnahmen in dunkleren Räumen zu sehen, da die Iris dann weit geöffnet ist. Dieses Problem lässt sich in Photoshop schnell lösen. Sie entfernen jetzt den Rote-Augen-Effekt bei dem Jungen in der Porträtaufnahme.

1 Ziehen Sie mit dem Zoom-Werkzeug eine Auswahl um die Augen des Jungen, um entsprechend zu vergrößern.

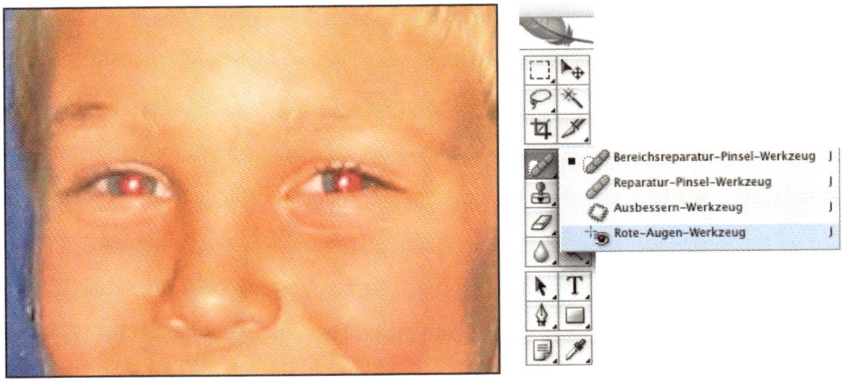

2 Wählen Sie das Rote-Augen-Werkzeug (), das unter dem Bereichsreparatur-Pinsel-Werkzeug verborgen ist.

3 Übernehmen Sie in der Optionsleiste die Pupillengröße von 50%, aber ändern Sie den Verdunkelungsbetrag in 10%. Letztere Einstellung bestimmt, wie dunkel die Pupille sein soll. Da hier die Augen blau sind, sollte der Verdunkelungsbetrag etwas geringer als die Standardeinstellung sein.

4 Klicken Sie im roten Bereich des linken Auges und dann im roten Bereich des rechten Auges. Die rote Reflexion in der Netzhaut sollte jetzt nicht mehr vorhanden sein.

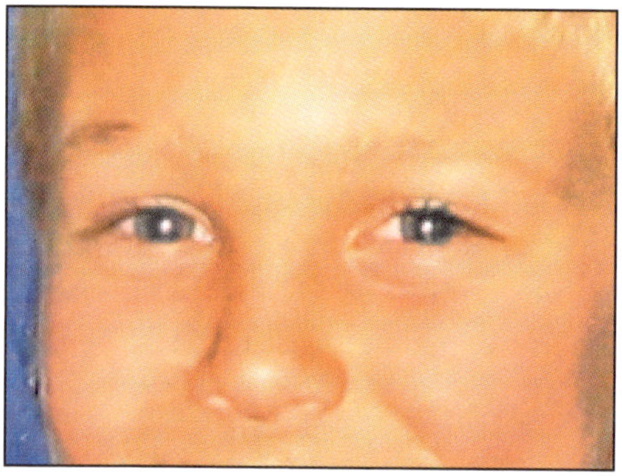

5 Stellen Sie die Vergrößerung wieder auf 100% ein, indem Sie die Alt-Taste (Windows) bzw. Wahltaste (Mac OS) drücken und im Bildfenster mit dem Zoom-Werkzeug klicken.

6 Wählen Sie **Datei: Speichern**.

Bildstörungen reduzieren

Als nächste Korrektur reduzieren Sie Bildstörungen bzw. *Bildrauschen* im Bild. *Bildrauschen* tritt in Form von unerwünschten Pixeln auf, die nicht Teil der Bilddetails sind. Bildstörungen können verursacht werden durch eine hohe ISO-Einstellung einer Digitalkamera, Unterbelichtung oder Aufnahmen in dunkler Umgebung mit niedriger Verschlussgeschwindigkeit. Preiswerte Kameras erzeugen meist mehr Bildstörungen als hochwertige Kameras. Bei gescannten Bildern kann es zu Bildrauschen kommen, das durch den Scannersensor verursacht wird. Oft ist das Körnungsmuster des Films im gescannten Bild zu sehen.

Bildstörungen treten in zweierlei Form auf: als *Luminanzrauschen* (Graustufenrauschen), wodurch das Bild körnig aussieht, und als *Farbrauschen*, das sich normalerweise als farbige Bilddefekte im Bild äußert. Der Photoshop-Filter »Störungen reduzieren« kann beide Arten sogar in einzelnen Farbkanälen unter Beibehaltung der Kantenschärfe reduzieren und auch JPEG-Komprimierungsartefakte korrigieren.

Sie vergrößern zuerst den Himmel, um die Bildstörungen zu erkennen.

1 Klicken Sie mit dem Zoom-Werkzeug im Himmel über dem Kopf der Frau und vergrößern Sie auf etwa 300%.

Die Störungen in diesem Bild sind fleckig und roh mit ungleichmäßiger Körnigkeit im Himmel. Mit dem Filter »Störungen reduzieren« zeichnen Sie diesen Bereich weich, lassen den Effekt leicht auslaufen und geben so dem Himmel mehr Tiefe.

2 Wählen Sie **Filter: Störungsfilter: Störungen reduzieren**.

3 Führen Sie im Dialogfeld »Störungen reduzieren« Folgendes aus:

- Reduzieren Sie die Stärke auf **5** (diese Option kontrolliert den Anteile der Luminanzstörungen).
- Erhöhen Sie »Details erhalten« auf 70%.
- Übernehmen Sie 45% für »Farbstörung reduzieren«.
- Erhöhen Sie »Detail scharfzeichnen« auf 35%.

Sie brauchen die Option »JPEG-Artefakte entfernen« nicht zu aktivieren, da das vorliegende Bild kein JPEG ist und deshalb auch keine JPEG-Artefakte hat.

Hinweis: *Um Störungen in den einzelnen Farbkanälen des Bildes zu reduzieren, klicken Sie auf »Erweitert« und nehmen die gleichen Einstellungen in jedem Farbkanal vor.*

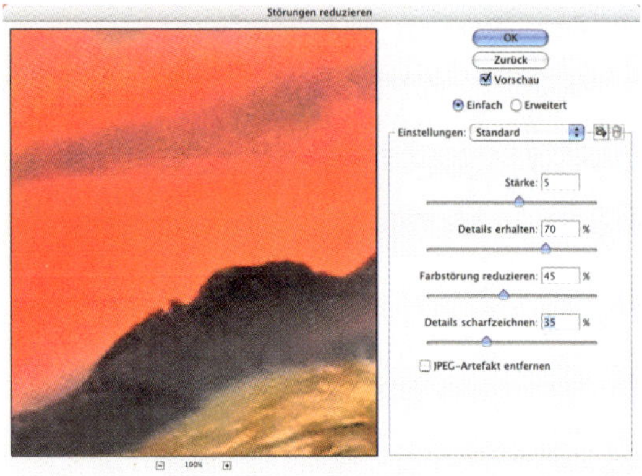

4 Um die Änderungen klar erkennen zu können, klicken Sie unten im Dialogfeld auf die Plus-Schaltfläche, um auf etwa 300% zu vergrößern. Ziehen Sie dann im Vorschaubereich für den Himmel. Klicken Sie im Vorschaubereich und halten Sie die Maustaste gedrückt, um das Vorher-Bild zu sehen, und lassen Sie die Maustaste los für das korrigierte Bild. Oder achten Sie darauf, dass »Vorschau« aktiviert ist, und beobachten Sie die Ergebnisse im Bildfenster.

5 Klicken Sie auf OK, um die Änderungen zuzuweisen und das Dialogfeld »Störungen reduzieren« zu schließen. Doppelklicken Sie dann in der Werkzeugpalette auf das Zoom-Werkzeug, um das Bild wieder mit 100% anzuzeigen.

6 Wählen Sie **Datei: Speichern**.

Kanten schärfen

Das Reduzieren von Störungen kann ein Bild weichzeichnen. Deshalb schärfen Sie das Bild abschließend.

Photoshop verfügt über mehrere Scharfzeichnungsfilter wie *Scharfzeichnen*, *Unscharf maskieren*, *Schärfen* und *Selektiver Scharfzeichner*. Sämtliche Filter verstärken bei weichen Bildern den Kontrast benachbarter Pixel, wobei einige Filter besser als andere geeignet sind. Der Einsatz des jeweiligen Filters hängt unter anderem davon ab, ob Sie das komplette Bild, nur die Tiefen oder nur die Lichter scharfzeichnen möchten.

Informationen über alle Scharfzeichnen-Filter finden Sie in der Photoshop-Hilfe.

1 Wählen Sie **Filter: Scharfzeichnungsfilter: Selektiver Scharfzeichner**.

2 Nehmen Sie im Dialogfeld »Selektiver Scharfzeichner« folgende Einstellungen vor:

- Verringern Sie die Stärke auf 40%.
- Stellen Sie den Radius auf 5 Pixel ein.
- Wählen Sie **Entfernen: Tiefenschärfe abmildern**.
- Aktivieren Sie die Option »Genauer«.

Die »Entfernen«-Option bestimmt den Algorithmus für das Schärfen. Der Filter verwendet standardmäßig die Option »Gaußscher Weichzeichner«. Dagegen sucht die Option »Tiefenschärfe abmildern« nach den Kanten und Details im Bild und schärft feiner, was zu weniger Halo-Effekten im Bild führt.

Die Option »Genauer« bewirkt eine präzisere Scharfzeichnung, benötigt jedoch mehr Zeit für die Verarbeitung.

3 Um das Ergebnis der selektiven Scharfzeichnung zu prüfen, klicken Sie im Vorschaubereich und halten die Maustaste gedrückt. Lassen Sie anschließend die Maustaste wieder los. Oder deaktivieren und aktiveren Sie die Option »Vorschau«, um die Ergebnisse im Bildfenster zu prüfen.

4 Klicken Sie auf OK, um die Änderungen anzuwenden und das Dialogfeld »Selektiver Scharfzeichner« zu schließen.

5 Wählen Sie **Datei: Speichern unter**. Geben Sie im Dialogfeld den Namen **portrait_end.psd** ein, navigieren Sie zum Ordner *Lektion08/Portfolio* und speichern Sie die Datei. Schließen Sie das Bildfenster.

Glückwunsch! Sie haben das Digitalfoto erfolgreich korrigiert. Sie probieren jetzt etwas Neues aus und bearbeiten ein Bild unter Beibehaltung der Perspektive.

Bilder mit Fluchtpunkt-Perspektive bearbeiten

Mit dem »Fluchtpunkt«-Filter können Sie bei der Bearbeitung von Bildern mit perspektivischen Ebenen bei Bedarf die Perspektive korrigieren, anschließend wenden Sie Bearbeitungsverfahren wie Malen, Klonen, Kopieren und Einfügen oder Transformationen an. Sie können sogar mehrere perspektivische, untereinander verbundene Ebenen erzeugen. Um beim Malen, Klonen oder Transformieren in verschiedenen Ebenen eine konsistente Skalierung und Ausrichtung zu gewährleisten, sollten Sie alle weiteren Ebenen abreißen (lösen), anstatt unverbundene Ebenen zu erstellen. Photoshop skaliert automatisch alle Bearbeitungen und richtet sie in der richtigen Perspektive bildübergreifend aus.

Der »Fluchtpunkt«-Filter funktioniert mit 8-Bit-Kanal-Bildern, nicht jedoch mit Vektordaten. Um den Filter anzuwenden, erstellen Sie zuerst ein Raster für die gewünschte Perspektive. Anschließend bearbeiten Sie das Bild. »Fluchtpunkt« passt die Bearbeitung an die definierte Perspektive an.

Raster definieren

Sie arbeiten in dieser Übung mit dem Bild eines schneebedeckten Hauses. Sie fügen mit dem »Fluchtpunkt«-Filter ein Fenster in die Wand ein und entfernen den grünen Kranz – alles unter Beibehaltung der vorhandenen Perspektive.

1 Klicken Sie auf die Schaltfläche »Gehe zu Bridge« (). Klicken Sie in Adobe Bridge auf den Ordner-Favoriten *Lektionen* (sofern dieser Ordner nicht schon gewählt ist) und doppelklicken Sie dann auf den Ordner *Lektion08*. Suchen Sie das Bild *08C_Start.psd* und öffnen Sie es durch Doppelklicken in Photoshop.

Sie definieren zuerst das Raster für die Perspektive. Anschließend erzeugen Sie ein viertes Fenster und entfernen den grünen Kranz.

2 Wählen Sie **Filter: Fluchtpunkt**. Das Dialogfeld »Fluchtpunkt« zeigt die Bildvorschau und enthält die unterschiedlichsten Werkzeuge und Optionen zum Erstellen des Perspektive-Rasters.

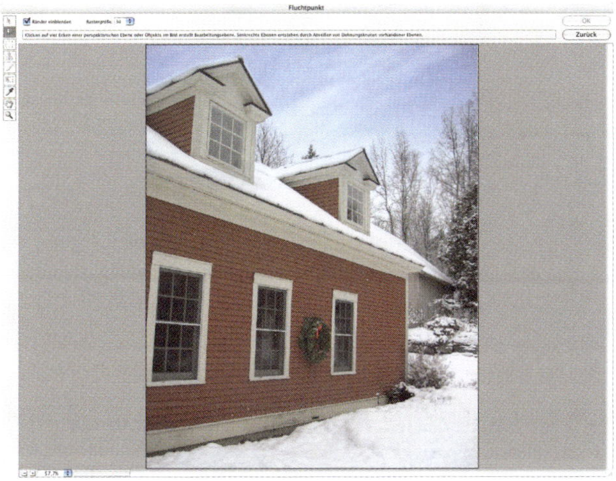

3 Definieren Sie mit dem Ebene-erstellen-Werkzeug () die Größe und Form der perspektivischen Ebene, indem Sie nacheinander auf die vier Eckpunkte der Hauswand klicken. Das Klicken erzeugt eine blaue Begrenzungslinie. Versuchen Sie, auf die vier Ecken zu klicken, an denen die rote Wand auf die weiße Einfassung trifft. Klicken Sie auf die Pflanze vor der unteren rechten Ecke. Photoshop zeigt jetzt ein blaues Raster auf der gerade definierten Ebene.

Hinweis: *Falls Ihnen ein Fehler unterläuft – es erscheint beispielsweise ein roter Rahmen und nicht das Perspektive-Raster –, drücken Sie entweder die Entf.-Taste und versuchen es erneut oder verschieben Sie die Eckknoten, um das Raster anzupassen.*

4 Eventuell müssen Sie einen Seiten- oder Eckknoten ziehen, um das Raster anzupassen.

Objekte im Bild bearbeiten

Wenn das Perspektive-Raster erzeugt ist, wählen und verschieben Sie das Fenster.

1 Wählen Sie im Dialogfeld »Fluchtpunkt« aus der Werkzeugpalette das Auswahlrechteck (). Das detaillierte Raster im Vorschaufenster wird durch eine blaue Kontur des Perspektive-Rasters ersetzt.

2 Um die Ränder des Auswahl etwas weichzuzeichnen, wählen Sie oben im Dialogfeld für »Weiche Kante« den Wert **3**. Übernehmen Sie für »Deckkraft« den Wert 100 und für »Reparieren« die Option »Aus«. Der »Verschiebungsmodus« mit der Option »Ziel« ist abgeblendet.

Hinweis: *Die Option »Reparieren« bestimmt, wie die Auswahl, das Klonen oder ein Pinselstrich mit der Farbe, dem Licht oder den Schattierungen der benachbarten Pixel gefüllt wird. Ist im Popup-Menü die Option »Aus« gewählt, wird keine Füllmethode angewendet. Der »Verschiebenmodus« bestimmt das Verhalten beim Verschieben einer Auswahl. Ist »Ziel« gewählt, lässt sich der Auswahlrahmen im gesamten Bild verschieben. Weitere Informationen finden Sie in der Photoshop-Hilfe.*

3 Ziehen Sie eine Auswahl um das mittlere Fenster, die etwas größer als das Fenster sein sollte. Drücken Sie dann die Alt- (Windows) bzw. Wahltaste (Mac OS) und ziehen Sie den gewählten Bereich nach rechts. Lassen Sie die Maustaste los, sobald sich der kopierte Bereich zwischen dem rechten Fenster und dem Ende der Wand befindet. Während Sie ziehen, skaliert Photoshop die Auswahl entsprechend der Perspektive der Wand.

4 Um den Kranz von der Wand zu entfernen, ziehen Sie mit dem Zoom-Werkzeug über die ersten drei Fenster von links für eine größere Ansicht.

5 Wählen Sie das Auswahlrechteck (⬚) und ziehen Sie, um die leere Wand zwischen den beiden linken Fenstern zu wählen.

6 Halten Sie wieder die Alt- (Windows) bzw. Wahltaste (Mac OS) gedrückt und ziehen Sie die Auswahl zwischen das mittlere und rechte Fenster über den Kranz.

Die kopierte Auswahl behält zwar auch an der neue Stelle ihre Perspektive bei, dennoch bedeckt sie nur teilweise den Kranz. Dieses Problem lösen Sie nun.

7 Wählen Sie das Transformieren-Werkzeug (⬚). Photoshop zeigt jetzt zwei Anfasser der Auswahl.

8 Ziehen Sie die Anfasser, um die Auswahl zu erweitern und über den Kranz zu ziehen. Eventuell müssen Sie mit den Pfeiltasten die Auswahl an den Fensterverschalungen ausrichten.

9 Deaktivieren Sie die Option »Ränder einblenden« und verkleinern Sie wieder die Ansicht, um das Ergebnis Ihrer Arbeit zu prüfen. Klicken Sie dann auf OK, um den Filtereffekt »Fluchtpunkt« zuzuweisen.

10 Wählen Sie **Datei: Speichern unter**. Geben Sie der Datei den Namen **Farmhaus_ end.psd** und speichern Sie im Ordner *Lektion08/Portfolio*. Schließen Sie dann das Bildfenster.

Hinweis: *Bilder mit zugewiesenem Fluchtpunkt-Filter müssen im Format PSD, TIFF oder JPEG gespeichert werden, damit die Information über die Perspektive-Ebene übernommen wird.*

Sie korrigieren jetzt ein Bild, das Verzerrungen des Kameraobjektivs enthält.

Bildverzerrungen korrigieren

Der Filter »Blendenkorrektur« korrigiert häufige Objektivprobleme, z.B. tonnen- und kissenförmige Verzerrungen, Vignettierungen und chromatische Aberrationen. Die *tonnenförmige Verzerrung* ist ein Objektivfehler, bei dem gerade Linien an den Rändern des Bildes nach außen gebogen werden. Die *kissenförmige Verzerrung* führt zum gegenteiligen Effekt, gerade Linien werden nach innen gebogen. *Vignettierungen* sind Fehler, bei denen Kanten, vor allem Ecken, von Bildern dunkler sind als der Mittelpunkt. *Chromatische Aberration* führt zu Farbsäumen entlang von Objekträndern, die durch Fokussieren der Blende auf verschiedene Lichtfarben in verschiedenen Ebenen verursacht werden.

Diese Fehler treten bei einigen Objektiven auf und hängen von der Brennweite und den Blendenwerten ab. Sie können für den »Blendenkorrektur«-Filter Einstellungen einrichten, die auf den Einstellungen der Kamera, des Objektivs und der Brennweite basieren, mit denen das Bild aufgenommen wurde.

Außerdem können Sie Bilder drehen oder Fehler der Bildperspektive korrigieren, die durch eine vertikale oder horizontale Neigung der Kamera verursacht wurden. Das Bildraster in diesem Filter erleichtert diese Aufgabe und ermöglicht präzisere Anpassungen als der Befehl »Transformieren«.

Sie korrigieren in der folgenden Übung die Objektivverzerrungen in einem Bild einer griechischen Tempels.

1 Klicken Sie auf die Schaltfläche »Gehe zu Bridge« ( ). Klicken Sie in Adobe Bridge auf den Ordner-Favoriten *Lektionen* (sofern noch nicht gewählt) und doppelklicken Sie dann auf den Ordner *Lektion08*. Suchen Sie das Bild *08D_Start.psd* und doppelklicken Sie darauf, um es in Photoshop zu öffnen.

Die beiden Säulen neigen sich in Richtung Kamera und sind gekrümmt. Grund für diese Verzerrung waren ein zu naher Aufnahmestandpunkt und der gleichzeitige Einsatz eines Weitwinkelobjektivs.

2 Wählen Sie **Filter: Verzerrungsfilter: Blendenkorrektur**. Im Dialogfeld erscheint das Bild in einer großen interaktiven Vorschau mit einem Raster zum präzisen Ausrichten und diversen Optionen, um Verzerrungen, chromatische Aberration, Vignettierungen und Perspektive zu korrigieren bzw. zu entfernen.

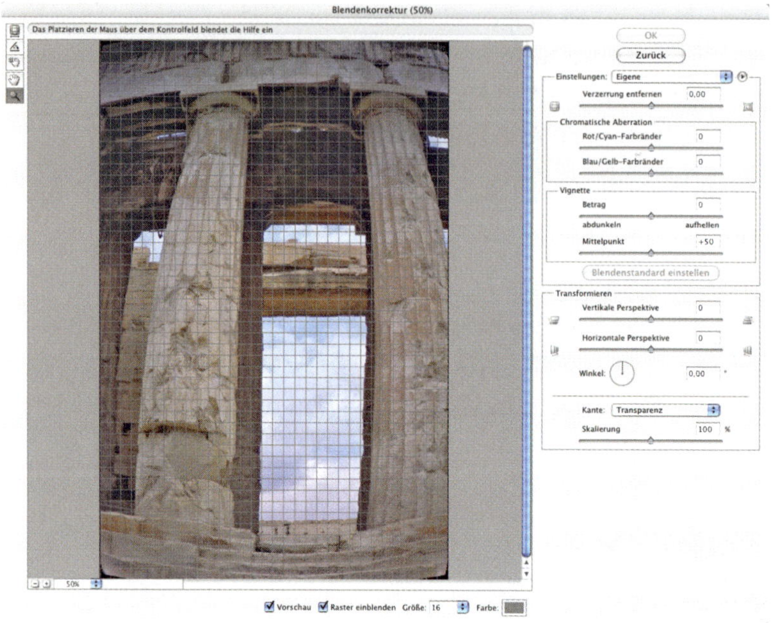

3 Nehmen Sie im Dialogfeld »Blendenkorrektur« folgende Einstellungen vor:

- Ziehen Sie den Regler »Verzerrung entfernen« auf etwa **+52,00**, um die tonnenförmige Verzerrung im Bild zu entfernen. Oder wählen Sie das Verzerrung-entfernen-Werkzeug () und ziehen Sie so lange im Vorschau-Fenster, bis der Regler »Verzerrung entfernen« den Wert +52.00 einnimmt.

Beobachten Sie während des Änderns das Raster der Blendenkorrektur, um zu sehen, wann die vertikalen Säulen im Bild gerade stehen.

- Wählen Sie unten rechts im Dialogfeld **Kante: Transparenz** (falls noch nicht eingestellt).
- Ziehen Sie den Skalierung-Regler auf **146**%.

4 Klicken Sie auf OK, um die Änderungen zu übernehmen. Schließen Sie dann das Dialogfeld »Blendenkorrektur«. Die Verzerrung durch das Weitwinkelobjektiv und den zu nahen und zu niedrigen Aufnahmestandpunkt sind jetzt nicht mehr vorhanden.

5 (Optional) Um die Änderungen im Bildfenster zu sehen, drücken Sie zweimal Strg+Z (Windows) bzw. Befehl+Z (Mac OS), um den Filter rückgängig zu machen und wiederherzustellen.

Sie speichern nun das Bild für Ihr PDF-Portfolio.

6 Wählen Sie **Datei: Speichern unter**. Benennen Sie die Datei mit **saeulen_end.psd** und speichern Sie sie im Ordner *Lektion08/Portfolio*. Schließen Sie dann das Bildfenster.

Ein PDF-Portfolio erstellen

Sie können eine Adobe PDF-Diashow oder ein mehrseitiges PDF-Dokument aus mehreren Photoshop-Dateien erzeugen, indem Sie in Photoshop oder in Adobe Bridge den Befehl »PDF-Präsentation« aufrufen und die gewünschten Einstellungen vornehmen. Sie bestimmen, welche Dateien aus einem Ordner enthalten sein sollen, oder Sie wählen einen Ordner und nehmen alle darin befindlichen Dateien auf. Da Sie bereits über ein Portfolio mit Bildern (im Ordner *Portfolio*) verfügen, können Sie diesen Ordner leicht in eine PDF-Diashow »umwandeln«.

1 Klicken Sie auf die Schaltfläche »Gehe zu Bridge« ( ). Klicken Sie in Adobe Bridge auf den Ordner-Favoriten *Lektionen* (falls noch nicht gewählt) und navigieren Sie zum Ordner *Lektion08/Portfolio*. Der *Portfolio*-Ordner sollte die folgenden Bilddateien enthalten: *mission_end.psd*, *portrait_end.psd*, *farmhaus_end.psd* und *saeulen_end.psd*.

2 Wählen Sie **Werkzeuge: Photoshop: PDF-Präsentation**.

Sie sehen, dass im Dialogfeld »PDF-Präsentation« unter »Quelldateien« bereits die vier Dateien im *Portfolio*-Ordner angezeigt werden.

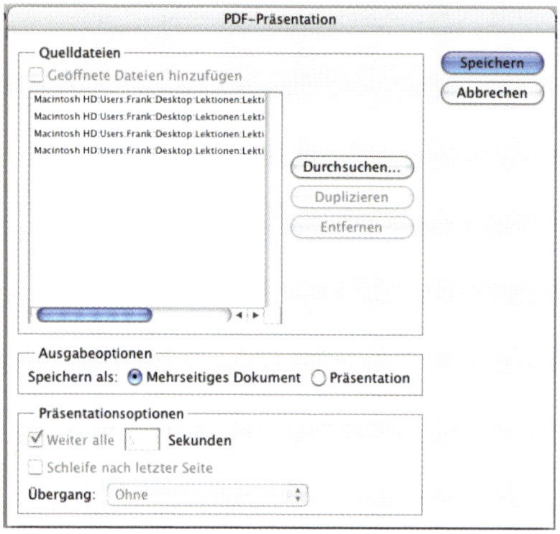

3 Führen Sie im Dialogfeld »PDF-Präsentation« Folgendes aus:

- Aktivieren Sie unter »Ausgabeoptionen« die Option »Präsentation«.
- Übernehmen Sie im nun erweiterten Dialogfeld unter »Präsentationsoptionen« für »Weiter alle« (d.h. Pause zwischen den Bildern) die Vorgabe **5** Sekunden.
- Aktivieren Sie die Option »Schleife nach letzter Seite«.
- Wählen Sie aus dem Popup-Menü »Übergang« den Effekt »Nach rechts wischen«.
- Klicken Sie auf »Speichern«.

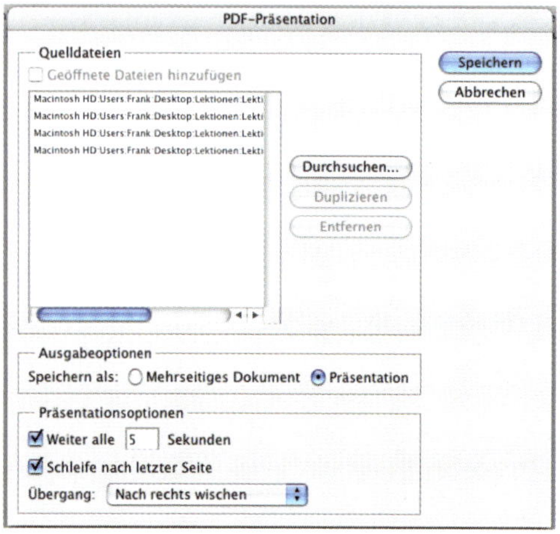

4 Geben Sie im »Speichern«-Dialogfeld den Dateinamen **Foto_portfolio.pdf** ein und wählen Sie als Speicherort den Ordner *Lektion08*. (Wählen Sie nicht den *Portfolio*-Ordner.) Klicken Sie auf »Speichern«.

5 Führen Sie im Dialogfeld »Adobe PDF speichern« Folgendes aus:

- Wählen Sie **Adobe PDF-Vorgabe: Kleinste Dateigröße**, um ein PDF-Dokument für die Bildschirmanzeige anzulegen.
- Aktivieren Sie unter »Optionen« die Option »PDF speichern und anzeigen«.
- Klicken Sie auf »PDF speichern«.

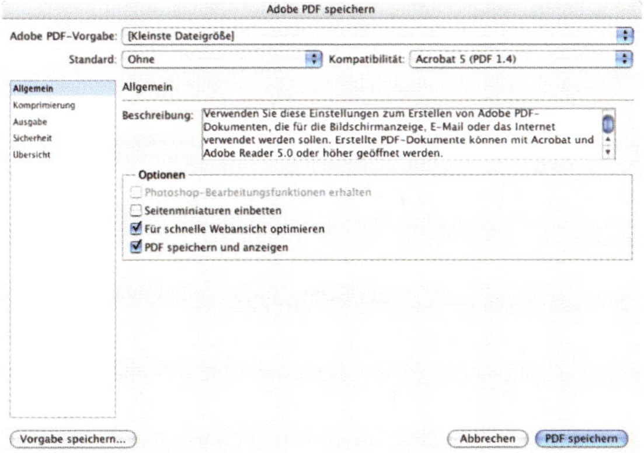

Wenn Adobe Acrobat und/oder Adobe Reader auf Ihrem Computer installiert sind, startet die PDF-Diashow automatisch in einem dieser Programme.

6 Wenn die Diashow durchgelaufen ist, drücken Sie Esc, um in das normale Acrobat-Fenster zurückzukehren. Verlassen Sie anschließend Acrobat und gehen Sie zurück zu Photoshop.

Zaubern mit Photoshop

Vorher: Anbau und Personen entfernen – eine knifflige Aufgabe? Mit dem richtigen Werkzeug nicht!

Zauberhafte Bildretusche

Um den Umgang mit dem Fluchtpunkt-Werkzeug noch weiter zu vertiefen, liefert dieser Workshop weitere Details. Auf den ersten Blick bereitet diese Aufgabe einiges Kopfzerbrechen. Aus dem Bild *Landhaus_start.jpg* soll das Gebäude im linken Bereich entfernt werden. Der Platz soll menschenleer und die Arkaden perfekt symmetrisch erscheinen.

Keine Sorge, Sie müssen nicht David Copperfield heißen, um Gebäude und Personen verschwinden zu lassen! Entscheidend sind hier einzig die Wahl des richtigen Werkzeugs und ein wenig Fingerspitzengefühl.

Gerhard Koren

Die Bilder, die in diesem Workshop verwendet werden, sind auf der beigelegten DVD im Verzeichnis *Video-Training/Rohmaterial/Fluchtpunkt* zu finden.

Ganz detailliert können Sie diesen Workshop im Videofilm auf der Buch-DVD verfolgen. Sie finden diesen und noch mehr Filme im Verzeichnis Video-Training.

Schritt 1: Fluchtpunkt-Dialog einrichten

Öffnen Sie die Datei ***Landhaus_start.jpg***. Über »Filter: Fluchtpunkt« erreichen Sie das Fluchtpunkt-Dialogfenster. Ab sofort denkt Photoshop nicht mehr zweidimensional. Alle hier zur Verfügung stehenden Werkzeuge berücksichtigen die perspektivischen Gegebenheiten im Bild. Allerdings benötigt Photoshop dafür zunächst etwas menschliche Hilfe. Über das Ebene-erstellen-Werkzeug werden die Bildebenen definiert. Durch vier Klicks entsteht eine Ebene, um die Position der rechten Arkaden zu markieren. Je genauer Sie hier arbeiten, desto besser sieht das Endergebnis aus. Die vier Eckpunkte können mit dem Ebene-anpassen-Werkzeug auch nachträglich noch verschoben werden, bis die Ebene zu den im Bild verlaufenden Linien passt. Stimmt die Perspektive, bringen Sie die Ebene mit den Anfassern an den Seiten auf die gewünschte Größe.

Schritt 2: Dreidimensionaler Raum

Im zweiten Schritt macht sich das exakte Arbeiten beim Erstellen der ersten Ebene bezahlt. Bei aktivem Ebene-erstellen-Werkzeug können Sie aus der ersten Ebene eine zweite Ebene für den linken Bereich der Arkaden »herausziehen«. Die neue Ebene entsteht automatisch im rechten Winkel und passt dadurch auf Anhieb. Klicken Sie auf den Anfasser an der Unterkante der zweiten Ebene, und ziehen Sie mit der Maus, um eine weitere Fläche für den Boden im Arkadenhof zu erstellen. Es sieht nun so aus, als hätten wir einen blauen Gitterwürfel in den Arkadenhof gesetzt. Die Retusche kann beginnen!

Schritt 3: Stempeln

Setzen Sie nun bei gedrückter Alt-Taste den Referenzpunkt für den Stempel. Am besten wählen Sie dafür einen sehr markanten Punkt. In diesem Fall bietet sich der Schnittpunkt zwischen einer Säule und einem Bogen an. Liegen Referenzpunkt und Zielpunkt nahe beieinander, müssen weniger perspektivische Verzerrungen vorgenommen werden. Das Ergebnis wirkt realistischer. In diesem Fall ist es ratsam, Referenz- und Zielpunkt weiter auseinander zu wählen, damit im fertigen Bild nicht ein identisches Fenster auf das andere folgt. Bewegen Sie nun die Maus über die Stellen, die übermalt werden sollen. Bringen Sie das Vorschaubild des Stempels mit den Arkadenbögen in Deckung. Sobald die fortlaufenden Linien und wiederholten Muster aufeinander passen, drücken Sie die Maustaste und lassen in einem Schwung den gesamten Anbau verschwinden. Um den Boden des Arkadenhofes zu ergänzen, wählen Sie einen neuen Referenzpunkt in der Mitte der Grundfläche. Es entsteht nun ein makellos gepflasterter Innenhof.

Tipp: So bringen Sie die Änderungen auf eine separate Ebene: Erstellen Sie eine neue leere Ebene. Achten Sie darauf, dass diese Ebene ausgewählt ist, bevor Sie in das Fluchtpunkt-Dialogfenster wechseln. Arbeiten Sie anschließend wie hier beschrieben. Zurück in Photoshop befinden sich alle Änderungen auf der neuen Ebene. Das Originalbild bleibt unverändert.

Nachher: Anbau und Personen sind entfernt!

Rückblick

Fragen

1 Was passiert mit Camera Raw-Bildern bei der Bearbeitung in Photoshop oder Adobe Bridge?

2 Welchen Vorteil hat das Adobe Digital Negative-Dateiformat?

3 Wie korrigieren Sie rote Augen in Photoshop?

4 Wie erzeugen Sie eine PDF-Diashow oder ein PDF-Dokument aus mehreren Photoshop-Dateien??

Antworten

1 Eine Camera Raw-Datei enthält rohe, unverarbeitete Bilddaten des Sensors einer Digitalkamera. So haben Fotografen die uneingeschränkte Kontrolle über die Bilddaten und müssen sich nicht mit den Einstellungen und Umwandlungen in der Kamera selbst abfinden. Wenn Sie ein Camera Raw-Bild bearbeiten, lassen Photoshop und Adobe Bridge die ursprünglichen Daten unangetastet. Auf diese Weise lässt sich ein Bild beliebig bearbeiten und exportieren und später kann das Original wieder mit ganz anderen Einstellungen genutzt werden.

2 Das Adobe Digital Negative-Dateiformat (DNG) enthält die Raw-Daten der Digitalkamera sowie Metadaten, die das Bild beschreiben. DNG ist ein neuer, herstellerübergreifender Standard für Camera Raw-Bilddaten und eignet sich deshalb hervorragend für Archivierungszwecke.

3 *Rote Augen* entstehen, wenn das Blitzlicht der Kamera von der Netzhaut der fotografierten Person reflektiert wird. Um diesen Effekt in Adobe Photoshop zu korrigieren, zoomen Sie auf die

Augen, wählen das Rote-Augen-Werkzeug und klicken in die roten Augen. Die Reflexion ist danach nicht mehr vorhanden.

4 Eine Adobe PDF-Diashow oder ein mehrseitiges PDF-Dokument lässt sich aus mehreren Photoshop-Dateien erzeugen, indem Sie in Photoshop oder in Adobe Bridge den Befehl »PDF-Präsentation« aufrufen und die gewünschten Einstellungen vornehmen. Sie bestimmen, welche Dateien aus einem Ordner enthalten sein sollen, oder Sie wählen einen Ordner und nehmen alle darin befindlichen Dateien auf. Anschließend bestimmen Sie noch die Standzeit der einzelnen Bilder und Übergangseffekte. Nachdem Sie das PDF-Dokument gespeichert haben, lässt sich die PDF-Diashow in Adobe Acrobat oder Adobe Reader auf dem Bildschirm betrachten.

Die in Photoshop CS2 verarbeitete und optimierte Camera Raw-Datei

Bilder sagen mehr als tausend Worte, doch manchmal müssen Sie trotzdem einige Wörter in Ihre Kompositionen aufnehmen. Deshalb verfügt Photoshop über mächtige Textwerkzeuge, die Ihnen große Flexibilität und viele kreative Freiheiten bieten.

9 Typodesign

Überblick

In dieser Lektion lernen Sie Folgendes:

- Mit Hilfslinien den Text in einer Komposition anordnen
- Schnittmaske aus Text erstellen
- Text mit anderen Ebenen kombinieren
- Ebenenstile zusammen mit Text verwenden
- Schriftschnitte interaktiv betrachten und dann für eine Komposition benutzen
- Schrift mit der Zeichen-Palette steuern und positionieren
- Eine Ebene um ein 3D-Objekt wickeln

Sie benötigen für diese Lektion etwa eine Stunde. Falls erforderlich, löschen Sie den auf Ihrer Festplatte vorhandenen Lektionsordner aus der vorherigen Lektion und kopieren stattdessen den Ordner *Lektion09* auf die Festplatte. Während der Arbeit in dieser Lektion überschreiben Sie die Startdateien. Wenn Sie die Startdateien wiederherstellen wollen, kopieren Sie diese von der Buch-DVD erneut auf Ihre Festplatte.

Über Schrift

Schrift in Photoshop besteht aus mathematisch definierten Formen, die Buchstaben, Zahlen und Symbole einer Schriftart beschreiben. Viele Schriftarten sind in unterschiedlichen Formaten verfügbar, wie Type 1 oder PostScript, TrueType und OpenType (mehr über OpenType finden Sie auf Seite 288).

Wenn Sie ein Bild in Photoshop mit Schrift versehen, setzen sich die Zeichen aus Pixeln zusammen und haben die gleiche Auflösung wie die Bilddatei. Sobald Sie ein Zeichen stark vergrößern, erkennen Sie die stufenförmigen Kanten. Allerdings bewahrt Photoshop die vektorbasierten Schriftkonturen (Outlines) und benutzt sie, sobald Schrift skaliert oder eine andere Schriftgröße eingestellt wird, Sie eine PDF- oder EPS-Datei speichern oder das Bild auf einem PostScript-Drucker ausgeben. Auf diese Weise erhalten Sie scharfe, auflösungsunabhängige Schriftkanten, können der Schrift Effekte und Stile zuweisen und deren Form und Größe ändern.

Vorbereitungen

Sie arbeiten in dieser Lektion an dem Layout eines Flaschenetiketts für Olivenöl. Sie beginnen mit der Illustration der Flasche (erstellt in Adobe Illustrator) und gestalten dann die Schrift in Photoshop. Sie verkrümmen den Text und passen ihn so an die dreidimensionale Form an. Sie beginnen mit einem leeren Etikett auf einer Ebene über dem Hintergrund mit der Flasche.

Beginnen Sie mit der Lektion, indem Sie sich die fertige Komposition ansehen.

1 Starten Sie Photoshop und halten Sie sofort danach Strg+Alt+Umschalt (Windows) bzw. Befehl+Wahl+Umschalt (Mac OS) gedrückt, um die standardmäßigen Voreinstellungen zu erhalten. (Siehe »Die Standardeinstellungen wiederherstellen« auf Seite 20.)

2 Klicken Sie im Meldungsfenster zur Bestätigung auf »Ja«, um die Standardeinstellungen wiederherzustellen. Klicken Sie auf »Schließen«, um das Willkommen-Fenster zu schließen.

3 Klicken Sie in der Optionsleiste auf die Schaltfläche »Gehe zu Bridge« (), um Adobe Bridge zu öffnen.

4 Klicken Sie in der Favoriten-Palette auf *Lektionen* und doppelklicken Sie dann auf die Miniatur des *Lektion09*-Ordners, um eine Vorschau des Inhaltes zu erhalten.

5 Wählen Sie die Datei *09End.psd*, damit sie links in der Vorschau-Palette erscheint. Eventuell müssen Sie die Palette für eine genügend große Ansicht vergrößern.

Die aus Ebenen zusammengesetzte Komposition zeigt die gestaltete Flasche für ein neues Olivenöl. In dieser Lektion gestalten Sie diese Komposition. Die Flaschenform übernehmen Sie von einem anderen Designer, der bereits in Adobe Illustrator für Sie vorgearbeitet hat. Sie kümmern sich in Photoshop um die Schrift, um dann dem Kunden das fertige Design zu präsentieren. Sämtliche dafür benötigten Mittel stehen Ihnen in Photoshop zur Verfügung, das heißt, Sie brauchen nicht in ein anderes Programm zu wechseln.

6 Wählen Sie die Datei *09Start.psd* und doppelklicken Sie, um sie in Photoshop zu öffnen.

Schnittmaske aus Schrift erstellen

Eine *Schnittmaske* ist ein Objekt oder eine Gruppe mit Objekten, deren Form andere Grafiken so maskieren, dass nur die Bereiche innerhalb der Form des maskierenden Objekts zu sehen sind. Tatsächlich beschneiden Sie die Grafik entsprechend der Form des Objekts (oder der Maske). Sie erstellen in Photoshop eine Schnittmaske aus Formen oder Buchstaben. In dieser Übung benutzen Sie Buchstaben als Schnittmaske, damit ein Bild in einer anderen Ebene innerhalb der Buchstaben zu sehen ist.

Hilfslinien für das Positionieren von Text

Die Datei *09Start.psd* enthält eine Hintergrund-Ebene mit der Flasche und eine Ebene mit einem leeren Etikett als Ausgangsbasis für Ihr Typodesign. Die Ebene *Etikett* ist die aktive Ebene, auf der Sie mit Ihrer Arbeit beginnen. Zuerst vergrößern Sie Ihren Arbeitsbereich und verwenden Hilfslinien zum Ausrichten der Schrift.

1 Wählen Sie das Zoom-Werkzeug (🔍) und ziehen Sie über den leeren schwarzen und weißen Teil des Etiketts. Damit haben Sie diesen Bereich vergrößert und im Bildfenster zentriert.

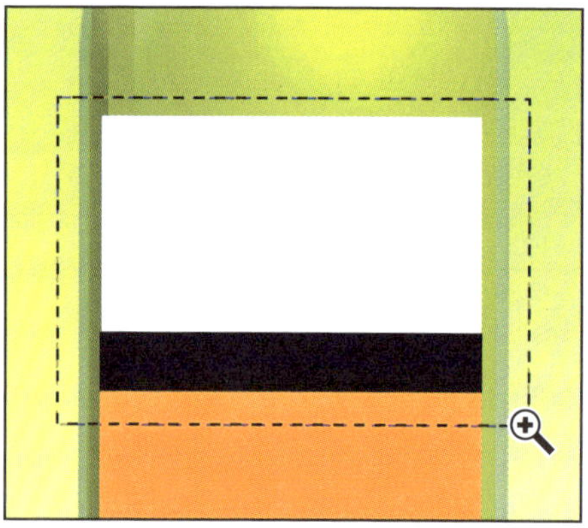

2 Wählen Sie **Ansicht: Lineale**, um links und oben im Fenster die Lineals als Voraussetzung für das Platzieren von Hilfslinien anzuzeigen. Ziehen Sie jetzt eine senkrechte Hilfslinie aus dem linken Lineal in die Mitte des Etiketts (ca. 8,8 cm) und lassen Sie die Maustaste los.

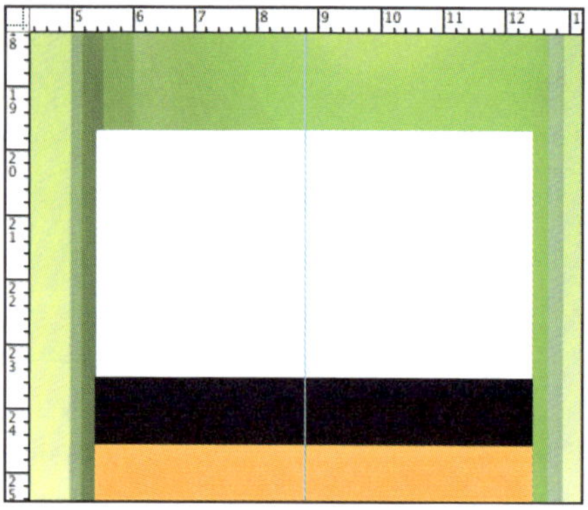

Punkttext hinzufügen

Damit haben Sie alles vorbereitet, um Text hinzuzufügen. Sie können in Photoshop horizontalen oder vertikalen Text beliebig im Bild platzieren. Das kann *Punkttext* (einzelne Buchstaben, Wörter oder Zeilen) oder *Absatztext* sein. Sie arbeiten in dieser Lektion mit beiden Varianten und beginnen jetzt mit Punktext.

1 *Etikett* ist in der Ebenen-Palette gewählt. Wählen Sie nun das horizontale Text-Werkzeug (T) und nehmen Sie in der Optionsleiste folgende Einstellungen vor:

- Wählen Sie aus dem Popup-Menü »Schriftfamilie« eine serifenlose Schrift wie die *Myriad* und aus dem Popup-Menü »Schriftschnitt« *Bold* (Fett).
- Geben Sie in das Feld »Schriftgrad einstellen« **79 Pt** ein und drücken Sie die Eingabetaste.
- Klicken Sie auf die Schaltfläche »Text zentrieren«.

2 Klicken Sie im weißen Bereich des Etiketts auf die Hilfslinie für eine Einfügemarke und geben Sie **OLIO** (Großbuchstaben) ein. Klicken Sie dann in der Optionsleiste auf die Schaltfläche »Aktuelle Bearbeitungen bestätigen« (✓).

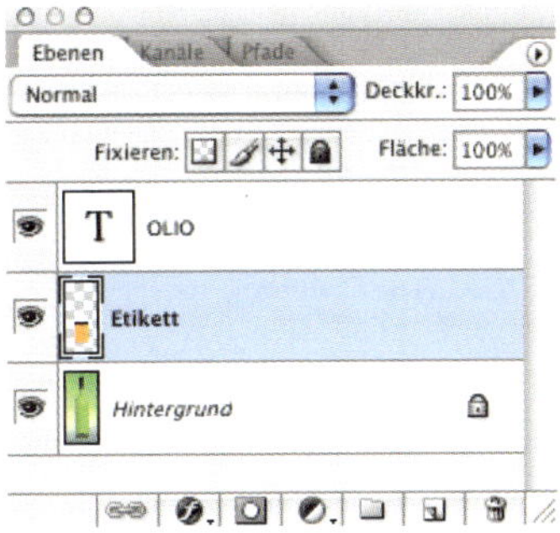

Auf dem Etikett befindet sich nun das Wort *OLIO*, das in der Ebenen-Palette als neue Text-Ebene *OLIO* erscheint. Text-Ebenen lassen sich wie andere Ebenen bearbeiten und verwalten. Sie können Text hinzufügen oder ändern, die Schrift neu ausrichten oder glätten sowie Ebenenstile, Transformationen und Masken erzeugen. Eine Text-Ebene lässt sich natürlich auch verschieben, also im Stapel neu anordnen.

3 Ziehen Sie mit gedrückter Strg- (Windows) bzw. Befehlstaste (Mac OS) den Text *OLIO*, um ihn mit dem Verschieben-Werkzeug senkrecht im weißen Feld zu zentrieren.

Beschneidungspfad und Schlagschatten erzeugen

Photoshop hat die Buchstaben in der standardmäßigen Textfarbe Schwarz angelegt. Die Buchstaben sollen jedoch mit einem Olivenbild gefüllt werden. Deshalb erzeugen Sie mit den Buchstaben einen Beschneidungspfad, damit eine andere Bildebene durchscheinen kann.

1 Klicken Sie auf die Schaltfläche »Gehe zu Bridge« ( ) oder wählen Sie **Datei: Öffnen**, um die Datei *Oliven.psd* im Ordner *Lektion09* in Photoshop zu öffnen. Ordnen Sie in Photoshop die Bildfenster so an, dass Sie beide gleichzeitig sehen. Achten Sie darauf, das *Oliven.psd* das aktive Bildfenster ist.

2 Ziehen Sie mit gedrückter Umschalttaste in der Ebenen-Palette für das Bild *Oliven.psd* die Hintergrund-Ebene in die Mitte der Datei *09Start.psd.* Lassen Sie die Maustaste wieder los. Durch Ziehen mit gedrückter Umschalttaste wird das Bild *Oliven.psd* in der Komposition zentriert.

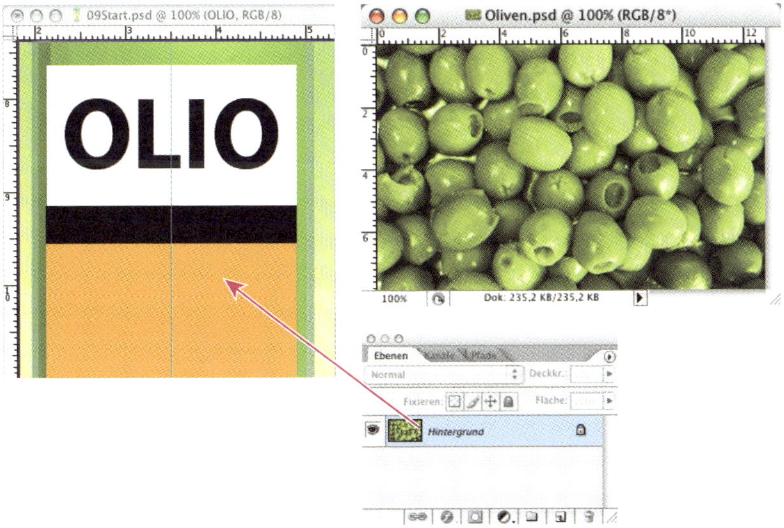

Die neue Ebene *Ebene 1* erscheint in der Ebenen-Palette von *09Start.psd*. Diese neue Ebene enthält das Olivenbild, das durch die Schrift durchscheinen soll. Doch bevor Sie den dazu benötigten Beschneidungspfad erzeugen, müssen Sie das Bild verkleinern – es ist noch zu groß für die Komposition.

3 *Ebene 1* ist gewählt. Wählen Sie **Bearbeiten: Transformieren: Skalieren**.

4 Ziehen Sie mit gedrückter Umschalttaste einen Eckanfasser des Begrenzungsrahmens, um das Olivenbild zu verkleinern. Eventuell müssen Sie den Zeiger in den Rahmen bewegen und mit gedrückter Maustaste ziehen, um die Oliven im Etikett zu zentrieren. Das Olivenbild soll ungefähr so breit wie das weiße Etikett sein.

5 Drücken Sie die Eingabetaste, um die Transformation zuzuweisen.

6 Doppelklicken Sie auf den Namen von *Ebene 1* (ganz oben im Ebenenstapel) und ändern Sie ihn in **Oliven**. Drücken Sie anschließend die Eingabetaste oder klicken Sie außerhalb des Namens in der Ebenen-Palette, um die Änderung zuzuweisen.

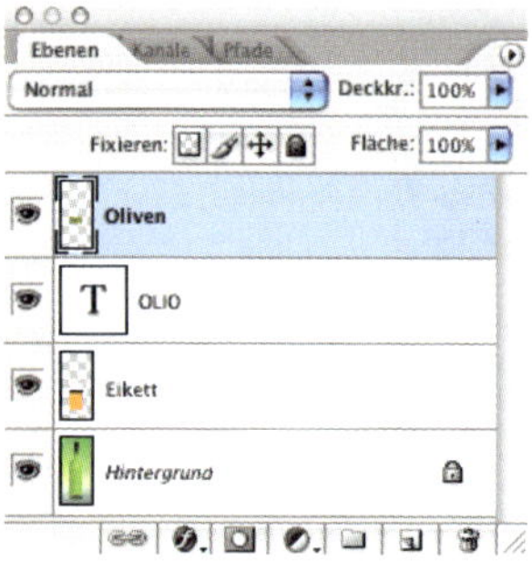

7 Die *Oliven*-Ebene ist noch gewählt. Wählen Sie aus dem Menü der Ebenen-Palette die Option »Schnittmaske erstellen«.

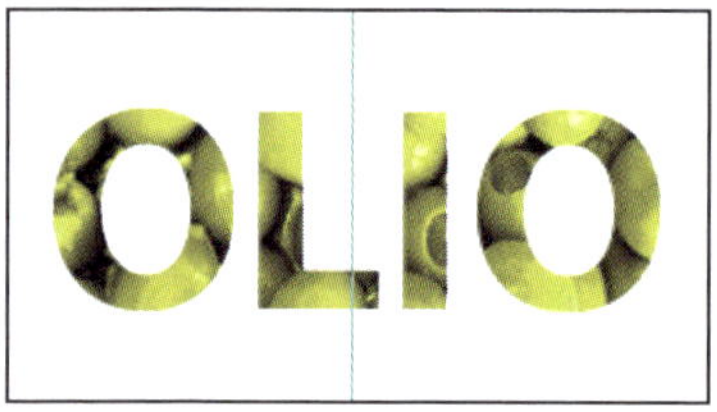

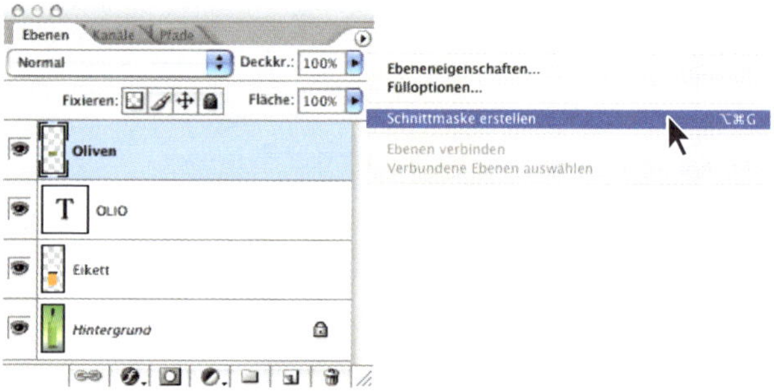

Eine Schnittmaske lässt sich auch erstellen, indem Sie mit gedrückter Alt- (Windows) bzw. Wahltaste (Mac OS) zwischen die Oliven-*Ebene und die Text-Ebene* OLIO *klicken.*

Die Oliven scheinen jetzt durch die Buchstaben *OLIO* hindurch. Ein kleiner Pfeil in der Oliven-Ebene weist auf eine vorhandene Schnittmaske hin. Um den Buchstaben mehr Tiefe zu geben, fügen Sie jetzt einen Schlagschatten hinzu.

8 Wählen Sie die Text-Ebene *OLIO* und klicken Sie unten in der Ebenen-Palette auf die Schaltfläche »Ebenenstil hinzufügen« ( ). Wählen Sie aus dem Popup-Menü die Option »Schlagschatten«.

9 Ändern Sie im Dialogfeld »Ebenenstil« die Deckkraft in **35%** und übernehmen Sie alle anderen Einstellungen. Klicken Sie auf OK.

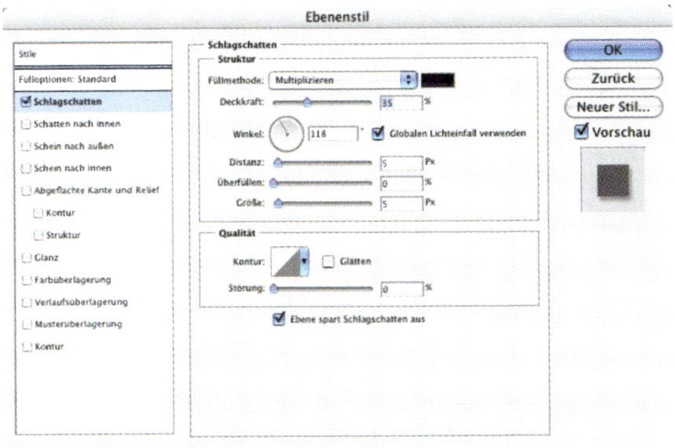

10 Wählen Sie **Datei: Speichern** und schließen Sie die Datei *Oliven.psd*.

Gestaltungselement aus Schrift erzeugen

Sie fügen jetzt oben im Etikett senkrechte Linien mit Hilfe eines Typo-Tricks hinzu. Die senkrechten Linien müssen perfekt ausgerichtet sein und deshalb verwenden Sie das großgeschriebene I einer serifenlosen Schrift. Das Zeichnen, Kopieren und Verschieben einzelner Linien wäre viel zu umständlich. Die Größe der »Zeichen«-Linien bestimmen Sie in der Zeichen-Palette.

1 Die Ebenen in der Ebenen-Palette sind abgewählt (**Auswahl: Ebenenauswahl aufheben**). Wählen Sie das horizontale Text-Werkzeug (T). Führen Sie in der Optionsleiste Folgendes aus:

- Wählen Sie eine serifenlose und schmale Schrift wie die Myriad Condensed.
- Wählen Sie die Größe **36 Pt** und drücken Sie die Eingabetaste.
- Übernehmen Sie für die Glättung die Option »Scharf«.
- Wählen Sie »Text links ausrichten«.
- Klicken Sie auf das Farbfeld »Textfarbe einstellen« für den Farbwähler und setzen Sie die Maus auf die Oliven in den Buchstaben OLIO. Wählen Sie aus dem Foto ein dunkles Grün und klicken Sie auf OK.

2 Klicken Sie in der oberen linken Ecke des weißen Feldes und geben Sie dann mit gedrückter Umschalttaste zwölfmal den Großbuchstaben **I** ein.

Damit verfügen Sie über eine neue Text-Ebene in der Ebenen-Palette.

3 Wählen Sie das Verschieben-Werkzeug (▸✥) und ziehen Sie die Buchstaben im Feld so, dass deren oberes Ende die obere Kante des weißen Feldes berührt.

Hinweis: *Wenn Sie Text in einem Photoshop-Bildfenster eingeben, versetzen Sie das Text-Werkzeug in der* Bearbeiten-Modus. *Bevor Sie eine andere Aktion ausführen oder andere Werkzeuge benutzen können, müssen Sie die Bearbeitung in der Text-Ebene bestätigen – so wie mit dem OLIO-Text und der Schaltfläche »Aktuelle Bearbeitungen bestätigen«. Die Wahl eines anderen Werkzeugs oder einer anderen Ebene hat den gleichen Effekt wie das Klicken auf die Schaltfläche »Aktuelle Bearbeitungen bestätigen« in der Optionsleiste. Aktuelle Bearbeitungen lassen sich nicht durch Drücken der Eingabetaste bestätigen, weil so nur eine neue Textzeile erzeugt wird.*

Ändern Sie nun die Laufweite für einen größeren Abstand zwischen den »Linien«.

4 Öffnen Sie die Zeichen-Palette, indem Sie **Fenster: Zeichen** wählen.

5 Geben Sie in das Feld »Laufweite für die ausgewählten Zeichen eingeben« den Wert **40** ein oder scrubben Sie entsprechend die Feldbezeichnung.

Julieanne Kost, Adobe Photoshop-Expertin

TIPPS VON DER PHOTOSHOP-EXPERTIN

Tricks für das Text-Werkzeug

- Klicken Sie mit dem Text-Werkzeug (T) und gedrückter Umschalttaste für eine neue Text-Ebene, wenn Sie zu dicht an einem anderen Textblock sind und Photoshop diesen automatisch wählen will.
- Doppelklicken Sie in der Ebenen-Palette auf die Miniatur einer Text-Ebene, um den kompletten Text in dieser Ebene zu wählen.
- Klicken Sie bei gewähltem Text mit der rechten Maustaste (Windows) bzw. gedrückter Control-Taste (Mac OS) auf den Text für das Kontextmenü. Wählen Sie die Option »Rechtschreibung prüfen«.

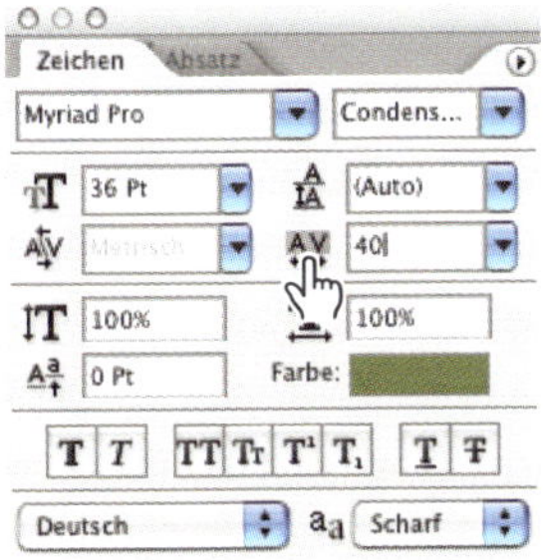

Jetzt verschieben Sie die Buchstaben *OLIO* und vergrößern den Abstand zu den senkrechten Linien. Dazu müssen Sie die Text-Ebene *OLIO* und die *Oliven*-Ebene (mit der Schnittmaske) verbinden, um sie als Einheit zu verschieben.

6 Klicken Sie, um die *Oliven*-Ebene zu wählen, drücken Sie dann die Umschalttaste und wählen Sie die Text-Ebene *OLIO*. Wählen Sie dann aus dem Menü der Ebenen-Palette die Option »Ebenen verbinden«. Neben beiden Ebenennamen befindet sich jetzt das Verbindungssymbol.

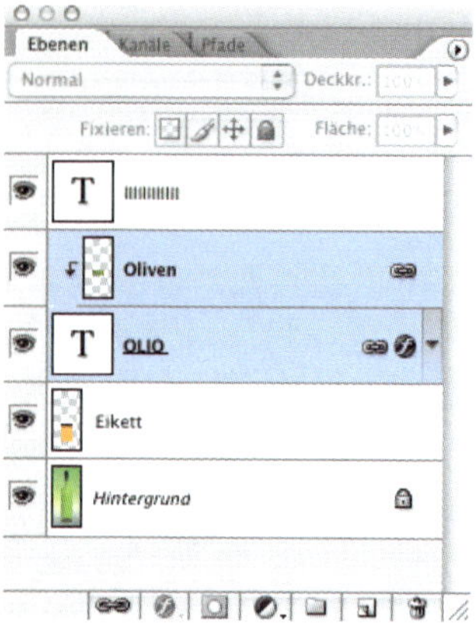

7 Wählen Sie das Verschieben-Werkzeug (▸✥) und positionieren Sie den Text entsprechend der folgenden Abbildung.

8 Wählen Sie **Datei: Speichern**.

Interaktiv formatieren

Die Zeichen-Palette in Photoshop enthält viele Optionen für eine optimale Typografie, doch nicht alle Wahl- und Steuerungsmöglichkeiten sind offensichtlich – wie der Trick mit dem Scrubben für die Laufweite. Sie wählen in dieser Übung eine Schrift über die Vorschau in der Zeichen-Palette.

1 Alle Ebenen in der Ebenen-Palette sind abgewählt (**Auswahl: Ebenenauswahl aufheben**). Wählen Sie jetzt das horizontale Text-Werkzeug (T). Klicken Sie in der Optionsleiste auf die Schaltfläche »Text zentrieren« und dann im Farbfeld auf ein leuchtendes Rot. Klicken Sie auf OK, um den Farbwähler zu schließen. Machen Sie sich im Augenblick noch keine Gedanken über die Schriftart oder die Schriftgröße.

2 Klicken Sie mit dem Cursor auf die Hilfslinie im schwarzen Streifen des Etiketts. Achten Sie darauf, dass Sie nicht versehentlich den OLIO-Text bearbeiten und dass beim Klicken der Cursor mit einer dünnen gepunkteten Linie ( ) umgeben ist. Die Linie zeigt an, dass Sie beim Tippen eine neue Text-Ebene anlegen.

3 Geben Sie **EXTRA VIRGIN** in Großbuchstaben ein.

Photoshop schreibt den Text in der Schriftart und Schriftgröße, die zuvor angegeben war. Doch was ist, wenn Sie mit einer anderen Schriftart arbeiten möchten? Oder wie verhalten Sie sich, wenn Sie sich nicht sicher sind, welcher Schriftschnitt oder welche Schriftgröße passen?

4 Markieren Sie im Bildfenster den Text *EXTRA VIRGIN* (der Text ist hervorgehoben) und klicken Sie dann in der Zeichen-Palette auf den Schriftnamen im Popup-Menü »Schriftfamilie einstellen«. Der Name wird hervorgehoben.

5 Drücken Sie die Pfeil-nach-oben- oder Pfeil-nach-unten-Taste, um die verfügbaren Schriften anzuzeigen, und beobachten Sie, wie Photoshop interaktiv im Bildfenster die jeweilige Schrift mit den hervorgehobenen Buchstaben *EXTRA VIRGIN* anzeigt.

6 Wählen Sie jetzt eine serifenlose Schriftart wie für die Buchstaben *OLIO* – in unserem Beispiel die Myriad – und springen Sie durch Drücken der Tabulatortaste in das Feld »Schriftschnitt einstellen«.

7 Gehen Sie wieder mit der Pfeil-nach-oben- oder Pfeil-nach-unten-Taste durch die vorhandenen Schriftschnitte (sofern verfügbar) und wählen Sie dann einen aus (wir haben *Bold* benutzt). Beobachten Sie wieder die interaktive Vorschau im Bildfenster.

8 Gehen Sie in das Feld »Schriftgrad einstellen« und wählen Sie erneut mit den Pfeiltasten den Schriftgrad **11** Punkt.

Drücken Sie die Umschalttaste zusammen mit der Pfeil-nach-oben- bzw. Pfeil-nach-unten-Taste, um die Schriftgröße in Schritten von 10 Punkt zu vergrößern bzw. zu verkleinern.

9 Gehen Sie in das Feld »Laufweite für ausgewählte Zeichen einstellen« und stellen Sie den Wert **280** mit der Pfeil-nach-oben-Taste ein (oder scrubben Sie).

10 Wählen Sie das Verschieben-Werkzeug (▸✥) und ziehen Sie den Text *EXTRA VIRGIN* so, dass er im schwarzen Balken des Etiketts zentriert ist.

11 Wählen Sie **Datei: Speichern**.

Punkttext verkrümmen

Sie fügen jetzt die Wörter *Olive Oil* dem Etikett hinzu und verkrümmen sie dann. *Verkrümmen* ermöglicht, Schriften in den unterschiedlichsten Formen zu verzerren – beispielsweise bogen- oder wellenförmig. Der gewählte Verkrümmungsstil ist ein Attribut der Text-Ebene und lässt sich jederzeit in einen anderen Stil verändern. Außerdem können Sie mit den Verkrümmungsoptionen die Ausrichtung und die Perspektive des Verkrümmungseffektes steuern.

1 Scrollen Sie oder benutzen Sie das Hand-Werkzeug (✋), um das Bildfenster so einzustellen, dass sich der orangefarbige Teil des Etiketts unter der schwarzen Leiste in der Mitte des Fensters befindet. Falls erforderlich, vergrößern Sie das Bildfenster, indem Sie die untere rechte Ecke ziehen.

2 Wählen Sie alle Ebenen in der Ebenen-Palette ab. Wählen Sie dann das horizontale Text-Werkzeug (T) und in der Zeichen-Palette eine klassische Serifenschrift wie

die Adobe Garamond Regular. Stellen Sie die Schriftgröße auf **40** Punkt ein, wählen Sie die Farbe Weiß und die Laufweite **0**.

3 Klicken Sie und ziehen Sie ein Textfeld im oberen Bereich des orangefarbigen Felds auf und geben Sie **Olive Oil** ein. Klicken Sie dann in der Optionsleiste auf die Schaltfläche »Aktuelle Bearbeitungen bestätigen« (✓).

Der Text steht auf dem Etikett und in der Ebenen-Palette erscheint die neue Ebene *Olive Oil*.

4 Klicken Sie in der Ebenen-Palette mit der rechten Maustaste (Windows) oder mit gedrückter Control-Taste (Mac OS) auf die *Olive Oil*-Ebene und wählen Sie aus dem Kontextmenü die Option »Text verkrümmen«.

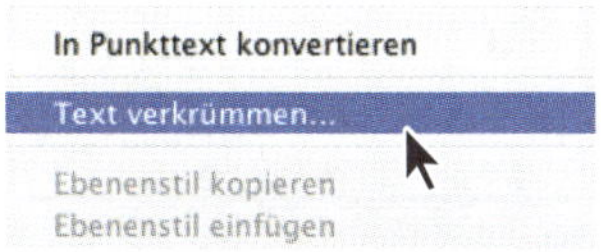

5 Wählen Sie im Dialogfeld »Text verkrümmen« aus dem Popup-Menü »Stil« die Option »Welle«. Aktivieren Sie die Option »Horizontal«. Stellen Sie die Biegung auf **+77%**, die horizontale Verzerrung auf **–7%** und die vertikale Verzerrung auf **–24%** ein. Klicken Sie dann auf OK.

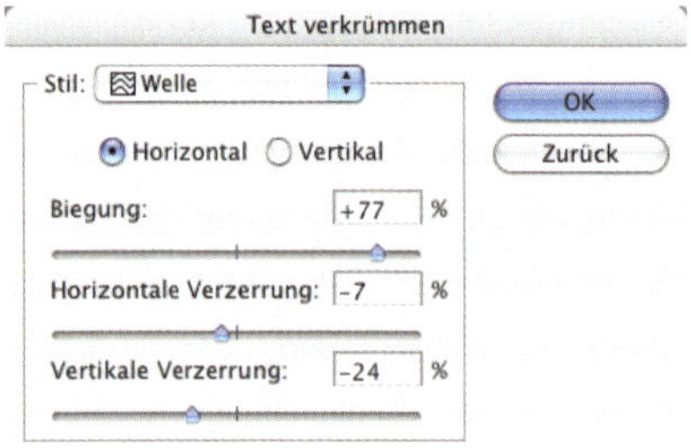

Die Wörter *Olive Oil* erscheinen wie eine Welle auf dem Etikett.

Einen Textabsatz gestalten

Der bis jetzt auf dem Etikett vorhandene Text setzt sich aus wenigen einzelnen Wörtern oder Linien zusammen – also aus Punkttext. Viele Designs verlangen häufig aber auch nach ganzen Textabsätzen. Derartiger Absatztext lässt sich auch in Photoshop gestalten, das heißt, Sie benötigen kein spezielles Seitenlayoutprogramm für anspruchsvollen Absatztext.

Hilfslinien einrichten

Sie fügen jetzt in Photoshop dem Etikett einen beschreibenden Textabsatz hinzu. Dazu legen Sie erst einmal einige Hilfslinien für die genaue Positionierung des Absatzes an.

1 Ziehen Sie zwei Hilfslinien aus dem linken senkrechten Lineal an die Positionen 6,0 cm und 11,5 cm.

2 Ziehen Sie zwei Hilfslinien aus dem oberen horizontalen Lineal an die Positionen 27 cm und 32,5 cm.

Absatztext aus einer Anmerkung hinzufügen

Jetzt können Sie Text hinzufügen. In einer realen Gestaltungsumgebung würde Ihnen der Text als Textverarbeitungsdokument oder per E-Mail zur Verfügung gestellt werden, aus denen Sie dann den Text kopieren und in Photoshop einfügen. Oder Sie müssen den Text eintippen. Oder der Texter könnte (wie in unserem Beispiel) den gewünschten Text als Anmerkung in die Bilddatei einfügen.

1 Doppelklicken Sie auf das gelbe Anmerkungssymbol unten rechts im Bildfenster, um die Anmerkung zu öffnen.

Hinweis: *Eventuell müssen Sie die Ansicht ändern oder scrollen, um die geöffnete Anmerkung auf dem Bildschirm zu sehen.*

2 Ziehen Sie mit dem Cursor, um den kompletten Text in der Anmerkung zu markieren. Drücken Sie dann Strg+C (Windows) bzw. Befehl+C (Mac OS), um den Text in die Zwischenablage zu kopieren. Klicken Sie auf die Schließen-Schaltfläche, um das Anmerkungsfenster zu schließen.

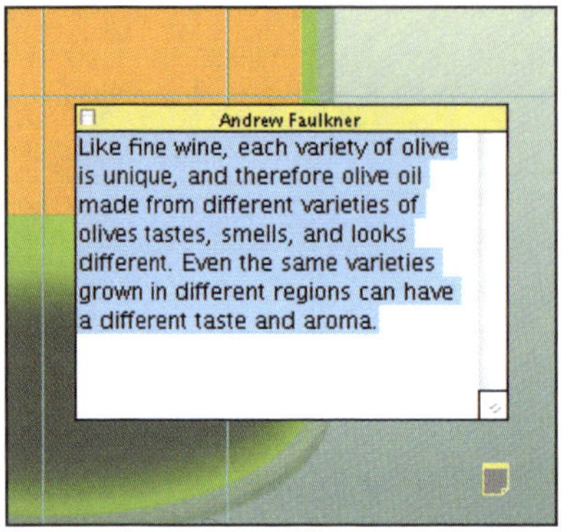

Geben Sie vor dem Einfügen des Textes Ihre Optionen für die Typografie ein.

3 Alle Ebenen in der Ebenen-Palette sind abgewählt. Wählen Sie das horizontale Text-Werkzeug (T) und in der Zeichen-Palette eine serifenlose Schrift wie die Myriad Regular. Stellen Sie die Schriftgröße auf **10** Punkt, den Zeilenabstand auf **24** Punkt und die Laufweite auf **5** ein. Wählen Sie die Sprache »Englisch USA« und die Farbe Schwarz.

4 Klicken Sie auf das Absatz-Register, um die entsprechende Palette nach vorne zu bringen. Klicken Sie auf die Schaltfläche »Text im Blocksatz ausrichten« (▤).

5 Ziehen Sie mit dem Text-Werkzeug für ein Textfeld, das mit den bereits angelegten Hilfslinien übereinstimmt. Drücken Sie Strg+V (Windows) bzw. Befehl+V (Mac OS), um den Text aus der Zwischenablage in das Textfeld einzufügen.

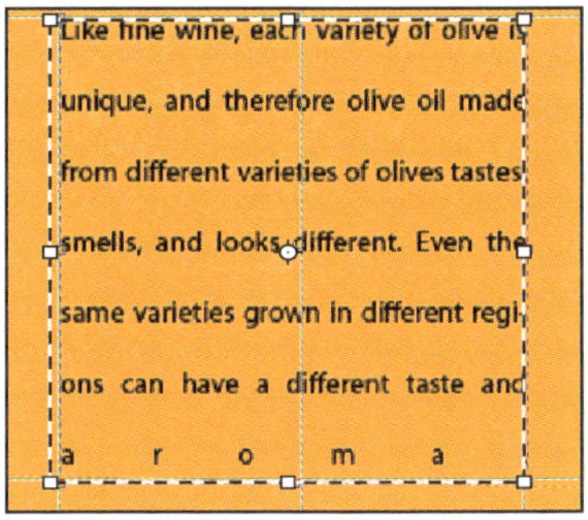

Der Text erscheint im Bildfenster mit den festgelegten Stilen. In unserem Beispiel hat die letzte Zeile einige Lücken, was Sie jetzt ändern.

Wenn Sie die Größe des Begrenzungsrahmens ändern, wird die Schrift entsprechend neu angepasst.

6 Ziehen Sie mit dem horizontalen Text-Werkzeug (T), um den Text in der letzten Zeile des Absatzes zu wählen. Stellen Sie in der Zeichen-Palette die Laufweite auf den Wert 60 ein.

7 Eventuell müssen Sie die Anfasser des Textrahmens ziehen, um den Absatzbreite etwas zu verringern, damit das Schriftbild ausgeglichen wird. Zentrieren Sie dann den Textrahmen mit dem Verschieben-Werkzeug horizontal auf dem Etikett.

8 Klicken Sie in der Optionsleiste auf die Schaltfläche »Aktuelle Bearbeitungen bestätigen« (✓). Der Absatztext wird jetzt als Ebene mit dem Namen *Like fine wine . . .* angezeigt.

9 Wählen Sie **Datei: Speichern**.

Weitere Zeilen hinzufügen

Sie fügen jetzt dem Etikett noch zwei weitere Textzeilen hinzu.

1 Die Ebene *Like fine wine . . .* ist gewählt. Klicken Sie im Textabsatz und ziehen Sie dann den Anfasser in der Mitte der unteren Kante des Textfeldes nach unten bis zum Ende des Etikettes.

2 Setzen Sie den Cursor an das Ende des Textabsatzes und drücken Sie die Eingabetaste.

OpenType in Photoshop: Typografie vom Feinsten

Der Schriftstandard OpenType wurde gemeinsam von Adobe und Microsoft entwickelt. Bei OpenType-Schriften ist die Schriftdatei für Windows- und Macintosh-Computer identisch, so dass Dateien ohne Schriftersetzung und andere Textumbruchprobleme zwischen den Plattformen ausgetauscht werden können. OpenType-Schriften können erweiterte Zeichensätze und Layout-Funktionen enthalten, die eine bessere Unterstützung für verschiedene Sprachen und eine ausgefeiltere typografische Kontrolle bieten. Photoshop CS2 unterstützt OpenType – hier einige Highlights:

Das OpenType-Menü *Das entsprechende Menü in der Zeichen-Palette enthält ein Untermenü mit allen Möglichkeiten für eine gewählte OpenType-Schrift, beispielsweise Ligaturen, Alternativen und Bruchziffern. Abgeblendete Optionen sind für die gewählte Schrift nicht verfügbar und markierte wurden zugewiesen.*

Ligaturen nach eigenem Ermessen *Um zwei OpenType-Buchstaben als Ligatur zu bestimmen, wie ein »th« in der Schrift* Bickham Script Standard, *wählen Sie die Buchstaben im Bildfenster und dann aus dem Menü der Zeichen-Palette die Option »OpenType: Ligaturen nach eigenem Ermessen«.*

Wenn Sie eine Vorschau Ihrer OpenType-Einstellungen vor deren Anwendung haben möchten, arbeiten Sie mit der Glyphen-Palette in Adobe Illustrator CS oder CS2: Kopieren Sie den Text in Photoshop und fügen Sie ihn in ein Illustrator-Dokument ein. Öffnen Sie dann mit »Fenster: Schrift: Glyphen« die Glyphen-Palette. Wählen Sie den zu ändernden Text und »Anzeigen: Alternativen für aktuelle Auswahl«. Doppelklicken Sie auf eine Glyphe, um sie zuzuweisen. Kopieren Sie anschließend die neue Schrift in Ihre Photoshop-Datei.

Stilistische Alternativen *Um alternative Zeichen zu erzeugen, wählen Sie den gewünschten Buchstaben (z.B. das »T« in der Bickham Script) und dann »OpenType: Stilistische Alternativen«.*

Bruchziffern *Geben Sie einen Bruch ein (z.B. 1/2), wählen Sie die Zeichen und dann aus dem Menü der Zeichenpalette die Option »OpenType: Bruchziffern«.*

3 Geben Sie **16 FL Ounces** ein.

4 Ziehen Sie, um *16 FL Ounces* zu markieren, und stellen Sie in der Zeichen-Palette die Schriftgröße auf **13** Punkt, die Farbe Weiß und die Grundlinienverschiebung auf **–15** ein.

5 Klicken Sie in der Absatz-Palette auf die Schaltfläche »Text zentrieren« (≣) und anschließend in der Optionsleiste auf die Schaltfläche »Aktuelle Bearbeitungen bestätigen« (✓).

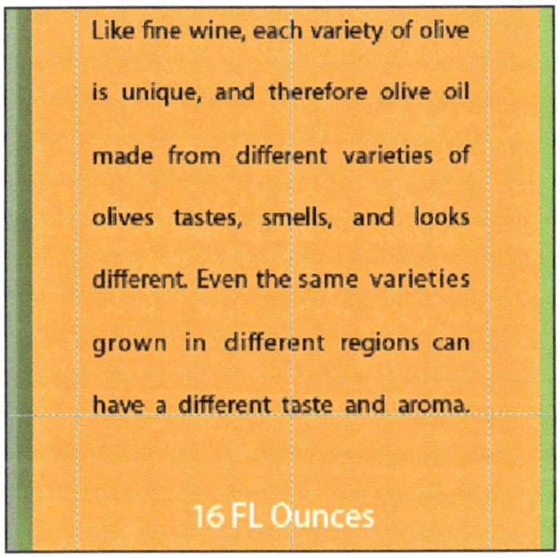

Vertikalen Text hinzufügen

Die letzte Zeile ist senkrecht angeordnet.

1 Alle Ebenen in der Ebenen-Palette sind abgewählt. Klicken Sie in der Werkzeugpalette auf das horizontale Text-Werkzeug und halten Sie die Maustaste gedrückt, um das verborgene vertikale Text-Werkzeug (↓T) zu wählen.

2 Ziehen Sie im orangefarbigen Bereich des Etiketts rechts neben dem beschreibenden Text ein langes schmales Textfeld auf. Beginnen Sie an der oberen oder unteren rechten Ecke, um nicht versehentlich den Absatztext zu wählen.

3 Geben Sie in Großbuchstaben den Text **PRODUCT OF ITALY** ein.

4 Markieren Sie die Buchstaben und und wählen Sie in der Zeichen-Palette eine Serifenschrift wie die Adobe Garamond mit **8** Punkt, der Laufweite **300** und in der Farbe Rot.

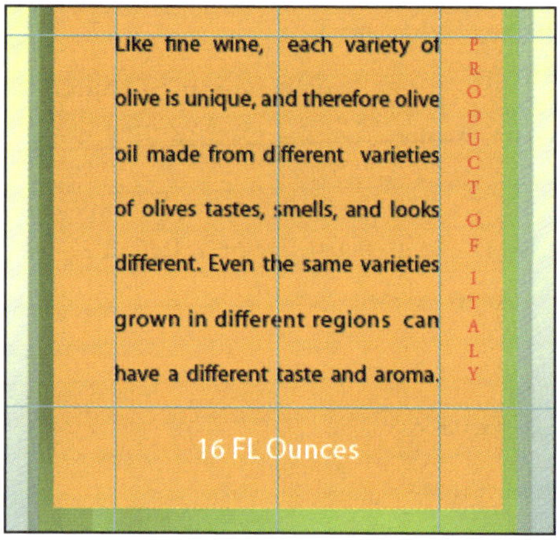

5 Klicken Sie in der Optionsleiste auf die Schaltfläche »Aktuelle Bearbeitungen bestätigen« (✔). Der vertikale Text erscheint jetzt in der Text-Ebene *PRODUCT OF ITALY*. Eventuell müssen Sie mit dem Verschieben-Werkzeug (▸✥) den Text noch zentrieren.

Jetzt räumen Sie ein wenig auf.

6 Klicken Sie, um die Anmerkung zu wählen, und klicken Sie dann mit der rechten Maustaste (Windows) bzw. mit gedrückter Control-Taste (Mac OS) und wählen Sie aus dem Kontextmenü die Option »Anmerkung löschen«.

7 Blenden Sie die Hilfslinien aus, indem Sie das Hand-Werkzeug (✋) wählen und dann Strg+Komma (Windows) bzw. Befehl+Komma (Mac OS) drücken. Verkleinern Sie die Ansicht, um die Arbeit komplett sehen zu können.

8 Wählen Sie **Datei: Speichern**.

Ebene verkrümmen

Das Etikett enthält jetzt den kompletten Text, doch es gibt noch ein Problem: Die Flasche ist dreidimensional angelegt, während das Etikett flach ist. Deshalb verkrümmen Sie im letzten Schritt das Etikett nebst Inhalt und passen es an die Flaschenform an.

Sie haben in dieser Lektion bereits die Wörter *Olive Oil* verkrümmt, d.h. die Buchstaben wellenförmig angelegt. Jetzt verkrümmen Sie jedoch eine komplette Ebene und nicht nur einzelne Buchstaben. Dazu gruppieren Sie das Etikett und die Text-Ebenen, um sie anschließend mit dem Feature *Smart Objekte* in eine neue gruppierte Ebene zu transformieren. Smart Objekte ermöglichen Ihnen, nach der Transformation sowohl den Inhalt der Ebene (den Text) als auch die Verkrümmung weiterhin zu bearbeiten.

Ebenen als Smart Objekt gruppieren

Das Smart Objekt wird in zwei Schritten erzeugt. Zuerst müssen Sie die Text-Ebene *OLIO* mit der dazugehörigen Schnittmaske reduzieren. Anschließend gruppieren Sie alle Ebenen des Etiketts in dem Smart Objekt.

1 Wählen Sie in der Ebenen-Palette die *OLIO*-Ebene, drücken Sie dann die Umschalttaste und wählen Sie die *Oliven*-Ebene. Wählen Sie jetzt aus dem Menü der Ebenen-Palette die Option »Auf eine Ebene reduzieren«. Photoshop kombiniert die Ebenen in der *Oliven*-Ebene.

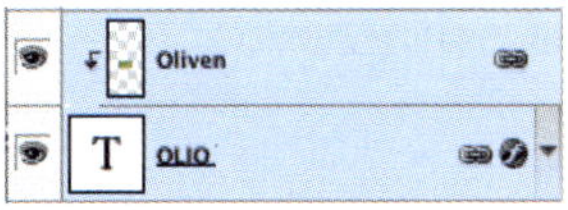

2 Wählen Sie in der Ebenen-Palette die Ebene *Etikett*, drücken Sie die Umschalttaste und klicken Sie auf die oberste Ebene *PRODUCT OF ITALY*. Photoshop wählt die beiden und alle dazwischen befindlichen Ebenen. Wählen Sie jetzt aus dem Menü der Ebenen-Palette die Option »In neuem Smart Objekt gruppieren«.

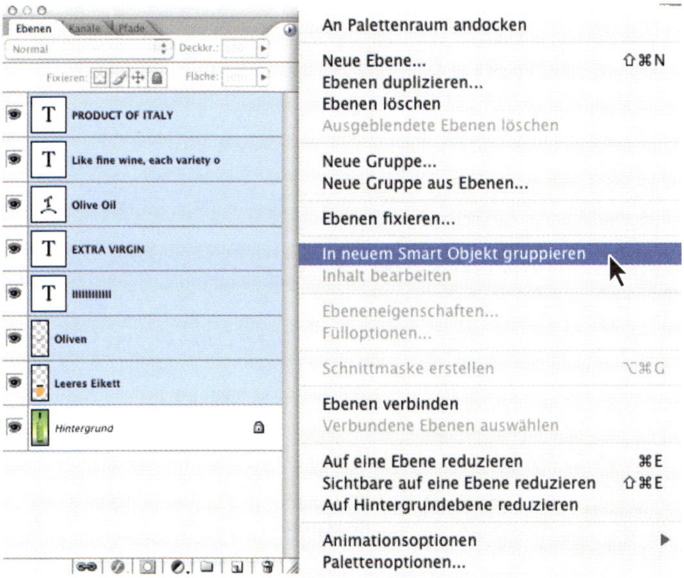

Photoshop gruppiert alle gewählten Ebenen in einer einzigen Smart Objekt-Ebene. Diese neue Ebene hat den Namen der obersten Ebene des bisherigen Stapels (*PRODUCT OF ITALY*).

Verkrümmen mit Smart Objekten

Sie verkrümmen nun die Ebene mit dem Smart Objekt, um sie an die Kontur der Flasche anzupassen. Dazu sollten Sie die Hilfslinien wieder einblenden.

1 Wählen Sie **Ansicht: Einblenden: Hilfslinien**. Vergrößern Sie mit dem Zoom-Werkzeug das Etikett.

2 Die Ebene *PRODUCT OF ITALY* ist gewählt: Wählen Sie **Bearbeiten: Transformieren: Verkrümmen**.

Photoshop legt über die Ebene im Bildfenster ein 3 x 3-Raster mit Anfassern und Linien, die Sie für die gewünschte Verkrümmung entsprechend ziehen können.

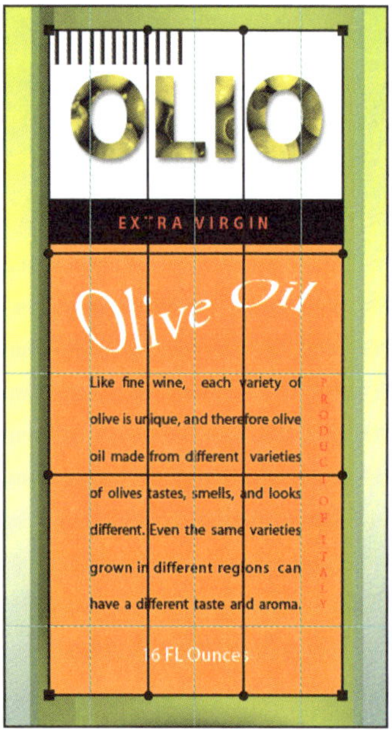

Ziehen Sie jetzt vier horizontale Hilfslinien als Hilfe für das Verkrümmen. Platzieren Sie eine Hilfslinie oben und eine unten im Etikett. Richten Sie zwei weitere Hilfslinien ca. 5 mm unterhalb der beiden ersten ein.

3 Klicken Sie nacheinander in der Mitte der horizontalen Rasterlinien und ziehen Sie die jeweilige Linie etwa 6 mm nach unten, um das Etikett zu verbiegen bzw. zu verkrümmen.

4 Drücken Sie anschließend die Eingabetaste, um die Verkrümmung zuzuweisen.

5 Blenden Sie die sichtbaren Hilflinien aus, indem Sie das Hand-Werkzeug (✋) wählen und dann Strg+Komma (Windows) bzw. Befehl+Komma (Mac OS) drücken. Doppelklicken Sie nun mit dem Hand-Werkzeug, um die Flasche mit dem Etikett komplett anzuzeigen.

Glückwunsch! Sie haben die Flasche für das Olio-Olivenöl erfolgreich gestaltet. Normalerweise würden Sie jetzt alle Ebenen auf eine Ebene reduzieren und die Bilddatei für den Druck speichern.

6 Wählen Sie **Ebene: Auf eine Ebene reduzieren**.

7 Wählen Sie **Datei: Speichern** und schließen Sie anschließend das Bildfenster.

EXTRA: Nutzen Sie jetzt Ihr Smart Objekt voll aus, indem Sie den Inhalt des Etiketts bearbeiten und Photoshop die Komposition mit der Flasche automatisch aktualisieren lassen.

1 Klicken Sie in der Ebenen-Palette auf die Smart Objekt-Miniatur *PRODUCT OF ITALY*. (Falls ein Warnhinweis erscheint, klicken Sie einfach auf OK.) Photoshop öffnet das Smart Objekt in einem eigenen Fenster.

2 Wählen Sie das horizontale Text-Werkzeug (T) und ändern Sie im Smart Objekt-Bildfenster den Text *16 FL Ounces* in **32 fl. ounces**. Klicken Sie anschließend auf die Schaltfläche »Aktuelle Bearbeitungen bestätigen« (✓).

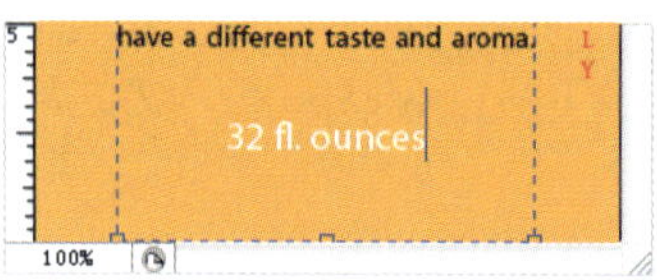

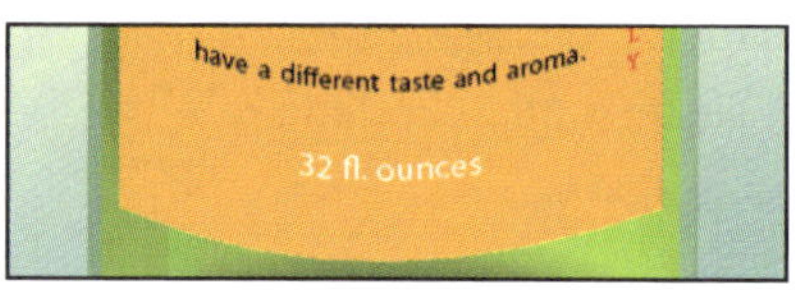

3 Klicken Sie auf die rote Schließen-Schaltfläche und klicken Sie auf »Ja«, um die Änderungen zu speichern.

Photoshop kehrt zur Bilddatei *09Start.psd* zurück und wendet die Smart Objekt-Aktualisierung auf das Etikett an. Sie können diesen Vorgang beliebig wiederholen und weitere Änderungen vornehmen, ohne dass die Qualität des Bildes oder der Transformation darunter leidet. Um den Verkrümmungseffekt erneut zu bearbeiten, wählen Sie einfach in der Bilddatei *09Start.psd* den Befehl **Bearbeiten: Transformieren: Verkrümmen**.

Rückblick

Fragen

1 Wie geht Photoshop mit Text um?

2 Wie unterscheidet sich eine Text-Ebene von anderen Photoshop-Ebenen?

3 Was ist eine Schnittmaske und wie erzeugen Sie eine aus Text?

4 Beschreiben Sie zwei kaum bekannte Wege für das Formatieren von Text.

Antworten

1 Text in Photoshop besteht aus mathematisch definierten Formen für Buchstaben, Zahlen und Symbole einer Schriftart. Wenn Sie ein Bild in Photoshop mit Text versehen, bestehen die Zeichen aus Pixeln in der gleichen Auflösung wie die Bilddatei. Allerdings bewahrt Photoshop die vektorbasierten Konturen und benutzt sie für das Skalieren von Schrift, beim Speichern im PDF- oder EPS-Format oder für die Ausgabe auf einem PostScript-Drucker.

2 Text erscheint in der Ebenen-Palette als Text-Ebene, die sich wie andere Ebenen bearbeiten und verwalten lässt. Sie können Text z.B. hinzufügen und bearbeiten, die Ausrichtung ändern, die Kanten schärfen sowie Text-Ebenen verschieben, im Stapel neu anordnen oder kopieren.

3 Eine *Schnittmaske* ist ein Objekt oder eine Gruppe, deren Form andere Grafik so maskiert, dass nur die Bereiche innerhalb der Form sichtbar sind. Buchstaben auf einer Ebene werden zur Schnittmaske, indem Sie die Texteben und die durchscheinende Ebene wählen und im Menü der Ebenen-Palette »Schnittmaske erstellen« wählen.

4 Wählen Sie den Text im Bildfenster und führen Sie in der Zeichen-Palette oder Optionsleiste Folgendes aus:

- Scrubben für Größe, Zeilenabstand, Laufweite, Skalieren usw.
- Wählen Sie Text im Bildfenster, klicken Sie auf die angezeigte Schriftart in der Zeichen-Palette, blättern Sie mit den Pfeiltasten und beobachten Sie die interaktive Vorschau im Bildfenster.

Vektorgrafiken behalten anders als Pixelbilder ihre scharfen Kanten bei jeder Vergrößerung. Vektorformen und -pfade zeichnen Sie direkt in Ihren Photoshop-Bildern und bestimmen mit Vektormasken, was später davon zu sehen ist. In dieser Lektion erfahren Sie alles über den Einsatz von Vektorformen und -masken.

10 Mit Vektoren zeichnen

Überblick

In dieser Lektion lernen Sie Folgendes:

- Zwischen Pixelbildern und Vektorgrafiken unterscheiden
- Gerade und gebogene Pfade mit dem Zeichenstift-Werkzeug zeichnen
- Pfad in eine Auswahl umwandeln und umgekehrt
- Pfade speichern
- Ebenenformen zeichnen und bearbeiten
- Eigene Ebenenformen zeichnen
- Smart Objekt aus Adobe Illustrator importieren und bearbeiten

Falls erforderlich, löschen Sie den auf Ihrer Festplatte vorhandenen Lektionsordner aus der vorherigen Lektion und kopieren stattdessen den Ordner *Lektion10* von der Buch-DVD auf die Festplatte.

Pixelbilder und Vektorgrafiken

Bevor Sie mit Vektorformen und Vektorpfaden arbeiten, sollten Sie über den Unterschied zwischen *Pixelbildern* (Bitmaps) und *Vektorgrafiken* Bescheid wissen. Computergrafiken lassen sich in zwei Kategorien einteilen: Bitmaps und Vektorgrafiken. Beide Grafiktypen lassen sich in Photoshop verwenden; eine Photoshop-Datei kann zudem sowohl Bitmap- als auch Vektordaten enthalten.

Bitmaps werden auch als *Rasterbilder* bezeichnet. Sie verwenden für die Darstellung von Bildern ein Farbraster (sog. Pixel). Jedem Pixel ist eine bestimmte Position und ein Farbwert zugewiesen. Bei Bitmap-Bildern bearbeiten Sie nicht Objekte oder Formen, sondern Pixel. Bitmaps sind das gängigste elektronische Medium für Halbtonbilder wie z.B. Fotos oder digitale Zeichnungen, da sie Schattierungen und Farben in feinen Abstufungen wiedergeben. Bitmaps sind auflösungsabhängig, das heißt, sie enthalten eine bestimmte Zahl an Pixeln. Beim Skalieren auf dem Bildschirm oder Drucken mit einer zu niedrigen Auflösung gehen daher Details verloren oder es treten Unebenheiten auf.

Vektorgrafiken bestehen aus Linien und Kurven, die mathematisch definierte Objekte, sog. Vektoren, sind. Vektoren beschreiben Bilder anhand ihrer geometrischen Eigenschaften. Vektorgrafiken sind auflösungsunabhängig, das heißt, die Detailtreue und die Bildschärfe bleiben auch beim Skalieren und Drucken mit anderer Auflösung erhalten. Der jeweilige Drucker druckt Vektorgrafiken grundsätzlich in der bestmöglichen Auflösung. Sie eignen sich daher vor allem für Grafiken, in denen Linien auch bei unterschiedlichen Größen gestochen scharf sein müssen (z.B. Logos).

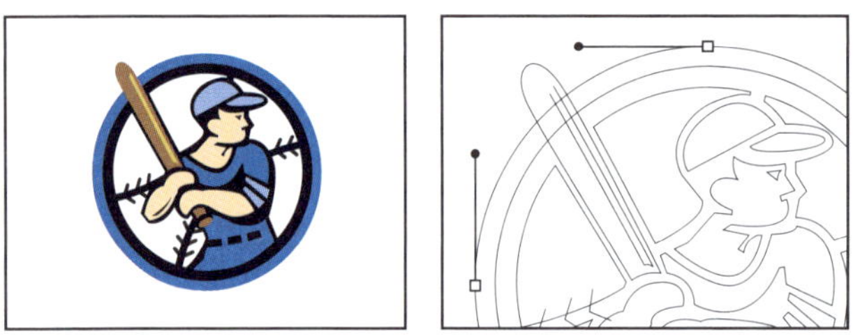

Logo als Vektorgrafik gezeichnet

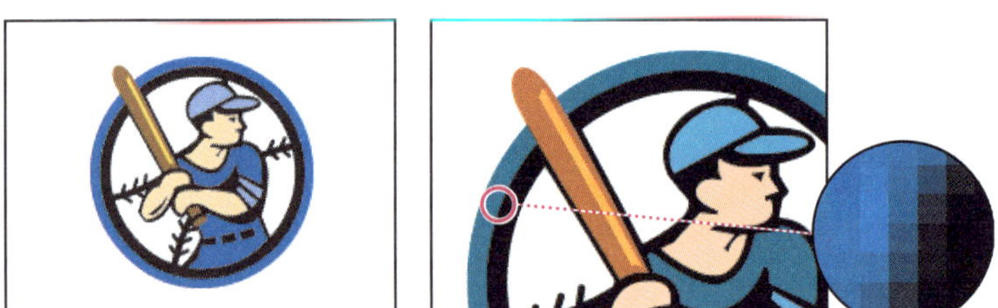

Logo als Pixelbild gerastert

Pfade und das Zeichenstift-Werkzeug

In Photoshop wird die Kontur bzw. der Umriss einer Form als *Pfad* bezeichnet. Ein Pfad ist eine Linie oder Form, die Sie mit dem Zeichenstift-Werkzeug, dem Magnetischen Zeichenstift-Werkzeug oder dem Freiform-Zeichenstift-Werkzeug zeichnen. Von diesen Werkzeugen bietet das Zeichenstift-Werkzeug die größtmögliche Kontrolle und Genauigkeit beim Zeichnen. Mit dem Magnetischen Zeichenstift-Werkzeug und dem Freiform-Zeichenstift-Werkzeug arbeiten Sie wie mit einem Bleistift auf Papier.

Julieanne Kost, Adobe Photoshop-Expertin

TIPPS VON DER PHOTOSHOP-EXPERTIN

Werkzeuge lassen sich mit einem einzelnen Buchstaben wählen. Drücken Sie beispielsweise P für das Zeichenstift-Werkzeug. Mit gleichzeitig gedrückter Umschalttaste blättern Sie in einer Werkzeuggruppe. Umschalt+P schaltet zwischen Zeichenstift- und Freiform-Zeichenstift-Werkzeug um.

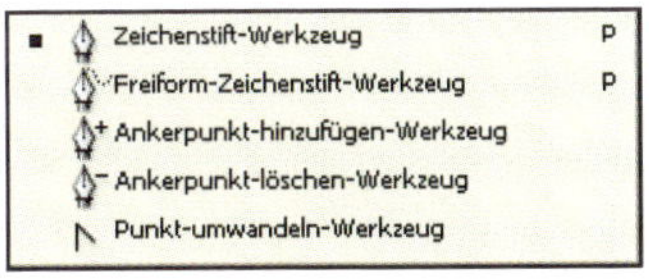

Pfade sind offen oder geschlossen. Offene Pfade (wie eine Wellenlinie) haben zwei deutliche Endpunkte. Geschlossene Pfade haben weder Anfang noch Ende, ein Kreis ist beispielsweise ein geschlossener Pfad. Der Pfadtyp bestimmt, wie Photoshop den Pfad wählt und anpasst.

Pfade sind beim Ausdruck nicht zu sehen. (Das kommt daher, dass es sich um Vektorobjekte ohne Pixel handelt, im Gegensatz zu den Bitmap-Formen, die Sie mit dem Linienzeichner und anderen Malwerkzeugen zeichnen.)

Vorbereitungen

Sie öffnen jetzt eine Kopie des fertigen Bildes, um eine Vorstellung von dem zu erhalten, was Sie erstellen – das Poster eines fiktiven Spielzeugherstellers.

1 Starten Sie Photoshop und halten Sie sofort danach die Tasten Strg+Alt+Umschalt (Windows) bzw. Befehl+Wahl+Umschalt (Mac OS) gedrückt, um die standardmäßigen Voreinstellungen zu erhalten. (Siehe »Die Standardeinstellungen wiederherstellen« auf Seite 20.)

2 Klicken Sie im Meldungsfenster zur Bestätigung auf »Ja« für die standardmäßigen Voreinstellungen und dann auf »Schließen«, um den Startbildschirm zu schließen.

3 Klicken Sie in der Optionsleiste auf die Schaltfläche »Gehe zu Bridge« (), um Adobe Bridge zu öffnen.

4 Klicken Sie oben links in der Favoriten-Palette auf *Lektionen*. Doppelklicken Sie dann auf den Ordner *Lektion10* im Vorschaubereich mit den Miniaturen.

5 Wählen Sie die Datei *10End.psd*, um sie links in der Vorschau-Palette anzuzeigen. Vergrößern Sie die Palette für eine deutlichere Miniaturansicht.

Um dieses Poster zu gestalten, öffnen Sie das Bild mit der fliegenden Untertasse und zeichnen Pfade und Auswahlen mit dem Zeichenstift-Werkzeug. Während Sie Hintergrundformen und Text erzeugen, erfahren Sie alles über den Einsatz von Pfaden und Vektormasken sowie die Arbeit mit Smart Objekten.

Hinweis: *Wenn Sie die Datei* 10End.psd *in Photoshop öffnen, könnten Sie eventuell aufgefordert werden, die Text-Ebenen zu aktualisieren. Klicken Sie einfach auf »Aktualisieren«. Der Hinweis erscheint, wenn Daten zwischen Computern übertragen werden, speziell zwischen Windows und Mac OS.*

6 Wenn Sie sich die Datei *10End.psd* angesehen haben, doppelklicken Sie auf die Datei *Untertasse.psd*, um sie in Photoshop zu öffnen.

Pfad in einem Bild zeichnen

Zeichnen Sie jetzt mit dem Zeichenstift-Werkzeug Auswahlbereiche in dem Bild der fliegenden Untertasse im Weltraum. Die Untertasse hat lange, weich gebogene Kanten, die mit anderen Methoden nur schwierig auszuwählen sind.

Zeichnen Sie einen Pfad um das Bild und erstellen Sie zwei weitere Pfade innerhalb des Bildes. Danach wandeln Sie die Pfade in Auswahlbereiche um. Ziehen Sie dann eine Auswahl von einer anderen ab, so dass nur noch die Untertasse gewählt ist. Schließlich erstellen Sie von dem Bild mit der Untertasse eine neue Ebene und ändern das Bild, das unter dieser Ebene erscheint.

Wenn Sie mit dem Zeichenstift-Werkzeug einen Freiformpfad zeichnen, sollten Sie für die gewünschte Form möglichst wenig Punkte verwenden – je weniger Punkte, desto weicher sind die Kurven.

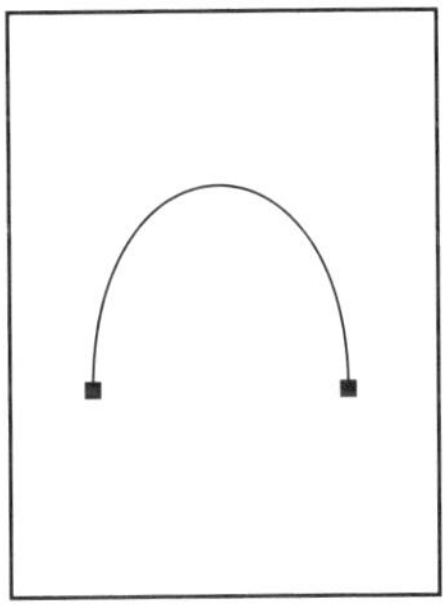

Korrekte Punkteanzahl

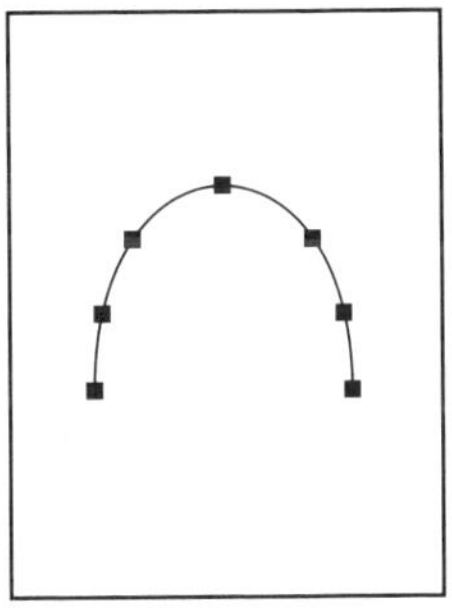

Zu viele Punkte

Kontur einer Form zeichnen

Verwenden Sie das Zeichenstift-Werkzeug, um die Punkte von Position A bis Position N und dann wieder zurück mit Position A zu verbinden. Arbeiten Sie mit geraden Segmenten, weichen Kurvenpunkten und Eckpunkten.

Zuerst stellen Sie Optionen für das Zeichenstift-Werkzeug ein und passen Ihren Arbeitsbereich an. Mit Hilfe einer Vorlage zeichnen Sie dann die Kontur der fliegenden Untertasse nach.

Hinweis: *Falls Sie im Erstellen und Bearbeiten von Pfaden in Photoshop noch unerfahren sind, informieren Sie sich unter »Pfade mit dem Zeichenstift-Werkzeug erstellen« auf Seite 309.*

1 Wählen Sie in der Werkzeugpalette das Zeichenstift-Werkzeug ( ).

2 Achten Sie darauf, dass in der Optionsleiste die folgenden Optionen eingestellt sind:

- Aktivieren Sie wenn nötig die Option »Pfade« ( ).
- Klicken Sie auf den Pfeil rechts neben den Geometrie-Optionen und achten Sie darauf, dass im Popup-Menü »Zeichenstift-Optionen« das Kontrollkästchen »Gummiband« *nicht* gewählt ist.
- Aktivieren Sie wenn nötig die Option »Autom. hinzuf./löschen«.
- Wählen Sie die Option »Pfadbereich erweitern (+)« ( ).

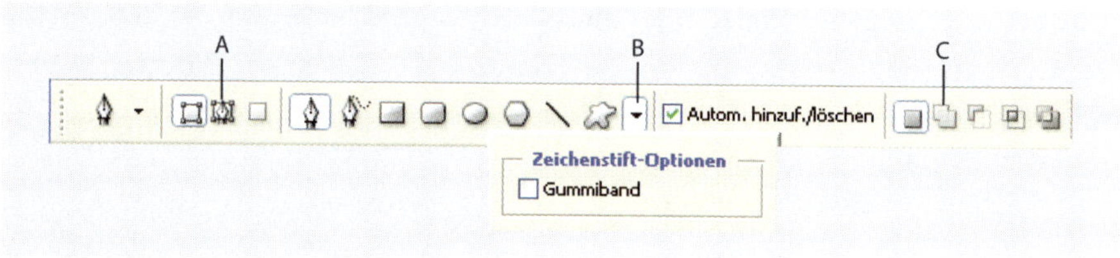

***A.** Pfade **B.** Geometrie-Optionen **C.** Pfadbereich erweitern (+)*

3 Klicken Sie auf das Register der Pfade-Palette, um diese Palette in der Ebenen-Palettengruppe in den Vordergrund zu bringen.

Die Pfade-Palette zeigt die Miniaturen der gezeichneten Pfade – im Moment ist die Palette noch leer, da Sie noch nichts gezeichnet haben.

4 Eventuell sollten Sie vergrößern, um die mit Buchstaben gekennzeichneten Punkte bzw. Positionen und die roten Punkte auf der bereits für Sie vorbereiteten Vorlage gut erkennen zu können. Achten Sie darauf, dass das Bildfenster die komplette Vorlage zeigt, und wählen Sie nach dem Zoomen wieder den Zeichenstift.

5 Setzen Sie den Zeiger auf Position A und ziehen Sie zum roten Punkt, um den ersten Ankerpunkt und die Richtung der ersten Kurve festzulegen. Machen Sie das Gleiche an Position B.

Sie müssen an der Ecke der Kanzel (Punkt B) einen Eckpunkt setzen, um einen harten Übergang zwischen dem Kurvensegment und dem geraden Segment zu erzeugen.

6 Klicken Sie mit gedrückter Alt- (Windows) bzw. Wahltaste (Mac OS) auf den Punkt an Position B, um den Kurvenpunkt in einen Eckpunkt umzuwandeln (eine der Grifflinien entfällt).

Pfade mit dem Zeichenstift-Werkzeug erstellen

Mit dem Zeichenstift-Werkzeug erstellen Sie gerade und gebogene Pfade, die offen oder geschlossen sind. Die Arbeit mit dem Zeichenstift-Werkzeug kann anfänglich etwas verwirrend sein. Deshalb sollten Sie über die einzelnen Pfadelemente und wie Sie diese erstellen Bescheid wissen.

Gerade Pfade erhalten Sie durch Drücken der Maustaste. Sobald Sie das erste Mal die Maustaste klicken, bestimmen Sie einen Anfangspunkt für den Pfad. Bei jedem weiteren Klicken zieht Photoshop zwischen dem vorherigen und dem aktuellen Punkt eine gerade Linie. Fügen Sie weitere Punkte hinzu, um auch komplexe gerade Pfade zu erstellen.

Um einen Kurvenpfad zu erstellen, klicken Sie für einen Ankerpunkt. Ziehen Sie von diesem Punkt aus für eine Grifflinie und klicken Sie für den nächsten Ankerpunkt. Jede Grifflinie endet in Griffpunkten. Die Position der Grifflinien und -punkte bestimmt die Größe und Form eines Kurvensegments. Durch Verschieben der Grifflinien und -punkte ändern Sie die Kurve in einem Pfad.

Sanfte Kurven sind durch Ankerpunkte verbunden, die als Kurvenpunkte bezeichnet werden. Stark gekrümmte Pfade sind durch Eckpunkte verbunden. Wenn Sie eine Grifflinie auf einem Kurvenpunkt verschieben, werden die Kurvensegmente auf beiden Seiten des Punktes gleichzeitig angepasst. Wenn Sie dagegen eine Grifflinie auf einem Eckpunkt verschieben, wird nur die Kurve angepasst, die auf der Seite des Punktes liegt, auf der sich die Grifflinie befindet.

Pfadsegmente und Ankerpunkte lassen sich einzeln oder als Gruppe verschieben. Enthält ein Pfad mehrere Segmente, können Sie die einzelnen Ankerpunkte ziehen, um einzelne Segmente anzupassen. Oder Sie wählen alle Ankerpunkte in einem Pfad, um den kompletten Pfad zu bearbeiten. Mit dem Direkt-Auswahl-Werkzeug (↖) wählen und ändern Sie einen Ankerpunkt, ein Pfadsegment oder einen kompletten Pfad.

Ein geschlossener Pfad unterscheidet sich von einem geöffneten durch die Art, wie Sie den Pfad enden lassen. Um einen geöffneten Pfad enden zu lassen, klicken Sie in der Werkzeugpalette auf das Zeichenstift-Werkzeug (✒). Um einen geschlossenen Pfad zu erstellen, setzen Sie den Zeiger des Zeichenstift-Werkzeugs über den Anfangspunkt und klicken Sie. Der Pfad wird so automatisch auch beendet. Nach dem Schließen des Pfads ist der Cursor des Zeichenstift-Werkzeugs mit einem kleinen x versehen – ein weiteres Klicken würde einen neuen Pfad beginnen.

Während Sie Pfade zeichnen, erscheint ein temporärer Speicherbereich mit der Bezeichnung Arbeitspfad *in der Pfade-Palette. Sie sollten die Arbeitspfade speichern, besonders, wenn mehrere einzelne Pfade in einer Bilddatei vorhanden sind. Wenn Sie einen Arbeitspfad in der Pfade-Palette abwählen und neu zeichnen, wird dieser durch den neuen Pfad ersetzt. Um einen Arbeitspfad zu speichern, doppelklicken Sie auf den Pfad in der Pfade-Palette und geben Sie im Dialogfeld »Pfad speichern« einen Namen ein. Klicken Sie dann auf OK, um den Pfad mit dem neuen Namen zu speichern. Der Pfad bleibt weiterhin in der Pfade-Palette gewählt.*

Kurvenpunkt bei B setzen

Kurvenpunkt in Eckpunkt umwandeln

7 Klicken Sie auf Position C, um ein gerades Segment zu erzeugen (nicht ziehen).

Falls Ihnen beim Zeichnen ein Fehler unterläuft, wählen Sie **Bearbeiten: Rückgängig**. Setzen Sie anschließend mit dem Zeichnen fort.

8 Ziehen Sie von Position D nach oben zum roten Punkt. Ziehen Sie dann von Position E aus zu dem dazugehörigen roten Punkt.

9 Klicken Sie auf Position F.

10 Setzen Sie Kurvenpunkte an den Positionen G, H und I, indem Sie von den Positionen aus zu den entsprechenden roten Punkten ziehen.

11 Klicken Sie auf Position J.

12 Setzen Sie Kurvenpunkte bei K und L, indem Sie wieder von den Positionen zu den dazugehörigen roten Punkten ziehen.

13 Klicken Sie auf Position M.

14 Klicken Sie auf Position N und lassen Sie die Maustaste nicht los. Ziehen Sie mit gedrückter Alt- (Windows) bzw. Wahltaste (Mac OS) von Position N zum roten Punkt, um dem Ankerpunkt an Position N eine Grifflinie hinzuzufügen. Lassen Sie jetzt die Maustaste und die Alt- bzw. Wahltaste los.

15 Setzen Sie den Zeiger auf Position A – ein kleiner Kreis erscheint neben dem Zeigersymbol – und klicken Sie, um den Pfad zu schließen. (Der kleine Kreis ist schwierig zu erkennen, da das Bild dunkel ist.)

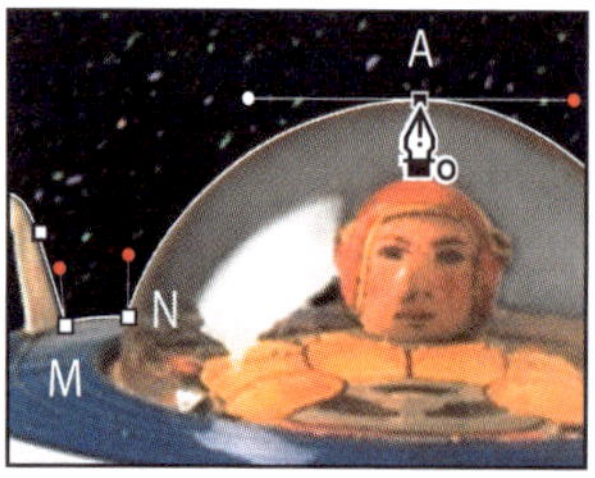

16 Doppelklicken Sie in der Pfade-Palette auf den Arbeitspfad, geben Sie den Namen **Untertasse** ein und klicken Sie auf OK, um den Pfad zu speichern.

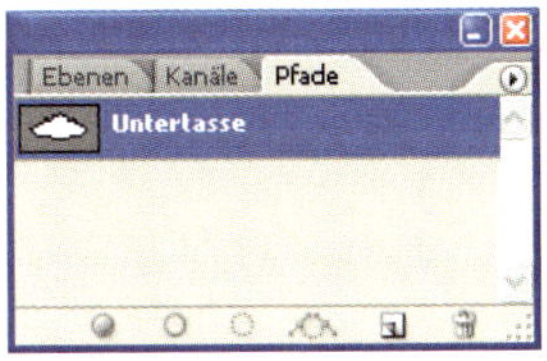

17 Wählen Sie **Datei: Speichern**.

Auswahlbereiche in Pfade umwandeln

Nun erstellen Sie über eine andere Methode einen zweiten Pfad. Sie verwenden zuerst ein Auswahl-Werkzeug, um einen farblich ähnlichen Bereich auszuwählen, und wandeln diese Auswahl dann in einen Pfad um. (Jede mit einem Auswahl-Werkzeug erstellte Auswahl lässt sich in einen Pfad umwandeln.)

1 Klicken Sie auf das Register der Ebenen-Palette, um die Palette anzuzeigen, und ziehen Sie die *Vorlage*-Ebene auf die Schaltfläche »Ebene löschen« unten in der Palette. Diese Ebene wird nicht mehr benötigt.

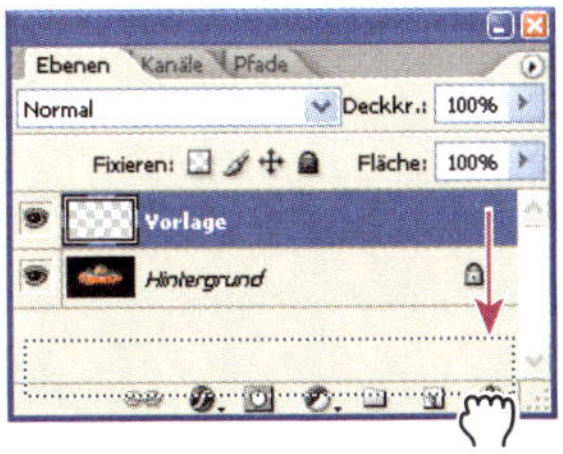

2 Wählen Sie das Zauberstab-Werkzeug ( ).

3 In der Optionsleiste ist im Feld »Toleranz« der Wert **32** eingegeben.

4 Klicken Sie im schwarzen Bereich innerhalb der Flossen der Untertasse.

5 Klicken Sie mit gedrückter Umschalttaste in der anderen Flosse, um auch diesen schwarzen Bereich der Auswahl hinzuzufügen.

6 Klicken Sie auf das Register der Pfade-Palette, um die Palette in ihrer Gruppe nach vorne zu bringen. Klicken Sie dann unten in der Palette auf die Schaltfläche »Arbeitspfad aus Auswahl erstellen« ( ).

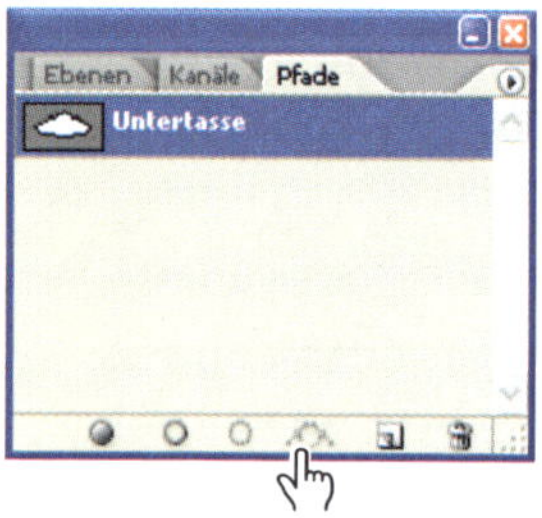

Photoshop wandelt die Auswahl in einen Pfad um und erstellt einen neuen Arbeitspfad.

7 Doppelklicken Sie auf den Arbeitspfad, nennen Sie ihn **Flossen** und klicken Sie auf OK, um den Pfad zu speichern.

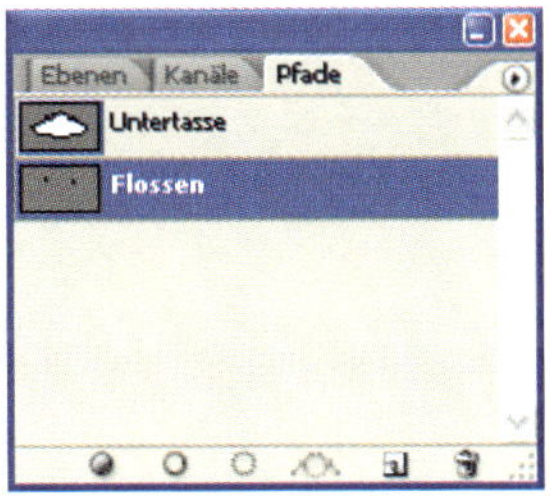

8 Wählen Sie **Datei: Speichern**.

Pfade in Auswahlbereiche umwandeln

Ähnlich wie sich Auswahlbereiche in Pfade umwandeln lassen, können Sie auch Pfade in Auswahlbereiche umwandeln. Die glatten Konturen von Pfaden ermöglichen präzise Auswahlen. Wenn Sie Pfade für die Untertasse und deren Flossen gezeichnet haben, wandeln Sie diese in Auswahlbereiche um. Anschließend wenden Sie auf diese Bereiche einen Filter an.

1. Klicken Sie in der Pfade-Palette auf den Pfad *Untertasse*, um ihn dadurch zu aktivieren.
2. Wandeln Sie mit einer der folgenden Methoden den *Untertasse*-Pfad in eine Auswahl um:
   - Wählen Sie aus dem Menü der Pfade-Palette die Option »Auswahl erstellen« und klicken Sie auf OK, um das angezeigte Dialogfeld zu schließen.
   - Ziehen Sie den *Untertasse*-Pfad auf die Schaltfläche »Pfad als Auswahl laden« (◌) unten in der Pfade-Palette.

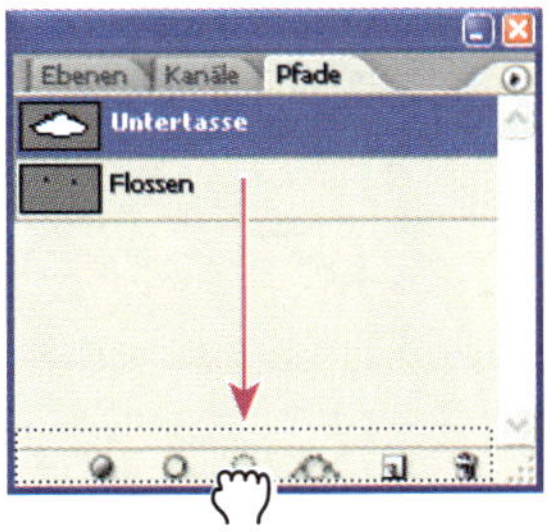

Nun ziehen Sie die Auswahl *Flossen* von der Auswahl *Untertasse* ab, damit der Hintergrund durch die leeren Bereiche in den Flossen scheint.

3 Klicken Sie in der Pfade-Palette auf den Pfad *Flossen* und wählen Sie aus dem Menü der Pfade-Palette die Option »Auswahl erstellen«.

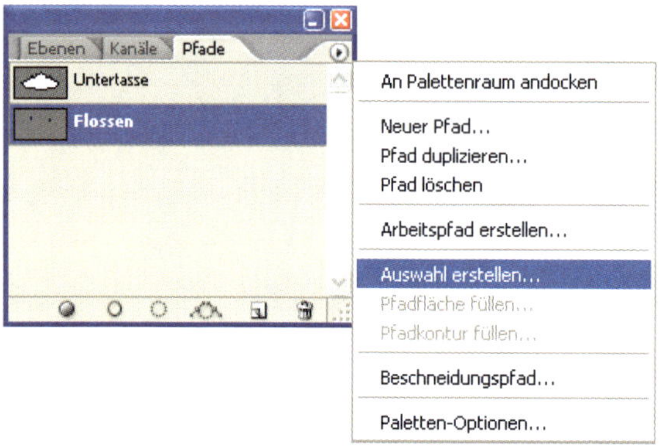

4 Wählen Sie im Dialogfeld »Auswahl erstellen« im Bereich »Vorgang« die Option »Von Auswahl subtrahieren«. Klicken Sie dann auf OK.

Der *Flossen*-Pfad wird in eine Auswahl umgewandelt und gleichzeitig von der *Untertasse*-Auswahl abgezogen.

Lassen Sie die Pfade gewählt, da Sie die Auswahl im nächsten Abschnitt noch benötigen.

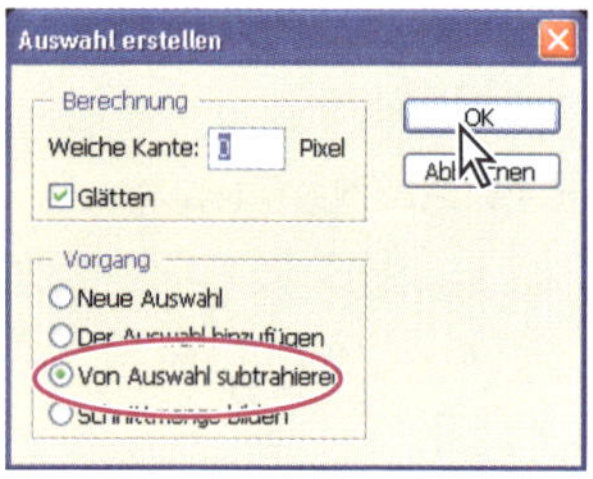

Die Flosse-Auswahl von der Untertasse-Auswahl abziehen

Ergebnis

Auswahl in eine Ebene umwandeln

Nun erfahren Sie, wie die Auswahl mit dem Zeichenstift-Werkzeug Ihnen helfen kann, interessante Effekte in einem Bild zu erzeugen. Da Sie die Untertasse isoliert haben, können Sie eine exakte Kopie der Auswahl auf einer neuen Ebene erstellen. Wenn Sie dann ein neues Objekt auf einer Ebene zwischen der Originalebene und der Ebenenkopie der Untertasse hinfügen, erscheint dieses neue Objekt zwischen der Untertasse und dem Weltraum-Hintergrund.

1 In der Ebenen-Palette ist die Hintergrundebene gewählt, so dass die Auswahlkontur im Bildfenster zu sehen ist. Falls Sie die Auswahl aufgehoben haben, müssen Sie die vorherige Prozedur wiederholen (»Pfade in Auswahlbereiche umwandeln«).

2 Wählen Sie **Ebene: Neu: Ebene durch Kopie**.

Die neue Ebene *Ebene 1* erscheint in der Ebenen-Palette. Die Miniatur *Ebene 1* zeigt, dass die Ebene nur das Bild der fliegenden Untertasse und nicht den Weltraum der Originalebene enthält.

3 Doppelklicken Sie in der Ebenen-Palette auf *Ebene 1*, geben Sie den Namen **Untertasse** ein und drücken Sie die Eingabetaste.

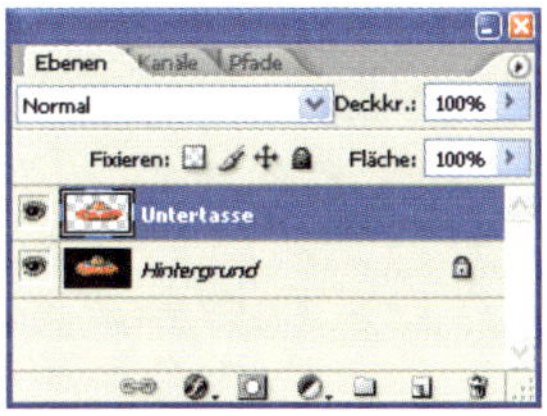

4 Benutzen Sie Adobe Bridge oder wählen Sie **Datei: Öffnen**, um die Datei *10Start.psd* im Ordner *Lektionen/Lektion10* zu öffnen.

Es handelt sich um ein Photoshop-Bild mit einem verlaufenden blauen Hintergrund und einem Planeten im unteren Bildbereich.

5 Eventuell müssen Sie die Bildfenster verschieben, um wenigstens einen Teil der Fenster *Untertasse.psd* und *10Start.psd* zu sehen. Achten Sie darauf, dass in der Ebenen-Palette der Datei *10Start.psd* keine Ebenen gewählt sind. Machen Sie dann *Untertasse.psd* zum aktiven Bildfenster und wählen Sie die Ebene *Untertasse* in der Ebenen-Palette.

6 Wählen Sie in der Werkzeugpalette das Verschieben-Werkzeug (▸✥) und ziehen Sie aus dem Bildfenster *Untertasse.psd* in das Bildfenster *10Start.psd*, damit die Untertasse im Weltraum erscheint.

7 Schließen Sie das Bild *Untertasse.psd*, ohne zu speichern. Die Datei *10Start.psd* ist weiterhin geöffnet und aktiviert.

Sie positionieren jetzt die Untertasse etwas genauer auf dem blauen Hintergrund.

8 Wählen Sie in der Ebenen-Palette die *Untertasse*-Ebene und dann **Bearbeiten: Frei transformieren**.

Die Untertasse ist jetzt mit einem Begrenzungsrahmen versehen.

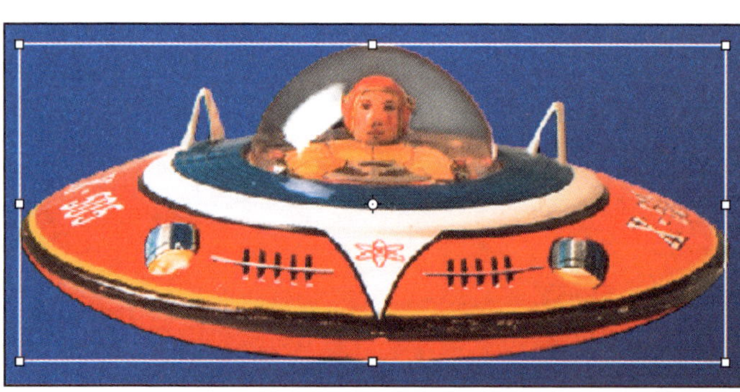

9 Setzen Sie den Zeiger in die Nähe eines Eckanfassers. Sobald der Zeiger zum Drehen-Symbol (↰) wird, ziehen Sie, um die Untertasse um etwa 20 Grad im Uhrzeigersinn zu drehen. Drücken Sie anschließend die Eingabetaste.

Hinweis: *Falls Sie die Untertasse versehentlich verzerren statt drehen, drücken Sie Strg+Z (Windows) bzw. Befehl+Z (Mac OS) und beginnen Sie von vorn.*

10 Um die Untertasse interessanter anzuordnen, achten Sie darauf, dass die Ebene *Untertasse* weiterhin gewählt ist. Ziehen Sie die Untertasse mit dem Verschieben-Werkzeug an die Position wie in der folgenden Abbildung.

11 Wählen Sie **Datei: Speichern**.

Vektorobjekte für den Hintergrund erstellen

Viele Poster sind so gestaltet, dass sie sich beliebig verkleinern oder vergrößern lassen, ohne an Schärfe zu verlieren. Dazu eignen sich ideal die Vektorformen. Sie erstellen jetzt Vektorformen mit Pfaden und verwenden Masken, um festzulegen, was im Poster zu sehen ist. Da sich Vektorformen beliebig skalieren lassen, können Sie das Design jederzeit ohne Qualitätsverlust verändern.

Eine skalierbare Form zeichnen

Sie beginnen mit der Gestaltung eines weißen nierenförmigen Objekts für das Poster.

1 Wählen Sie **Ansicht: Lineale**, um das horizontale und vertikale Lineal anzuzeigen.

2 Ziehen Sie das Register der Pfade-Palette aus der Ebenen-Palettengruppe. Da Sie häufig auf diese beiden Paletten zugreifen müssen, ist deren getrennte Anordnung bequemer.

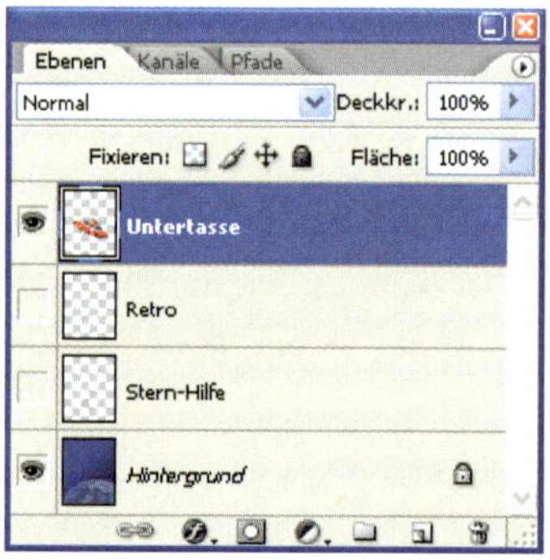

3 Blenden Sie alle Ebenen aus, ausgenommen die Ebenen *Retro* und *Hintergrund*. Klicken Sie dazu auf die jeweiligen Augensymbole in der Ebenen-Palette. Wählen Sie dann die *Hintergrund*-Ebene.

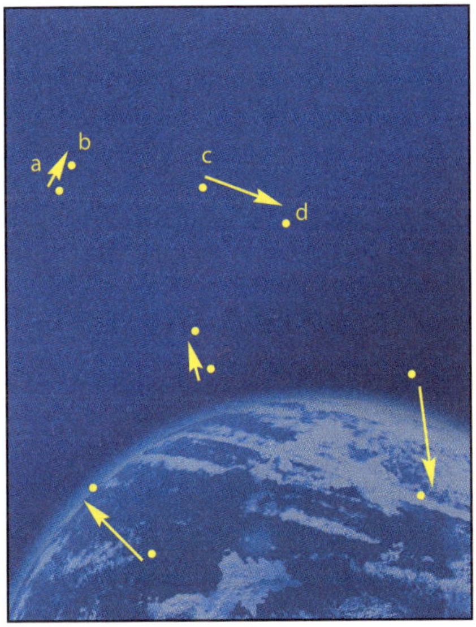

Die *Retro*-Ebene dient als Vorlage für das Zeichnen der Nierenform.

4 Stellen Sie die Vordergrund- und Hintergrundfarben auf die Vorgaben (Schwarz bzw. Weiß) ein, indem Sie unten in der Werkzeugpalette auf die Schaltfläche »Standardfarben für Vordergrund und Hintergrund« ( ) klicken (oder drücken Sie den Tastaturbefehl D). Vertauschen Sie jetzt Vorder- und Hintergrundfarbe, indem Sie in der Werkzeugpalette auf die Schaltfläche »Vorder- und Hintergrundfarbe vertauschen« ( ) klicken (oder geben Sie X ein). Damit haben Sie die Vordergrundfarbe Weiß festgelegt.

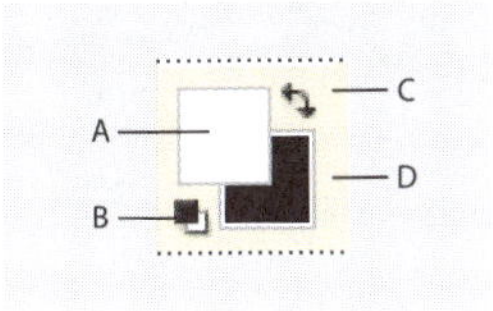

***A.** Vordergrundfarbe*
***B.** Standardfarben für Vordergrund und Hintergrund*
***C.** Vorder- und Hintergrundfarbe vertauschen*
***D.** Hintergrundfarbe*

5 Wählen Sie in der Werkzeugpalette das Zeichenstift-Werkzeug ( ). Achten Sie in der Optionsleiste darauf, dass die Option »Formebene« gewählt ist.

6 Erstellen Sie die Form, indem Sie folgendermaßen klicken und ziehen:

- Klicken Sie auf Position A und ziehen Sie eine Grifflinie nach oben und nach links von Position B. Lassen Sie die Maustaste los.
- Klicken Sie auf Position B und ziehen Sie eine Grifflinie in Richtung und etwas oberhalb von Position C. Lassen Sie die Maustaste los.
- Klicken Sie auf Position C und ziehen Sie eine Grifflinie in Richtung und etwas oberhalb von Position D. Lassen Sie die Maustaste los.
- Ziehen Sie auf diese Weise weitere Kurvensegmente um die Form. Wenn Sie wieder an Position A angelangt sind, klicken Sie, um den Pfad zu schließen.

Hinweis: *Wenn Sie in Schwierigkeiten geraten, öffnen Sie das Bild mit der Untertasse und zeichnen Sie einen Pfad entlang der Untertassenform – einfach, um sich mit dem Zeichnen von Kurvensegmenten vertraut zu machen. Lesen Sie außerdem die Informationen unter »Pfade mit dem Zeichenstift erstellen« auf Seite 309.*

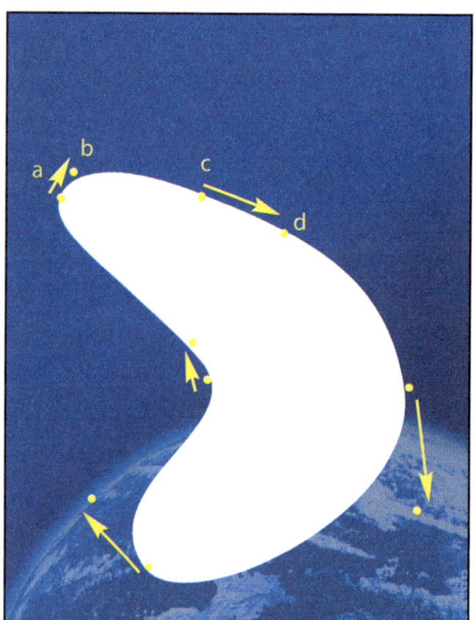

Während Sie gezeichnet haben, hat Photoshop automatisch die neue Ebene *Form 1* in der Ebenen-Palette erzeugt.

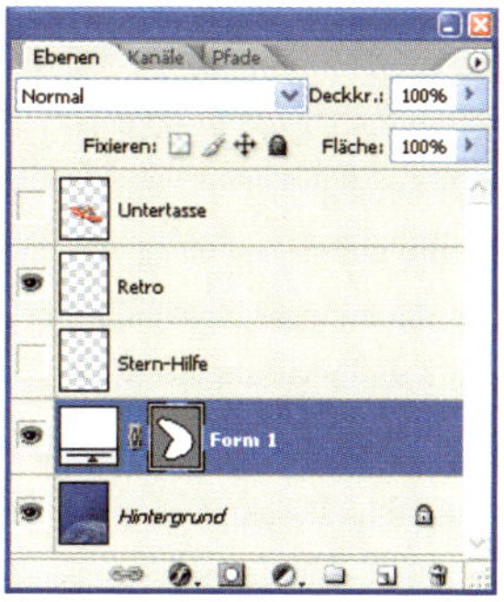

7 Doppelklicken Sie auf die Formebene *Form1*, benennen Sie die Ebene mit **Retro Form** und drücken Sie die Eingabetaste.

8 Blenden Sie die *Retro*-Ebene aus, indem Sie in der Ebenen-Palette auf das entsprechende Augensymbol klicken.

Pfade abwählen

Manchmal ist es notwendig, Pfade abzuwählen bzw. zu deaktiveren, damit die richtige Optionsleiste für das entsprechende Vektor-Werkzeug eingeblendet wird. Außerdem lassen sich so bestimmte Effekte anzeigen, die bei einem aktivierten Pfad verdeckt sind. Bevor Sie mit dieser Lektion fortsetzen, wählen Sie alle Pfade ab.

1 Wählen Sie das Pfadauswahl-Werkzeug (), das eventuell unter dem Direktauswahl-Werkzeug () verborgen ist.

2 Klicken Sie in der Optionsleiste auf die Schaltfläche »Zielpfad ausschalten« (✓).

***Hinweis:** Sie können Pfade auch abwählen, indem Sie in den leeren Bereich unter den Pfaden in der Pfade-Palette klicken.*

Es wird Ihnen auffallen, dass die Begrenzung zwischen der weißen Nierenform und dem blauen Hintergrund körnig ist. Was Sie hier sehen, ist der Pfad als solcher – ein nicht-druckendes Element, das nur zeigen soll, dass die Ebene *Retro Form* weiterhin gewählt ist.

Über Formebenen

Eine Formebene setzt sich aus zwei Komponenten zusammen: eine Füllung und eine Form. Die Füll-Eigenschaften bestimmen die Farbe(n), das Muster und die Transparenz der Ebene. Die Form ist eine Ebenenmaske, die die Bereiche bestimmt, in denen die Füllung entweder zu sehen oder nicht zu sehen ist.

In der gerade erstellten Ebene ist die Füllung weiß. Die Farbe ist nur innerhalb der gezeichneten Form zu sehen, so dass der blaue Weltraum zu sehen ist.

Die *Retro Form*-Ebene befindet sich in der Ebenen-Palette über der *Hintergrund*-Ebene, da letztere beim Beginn des Zeichnens gewählt war. Neben dem Ebenennamen gibt es noch drei weitere Elemente: zwei Miniaturen und ein Verbinden-Symbol zwischen den Miniaturen.

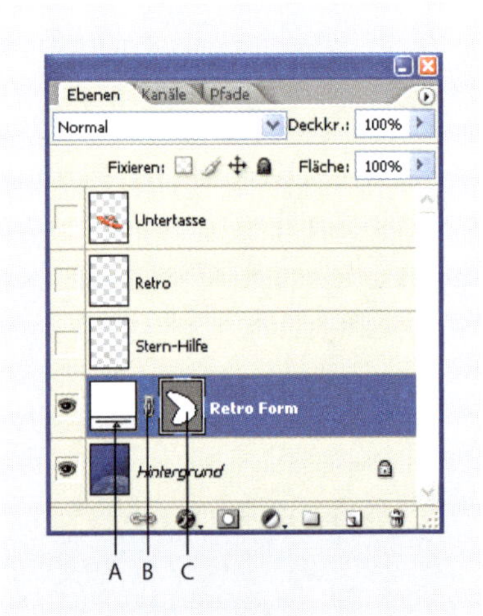

***A.** Fläche-Miniatur* ***B.** Ebenenmaske-Verbindungssymbol* ***C.** Vektormaske-Miniatur*

Die linke Miniatur zeigt an, dass die komplette Ebene mit der weißen Vordergrundfarbe gefüllt ist. Der kleine Regler unter der Miniatur funktioniert nicht als Regler. Er soll nur darauf hinweisen, dass die Ebene bearbeitbar ist.

Die rechte Miniatur zeigt den Beschneidungspfad (die Vektormaske) für die Ebene. In dieser Miniatur steht Weiß für den Bereich, in dem das Bild zu sehen ist, und Grau für den Bereich, in dem das Bild verdeckt ist.

Das Symbol zwischen den beiden Miniaturen zeigt an, dass die Ebene und der Beschneidungspfad verbunden sind.

Formen von der Formebene subtrahieren

Wenn Sie eine Formebene (eine Vektorgrafik) erzeugt haben, können Sie mit Hilfe von Optionen neue Formen von der Vektorgrafik subtrahieren. Sie können auch das Pfadkomponentenauswahl-Werkzeug und das Direktauswahl-Werkzeug benutzen, um Formen zu bewegen, zu skalieren und zu bearbeiten. Sie versehen Ihren »Weltraum« bzw. die *Retro Form*-Ebene mit einigen Sternen, indem Sie die Sternenformen von ihr subtrahieren. Als Hilfe für die Position der Sterne dient die Ebene *Stern-Hilfe*, die wir bereits für Sie erstellt haben. Diese Ebene ist noch ausgeblendet.

1 Klicken Sie in der Ebenen-Palette auf das Feld ganz links neben der Ebene *Stern-Hilfe*, um für diese Ebene das Augensymbol (👁) anzuzeigen. Die Ebene *Retro Form* bleibt gewählt. Die Ebene *Stern-Hilfe* ist jetzt im Bildfenster zu sehen.

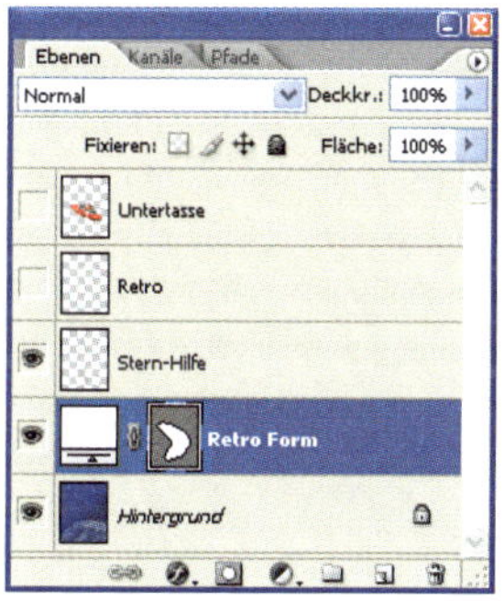

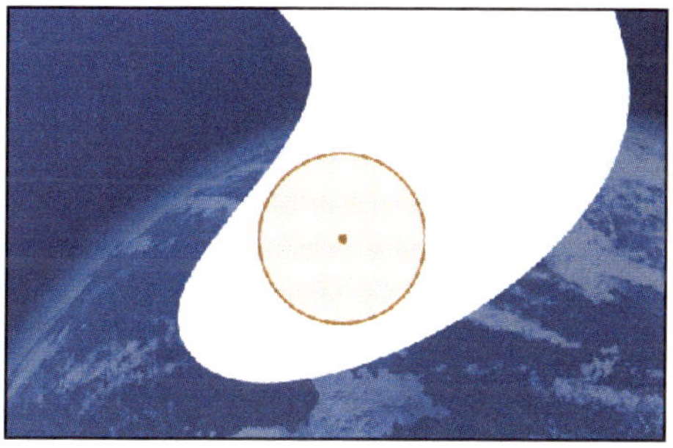

2 Vergewissern Sie sich, dass in der Pfade-Palette die Vektormaske *Form Ebene* aktiviert ist.

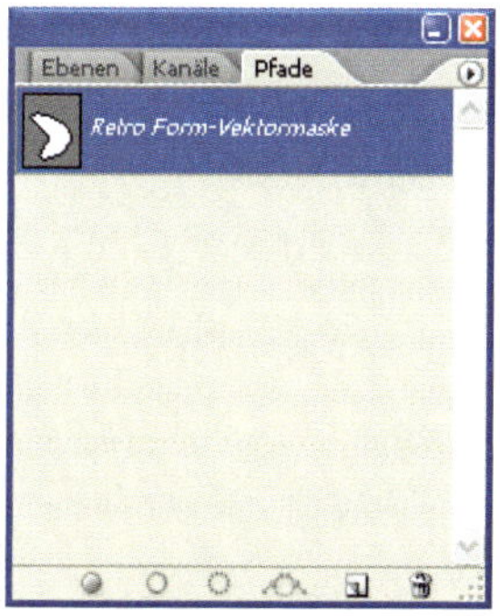

3 Wählen Sie in der Werkzeugpalette das Polygon-Werkzeug (⬡), das unter dem Rechteck-Werkzeug (▭) verborgen ist.

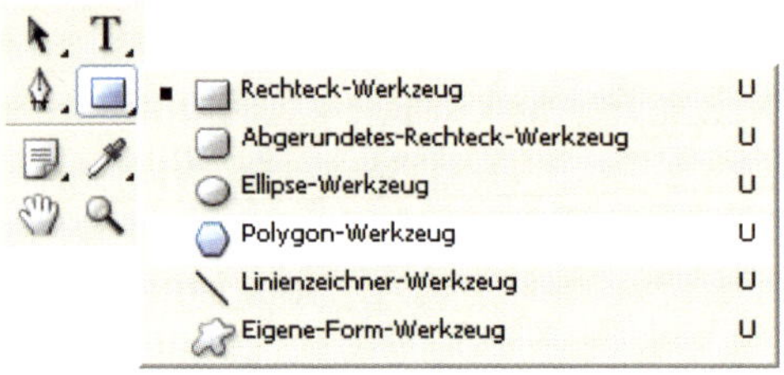

4 Nehmen Sie in der Optionsleiste die folgenden Einstellungen vor:

- Geben Sie in das Feld »Seiten« den Wert **11** ein.
- Klicken Sie auf den Pfeil »Geometrie-Optionen« (direkt links neben »Seiten«), um das Dialogfeld »Polygon-Optionen« zu öffnen. Klicken Sie im Kontrollkästchen »Stern« und geben Sie im Feld »Seiten einziehen um« den Wert **50%** ein. Klicken Sie außerhalb von »Polygon-Optionen«, um das Dialogfeld zu schließen.

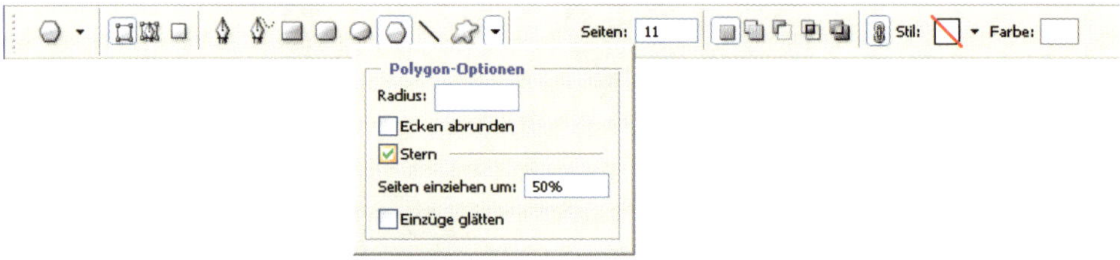

- Wählen Sie die Option »Vom Pfadbereich subtrahieren« ( ) oder drücken Sie die Minustaste für den entsprechenden Tastaturbefehl. Der Zeiger des Polygon-Werkzeugs erscheint jetzt als Fadenkreuz mit einem kleinen Minuszeichen (+-).

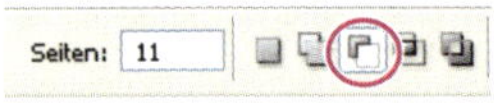

5 Setzen Sie das Polygon-Werkzeug (Fadenkreuz-Zeiger) auf den orangefarbigen Punkt in der Mitte des orangefarbigen Kreises im Bildfenster und ziehen Sie nach außen, bis die Spitzen der Sternstrahlen die Kante des Lichtkranzes um den Punkt erreichen.

Hinweis: *Sie können den Stern während des Ziehens drehen, indem Sie den Zeiger seitwärts ziehen.*

Wenn Sie die Maustaste loslassen, wird die Sternform ausgestanzt, so dass der Planet durchscheint. Würde die *Hintergrund*-Ebene ein anderes Bild, Muster oder eine andere Farbe enthalten, wären auch diese Elemente innerhalb der Sternform zu sehen.

Der Stern hat eine unschöne Kontur, was jedoch nur darauf hinweist, dass diese Form gewählt ist. Ein weiterer Hinweis für die gewählte Form ist die hervorgehobene (mit einer weißen Kontur versehene) Miniatur der Vektormaske *Retro Form*.

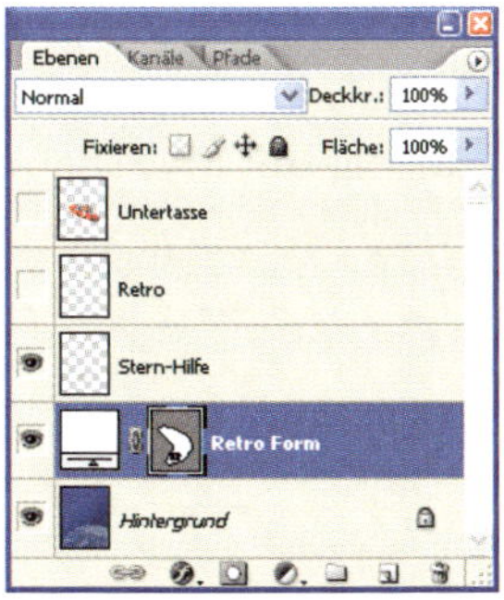

6 Klicken Sie in der Ebenen-Palette auf das Augensymbol für die Ebene *Stern-Hilfe*, um diese Ebene auszublenden.

Betrachten Sie die geänderten Miniaturen in den Paletten. In der Ebenen-Palette ist die linke Miniatur der Ebene *Retro Form* unverändert, aber die Miniaturen für die Vektormasken zeigen sowohl in der Ebenen- als auch in der Pfade-Palette die Änderung der Form mit der sternförmigen Ausstanzung.

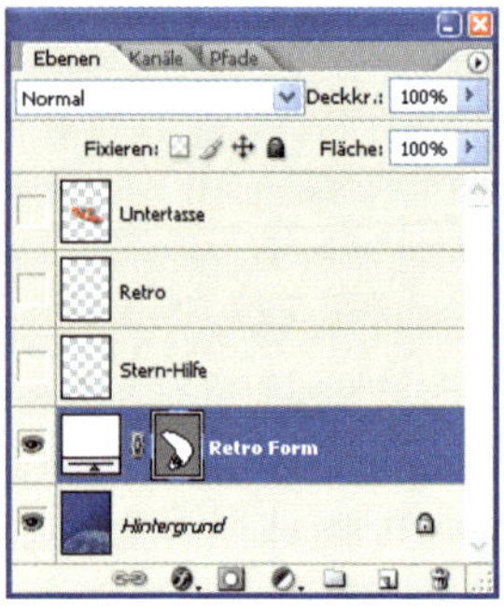

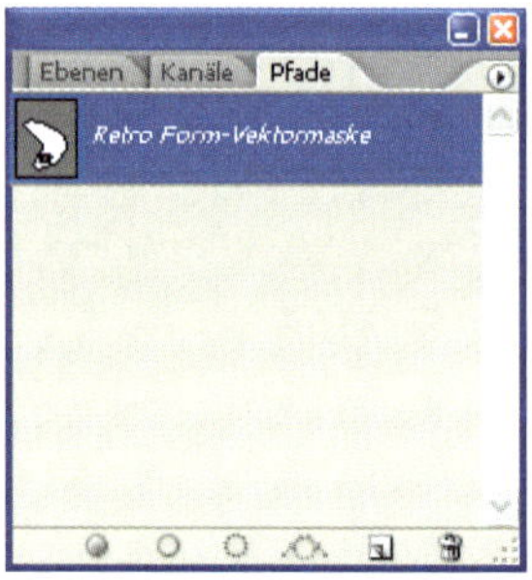

7 Wählen Sie die Pfade für den Stern und die Form ab, indem Sie das Pfadauswahl-Werkzeug (➧) wählen und in der Optionsleiste auf die Schaltfläche »Zielpfad ausschalten« (✓) klicken.

Die Pfade sind nun abgewählt und die störenden Pfadlinien sind verschwunden. Endlich haben Sie eine scharfe Kante zwischen den blauen und weißen Bereichen. Die Vektormaske *Retro Form* ist in der Pfade-Palette nicht mehr hervorgehoben.

Mit eigenen Formen arbeiten

Eine andere Möglichkeit für Formen in Grafiken besteht darin, eigene Formen zu erzeugen. Dazu wählen Sie das Eigene-Form-Werkzeug, entscheiden sich für eine Form in der Auswahlliste und zeichnen im Bildfenster. Sie versehen jetzt den Hintergrund des Posters mit einem Schachbrettmuster.

1 Die *Retro Form*-Ebene ist in der Ebenen-Palette gewählt. Klicken Sie auf die Schaltfläche »Neue Ebene erstellen« (▣) für eine Ebene über der *Retro Form*-Ebene. Doppelklicken Sie auf den standardmäßigen Ebenennamen *Ebene 1*, geben Sie den neuen Namen **Muster** ein und drücken Sie die Eingabetaste.

2 Wählen Sie in der Werkzeugpalette das Eigene-Form-Werkzeug ( ), das unter dem Polygon-Werkzeug ( ) verborgen ist.

3 Klicken Sie in der Optionsleiste auf den Popup-Pfeil neben »Form«, um die Auswahlliste für eigene Formen zu öffnen.

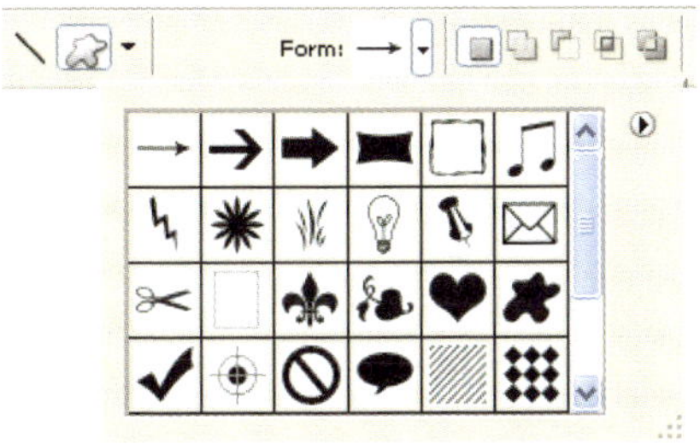

4 Doppelklicken Sie unten in der Liste (eventuell müssen Sie scrollen oder die Ecke der Auswahlliste ziehen) auf die Miniatur des Schachbrettmusters, um dieses Muster zu wählen und gleichzeitig die Auswahlliste zu schließen.

5 Wählen Sie in der Optionsleiste die Option »Pixel füllen«.

6 Achten Sie darauf, dass die Vordergrundfarbe auf Weiß eingestellt ist, und ziehen Sie mit gedrückter Umschalttaste diagonal im Bildfenster, um die Form in der gewünschten Größe zu zeichnen. (Mit gedrückter Umschalttaste zeichnen Sie die Form unter Beibehaltung der Original-Proportionen.)

7 Fügen Sie fünf weitere Schachbretter in unterschiedlichen Größen hinzu – Ihre Grafik sollte in etwa der folgenden Abbildung entsprechen.

8 Verringern Sie in der Ebenen-Palette die Deckkraft der *Muster*-Ebene auf **20%**.

Der Hintergrund des Posters ist jetzt komplett.

9 Blenden Sie die *Untertasse*-Ebene wieder ein, um die komplette Komposition anzuzeigen.

10 Wählen Sie **Datei: Speichern**.

Ein Smart Objekt importieren

Photoshop unterstützt Smart Objekte, mit denen Sie Vektorobjekte aus Adobe Illustrator importieren und in Photoshop ohne jeden Qualitätsverlust bearbeiten können. Unabhängig davon, wie häufig Sie ein Smart Objekt auch skalieren, drehen, verzerren oder anderweitig transformieren, es behält seine scharfen und genauen Konturen. Außerdem lässt sich das Originalobjekt in Illustrator bearbeiten, wobei das in Ihrer Photoshop-Bilddatei platzierte Smart Objekt entsprechend aktualisiert wird. Sie haben bereits in Lektion 9 ein wenig über Smart Objekte erfahren. Dieses Wissen vertiefen Sie jetzt, indem Sie einen in Illustrator erstellen Text in Ihrem Poster platzieren.

Die Überschrift hinzufügen

Wir haben den Namen für das Spielwarengeschäft bereits in Illustrator gestaltet, damit Sie ihn jetzt in das Poster einfügen können.

1 Die *Untertasse*-Ebene ist gewählt. Wählen Sie **Datei: Platzieren**. Suchen Sie im Ordner *Lektionen/Lektion10* die Datei *Titel.ai* und klicken Sie auf »Platzieren«. Klicken Sie im Dialogfeld »PDF platzieren« auf OK.

Der Text *Retro Toyz* erscheint in der Mitte der Komposition innerhalb eines Begrenzungsrahmens mit Anfassern und die Ebenen-Palette enthält nun eine neue Ebene mit dem Namen *Titel*.

2 Ziehen Sie das Objekt *Retro Toyz* in die obere rechte Ecke des Posters, drücken Sie die Umschalttaste und ziehen Sie eine Ecke, um das Textobjekt proportional zu vergrößern – der Text nimmt nun den oberen Bereich des Posters ein (siehe folgende Abbildung). Drücken Sie anschließend die Eingabetaste oder klicken Sie in der Optionsleiste auf die Schaltfläche »Transformieren bestätigen« (✓) .

Sobald Sie das Transformieren bestätigt haben, ändert sich das Symbol der Ebenenminiatur und weist darauf hin, dass die *Titel*-Ebene ein Smart Objekt ist.

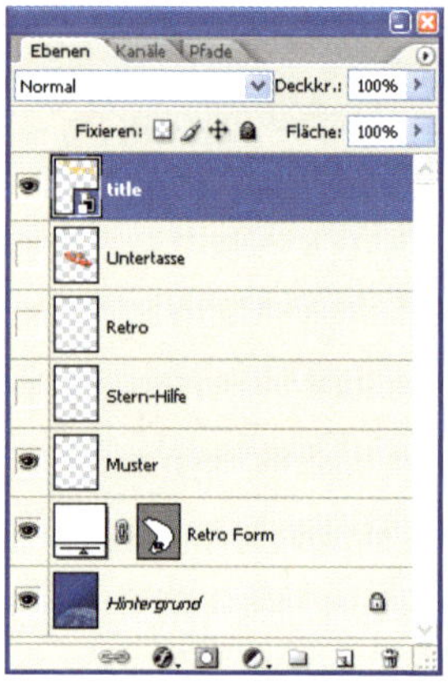

Das es sich bei dem Titel *Retro Toyz* um ein Smart Objekt handelt, können Sie Größe und Form beliebig oft bearbeiten. Wählen Sie einfach die Ebene und dann **Bearbeiten: Frei transformieren**, um mit den Anfassern die Größe einzustellen. Oder wählen Sie das Verschieben-Werkzeug (▸✥) und aktivieren Sie in der Optionsleiste die Option »Transformationssteuerungen«, um wieder über die Anfasser den Titel anpassen zu können.

Fertigstellen

Räumen Sie im letzten Schritt die Ebenen-Palette auf, indem Sie die Vorlage mit den Hilfslinien löschen.

1 Die Ebenen *Titel*, *Untertasse*, *Muster*, *Retro Form* und *Hintergrund* sind die einzigen sichtbaren Ebenen in der Ebenen-Palette.

2 Wählen Sie aus dem Menü der Ebenen-Palette die Option »Ausgeblendete Ebenen löschen« und klicken Sie auf »Ja«, um den Löschvorgang zu bestätigen.

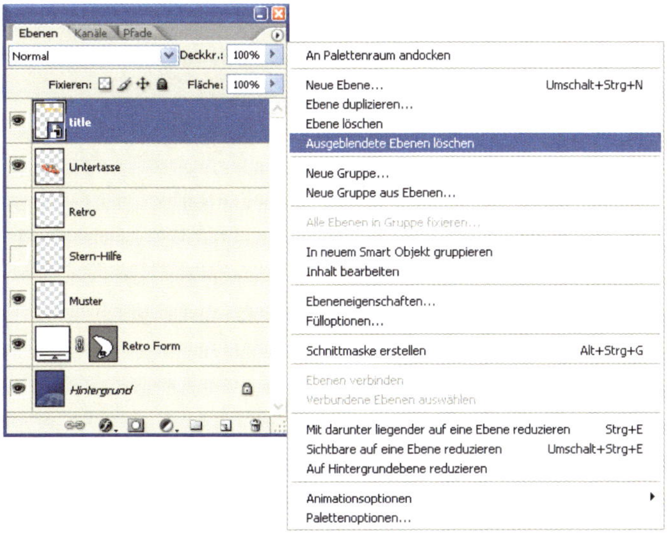

3 Wählen Sie **Datei: Speichern**.

Glückwunsch – die Arbeit an dem Poster ist damit abgeschlossen. Das Poster sollte der folgenden Abbildung entsprechen. (Die Überschrift ist nur dann mit einer Kontur versehen, wenn Sie auch die Extra-Aufgabe auf der nächsten Seite durcharbeiten.)

EXTRA: Wenn Sie über Adobe Illustrator CS oder CS2 verfügen, können Sie noch mehr mit dem Smart Objekt anstellen – Sie bearbeiten es in Illustrator und gleichzeitig wird es in Photoshop automatisch aktualisiert. Probieren Sie Folgendes:

1 Doppelklicken Sie auf die Smart Objekt-Miniatur in der *Titel*-Ebene. Falls ein Warnhinweis erscheint, klicken Sie auf OK. Illustrator öffnet und zeigt das Smart Objekt *Retro Toyz* in einem Dokumentfenster an.

2 Ziehen Sie mit dem Direkt-Auswahl-Werkzeug (↖) einen Auswahlrahmen um den Text, um alle Buchstaben zu wählen.

3 Klicken Sie unten in der Werkzeugpalette auf das Kontur-Feld ( ).

4 Bewegen Sie die Maus über die Farbe-Palette (wählen Sie »Fenster: Farbe«, falls die Palette nicht zu sehen ist). Der Cursor ändert sich in eine Pipette. Wählen Sie die Farbe Schwarz und geben Sie dann in der Kontur-Palette eine Stärke von 0,5 Pt ein.

Der Text *Retro Toyz* ist jetzt mit einer 0,5 Punkt starken schwarzen Kontur versehen.

5 Klicken Sie auf »Schließen«, um das Smart Objekt-Dokument zu schließen, und klicken Sie dann auf »Speichern«.

6 Wechseln Sie zu Photoshop. Das *Retro Toyz*-Bildfenster ist aktualisiert und zeigt den Text mit der Kontur.

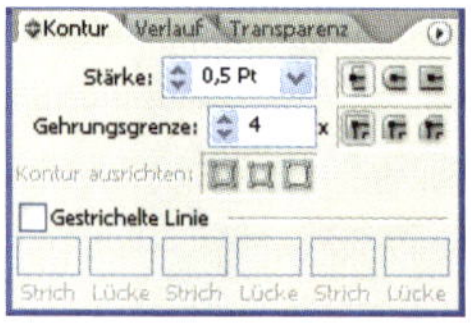

Rückblick

Fragen

1 Wann eignet sich das Zeichenstift-Werkzeug auch als Auswahl-Werkzeug?

2 Was ist der Unterschied zwischen einem Pixelbild und einer Vektorgrafik?

3 Was bewirkt eine Formebene?

4 Welche Werkzeuge werden zum Bewegen und Skalieren von Pfaden und Formen benutzt?

5 Was sind Smart Objekte und worin liegt deren Nutzen?

Antworten

1 Wenn Sie eine sehr präzise Auswahl erstellen möchten, ist es oft einfacher, einen Pfad mit dem Zeichenstift-Werkzeug zu ziehen und den Pfad dann in eine Auswahl umzuwandeln.

2 Pixelbilder (auch Bitmaps oder Rasterbilder) basieren auf einem Farbraster (sog. Pixel) und eignen sich für die Darstellung von Halbtonbildern. Vektorgrafiken bestehen aus mathematisch beschriebenen Formen und eignen sich für Illustrationen, Text und Zeichnungen, die auch in unterschiedlichen Skalierungen detailgetreu und scharf sein müssen.

3 Eine Formebene speichert die Kontur einer Form in der Pfade-Palette. Sie ändern die Kontur einer Form, indem Sie deren Pfad ändern.

4 Sie benutzen das Pfadauswahl-Werkzeug (➷) und das Direktauswahl-Werkzeug (➷), um Formen zu bewegen, in der Größe zu ändern und zu bearbeiten. Sie modifizieren eine Form oder einen Pfad auch über den Befehl **Bearbeiten: Frei transformieren**.

5 Smart Objekte sind Vektorobjekte, die Sie auch aus Adobe Illustrator importieren und in Photoshop ohne Qualitätseinbußen platzieren und bearbeiten können. Ein großer Vorteil bei der Arbeit mit Smart Objekten ist, dass sich das Originalobjekt in Illustrator bearbeiten lässt und das in der Photoshop-Bilddatei platzierte Smart Objekt sofort aktualisiert wird.

Nachdem Sie sich mit den grundlegenden Ebenentechniken vertraut gemacht haben, erstellen Sie jetzt komplexere Effekte mit Hilfe von Ebenenmasken, gruppierten Pfaden, Filtern, Einstellungsebenen und verschiedenen Ebenenstilen.

11 Fortgeschrittene Ebenentechniken

Überblick

In dieser Lektion lernen Sie Folgendes::

- Maskierungsgruppen erstellen, um ein Bild auf einer Ebene als Maske für Bildteile auf einer anderen Ebene zu verwenden
- Ebenensätze erstellen, um Ebenen zu organisieren und zu verwalten
- Einstellungsebenen hinzufügen, um in einem Bild Farb- und Tonwertkorrekturen vorzunehmen, ohne vorhandene Pixeldaten permanent zu ändern
- Aussparungsebenen erstellen, um andere Ebenen auszusparen
- Ebenen aus anderen Photoshop-Dateien importieren
- Mit Text-Ebenen arbeiten
- Ebenen duplizieren und beschneiden
- Ebenenstile für eine Ebene hinzufügen und die Effekte auf mehrere Ebenen anwenden
- Ebenen rastern
- Beschneidungspfade in Masken umwandeln
- Eine Ebene verflüssigen
- Ebenendateien auf eine Ebene reduziert speichern, um die Dateigröße zu verringern

Falls erforderlich, löschen Sie den auf Ihrer Festplatte vorhandenen Lektionsordner aus der vorherigen Lektion und kopieren stattdessen den Ordner *Lektionen/Lektion11* von der Buch-DVD auf die Festplatte. Während der Arbeit überschreiben Sie die Startdateien. Falls Sie diese Dateien wiederherstellen wollen, kopieren Sie sie von der Buch-DVD.

Vorbereitungen

Sie arbeiten in dieser Lektion mit einer Bilddatei, die aus zwei Ebenen und der Hintergrund-Ebene besteht. Im Verlauf der Lektion sammeln Sie Erfahrungen mit Einstellungsebenen, Ebeneneffekten, Ebenenmasken und Ebenenfiltern. Über diese Lektion hinaus gibt es dann genügend Möglichkeiten, mit dem gewonnenen Wissen viele Filter, Effekte, Ebeneneigenschaften und Ebenenmasken auf vielfältige Weise auszuprobieren und untereinander zu kombinieren.

1 Starten Sie Photoshop und halten Sie sofort danach die Tasten Strg+Alt+Umschalt (Windows) bzw. Befehl+Wahl+Umschalt (Mac OS) gedrückt, um die standardmäßigen Voreinstellungen zu erhalten.

2 Klicken Sie im Meldungsfenster zur Bestätigung auf »Ja«, um die Standardeinstellungen wiederherzustellen. Klicken Sie auf »Schließen«, um das Willkommen-Fenster zu schließen.

3 Klicken Sie in der Optionsleiste auf die Schaltfläche »Gehe zu Bridge« (), um Adobe Bridge zu öffnen.

4 Klicken Sie oben links in der Favoriten-Palette auf den Favoriten *Lektionen*. Doppelklicken Sie anschließend auf den Ordner *Lektion11* im Vorschaubereich.

5 Wählen Sie die Miniatur *11End.psd* und prüfen Sie die Datei in der Vorschau-Palette. Falls erforderlich vergrößern Sie die Vorschau-Palette.

6 Doppelklicken Sie auf die Miniatur *11Start.psd*, um die Datei in Photoshop zu öffnen.

7 Schließen (oder minimieren) Sie die Palettengruppen Navigator, Farbregler und Protokoll. Verschieben Sie die Ebenen-Palettengruppe im Arbeitsbereich nach oben. Ziehen Sie die Ecke der Ebenen-Palettengruppe in die Länge, um alle Ebenen ohne Scrollen anzuzeigen.

Die Ebenen-Palette zeigt die drei Ebenen der Datei: *Lochgitter*, *Rost* und *Hintergrund.* Zurzeit sehen Sie nur die *Lochgitter*-Ebene, da die *Rost*-Ebene und der Hintergrund unter dem Bild des Lochgitters angeordnet sind.

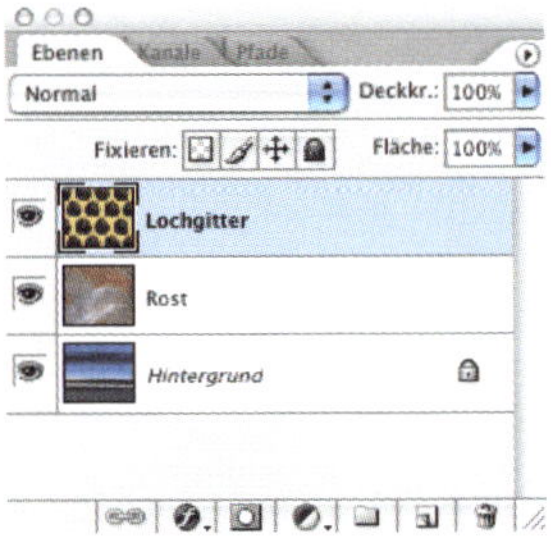

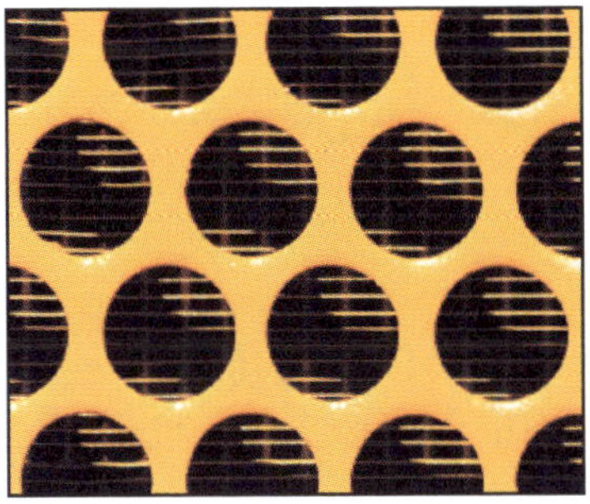

8 Prüfen Sie mit Hilfe der Augensymbole (👁) in der Ebenen-Palette die einzelnen Ebenen, indem Sie die jeweils anderen Ebenen ausblenden.

9 Setzen Sie danach wieder für jede Ebene ein Augensymbol, um alle Ebenen der Datei einzublenden.

Ebenen-Beschneidungspfad erstellen

Sie wissen bereits aus anderen Lektionen in diesem Buch, dass sich ein Vektorpfad zum Beschneiden einer Ebene benutzen lässt, das heißt, Photoshop versieht die Ebene mit einer scharfkantigen Maske. Sie zeichnen in diesem Teil der Lektion einen Kreis und verwenden diesen als Ebenen-Beschneidungspfad, um die Löcher im Bild des Lochgitters auszustanzen. Unter diesen Löchern ist danach die darunterliegende Ebene zu sehen.

Vektor-Arbeitspfad erstellen

Sie zeichnen zuerst den Arbeitspfad auf der *Lochgitter*-Ebene.

1 Klicken Sie in der Ebenen-Palette in der *Lochgitter*-Ebene, um sie zu wählen.

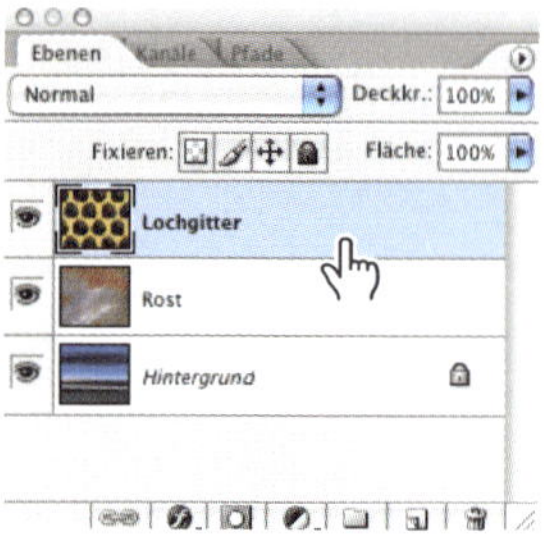

2 Wählen Sie das Ellipse-Werkzeug (◯), das unter dem Rechteck-Werkzeug (▭) verborgen ist. (Wählen Sie nicht das Auswahlellipse-Werkzeug.) Klicken Sie anschließend in der Optionsleiste auf die Schaltfläche »Pfade« (▢).

3 Positionieren Sie den Zeiger im Mittelpunkt eines der Löcher im Lochgitter und beginnen Sie zu ziehen. Halten Sie die Tasten Umschalt+Alt (Windows) bzw. Umschalt+Wahl (Mac OS) gedrückt und ziehen Sie weiter, um einen Kreis in der Größe des Lochs zu zeichnen. Sobald der Kreis die passende Größe hat, lassen Sie erst die Maustaste und dann die Tasten auf der Tastatur los.

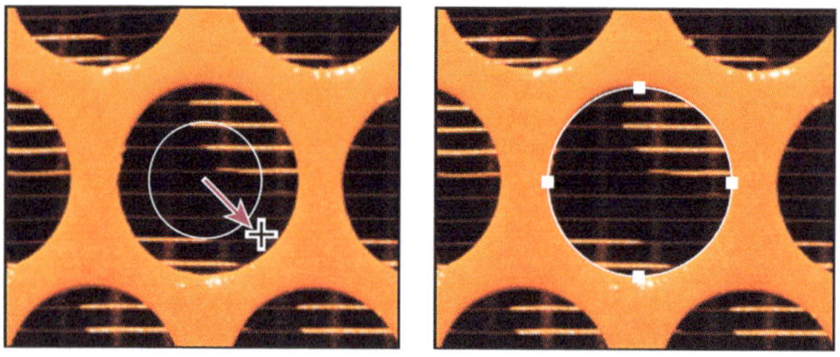

Hinweis: *Falls Ihr Kreis nicht exakt zentriert ist, klicken Sie mit gedrückter Strg- (Windows) bzw. Befehlstaste (Mac OS) auf den Kreis und ziehen Sie ihn auf die korrekte Position. Wenn der Kreis schwarz gefüllt ist, wählen Sie »Bearbeiten: Rückgängig«. Beginnen Sie dann wieder mit Schritt 2 und achten Sie darauf, dass Sie in der Optionsleiste die Option »Pfade« gewählt haben.*

Sie erstellen nun Kopien für den restlichen Teil des Lochgitters.

4 Wählen Sie in der Werkzeugpalette das Pfadauswahl-Werkzeug (↖) und klicken Sie auf den gerade gezeichneten Kreis.

5 Halten Sie die Alt- (Windows) bzw. Wahltaste (Mac OS) gedrückt, dadurch erscheint neben dem Zeiger ein kleines Pluszeichen (↖₊). Ziehen Sie dann den Kreis, um eine Kopie des Kreises auf einem anderen Loch im Gitter zu platzieren.

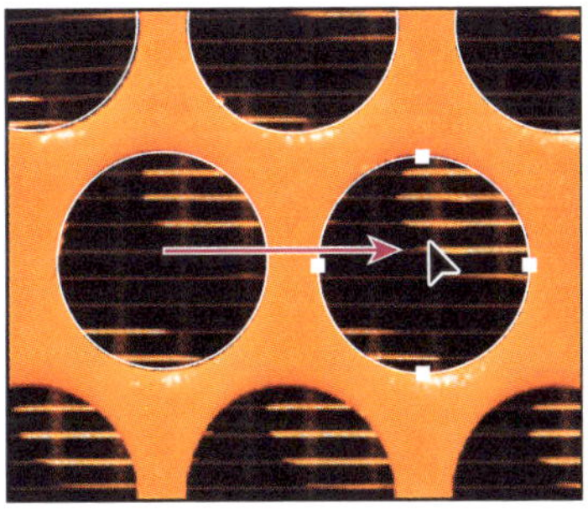

6 Wiederholen Sie Schritt 5, bis alle Löcher mit Kreisen versehen sind. Dazu gehören auch die Löcher, die über die Bildkanten hinausgehen.

Wenn Sie die Kopien der Kreispfade über mehreren Löchern platziert haben, wählen Sie alle durch Klicken mit gedrückter Umschalttaste aus. Ziehen Sie dann mit gedrückter Alt- bzw. Wahltaste, um die Kreispfade zu kopieren und zu verschieben.

Hinweis: *Bei Löchern, die über die Bildkanten hinausgehen, kann der Kreis »wegspringen«. Sie können die Position eines ausgewählten Kreises auch mit den Pfeiltasten ändern. Hilfreich ist auch, wenn Sie den Befehl »Ansicht: Ausrichten an« wählen und alle aktivierten Optionen im Untermenü abwählen.*

Ebenenmaske aus Arbeitspfad erzeugen

Sie benutzen die Kreise jetzt als Ebenen-Vektormaske.

1 Klicken Sie mit gedrückter Umschalttaste, um alle 16 kreisförmigen Pfade zu wählen.

2 Klicken Sie in der Optionsleiste auf die Schaltfläche »Vom Pfadbereich subtrahieren« (⊡) oder drücken Sie das Minuszeichen (-) als Tastaturbefehl.

Mit dieser Option benutzt Photoshop die Kreisformen und legt fest, wo Pixel aus der Ebene zu entfernen sind. Die Bereiche des Metallgitters werden transparent, sobald Sie den Pfad als Vektormaske zuweisen.

3 Wählen Sie **Ebene: Vektormaske: Aktueller Pfad**.

Die *Rost*-Ebene scheint jetzt durch die Löcher des Lochgitters hindurch. In der Ebenen-Palette erscheint auf der Lochgitter-Ebene die Miniatur der Vektormaske.

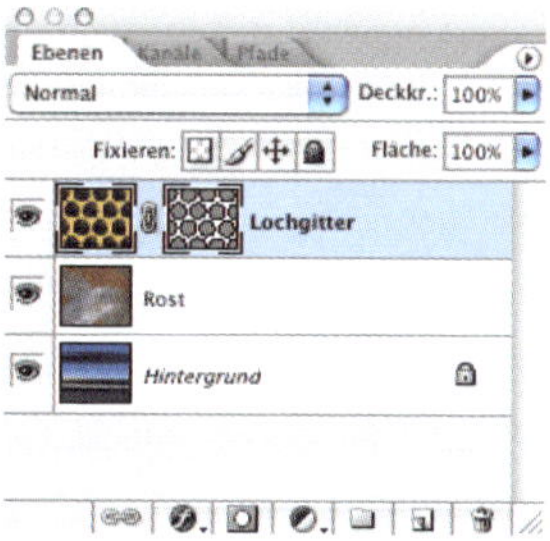

4 Klicken Sie in der Optionsleiste auf die Schaltfläche »Zielpfad ausschalten« (✓), um den Pfad mit den von Ihnen erstellten Kreisen abzuwählen.

5 Wählen Sie **Datei: Speichern**, um Ihre Arbeit zu sichern.

Ebenengruppen erstellen

Einzelne Ebenen lassen sich organisieren und verwalten, wenn Sie sie in Ebenengruppen zusammenfassen. Anschließend können Sie sich die in einer Ebenengruppe enthaltenen Ebenen ansehen oder die Gruppe ausblenden, um die Ansicht übersichtlicher zu gestalten. Außerdem lässt sich die Stapelfolge der Ebenen in einer Ebenengruppe ändern.

Ebenengruppen verhalten sich wie Ebenen, das heißt, Sie können sie nicht nur wählen, duplizieren und verschieben, sondern den Ebenen einer Gruppe auch Attribute oder Masken zuweisen.

Sie erstellen in diesem Abschnitt zwei Ebenengruppen, und zwar das eine für Text und das andere für das Lochgitter.

1 Klicken Sie in der Ebenen-Palette zweimal auf die Schaltfläche »Neue Gruppe erstellen« (🗀), um zwei Ebenengruppen zu erstellen.

2 Doppelklicken Sie auf den Namen *Gruppe 2*, geben Sie **Text** ein und drücken Sie die Eingabetaste.

3 Doppelklicken Sie auf den Namen *Gruppe 1*, geben Sie **Bilder** ein und drücken Sie die Eingabetaste.

4 Ziehen Sie in der Ebenen-Palette die *Lochgitter*-Ebene auf das Ordnersymbol in der *Bilder*-Ebengruppe und lassen Sie die Maustaste los. Die Ebene *Lochgitter* gehört jetzt zu dieser Gruppe.

5 Ziehen Sie die *Rost*-Ebene, um sie ebenfalls der *Bilder*-Ebenengruppe hinzuzufügen. Die *Rost*-Ebene befindet jetzt unterhalb der *Lochgitter*-Ebene in der Ebenengruppe.

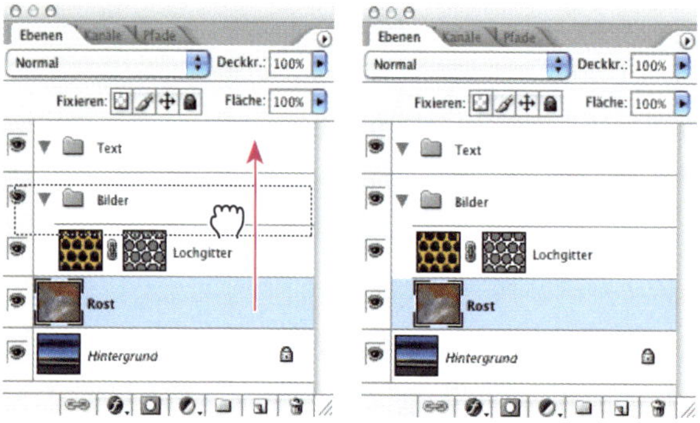

6 Wählen Sie **Datei: Speichern**.

Einstellungsebenen anlegen

Einstellungsebenen dienen dazu, Farb- oder Farbtonkorrekturen hinzuzufügen, ohne die Pixel in einem Bild permanent zu ändern. Wenn Sie beispielsweise eine *Farbbalance*-Einstellungsebene einem Bild hinzufügen, können Sie nacheinander mit verschiedenen Farben experimentieren, da Photoshop die Änderungen nur in der Einstellungsebene vornimmt. Wenn Sie wieder die ursprünglichen Pixelwerte zurückerhalten möchten, brauchen Sie die Einstellungsebene nur auszublenden oder zu löschen.

Sie fügen nun eine *Gradationskurven*-Einstellungsebene hinzu, um einen stärkeren Kontrast zwischen der *Lochgitter*- und der *Rost*-Ebene zu erzeugen. Dazu dunkeln Sie die komplette *Rost*-Ebene ab. Eine Einstellungsebene wirkt sich auf alle darunter befindlichen Ebenen aus, und zwar entsprechend der Stapelfolge im Bild. Da Sie die *Gradationskurven*-Einstellungsebene unterhalb der *Lochgitter*-Ebene anordnen, beeinflusst die Einstellung nur die *Rost*-Ebene und den Hintergrund, nicht aber das Lochgitter.

1 Wählen Sie in der Ebenen-Palette die *Rost*-Ebene.

2 Klicken Sie unten in der Ebenen-Palette auf die Schaltfläche »Neue Füll- oder Einstellungsebene erstellen« (◐) und wählen Sie aus dem danach angezeigten Popup-Menü die Option »Gradationskurven«.

3 Klicken Sie auf die Mitte der Diagonalen im Raster (die Gradationskurve), um der Kurve einen Steuerpunkt für die Einstellung der Mitteltöne hinzuzufügen.

4 Ziehen Sie den Steuerpunkt nach unten und nach rechts oder geben Sie entsprechende Werte in die Felder »Eingabe« und »Ausgabe« ein. (Wir haben den Steuerpunkt so verschoben, dass unter »Eingabe« der Wert 150 und unter »Ausgabe« der Wert 105 enthalten ist.)

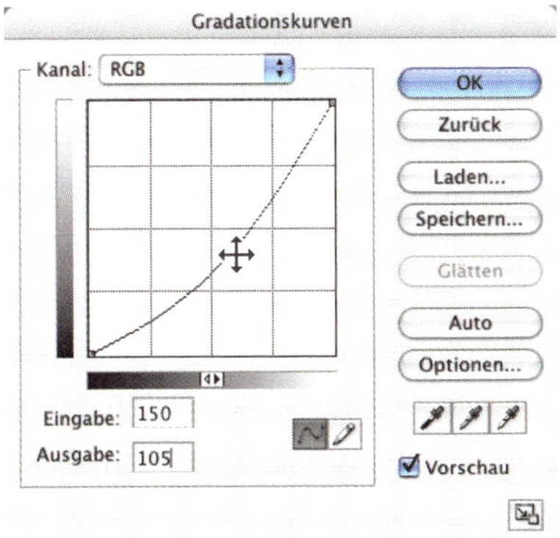

5 Klicken Sie auf OK, um das Dialogfeld zu schließen.

In der Ebenen-Palette erscheint jetzt die Einstellungsebene *Kurven 1*. Die Miniaturen der neuen Ebene zeigen die Gradationskurve und die Vektormaske.

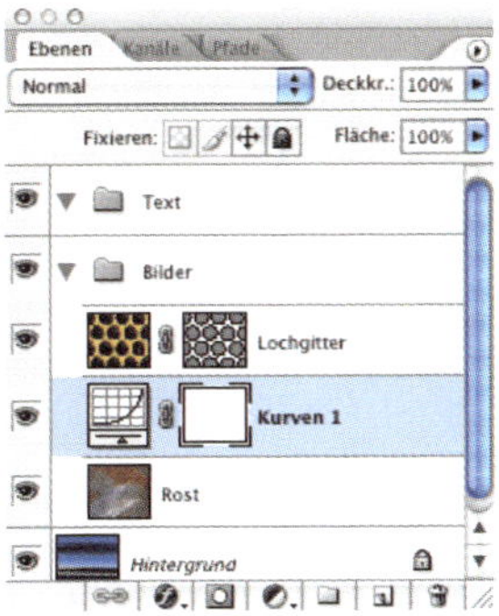

6 Wählen Sie **Datei: Speichern**.

Klicken Sie auf die Augensymbole, um die Ebenen *Kurven 1* und *Rost* ein- und auszublenden. So erkennen Sie die Auswirkungen der Einstellungsebene auf die anderen Ebenen. Blenden Sie anschließend alle Ebenen wieder ein.

Aussparungsebene mit Verlauf erstellen

Mit Fülloptionen bestimmen Sie, wie eine Ebene andere Ebenen ausspart. Sie erstellen in diesem Abschnitt eine Verlaufsebene, mit der das untere Drittel des Bildes die Hintergrundebene ausspart bzw. durchscheinen lässt.

Sie erstellen zuerst eine neue Ebene innerhalb der *Bilder*-Ebenengruppe.

1 Wählen Sie in der Ebenen-Palette das *Bilder*-Ebenengruppe und klicken Sie unten in der Palette auf die Schaltfläche »Neue Ebene erstellen« ( ).

Damit wird in der *Bilder*-Ebenengruppe die neue *Ebene 1* oberhalb der Ebenen *Lochgitter*, *Kurven 1* und *Rost* erstellt.

2 Doppelklicken Sie auf *Ebene 1* und geben Sie den Namen **Verlauf** ein. Drücken Sie die Eingabetaste und lassen Sie die Ebene *Verlauf* gewählt.

3 Wählen Sie in der Werkzeugpalette das Verlaufswerkzeug ( ).

4 Eventuell müssen Sie in der Werkzeugpalette auf das Symbol »Standardfarben für Vordergrund und Hintergrund« ( ) klicken, um die Vordergrundfarbe auf Schwarz und die Hintergrundfarbe auf Weiß einzustellen.

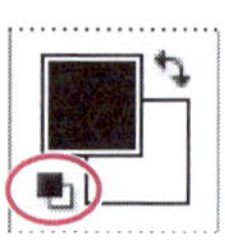

5 Klicken Sie wenn nötig in der Optionsleiste auf die Schaltfläche »Linearer Verlauf« ( ), um einen linearen Verlauf zu erzeugen.

6 Klicken Sie in der Optionsleiste auf den Pfeil ( ) rechts neben der Verlaufsanzeige, um die Auswahlliste für Verläufe zu öffnen.

7 Klicken Sie auf den Pfeil ( ), um das Palettenmenü des Verlaufswählers zu öffnen. Wählen Sie »Kleine Liste« und dann die Option »Vordergrund-Transparent«. Klicken Sie im Bild oder doppelklicken Sie auf die Option »Vordergrund - Transparent«, um den Verlaufswähler zu schließen.

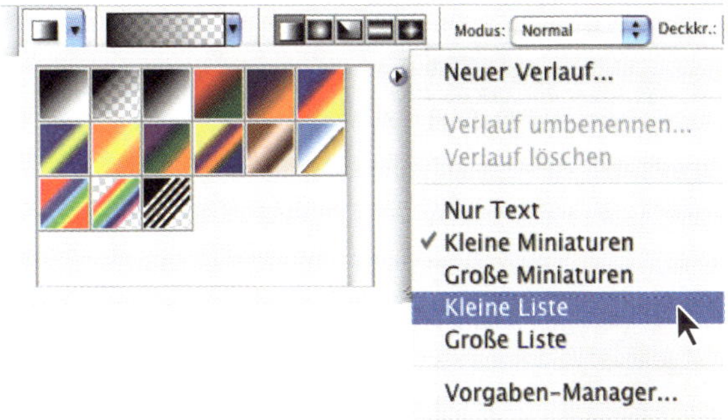

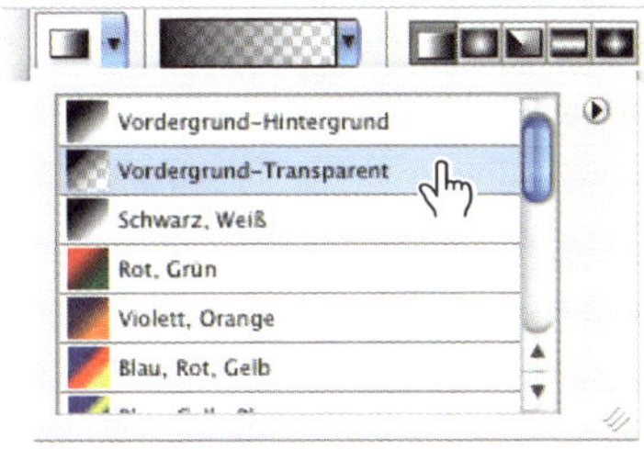

8 Ziehen Sie mit gedrückter Umschalttaste vom unteren Bildrand aus leicht über die Bildmitte hinaus, um einen Verlauf zu erstellen, der von Schwarz (unten) bis hin zu transparent (oben) verläuft.

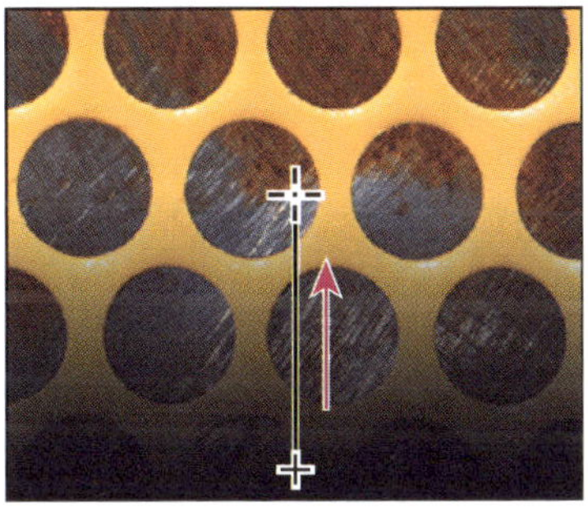

9 Klicken Sie unten in der Ebenen-Palette auf die Schaltfläche »Ebeneneffekt hinzufügen« (ƒ) und wählen Sie aus dem Popup-Menü die Option »Fülloptionen«.

10 Nehmen Sie im Dialogfeld »Ebenenstil« die folgenden Einstellungen vor:

- Geben Sie unter »Erweiterte Füllmethode« für »Deckkraft« den Wert **0** ein oder ziehen Sie den Regler entsprechend.
- Wählen Sie aus dem Popup-Menü »Aussparung« die Option »Stark«.
- Klicken Sie auf OK, um das Dialogfeld zu schließen.

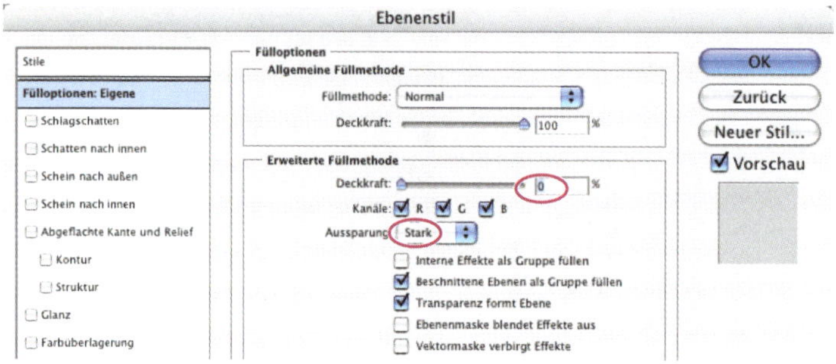

Die horizontalen Streifen der Verlaufsfarbe auf der Hintergrundebene scheinen bereits durch die Ebenen in der *Bilder*-Ebenengruppe.

11 Wählen Sie **Datei: Speichern**.

Ebenen aus anderen Dateien importieren

In diesem Teil der Lektion importieren Sie für Ihre Grafik eine bereits vorhandene Ebene aus einer anderen Datei. Auch wenn die importierte Ebene das Wort *Diesel* enthält und ursprünglich mit dem Text-Werkzeug erstellt wurde, wird der Text als Grafik konvertiert. Der Text lässt sich zwar mit dem Text-Werkzeug nicht mehr bearbeiten, aber es hat den Vorteil, dass Sie sich keine Gedanken darüber machen müssen, ob andere Anwender die benötigten Zeichensätze installiert haben, um das Bild korrekt zu sehen.

1 Wählen Sie in der Ebenen-Palette die Ebenengruppe *Text*.

2 Benutzen Sie Adobe Bridge oder wählen Sie **Datei: Öffnen**, um die Datei *Diesel.psd* im Ordner *Lektionen/Lektion11* in Photoshop zu öffnen.

3 Das Bildfenster *Diesel.psd* ist aktiv. Ziehen Sie die *Diesel*-Ebene aus der Ebenen-Palette auf das Bild *11Start.psd*.

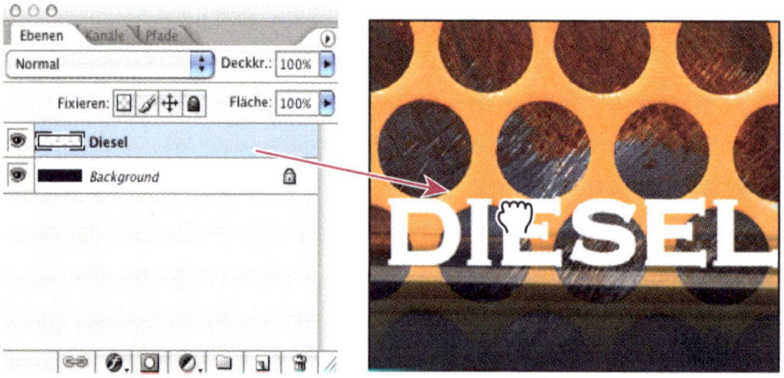

Da vorher die Ebenengruppe *Text* im Bild *11Start.psd* aktiv war, fügt Photoshop die *Diesel*-Ebene dieser Gruppe hinzu.

4 Wählen Sie das Verschieben-Werkzeug (▸✥) und ziehen Sie die *Diesel*-Ebenenminiatur mittig ausgerichtet an den unteren Bildrand der Datei *11Start.psd*.

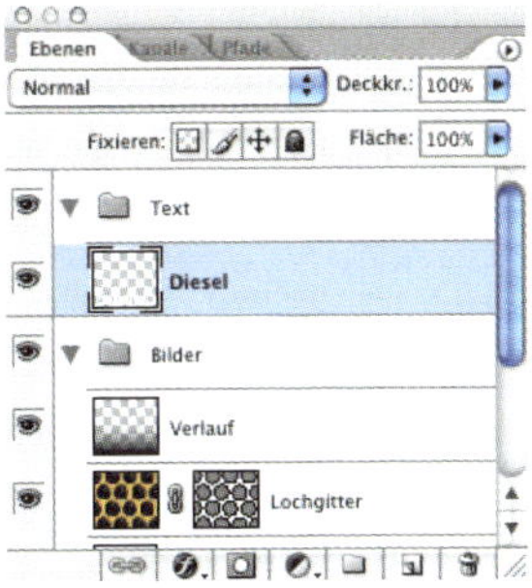

5 Wählen Sie **Datei: Speichern**, um die Datei *11Start.psd* zu sichern.

6 Schließen Sie die Datei *Diesel.psd*, ohne Änderungen zu sichern.

Ebenenstile zuweisen

Ebenenstile sind automatisierte Effekte, die Sie einer Ebene zuweisen.

Wenn Sie den Text im Bild angeordnet haben, fügen Sie Ebenenstile hinzu und ändern damit die Textanmutung. Sie fügen nun der Text-Ebene *Diesel* zwei unterschiedliche Ebenenstile hinzu.

1 Die Ebene *Diesel* ist in der Ebenen-Palette aktiviert. Klicken Sie unten in der Ebenen-Palette auf das Symbol »Ebeneneffekt hinzufügen« (ƒ) und wählen Sie aus dem Popup-Menü die Option »Schlagschatten«.

2 Rechts im Dialogfeld »Ebenenstile« ist die Option »Vorschau« aktiviert, damit Sie während der Arbeit alle Änderungen sofort sehen können.

3 Prüfen Sie im Dialogfeld »Ebenenstile« die Optionen für »Schlagschatten«. Übernehmen Sie die Voreinstellungen oder experimentieren Sie so lange, bis Sie mit dem Ergebnis im Bildfenster zufrieden sind.

4 Klicken Sie links im Dialogfeld auf *Abgeflachte Kante und Relief* – der Stil ist hervorgehoben und das dazugehörige Kontrollkästchen ist mit einem Häkchen versehen.

5 Ziehen Sie im Dialogfeld unter »Struktur« die Regler für »Farbtiefe« und »Größe«, um dem Diesel-Bild eine natürliche Reliefstruktur zuzuweisen. (Wir haben die Farbtiefe auf **2**% und die Größe auf **2** eingestellt. Sie könnten auch die vorgegebenen Werte von 100% und 5 Pixel übernehmen.)

Sehen Sie sich auch das Beispiel direkt unter dem Kontrollkästchen »Vorschau« an. Diese Miniatur zeigt Ihnen das Ergebnis der gewählten Ebenenstil-Optionen auf einem mittelgrauen Quadrat.

6 Klicken Sie auf OK, um das Dialogfeld zu schließen.

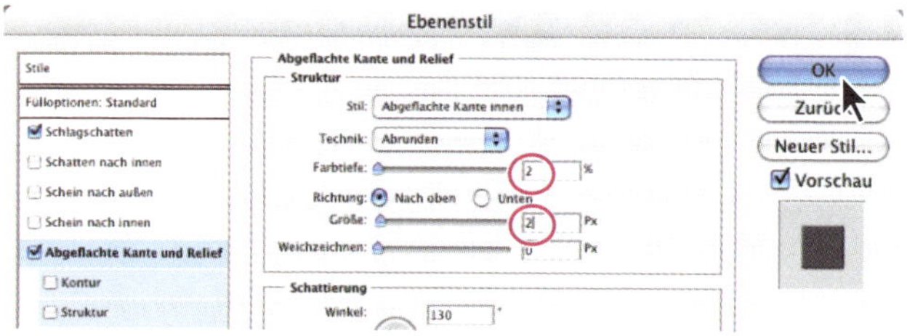

7 Wählen Sie **Datei: Speichern**.

Eine Ebene duplizieren und beschneiden

Sie erfahren in diesem Abschnitt, wie Sie die *Rost*-Ebene kopieren und sie dann mit der zusammengesetzten Form der *Diesel*-Ebene beschneiden.

Sie kopieren die *Rost*-Ebene und verschieben sie dann über die *Diesel*-Ebene.

1 Wählen Sie in der Ebenen-Palette die *Rost*-Ebene und ziehen Sie diese Ebene auf die Schaltfläche »Neue Ebene erstellen« (▣) unten in der Palette.

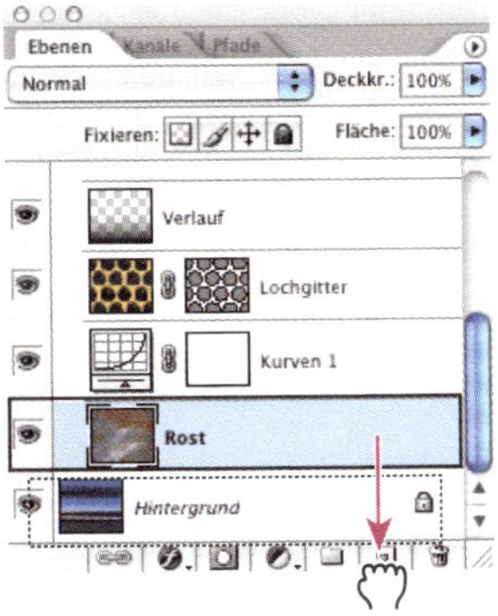

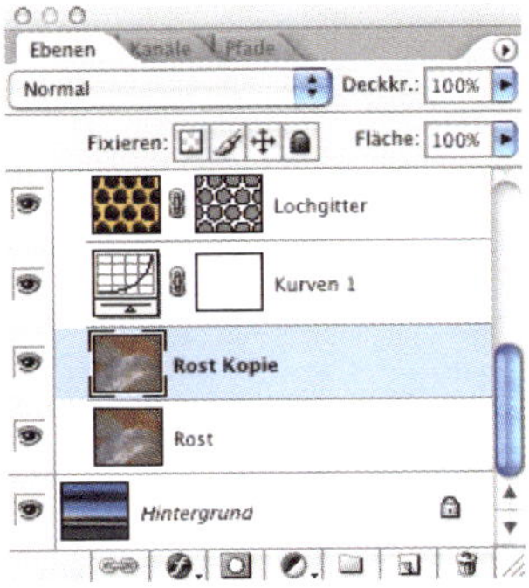

In der Palette erscheint die neue Ebene *Rost Kopie* direkt oberhalb der *Rost*-Ebene.

2 Ziehen Sie in der Ebenen-Palette die Ebene *Rost Kopie* direkt über die *Diesel*-Ebene in der Ebenengruppe *Text*.

Da *Rost Kopie* die oberste Ebene ist, sehen Sie nur das *Rost*-Bild.

3 Ziehen Sie in der Ebenen-Palette den Mauszeiger mit gedrückter Alt- (Windows) bzw. Wahltaste (Mac OS) über die Trennlinie zwischen den Ebenen *Rost Kopie* und *Diesel*. Sobald sich der Zeiger in zwei sich überlappende Kreise (·⊗) ändert, klicken Sie mit der Maus.

Die Ebene *Rost* ist jetzt auf die Form des Textes *Diesel* beschnitten und Sie sehen im Bild wieder die anderen Ebenen.

4 Wählen Sie **Datei: Speichern**.

Hinweis: *Die Ebene* Rost *– sie erscheint im Text* Diesel *– ist von dem Rost getrennt, der sich in den runden Löchern des gelben Metalls befindet. Um das zu prüfen, blenden Sie einfach die Ebene* Rost Kopie *aus.*

Eine Ebene verflüssigen

Mit dem Filter »Verflüssigen« bearbeiten Sie Bildbereiche so, dass sie wie »geschmolzen« wirken. Sie lassen in diesem Teil der Lektion die Lochmaske so aussehen, als sei sie von der einen zur anderen Seite verlaufend geschmolzen.

Maske rastern

Bevor Sie das Lochgitter mit einem Verflüssigen-Effekt versehen, müssen Sie die Vektormaske rastern und anschließend zusammen mit dem Bild reduzieren, um nur ein Bild zu erhalten.

1 Wählen Sie in der Ebenen-Palette die *Lochgitter*-Ebene in der *Bilder*-Ebenengruppe.

2 Wählen Sie **Ebene: Rastern: Vektormaske.** Photoshop wandelt den Pfad mit den Kreisen, der eine Vektorgrafik und auflösungsunabhängig ist, in eine Maske um, die jetzt ein Rasterbild und damit auflösungsabhängig ist.

Um eine Maske als solche anzuzeigen, klicken Sie mit gedrückter Alt- (Windows) bzw. Wahltaste (Mac OS) auf die Maskenminiatur in der Ebenen-Palette.

3 Wählen Sie **Ebene: Ebenenmaske: Anwenden**, um die Ebene zusammen mit der Maske zu reduzieren. Damit verfügen Sie über ein einzelnes gerastertes Bild auf dieser Ebene. Beachten Sie, dass in der Ebenen-Palette nur eine Miniatur für die Ebene *Lochgitter* vorhanden ist, während es vorher zwei Miniaturen waren: eine für das Bild und eine für die Maske.

Verzerrungen im Verflüssigen-Dialogfeld entfernen

Wenn Sie Verzerrungen ganz oder teilweise wieder entfernen wollen, müssen Sie die bisherige Arbeit nicht komplett von vorn beginnen. Das Dialogfeld »Verflüssigen« bietet verschiedene Möglichkeiten, Verzerrungen in einem kompletten Bild oder nur in einem Bildbereich zu entfernen oder abzuschwächen. Die gewählte Methode hängt davon ab, wie viel Ihrer Arbeit Sie rückgängig machen wollen.

- *Drücken Sie Strg+Z (Windows) bzw. Befehl+Z (Mac OS), um nur die letzte Aktion (und auch nur einen Schritt) rückgängig zu machen.*
- *Wählen Sie im Verflüssigen-Dialogfeld das Rekonstruktion-Werkzeug und ziehen Sie es über den Bildbereich, den Sie in den ursprünglichen Zustand zurückversetzen wollen.*
- *Klicken Sie rechts im Dialogfeld auf die Schaltfläche »Rekonstruieren«, um die Verzerrung schrittweise zurückzunehmen.*
- *Benutzen Sie das Fixierungsmaske-Werkzeug, um den Bildbereich zu schützen, der verzerrt bleiben soll. Arbeiten Sie anschließend mit dem Rekonstruktion-Werkzeug oder mit der Rekonstruieren-Schaltfläche, um Verzerrungen in den nicht fixierten Bereichen zu reduzieren oder komplett zurücknehmen.*
- *Klicken Sie auf die Schaltfläche »Alles wiederherst.«, um den unverzerrten Originalzustand des Bildes wiederherzustellen. Diese Schaltfläche versetzt auch fixierte Bereiche wieder in den Originalzustand und entspricht dem Klicken auf »Abbrechen«, ohne jedoch das Dialogfeld zu schließen.*

Darüber hinaus können Sie unter »Rekonstruktionsoptionen« verschiedene Rekonstruktionsmodi sowie unter »Werkzeugoptionen« Modi für das Rekonstruktion-Werkzeug wählen. Weitere Informationen finden Sie in der Photoshop-Hilfe.

Den Verflüssigen-Filter anwenden

Der *Verflüssigen*-Filter funktioniert mit Hilfe eines Verzerrungsgitters. Das Bild wird verzerrt, indem Photoshop Griffe an den Schnittpunkten eines verborgenen Rasters bzw. *Gitters* zieht. Das Gitter lässt sich auch einblenden und hilft Ihnen so beim Nachvollziehen der Effekte der verschiedenen Verflüssigen-Werkzeuge.

1 Die Lochgitter-Palette ist in der Ebenen-Palette aktiviert. Wählen Sie **Filter: Verflüssigen**.

2 Wählen Sie im Dialogfeld »Verflüssigen« die folgenden Optionen:

- Achten Sie darauf, dass oben links im Dialogfeld das Verkrümmen-Werkzeug () gewählt ist.

- Wählen Sie oben rechts im Dialogfeld unter »Werkzeugoptionen« eine Pinselgröße mit derselben Größe wie die Löcher im Gitter (wir haben 133 eingestellt). Geben Sie unter »Pinseldruck« einen niedrigen Wert ein (wir haben mit 20 gearbeitet).
- Achten Sie darauf, dass unter »Ansichtsoptionen« die Kontrollkästchen »Bild einblenden« und »Gitter einblenden« aktiviert, das Kontrollkästchen »Hintergrund einblenden« jedoch *deaktiviert* ist.

Hinweis: *Die aktivierte Option »Hintergrund einblenden« könnte verwirren, da sie sowohl die nicht verflüssigte Version der* Gitter-*Ebene als auch die in Arbeit befindliche verflüssigte Version zeigt. Deshalb bleibt die Option »Hintergrund einblenden« für diese Übung deaktiviert.*

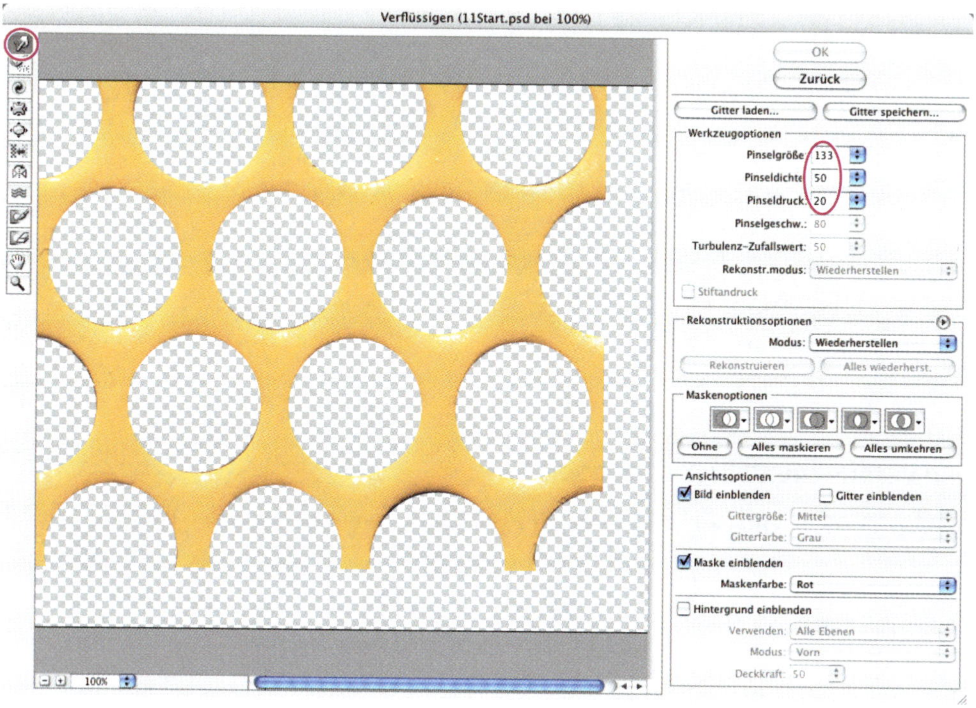

3 Ziehen Sie im Dialogfeld »Verflüssigen« die Werkzeugspitze seitlich und nach unten über das Bild, um mit dem Filtereffekt zu beginnen.

Beachten Sie die Verzerrungen des Gitters durch das Verkrümmen-Werkzeug. Ziehen Sie mit dem Werkzeug für weitere Effekte im Bild.

4 Wählen Sie links im Dialogfeld das Turbulenz-Werkzeug (≋) und ziehen Sie die Werkzeugspitze über einen anderen Bereich des Lochgitters.

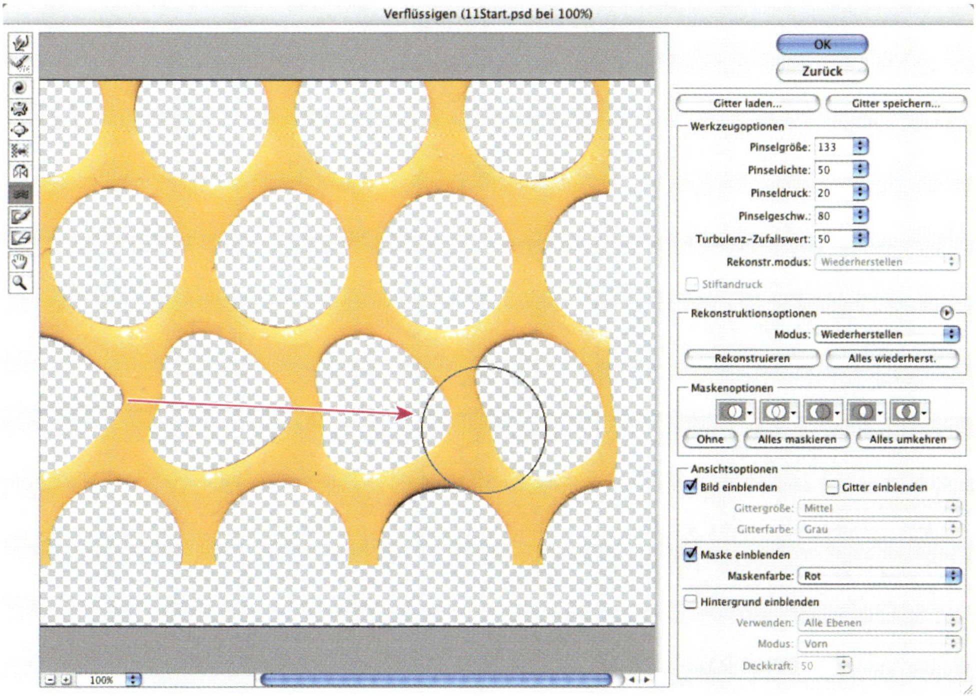

5 Bewegen Sie das Turbulenz-Werkzeug in einen noch unverzerrten Bildbereich und halten Sie die Maustaste einige Sekunden gedrückt, ohne den Zeiger zu bewegen.

Während Sie die Maustaste gedrückt halten, scheint das Lochgitter unter dem Einfluss des Turbulenz-Werkzeugs zu schmelzen. Achten Sie auch auf die anderen Unterschiede zwischen dem Turbulenz- und dem Verkrümmen-Werkzeug.

6 Weisen Sie dem Lochgitter weitere Effekte zu. Sobald Ihnen das Ergebnis gefällt, klicken Sie auf OK, um das Dialogfeld »Verflüssigen« zu schließen. Wählen Sie **Datei: Speichern**.

Eine Ebene für den Bildrand erstellen

Um das Bild zu komplettieren, versehen Sie es jetzt mit einem Rand.

1 Klicken Sie in der Ebenen-Palette auf die Schaltfläche »Neue Ebene erstellen« ( ). (Es ist nicht wichtig, welche Ebene gerade aktiviert ist, da Sie die neue Ebene später noch verschieben.)

2 Doppelklicken Sie auf die neue *Ebene 1*, geben Sie den Namen **Rand** ein und drücken Sie die Eingabetaste.

3 Ziehen Sie die Ebene *Rand* in der Ebenen-Palette so weit nach oben, bis direkt über der *Text*-Ebenengruppe eine schwarze Linie angezeigt wird, und lassen Sie dann die Maustaste los.

Die *Rand*-Ebene ist jetzt die oberste Ebene im Bild.

4 Wählen Sie **Auswahl: Alles auswählen**, um das ganze Bild auszuwählen.

5 Wählen Sie **Bearbeiten: Kontur füllen**. Geben Sie im Bereich »Kontur füllen« für »Breite« den Wert **5 Px** ein und klicken Sie auf OK. (Soll der Rand stärker sein, geben Sie einen Wert von **10** oder **15** Pixel ein.) Das Bild hat jetzt einen schwarzen Rand, der fünf Pixel breit ist.

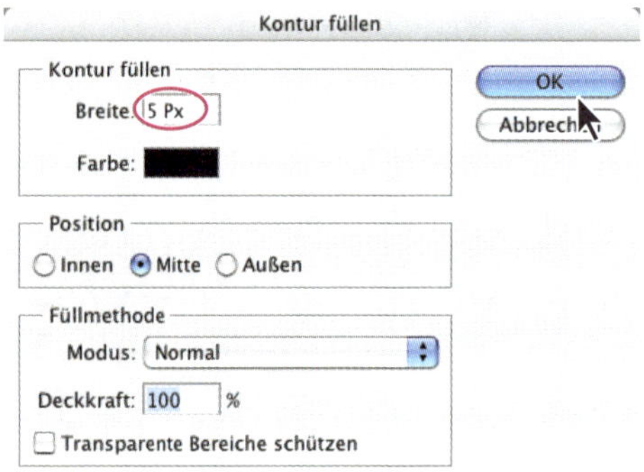

6 Wählen Sie **Auswahl: Auswahl aufheben**.

7 Wählen Sie **Datei: Speichern**.

Ein Bild mit Ebenen reduzieren

Wenn Sie von einer Datei einen Probedruck (Proof) erstellen lassen wollen, ist es ratsam, zwei Versionen der Datei zu speichern – eine mit allen Ebenen, damit Sie nachträglich noch Änderungen anbringen können, und eine Version mit nur einer Ebene und somit einer geringeren Dateigröße für die Druckerei.

1 Achten Sie auf die in der unteren linken Ecke des Programmfensters (Windows) bzw. Dokumentfensters (Mac OS) angezeigte Dateigröße. (Falls die Dateigröße nicht angezeigt wird, wählen Sie aus dem Popup-Menü unten links im Dokumentfenster die Option »Einblenden: Dateigrößen«.)

Die links angezeigte Zahl steht für die Druckgröße des Bilds, was in etwa der Größe der auf eine Ebene reduzierten und im Photoshop-Format gespeicherten Datei entspricht. Die rechts daneben stehende Zahl gibt Auskunft über die ungefähre Dateigröße einschließlich aller Ebenen und Kanäle.

2 Wählen Sie **Bild: Bild duplizieren**. Nennen Sie die Datei **11Fertig.psd** und klicken Sie auf OK.

3 Wählen Sie aus dem Menü der Ebenen-Palette die Option »Auf Hintergrundebene reduzieren«. Die Datei *11Fertig.psd* wird zu einer einzelnen Hintergrundebene kombiniert.

Prüfen Sie unten links im Bildfenster die Dateigröße von *11Fertig.psd*. Diese Datei ist erheblich kleiner als die vorherige Zahl, weil die Datei nur noch aus der Hintergrundebene besteht.

4 Wählen Sie **Datei: Speichern**. Klicken Sie anschließend im Dialogfeld »Speichern unter« auf die Schaltfläche »Speichern«, um die Datei im Photoshop-Format zu speichern.

Damit haben Sie die Lektion über fortgeschrittene Ebenentechniken abgeschlossen.

Das fertige Bild mit komplexen Ebenenstilen

Rückblick

Fragen

1 Wann arbeiten Sie mit Ebenensätzen?

2 Was versteht man unter einem Ebenen-Beschneidungspfad?

3 Wie funktionieren Einstellungsebenen und wann benutzt man diese Ebenen?

4 Was sind Ebenenstile? Wann sollten Sie sie benutzen?

Antworten

1 Ebenensätze helfen Ihnen beim Organisieren und Verwalten von Ebenen. Sie verschieben beispielsweise alle Ebenen in eine Ebenengruppe und weisen dieser Gruppe dann Attribute zu oder maskieren die Ebenen als Gruppe.

2 Ein Beschneidungspfad ist dann vorhanden, wenn Sie ein Bild auf einer Basisebene als Maske für die darüberliegende Ebene anlegen. Sie haben in dieser Lektion die Ebene *Lochgitter* (die Löcher wurden mit einer Vektormaske erzeugt) als Beschneidungspfad für die Ebene *Rost* verwendet, so dass der Rost nur in den Löchern des Gitters zu sehen ist. Sie haben auch die *Diesel*-Ebene als Beschneidungspfad für die Kopie der *Rost*-Ebene benutzt, um den Rost nur innerhalb des Wortes erscheinen zu lassen.

3 Bei Einstellungsebenen handelt es sich um eine spezielle Art von Ebenen, die sich besonders gut für Farb- und Tonwertkorrekturen verwenden lassen. Wenn Sie eine Einstellungsebene zuweisen, können Sie ein Bild beliebig oft bearbeiten, ohne die Farb- oder Tonwerteinstellungen des Originals dauerhaft zu ändern.

4 Ebenenstile sind anpassbare Effekte, die sich auf Ebenen anwenden lassen. Sie ermöglichen es Ihnen, eine Ebene zu ändern, wobei Sie die Änderungen jederzeit modifizieren oder wieder entfernen können.

Die Vielzahl der in Adobe Photoshop eingebauten Filter ermöglicht es Ihnen, schlichte Bilder mit außergewöhnlichen Effekten zu versehen. Sie wählen Filter, die traditionelle Maltechniken wie Aquarell, Pastell oder Buntstiftschraffur simulieren, oder solche, die Bilder scharfzeichnen, verzerren oder mit Mosaikeffekten versehen. Außerdem ändern Sie Bilder mit Einstellungsebenen und Mal-Modi.

12 Spezialeffekte

Überblick

In dieser Lektion lernen Sie Folgendes:

- Eine Aktion zum Automatisieren von Arbeitsschritten aufzeichnen und abspielen
- Bilder per Hilfslinien präzise platzieren und ausrichten
- Auswahlbereiche speichern und als Masken laden
- Farbeffekte ausschließlich nicht maskierten Bildbereichen zuweisen
- Eine Einstellungsebene hinzufügen, um Farbkorrekturen an einer Auswahl vorzunehmen
- Filter auf Auswahlbereiche für unterschiedlichste Effekte anwenden
- Ebenenstile für editierbare Spezialeffekte hinzufügen

Für diese Lektion benötigen Sie etwa 90 Minuten. Falls erforderlich, löschen Sie den auf Ihrer Festplatte vorhandenen Lektionsordner aus der vorherigen Lektion und kopieren stattdessen den Ordner *Lektionen/Lektion12* von der Buch-DVD auf die Festplatte. Während der Arbeit überschreiben Sie die Startdateien. Falls Sie diese Dateien wiederherstellen wollen, kopieren Sie sie von der Buch-DVD.

Vorbereitungen

Sie sehen sich zuerst die fertige Lektionsdatei an.

1 Starten Sie Photoshop und halten Sie sofort danach die Tasten Strg+Alt+Umschalt (Windows) bzw. Befehl+Wahl+Umschalt (Mac OS) gedrückt, um die standardmäßigen Voreinstellungen zu erhalten.

2 Klicken Sie im Meldungsfenster zur Bestätigung auf »Ja«, um die Standardeinstellungen wiederherzustellen. Klicken Sie auf »Schließen«, um das Willkommen-Fenster zu schließen

3 Klicken Sie in der Optionsleiste auf die Schaltfläche »Gehe zu Bridge« (), um Adobe Bridge zu öffnen.

4 Klicken Sie oben links in der Favoriten-Palette auf den Favoriten *Lektionen*. Doppelklicken Sie anschließend auf den Ordner *Lektion12* im Vorschaubereich.

5 Wählen Sie die Miniatur *12End.psd* und prüfen Sie die Datei in der Vorschau-Palette. Falls erforderlich vergrößern Sie die Vorschau-Palette für eine bessere Ansicht.

Ein Bild mit einer Fotomontage erscheint. Die Montage enthält vier Bilder, von denen jedes mit einem bestimmten Filter oder Effekt versehen ist.

6 Doppelklicken Sie auf die Miniatur *12Start.jpg*, um die Datei in Photoshop zu öffnen.

Aufgaben automatisieren

Eine *Aktion* besteht aus einem oder mehreren Befehlen, die Sie aufzeichnen und danach ausführen, um sie auf eine einzelne oder mehrere Dateien anzuwenden. Sie erfahren, wie Sie mit der Aktionen-Palette viel Zeit sparen, wenn Sie aus mehreren Arbeitsschritten bestehende Prozesse auf die vier Bilder in diesem Projekt anwenden.

Neben den Aktionen gibt es noch andere Möglichkeiten, um Aufgaben in Adobe Photoshop zu automatisieren. Mehr über das Aufzeichnen von Aktionen finden Sie in der Photoshop-Hilfe.

Dateien öffnen und beschneiden

Sie öffnen jetzt vier Dateien und ändern deren Größe. Da Sie bei dieser Aufgabe gestalterische Entscheidungen treffen müssen (das heißt, mit welchem Beschnitt sieht das Bild optimal aus), führen Sie diese Schritte manuell aus und zeichnen sie nicht in der Aktionen-Palette auf.

1 Klicken Sie auf das Info-Register in der Navigator-Palettengruppe, um die Info-Palette anzuzeigen.

2 Wählen Sie in der Werkzeugpalette das Freistellungswerkzeug (⌗). Ziehen Sie mit gedrückter Umschalttaste eine quadratische Auswahl um die Birnen. (Ziehen mit gedrückter Umschalttaste beschränkt die Auswahl auf ein Quadrat.) Lassen Sie nach dem Ziehen erst die Maustaste und danach die Umschalttaste los.

Ziehen mit gedrückter Umschalttaste

Freigestelltes Bild

3 Prüfen Sie in der Info-Palette die Werte für die Breite (B) und die Höhe (H). Wenn Sie ein perfektes Quadrat gezeichnet haben, sind die beiden Werte identisch.

4 Eventuell müssen Sie die Auswahl ändern, damit die Bilder perfekt im Freistellungsrechteck zentriert sind:

- Um gleiche Maße für die Breite und Höhe zu erhalten, ziehen Sie einfach an einer Ecke, bis in der Info-Palette die Werte für B und H identisch sind (drücken Sie nicht die Umschalttaste).

- Um das Freistellungsrechteck zu verschieben, klicken Sie innerhalb der Auswahl und ziehen für die richtige Position.
- Um die Größe der Auswahl zu ändern, drücken Sie die Umschalttaste und ziehen eine Ecke, um das Freistellungsrechteck größer oder kleiner zu machen.

5 Wenn Sie mit der Freistellungsauswahl zufrieden sind, doppelklicken Sie im Freistellungsbereich, oder drücken Sie die Eingabetaste, um das Bild freizustellen.

Da Sie mit mehreren Dateien arbeiten, geben Sie der Datei *12Start.jpg* einen neuen, aussagefähigen Namen.

6 Wählen Sie **Datei: Speichern unter** und speichern Sie das freigestellte Bild mit dem Namen **Birnen.jpg** im Ordner *Lektion12*. Klicken Sie im Dialogfeld »JPEG-Optionen« auf OK, um die voreingestellten Einstellungen für die Bildqualität zu übernehmen.

7 Wiederholen Sie die Schritte 1 bis 6 für die Dateien *Blätter.jpg*, *Pusteblume.jpg* und *Sand.jpg*, die sich alle im Ordner *Lektion12* befinden. Wählen Sie dann für jedes Bild **Datei: Speichern**. (Sie müssen die Bilder *nicht* neu benennen.)

Hinweis: *Die freigestellten Bilder müssen nicht die gleiche Größe haben. Die Bildgrößen passen Sie noch später in dieser Lektion an.*

Freigestellte Versionen der JPEG-Dateien Blätter, Pusteblume *und* Sand

Lassen Sie die freigestellten Bilder für die nächsten Aufgaben geöffnet.

Aufzeichnen einer Aktion vorbereiten

Sie verwenden die Aktionen-Palette, um individuelle Aktionen aufzuzeichnen, auszuführen, zu bearbeiten und zu löschen. Mit der Aktionen-Palette lassen sich Aktionen-Dateien auch speichern und laden. Sie öffnen zunächst ein neues Dokument und bereiten die Aufzeichnung einer neuen Aktion in der Aktionen-Palette vor.

1 Klicken Sie auf den Aktionen-Reiter in der Protokoll-Palettengruppe, um die Aktionen-Palette in der Gruppe nach vorne zu bringen. Oder wählen Sie **Fenster: Aktionen**.

2 Klicken Sie unten in der Aktionen-Palette auf die Schaltfläche »Neues Aktionsset« ( ). Oder erstellen Sie ein neues Set, indem Sie aus dem Menü der Aktionen-Palette die Option »Neues Set« wählen.

3 Geben Sie im Dialogfeld »Neues Set« den Namen **Meine Aktionen** ein und klicken Sie auf OK.

4 Wählen Sie **Fenster: Pusteblume.jpg**, um diese Datei zu aktivieren.

Neues Aktionsset aufzeichnen

In diesem Projekt sollen die Bilder gleich groß sein und jedes Bild soll einen schmalen weißen Rand haben. Für diese Aufgabe verwenden Sie das Bild mit der Pusteblume. Sie bestimmen die Bildgröße in Pixel und weisen dem Bild dann eine Kontur mit bestimmten Eigenschaften zu. Während dieser Arbeit zeichnen Sie die einzelnen Schritte in der Aktionen-Palette auf.

***Hinweis:** Sie müssen alle Schritte in dieser Aufgabe ohne Unterbrechung ausführen. Falls Sie von vorne beginnen wollen, gehen Sie zu Schritt 9, um die Aufzeichnung zu stoppen. Löschen Sie dann die (falsch) aufgezeichnete Aktion, indem Sie sie auf die Schaltfläche »Löschen« ( ) in der Aktionen-Palette ziehen. Starten Sie anschließend wieder mit Schritt 1.*

1 Klicken Sie in der Aktionen-Palette auf die Schaltfläche »Neue Aktion« ( ) oder wählen Sie aus dem Menü der Aktionen-Palette die Option »Neue Aktion«.

2 Geben Sie im Dialogfeld »Neue Aktion« den Namen **Größe&Kontur** ein und achten Sie darauf, dass im Popup-Menü »Set« das Set *Meine Aktionen* gewählt ist. Klicken Sie dann auf »Aufzeichnung beginnen«.

***Hinweis:** Nehmen Sie sich Zeit für diesen Vorgang. Ihr Arbeitstempo hat keinen Einfluss auf die Wiedergabezeit einer aufgezeichneten Aktion.*

3 Wählen Sie **Bild: Bildgröße**.

4 Achten Sie darauf, dass die Optionen »Proportionen erhalten« und »Bild neu berechnen mit« unten im Dialogfeld »Bildgröße« aktiviert sind. Geben Sie für »Breite« den Wert **275** (Pixel) ein und klicken Sie dann auf OK.

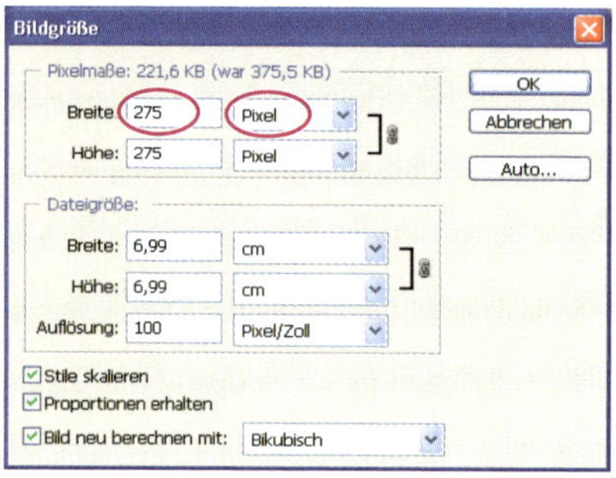

5 Wählen Sie **Auswahl: Alles auswählen**.

6 Wählen Sie **Bearbeiten: Kontur füllen**.

7 Nehmen Sie im Dialogfeld »Kontur füllen« die folgenden Einstellungen vor:

- Übernehmen Sie für Breite den Wert 1 Pixel.
- Übernehmen Sie Weiß im Farbfeld oder wählen Sie diese Farbe, indem Sie im Farbfeld klicken und im Farbwähler für C, M, Y und K jeweils den Wert 0 eingeben. Klicken Sie auf OK, um den Farbwähler zu schließen.
- Vergewissern Sie sich, dass unter »Position« die Option »Mitte« aktiviert ist.
- Übernehmen Sie unter »Füllmethode« den Modus Normal und den Deckkraftwert **100**%.

8 Klicken Sie auf OK, um das Dialogfeld zu schließen.

9 Wählen Sie **Auswahl: Auswahl aufheben**.

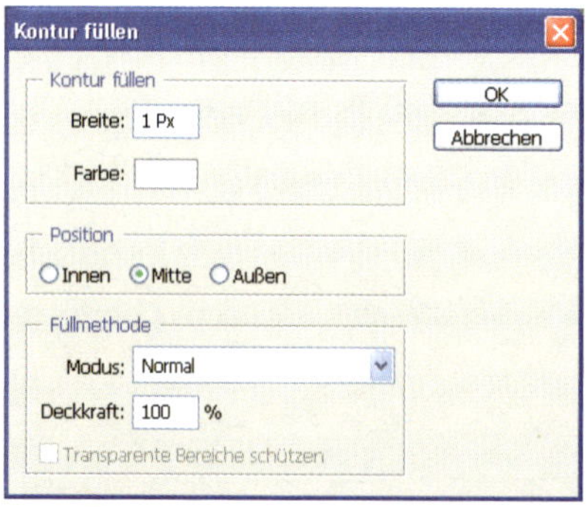

Einstellungen im Dialogfeld »Kontur füllen« und der Bildrand als Ergebnis

10 Klicken Sie unten in der Aktionen-Palette auf die Schaltfläche »Ausführen/Aufzeichnung beenden« (■). Speichern Sie Ihre Arbeit.

Die Aktion ist jetzt in der Aktionen-Palette gespeichert. Klicken Sie auf die Pfeile links neben dem Set *Meine Aktionen*, neben der Aktion *Größe&Kontur* und neben jedem Schritt in dieser Aktion, um die Aufzeichnung zu erweitern oder zu reduzieren. Prüfen Sie die aufgezeichneten Schritte und klicken Sie dann wieder auf die Pfeile, um die Ansicht zu reduzieren.

Die Aktion für eine einzelne Datei ausführen

Da Sie den Vorgang für das Einstellen der Bildgröße und der Kontureigenschaften für das Pusteblume-Bild aufgezeichnet haben, können Sie diese Aktion jetzt als automatisierte Aufgabe ausführen. Sie weisen die Aktion *Größe&Kontur* einem der drei bereits freigestellten Bilder zu.

1 Falls die Dateien *Blätter.jpg*, *Birnen.jpg* und *Sand.jpg* nicht mehr geöffnet sind, wählen Sie **Datei: Öffnen** und öffnen die Dateien.

2 Wählen Sie **Fenster: Sand.jpg**, um dieses Bild zu aktivieren.

3 Wählen Sie in der Aktionen-Palette die Aktion *Größe&Kontur* im Set *Meine Aktionen*. Klicken Sie dann auf die Schaltfläche »Auswahl ausführen« (▶)oder wählen Sie im Menü der Aktionen-Palette die Option »Ausführen«.

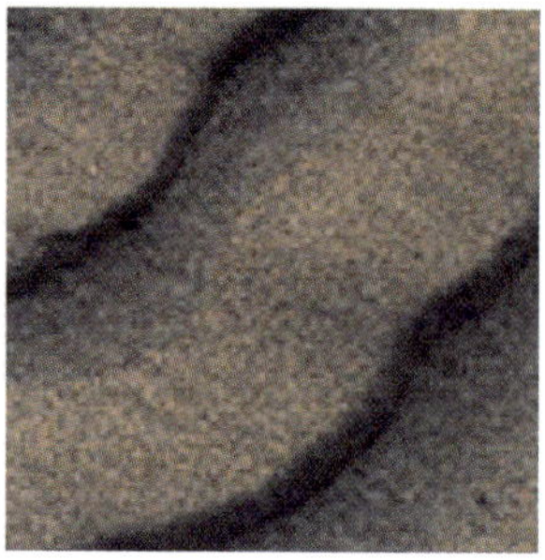

Photoshop ändert automatisch die Größe des Bildes *Sand.jpg* und weist eine Kontur zu – die Datei ist in diesen Eigenschaften mit der Datei *Pusteblume.jpg* identisch.

4 Wählen Sie **Datei: Speichern**.

Eine Aktion im Stapel ausführen

Aktionen bringen eine große Zeitersparnis für Routinetätigkeiten im Zusammenhang mit Dateien. Trotzdem können Sie den Arbeitsfluss noch weiter verbessern, wenn Sie Aktionen auf alle geöffneten Dateien anwenden. In diesem Projekt gibt es noch zwei weitere Dateien, deren Größe Sie ändern sollen und die mit einer Kontur zu versehen sind. Deshalb führen Sie Ihre automatisierte Aktion für beide Dateien gleichzeitig aus.

1 Schließen Sie die Dateien *Pusteblume.jpg* und *Sand.jpg*. Achten Sie darauf, dass nur die Dateien *Birnen.jpg* und *Blätter.jpg* geöffnet sind.

2 Wählen Sie **Datei: Automatisieren: Stapelverarbeitung**.

3 Achten Sie darauf, dass im Dialogfeld »Stapelverarbeitung« unter »Ausführen« im Popup-Menü »Satz« das Aktionsset *Meine Aktionen* und im Popup-Menü »Aktion« die Aktion *Größe&Kontur* gewählt sind.

4 Wählen Sie aus dem Popup-Menü »Quelle« die Option »Geöffnete Dateien«.

5 Übernehmen Sie für »Ziel« die Option »Ohne« und klicken Sie auf OK.

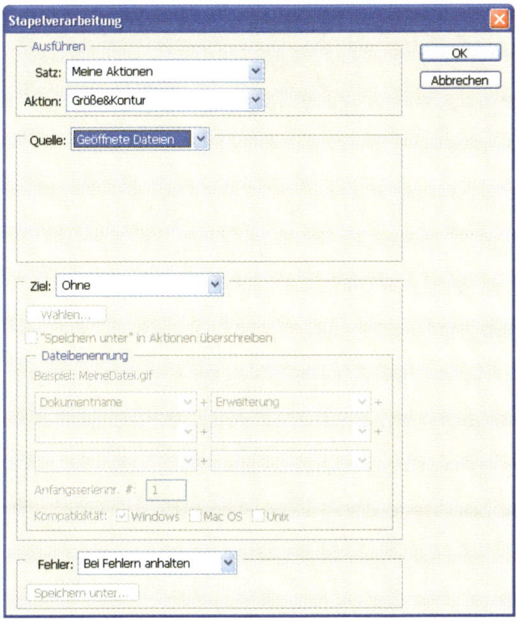

Die Aktion wird für das Birnen- und das Blätterbild ausgeführt, das heißt, beide Dateien haben jetzt identische Abmessungen und sind mit einer Kontur versehen.

6 Wählen Sie für jede der beiden Dateien die Befehle **Datei: Speichern** und **Datei: Schließen**.

Sie haben in dieser Übung zwei Dateien im Stapel verarbeitet bzw. beide Dateien gleichzeitig geändert. Sie ersparen sich durch das Erstellen und Ausführen von Aktionen viel Zeit und Mühe, besonders wenn Sie es mit Dutzenden oder gar Hunderten von Dateien zu tun haben, die übereinstimmende und sich wiederholende Routinearbeiten erfordern.

Bildmontage für vier Bilder vorbereiten

Wenn Sie die vier Bilder vorbereitet haben, platzieren Sie sie gemeinsam in einem Bild. Hilfslinien helfen, die Bilder präzise auszurichten.

Hilfslinien sind nicht druckende Linien, mit denen sich Elemente in einem Dokument horizontal und/oder vertikal ausrichten lassen. Über den Befehl »Ausrichten an« verhalten sich Hilfslinien wie Magnete, das heißt, Objekte, die Sie nahe an eine Hilfslinie ziehen, rasten an der Hilfslinie ein, sobald Sie die Maustaste loslassen.

1 Benutzen Sie Adobe Bridge oder wählen Sie **Datei: Öffnen** und öffnen Sie die Datei *Montage.psd* im Ordner *Lektion12*.

2 Wählen Sie wenn nötig **Ansicht: Lineale**. Ein vertikales Lineal erscheint links im Fenster und ein horizontales oben im Fenster.

Hinweis: *Falls die Linealeinteilung nicht metrisch (cm) ist, wählen Sie »Bearbeiten: Voreinstellungen: Maßeinheiten & Lineale« (Windows) bzw. »Photoshop: Voreinstellungen: Maßeinheiten & Lineale« (Mac OS). Wählen Sie aus dem Popup-Menü »Lineale« die Maßeinheit »cm«. Klicken Sie abschließend auf OK.*

3 Falls die Info-Palette nicht zu sehen ist, klicken Sie auf das Register für die Info-Palette oder wählen Sie **Fenster: Informationen**, um die Info-Palette in ihrer Palettengruppe nach vorne zu bringen.

4 Ziehen Sie aus dem horizontalen Lineal zur Mitte des Bildfensters und beobachten Sie dabei die Anzeige der Y-Koordinate in der Info-Palette. Lassen Sie die Maustaste los, wenn Y = 7,6 cm ist. Eine blaue horizontale Linie läuft durch das ganze Bild in Höhe der Bildmitte.

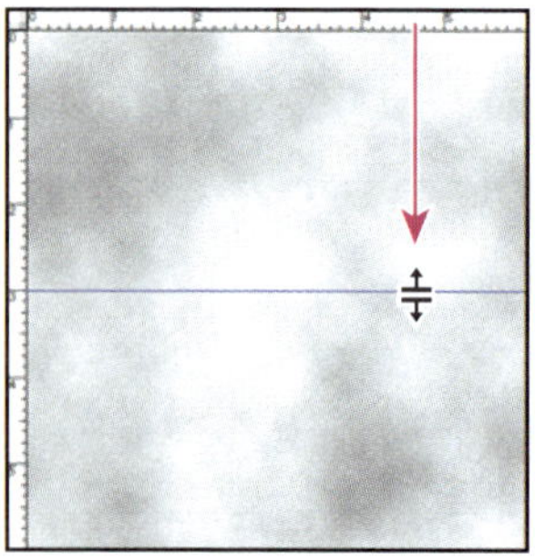

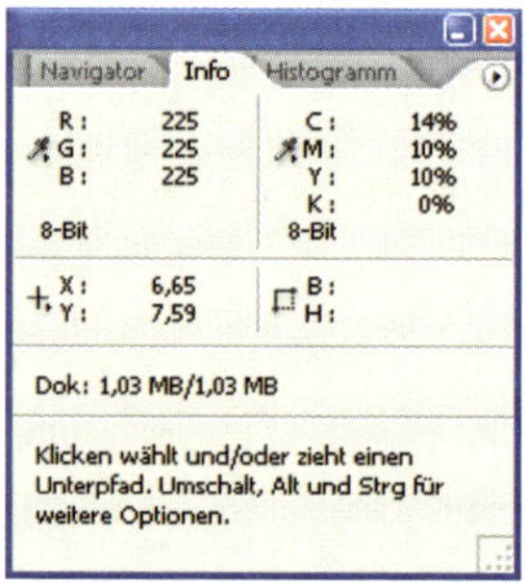

5 Ziehen Sie eine weitere Hilfslinie diesmal aus dem senkrechten Lineal zur Bildmitte und lassen Sie die Maustaste los, wenn X = 7,5 cm ist.

6 Wählen Sie **Ansicht: Ausrichten an** und achten Sie darauf, dass der Befehl **Hilfslinien** gewählt bzw. mit einem Häkchen versehen ist. Ansonsten wählen Sie den Befehl jetzt.

7 Wählen Sie **Ansicht: Lineale**, um die Lineale wieder auszublenden.

Bilder einrasten lassen

Die Hilfslinien sind platziert und Sie ordnen nun die vier freigestellten Bilder in der Montage an.

1 Wählen Sie **Datei: Letzte Dateien öffnen: Birnen.jpg**. Das Birnenbild erscheint in einem separaten Fenster.

2 Wählen Sie in der Werkzeugpalette das Verschieben-Werkzeug (▸✥).

3 Klicken Sie mit dem Verschieben-Werkzeug im Birnenbild und ziehen Sie es aus dem Bildfenster in das größere *Montage.jpg*-Fenster. Lassen Sie anschließend die Maustaste los.

4 Ziehen Sie mit dem Verschieben-Werkzeug das Birnenbild so in das obere linke Viertel des Bildes, dass die untere rechte Bildecke am Schnittpunkt der beiden Hilfslinien in der Bildmitte einrastet.

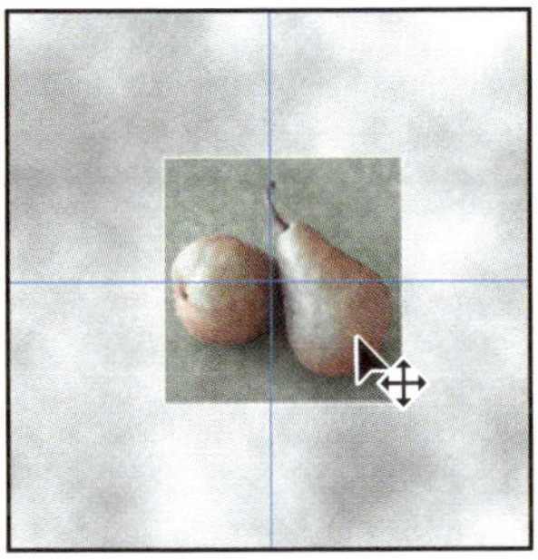

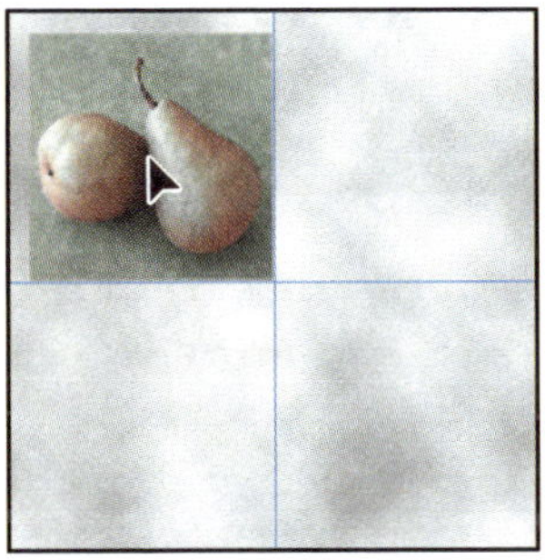

In der Ebenen-Palette befindet sich das Birnenbild jetzt auf der neuen *Ebene 1*.

5 Wählen Sie **Fenster: Birnen.jpg**, um die Datei wieder zu aktivieren. Schließen Sie sie durch Klicken auf das Schließfeld oder über den Befehl **Datei: Schließen**.

6 Wiederholen Sie die Schritte 1 bis 5 für die drei anderen freigestellten Dateien. Platzieren Sie das Blätterbild im oberen rechten Viertel, die Pusteblume im unteren linken Viertel und den Sand im unteren rechten Viertel. Sämtliche Bilder sollten an dem Schnittpunkt der Hilfslinien in der Bildmitte problemlos einrasten.

7 Wählen Sie **Ansicht: Einblenden: Hilfslinien**, um die Hilfslinien auszublenden.

EXTRA: Präzise ausrichten mit magnetischen Hilfslinien. Sie konnten die vier Bilder einfach über zentrierte Hilfslinien ausrichten, allerdings sind Magnetische Hilfslinien ideal, um Fotos und Objekte mit noch größerer Präzision auszurichten. Verwenden Sie Ihre Arbeitsdatei in dem Zustand am Ende der Übung »Bilder einrasten lassen« und richten Sie die Fotos auf andere Weise aus. Oder fahren Sie mit der Lektion fort und probieren Sie diese Technik ein anderes Mal aus.

1 *Wählen Sie die* Pusteblume-*Ebene. Ziehen Sie mit dem Verschieben-Werkzeug die Pusteblume so, das sie nicht mehr sauber ausgerichtet ist. Wiederholen Sie diese Aktion für die* Blätter- *und* Sand-*Ebenen. (Die Bilder können unterschiedliche Ebenennummern haben).*

2 *Wählen Sie* **Ansicht: Einblenden: Magnetische Hilfslinien**.

3 *Wählen Sie die* Sand-*Ebene und ziehen Sie mit dem Verschieben-Werkzeug, um die linke Kante an der rechten Kante der Pusteblume auszurichten. Beim Ausrichten erscheinen rosafarbige magnetische Hilfslinien.*

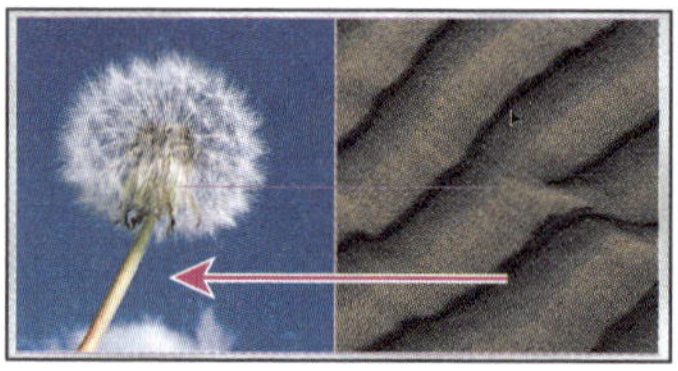

4 *Wählen Sie die* Pusteblume-*Ebene und wählen Sie mit gedrückter Umschalttaste die* Sand-*Ebene. Schieben Sie im Bildfenster die Ebenen so zusammen, dass die obere Kante des Pusteblumenbildes an der unteren Kante des Bildes mit dem Pfirsich ausgerichtet ist.*

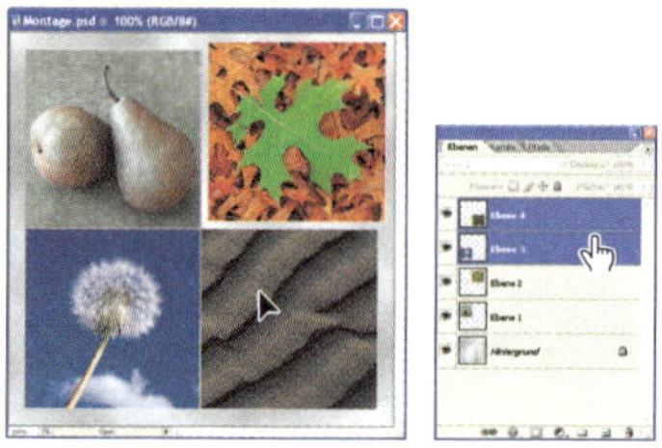

5 *Wählen Sie die* Blätter-*Ebene und richten Sie gemäß folgender Abbildung aus. Auch in den Schritten 3, 4 und 5 erscheinen beim Ausrichten magnetische Hilfslinien.*

6 *Wählen Sie* **Ansicht: Anzeigen: Magnetische Hilfslinien**, *um diese Option wieder auszuschalten.*

Auswahlbereiche speichern

Jetzt wählen Sie die beiden Birnen und speichern die Auswahl als solche. Je nach Bedarf können Sie die Auswahl dann laden und verwenden. Später in dieser Lektion kolorieren Sie mit Hilfe dieser gespeicherten Auswahl die Birnen und versehen sie mit einem Spezialeffekt.

1 Wählen Sie in der Werkzeugpalette das Zoom-Werkzeug ( ) und ziehen Sie ein Auswahlrechteck um die Birnen, um deren Ansicht zu vergrößern. Achten Sie darauf, dass beide Birnen im Bildfenster zu sehen sind.

2 Wählen Sie das magnetische Lasso-Werkzeug ( ), das unter dem Lasso-Werkzeug ( ) verborgen ist.

Um den Birnenstiel am besten mit dem magnetischen Lasso-Werkzeug einzugrenzen, erhöhen Sie in der Optionsleiste die Breite und Frequenz des Werkzeugs. Probieren Sie beispielsweise eine Breite von **1** oder **2** Pixel und eine Frequenz von **40** aus.

3 Klicken Sie einmal für einen Punkt auf dem rechten Birnenrand und folgen Sie dann mit dem Zeiger der Birnenform (Sie müssen die Maustaste nicht gedrückt halten).

Während Sie den Zeiger bewegen, rastet das gerade aktive Segment am stärksten Kantenpunkt ein. Das magnetische Lasso-Werkzeug fügt der Auswahlbegrenzung regelmäßig Befestigungspunkte hinzu, um vorherige Segmente zu verankern. Versuchen Sie, der Birnenform möglichst präzise zu folgen.

Befestigungspunkte lassen sich mit dem magnetischen Lasso-Werkzeug auch durch Klicken hinzufügen. Das ist besonders hilfreich beim Birnenstiel oder wenn der Übergang zwischen der Birne und dem Hintergrund wenig akzentuiert ist.

4 Sobald Sie wieder den Anfangspunkt erreichen, erscheint neben dem Zeiger des magnetischen Lasso-Werkzeugs ( ) ein leerer Kreis, der darauf hinweist, dass das Segment geschlossen wird. Klicken Sie, um das Segment zu schließen.

Wenn Sie die Auswahl verfeinern möchten, schalten Sie einfach in den Maskierungsmodus um (siehe Lektion 7, »Masken und Kanäle«).

5 Wählen Sie **Auswahl: Auswahl speichern** und geben Sie als Namen **Rechte Birne** ein. Klicken Sie auf OK, um die Auswahl in einem neuen Kanal zu speichern.

6 Wählen Sie **Auswahl: Auswahl aufheben**, um die rechte Birne abzuwählen.

7 Wiederholen Sie den Vorgang (Schritte 2 bis 6), um diesmal die linke Birne zu wählen. Speichern Sie die Auswahl unter dem Namen **Linke Birne**. Wählen Sie

dann **Auswahl: Auswahl aufheben** oder drücken Sie Strg+D (Windows) bzw. Befehl+D (Mac OS).

8 Sie verfügen jetzt über zwei gespeicherte Auswahlbereiche. Um diese Bereiche anzuzeigen, klicken Sie auf das Register der Kanäle-Palette. Eventuell müssen Sie in der Palette nach unten scrollen. Sobald Sie auf den Namen eines Birnen-Kanals klicken, erscheint die Kanalmaske im Bildfenster.

9 Scrollen Sie in der Kanäle-Palette nach oben und klicken Sie auf den RGB-Kanal. Klicken Sie dann auf den Reiter der Ebenen-Palette, um sie in der Palettengruppe nach vorne zu bringen. Damit haben Sie alle Vorbereitungen für den nächsten Vorgang getroffen.

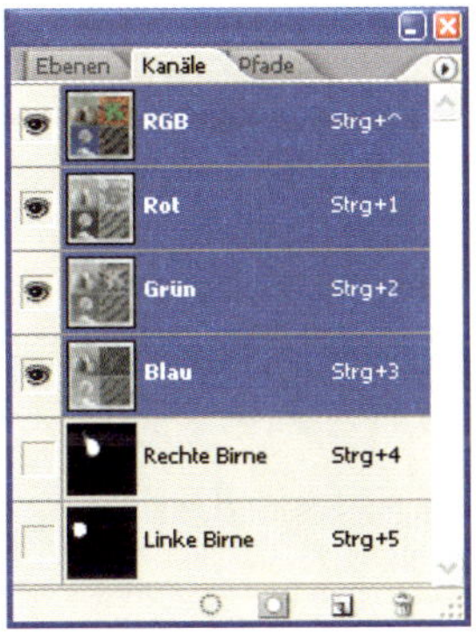

Auswahlbereiche auf einer Ebene einfärben

Sie versehen nun die Montage mit Spezialeffekten, indem Sie die Birnen kolorieren bzw. einfärben. Sie beginnen mit der Birne auf der rechten Seite. Um diese Birne auszuwählen, laden Sie die bereits erstellte Auswahl. Anschließend entfernen Sie die Farbe in der Auswahl, um dann die Birne manuell einzufärben. Schließlich fügen Sie über den Birnen eine neue Ebene ein und weisen ihr eine Farbe zu. Auf diese Weise lässt sich die Ebene problemlos löschen, sofern Ihnen das erzielte Ergebnis nicht zusagen sollte.

Sättigung in einer Auswahl verringern

Sie benutzen den Befehl »Sättigung verringern«, um Farbwerte aus der Birnen-Auswahl zu entfernen. *Sättigung* bezieht sich auf das Vorhandensein oder Nichtvorhandensein von Farbe in einer Auswahl. Sobald Sie die Sättigung in einer Bildauswahl verringern, erzeugen Sie einen graustufenähnlichen Effekt, ohne die Farben in anderen Bildteilen zu beeinflussen.

1 Wählen Sie in der Ebenen-Palette die Ebene mit dem Birnenbild, hier: *Ebene 1*.

2 Wählen Sie **Auswahl: Auswahl laden**.

3 Wählen Sie im Dialogfeld »Auswahl laden« aus dem Popup-Menü »Kanal« die Option »Rechte Birne« und klicken Sie auf OK. Eine Auswahlbegrenzung erscheint rechts in Ihrem Birnenbild.

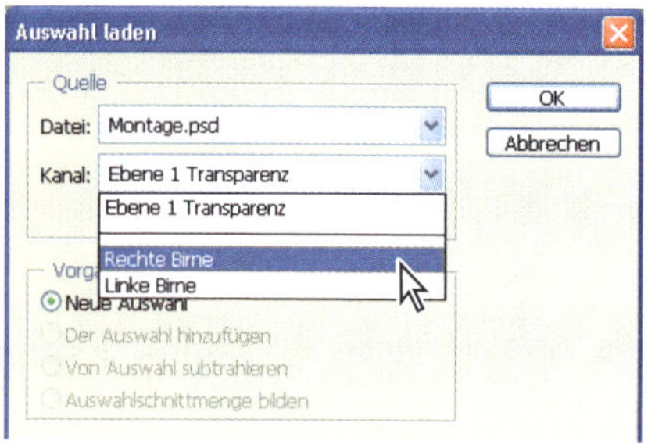

4 Wählen Sie **Bild: Anpassen: Sättigung verringern**. Photoshop entfernt die Farbe in der Auswahl.

5 Wählen Sie **Auswahl: Auswahl aufheben**.

6 Wählen Sie **Datei: Speichern**. Klicken Sie auf OK, wenn ein Warnhinweis zur Kompatibilität erscheint.

Ebene erstellen und Füllmethode wählen

Sie fügen nun eine Ebene hinzu und bestimmen eine Füllmethode für das Bemalen des entfärbten Birnenbildes. Wenn Sie auf einer separaten Ebene malen, malen Sie nicht direkt im Bild. Dadurch sind jederzeit Änderungen möglich – das Originalbild bleibt unverändert erhalten.

Mit den Füllmethoden bzw. Ebenenmodi bestimmen Sie, wie Photoshop die Pixel in einer Ebene mit den darunterliegenden Pixeln auf anderen Ebenen mischt bzw. kombiniert. Wenn Sie Füllmethoden bestimmten Ebenen zuweisen, erstellen Sie einen Spezialeffekt.

1 Klicken Sie in der Ebenen-Palette auf die Schaltfläche »Neue Ebene erstellen« (), um direkt über *Ebene 1* die weitere *Ebene 5* hinzuzufügen.

2 Doppelklicken Sie in der Ebenen-Palette auf *Ebene 5*, geben Sie **Färben** als neuen Namen ein und drücken Sie die Eingabetaste.

3 Wählen Sie in der Ebenen-Palette aus dem Popup-Menü links neben dem Deckkraft-Textfeld die Füllmethode *Farbe*.

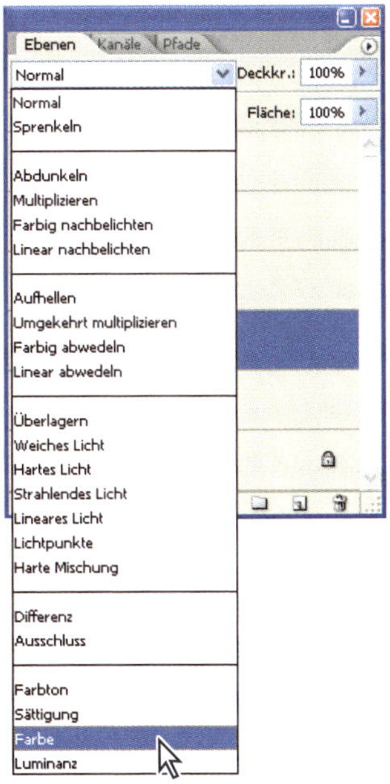

Hinweis: *Rechts neben der Schaltfläche »Neue Ebene erstellen« befindet sich die Schaltfläche »Ebene löschen«. Wenn Sie also die* Färben*-Ebene verwerfen wollen, ziehen Sie sie auf diese Schaltfläche. Oder wählen Sie die zu löschende Ebene und klicken Sie dann auf die Schaltfläche »Ebene löschen«. Bestätigen Sie im Meldungsfenster, dass Sie die Ebene tatsächlich löschen möchten.*

Mit der Füllmethode *Farbe* ändern Sie die Luminanz einer Auswahl, wobei die Graustufen erhalten bleiben. So kolorieren Sie Monochrom-Bilder und weisen Farbbildern eine Farbe zu – die Lichter und Tiefen der Birne bleiben erhalten.

Maleffekte zuweisen

Um mit dem Einfärben zu beginnen, müssen Sie erneut die bereits zuvor erstellte Auswahl laden. Indem Sie den Kanal *Rechte Birne* zuweisen, schützen Sie beim Auftragen der Farbe die nicht gewählten Bildbereiche.

1 Wählen Sie **Auswahl: Auswahl laden**. Wählen Sie dann im Dialogfeld »Auswahl laden« unter »Kanal« die Option »Rechte Birne«. Klicken Sie auf OK.

Beachten Sie im Dialogfeld »Auswahl laden«, dass die gerade durchgeführten Farbänderungen ebenfalls als Auswahl unter der Bezeichnung *Färben Transparenz* gespeichert wurden.

2 Wählen Sie das Pinsel-Werkzeug ( ). Stellen Sie in der Optionsleiste per Eingabe, Scrubben oder Ziehen des Reglers die Deckkraft auf etwa **50%** ein.

3 Wählen Sie aus der Pinsel-Popup-Palette eine große weiche Spitze wie *Rund weich 35 Pixel*. Klicken Sie außerhalb der Palette, um sie zu schließen.

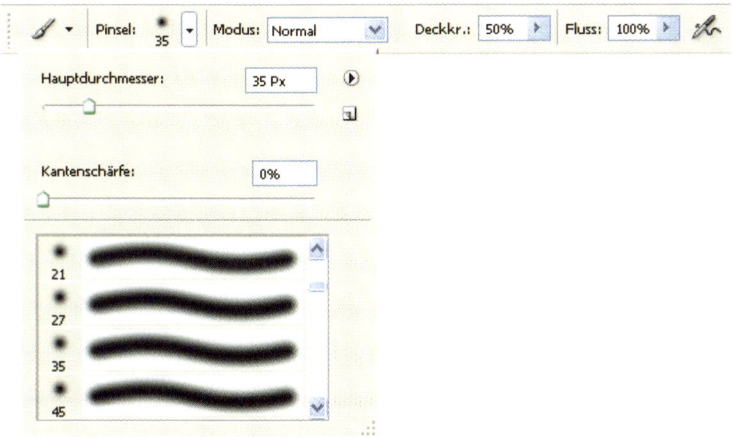

4 Wählen Sie **Fenster: Farbfelder**, um die Farbfelder-Palette nach vorne zu bringen (oder klicken Sie auf den entsprechenden Reiter in der Farbregler-Palettengruppe), und wählen Sie dann eine gelbgrüne Farbe für den Vordergrund.

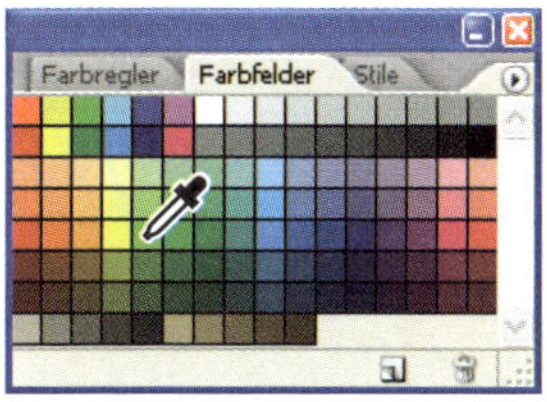

5 Ziehen Sie mit dem Pinsel über die gesamte Birne, um die Farbe zuzuweisen.

Als Nächstes fügen Sie Lichter und Tiefen hinzu.

6 Wählen Sie aus der Farbfelder-Palette ein dunkleres Grün. Stellen Sie in der Optionsleiste die Deckkraft des Pinsels auf etwa **30**% ein. Malen Sie an den Kanten der Birnenauswahl und meiden Sie den hellen Bereich.

7 Wählen Sie in der Farbfelder-Palette ein Rosa aus und verringern Sie die Deckkraft des Pinsels auf etwa **20**%. Malen Sie jetzt die Lichter auf der Birne.

8 Wenn Ihnen das Ergebnis gefällt, wählen Sie **Auswahl: Auswahl aufheben** und dann **Datei: Speichern**.

Verlauf hinzufügen

Jetzt versehen Sie die andere Birne mit einem Verlauf für einen Lichteffekt. Zuerst müssen Sie die Auswahl der linken Birne laden, die Sie bereits erstellt haben.

1 Wählen Sie **Auswahl: Auswahl laden**. Wählen Sie im Dialogfeld »Auswahl laden« die Option »Linke Birne« und klicken Sie auf OK. Um die linke Birne herum erscheint eine Auswahlbegrenzung.

2 Klicken Sie auf das Register der Farbregler-Palette, um sie nach vorne zu bringen. Wählen Sie Rot als Vordergrundfarbe, indem Sie den R-Regler auf **255** und die G- und B-Regler auf **0** ziehen.

3 Klicken Sie oben links in der Palette auf das Symbol »Hintergrundfarbe einstellen« und wählen Sie die Farbe Gelb (R = **255**, G = **255** und B = **0**).

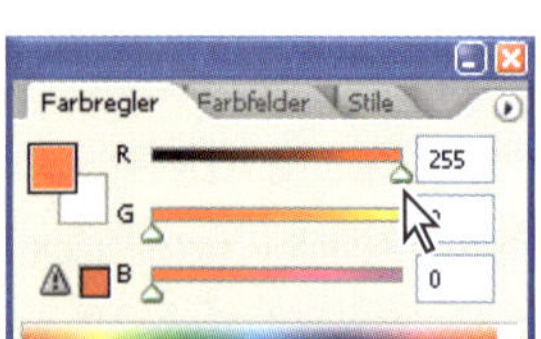

Vordergrundfarbe

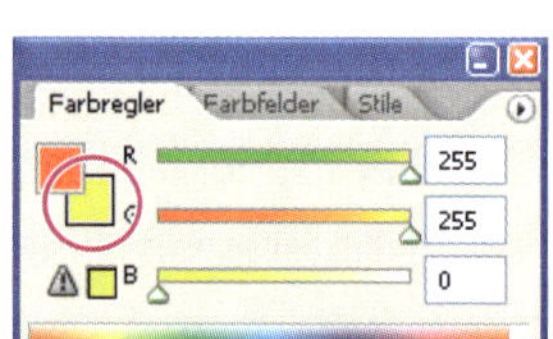

Hintergrundfarbe

Hinweis: *Das Ausrufezeichen in der unteren linken Ecke der Farbregler-Palette zeigt an, dass die gewählte RGB-Farbe eventuell nicht gedruckt werden kann. Da Sie jedoch nicht drucken, dürfen Sie diese Warnung ignorieren. Weitere Informationen über Farbumfänge finden Sie in Lektion 16, »Mit konsistenten Farben produzieren und drucken«, und in der Photoshop-Hilfe.*

4 Wählen Sie das Verlaufswerkzeug ( ) und nehmen Sie in der Optionsleiste folgende Einstellungen vor:

- Klicken Sie auf die Schaltfläche »Radialverlauf«.
- Öffnen Sie die Auswahl für Verläufe und achten Sie darauf, dass *Vordergrund-Hintergrund* gewählt ist. Mit dieser Option geht die Vordergrundfarbe (Rot) in die Hintergrundfarbe (Gelb) über.
- Stellen Sie die Deckkraft auf **40%** ein.

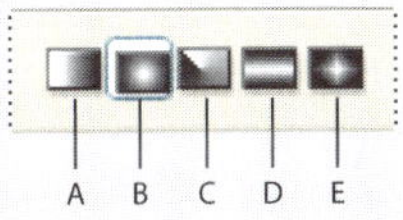

A. *Linearer Verlauf*
B. *Radialverlauf*
C. *Verlaufswinkel*
D. *Reflektierter Verlauf*
E. *Verlaufsstil*

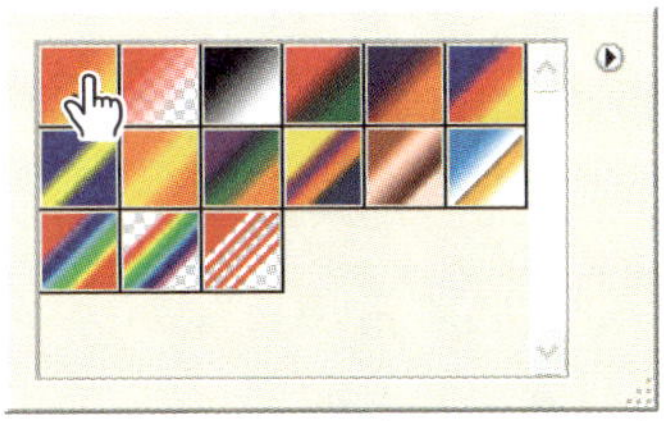

Option Vordergrund-Hintergrund

5 Positionieren Sie das Verlauf-Werkzeug in der Nähe der Lichter auf der Birne und ziehen Sie in Richtung des Stielendes.

6 Wenn Ihnen das Ergebnis zusagt, wählen Sie **Auswahl: Auswahl aufheben**.

Ebenen reduzieren

Wenn Sie Dateien reduzieren, verringern Sie die Dateigröße. Allerdings können Sie nach einer Reduzierung keine Änderungen mehr rückgängig machen oder Vorgänge von vorn beginnen. Sie sollten den Reduzieren-Befehl also erst dann anwenden, wenn Sie mit den Ergebnissen Ihrer Bildbearbeitung völlig zufrieden sind.

1 Die Ebene *Färben* ist in der Ebenen-Palette gewählt.

2 Wählen Sie **Ebene: Mit darunter liegender auf eine Ebene reduzieren**, um die *Färben*-Ebene mit dem Birnenbild (*Ebene 1*) zu kombinieren.

Beide Ebenen sind jetzt in die *Ebene 1* aufgegangen.

3 Doppelklicken Sie auf das Hand-Werkzeug (), um das ganze Bild im Bildfenster zu sehen, oder doppelklicken Sie mit dem Zoom-Werkzeug (), um eine 100%-Ansicht zu erhalten.

4 Wählen Sie **Datei: Speichern**.

Farbbalance ändern

Jetzt verwenden Sie eine Einstellungsebene, um die Farbbalance für dieses Birnenpaar einzustellen. Farbkorrekturen in einem Kanal oder auf einer normalen Ebene bewirken eine permanente Änderung der Pixel. Arbeitet man hingegen mit einer Einstellungsebene, beziehen sich die Farb- und Tonwerteinstellungen nur auf diese Ebene, ohne die Pixel in den Ebenen darunter zu beeinflussen. Photoshop speichert die Änderungen in der Einstellungsebene, die gewissermaßen als »Schleier« über den anderen Bildebenen liegt. Einstellungsebenen lassen sich auch benutzen, um mehrere Ebenen gleichzeitig zu bearbeiten.

1 Wählen Sie in der Ebenen-Palette die Ebene mit den Blättern.

In unserem Beispiel ist das *Ebene 2*. Die Anordnung in Ihrer Datei kann möglicherweise abweichen, wenn Sie die ursprünglichen Bilder in einer anderen Reihenfolge platziert haben.

2 Wählen Sie **Ebene: Neue Einstellungsebene: Farbbalance**.

3 Aktivieren Sie im Dialogfeld »Neue Ebene« die Option »Schnittmaske aus vorheriger Ebene erstellen«. Damit wirkt sich die Einstellungsebene nur auf das Blätterbild und nicht auf die drei anderen Teile der Montage aus. Klicken Sie dann auf OK, um eine Einstellungsebene mit dem standardmäßigen Namen *Farbbalance 1* zu erstellen.

Das Dialogfeld »Farbbalance« wird angezeigt. Hier ändern Sie die Farbmischung in einem Bild und führen generelle Farbkorrekturen aus. Wenn Sie die Farbbalance ändern, können Sie wie in diesem Beispiel die Tonwerte beibehalten. Außerdem ist es möglich, Änderungen besonders an Tiefen, Mitteltönen und Lichtern vorzunehmen.

4 Verschieben Sie das Dialogfeld, um das Bildfenster mit den Blättern zu sehen. Achten Sie darauf, dass die Vorschau aktiviert ist.

5 Experimentieren Sie im Dialogfeld »Farbbalance« mit unterschiedlichen Farbtonwerten für das Bild. Wenn Ihnen das Ergebnis zusagt (wir haben die Werte **+10**, **-20** und **-20** verwendet), klicken Sie auf OK.

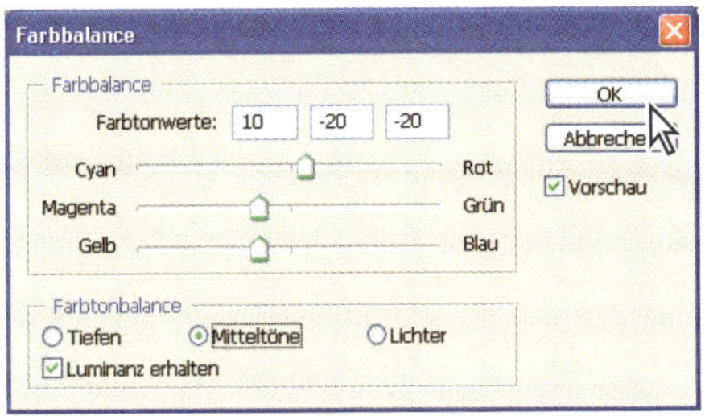

6 Wählen Sie **Datei: Speichern.**

Einstellungsebenen ähneln Ebenenmasken, die sich wiederholt ändern lassen, ohne das darunterliegende Bild zu beeinflussen. Doppelklicken Sie auf eine Einstellungsebene, um die zuletzt benutzten Einstellungen anzuzeigen und zu ändern. Sie löschen Einstellungsebenen, indem Sie die Ebene auf die Schaltfläche »Ebene löschen« ziehen.

Kürzere Rechenzeiten mit Filtern

Einige Filtereffekte sind speicherintensiv, besonders bei hoch auflösenden Bildern. Mit den folgenden Techniken können Sie die Rechenzeit erheblich verkürzen:

- *Experimentieren Sie mit Filtern und Einstellungen nur auf einem Teil des Gesamtbildes.*
- *Weisen Sie den Effekt den Kanälen einzeln zu (beispielsweise jedem RGB-Kanal), wenn das Bild groß und der Arbeitsspeicher knapp ist. (Die Effekte einiger Filter wirken sich auf einzelne Kanäle anders aus als auf den zusammengesetzten RGB-Kanal, besonders wenn der Filter die Pixel zufällig modifiziert.)*
- *Geben Sie mit dem Befehl »Entleeren« mehr Arbeitsspeicher frei.*
- *Weisen Sie Photoshop mehr Arbeitsspeicher zu. Oder schließen Sie alle anderen Programme, um Photoshop mehr Arbeitsspeicher zur Verfügung zu stellen.*
- *Ändern Sie Einstellungen, um die Geschwindigkeit speicherintensiver Filter wie Beleuchtungseffekte, Farbpapier-Collage, Buntglas-Mosaik, Chrom, Kräuseln, Spritzer, Verwackelte Striche und Glas zu verbessern. Erhöhen Sie z.B. die Zellengröße des Filters »Buntglas-Mosaik«. Erhöhen Sie beim Filter »Farbpapier-Collage« den Abstraktionsgrad und verringern Sie die Umsetzungsgenauigkeit – oder ändern Sie beide Werte.*
- *Wenn Sie eh nur auf einem Graustufen-Drucker ausgeben wollen, konvertieren Sie eine Kopie Ihres Bildes in Graustufen, bevor Sie Filter zuweisen. Das Zuweisen eines Filters auf ein Farbbild und die anschließende Umwandlung in Graustufen führt zu etwas anderen Ergebnissen, als wenn Sie die Graustufen-Version des Bildes filtern.*

Filter zuweisen

Zum Abschluss des Projekts weisen Sie noch den Bildern mit den Blättern und der Pusteblume zwei unterschiedliche Filter zu. Da Adobe Photoshop über eine so große Anzahl von Filtern für spezielle Effekte verfügt, ist es am besten, wenn Sie unterschiedliche Filter und Filteroptionen ausprobieren.

Den Filter *Kanten betonen* zuweisen und verblassen lassen

Der Filter *Kanten betonen* akzentuiert (wie der Name bereits sagt) die Kanten eines Bildes. Wenn »Kantenhelligkeit« auf einen hohen Wert eingestellt ist, sehen die Akzente wie weiße Kreide aus und bei einem niedrigen Wert wie schwarze Druckfarbe. Sie verwenden in dieser Prozedur einen Verblassen-Befehl, um das Ergebnis abzuschwächen.

1 Wählen Sie in der Ebenen-Palette die Ebene mit den Blättern. Achten Sie darauf, dass Sie die Ebene und nicht die Einstellungsebene wählen.

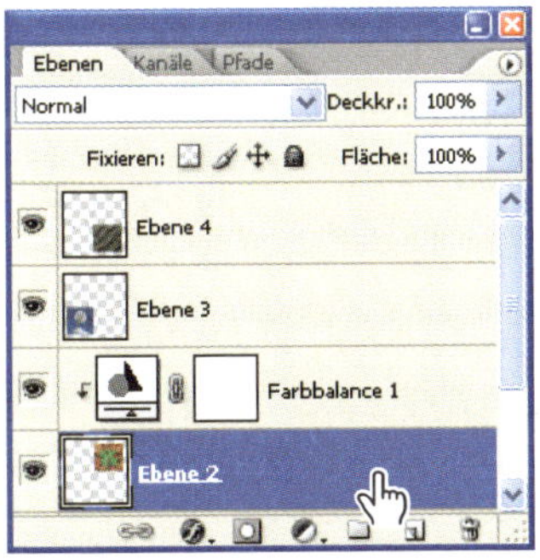

2 Wählen Sie **Filter: Malfilter: Kanten betonen**. Wählen Sie oben rechts im Dialogfeld »Kanten betonen« die Kantenbreite **2**, die Kantenhelligkeit **30** und die Glättung **3**. Klicken Sie auf OK, um das Dialogfeld zu schließen.

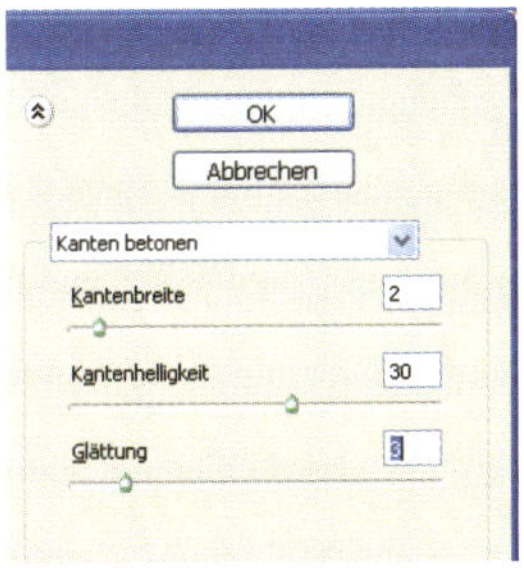

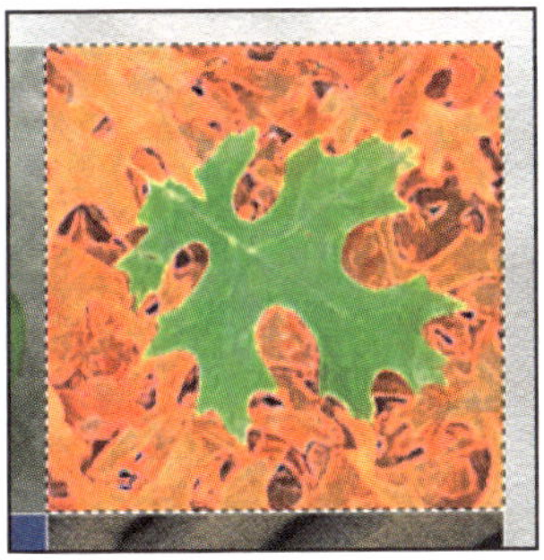

Filter

Wenn Sie einen Filter verwenden möchten, wählen Sie den entsprechenden Befehl aus einem der Untermenüs im Menü »Filter«. Beachten Sie bei der Auswahl von Filtern Folgendes:

- *Der zuletzt ausgewählte Filter wird oben im Menü angezeigt.*
- *Filter werden auf die aktive, sichtbare Ebene angewendet.*
- *Filter können nicht auf Bitmaps oder indizierte Farbbilder angewendet werden.*
- *Einige Filter funktionieren nur mit RGB-Bildern.*
- *Einige Filter werden vollständig im RAM verarbeitet.*
- *Eine Liste der Filter für Bilder mit 16 Bit sowie 32 Bit pro Kanal finden Sie in der Photoshop-Hilfe.*

Den Filter *Wellen* zuweisen

Sie erzeugen jetzt mit dem Filter *Wellen* den Eindruck, als ob sich die Pusteblume im Wasser eines Teiches spiegeln würde.

1 Wählen Sie in der Ebenen-Palette die Ebene mit der Pusteblume.

2 Wählen Sie in der Werkzeugpalette das Auswahlellipse-Werkzeug (◌), das unter dem Auswahlrechteck-Werkzeug (⬚) verborgen ist.

3 Ziehen Sie über das Bild mit der Pusteblume, um die Blüte und den Stängel zu wählen. Die Auswahl sollte also nicht bis zum Bildrand reichen.

Die Auswahl begrenzt den Bereich, in dem sich der Filter in der Ebene mit der Pusteblume auswirkt. Bei einer zu großen Auswahl wird der Bildrand ebenfalls wellig und überlappt dann die anderen Bilder in der Montage.

4 Wählen Sie **Filter: Verzerrungsfilter: Wellen**.

5 Achten Sie unten im Dialogfeld »Wellen« darauf, dass im Popup-Menü »Art« die Option »Kreisförmig um die Mitte« gewählt ist. Ziehen Sie die Regler »Stärke« und »Wellen«, um verschiedene Einstellungen auszuprobieren (wir haben **10%** für Stärke und **11** für Wellen verwendet).

6 Klicken Sie auf OK, sobald Ihnen eine Einstellung gefällt.

7 Wählen Sie **Auswahl: Auswahl aufheben** und speichern Sie Ihre Arbeit.

Julieanne Kost, Adobe Photoshop-Expertin

TIPPS VON DER PHOTOSHOP-EXPERTIN

Tastaturbefehle für Filter

Tastaturbefehle sind eine große Zeitersparnis bei der Arbeit mit Filtern:

- Um den zuletzt benutzten Filter und dessen zuletzt eingestellte Werte erneut zuzuweisen, drücken Sie Strg+F (Windows) bzw. Befehl+F (Mac OS).
- Um das Dialogfeld für den zuletzt zugewiesenen Filter anzuzeigen, drücken Sie Strg+Alt+F (Windows) bzw. Befehl+Wahl+F (Mac OS).

Auswahlbereiche kombinieren

Bevor Sie noch einen Filter auf das fertige Bild (Sand) anwenden, laden und kombinieren Sie die zwei zuvor erstellten Auswahlbereiche der beiden Birnen. Wenn Sie diese Auswahlbereiche auf einen anderen Bildteil anwenden, können Sie interessante und außergewöhnliche Effekte erstellen.

1 Wählen Sie **Auswahl: Auswahl laden**.

2 Wählen Sie im Dialogfeld »Auswahl laden« aus dem Popup-Menü »Kanal« den Kanal »Rechte Birne« und klicken Sie auf OK.

3 Wiederholen Sie Schritt 2 und wählen Sie diesmal den Kanal »Linke Birne«. Aktivieren Sie das Kontrollkästchen »Der Auswahl hinzufügen« und klicken Sie auf OK.

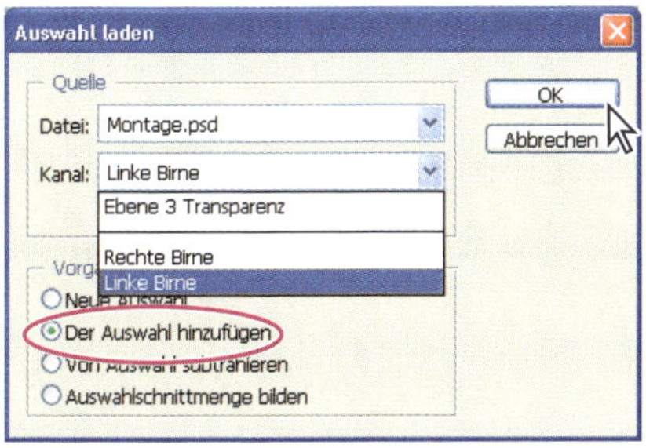

Jetzt sind beide Birnen gewählt.

Auswahl im Maskierungsmodus bearbeiten

Wenn Sie wie eben Auswahlbereiche kombinieren, sind häufig zwischen zwei geladenen Auswahlbereichen noch Lücken vorhanden. Sie prüfen jetzt die Auswahl und reparieren eventuell vorhandene Löcher.

1 Vergrößern Sie mit dem Zoom-Werkzeug (🔍) das Bild so, dass die beiden Birnen das Bildfenster ausfüllen.

2 Klicken Sie in der Werkzeugpalette auf die Schaltfläche »Im Maskierungsmodus bearbeiten« (◘) oder drücken Sie Q für den entsprechenden Tastaturbefehl.

Alle nicht in der Auswahl enthaltenen Bildbereiche sind 50% rot eingefärbt.

Doppelklicken Sie auf die Schaltfläche »Im Maskierungsmodus bearbeiten«, um das Dialogfeld »Masken-Optionen« zu öffnen. Hier können Sie die Deckkraft und die Farbe für die nicht gewählten Bereiche ändern.

3 Prüfen Sie die Bereiche, in denen sich die beiden Birnen überlappen, ganz genau auf eventuell noch vorhandene rote Pixel.

4 Achten Sie darauf, dass in der Werkzeugpalette die Vordergrundfarbe Schwarz und die Hintergrundfarbe Weiß ist. Oder klicken Sie auf die Schaltfläche »Standardfarben für Vordergrund und Hintergrund«.

5 Wählen Sie das Radiergummi-Werkzeug (⌫) und ziehen Sie über den Bereich zwischen den beiden Birnen, um die dort vorhandene rote Farbe zu entfernen. Eventuell müssen Sie in der Optionsleiste den Pinsel anpassen. Radieren Sie so lange, bis in dem Bereich keine roten Pixel mehr vorhanden sind.

Lassen Sie die Auswahl weiterhin aktiviert.

Auswahl verschieben

Als Nächstes haben Sie eine ganz einfache Aufgabe: Sie sollen die Auswahl in einen anderen Bildbereich verschieben. Damit bereiten Sie einen weiteren Effekt für die Birnen vor.

1 Klicken Sie in der Werkzeugpalette auf die Schaltfläche »Im Standardmodus bearbeiten« (◻) oder drücken Sie die Taste Q.

2 Doppelklicken Sie auf das Zoom-Werkzeug (🔍), um das komplette Bild (100%) im Bildfenster anzuzeigen.

3 Wählen Sie das Auswahlrechteck-Werkzeug (⬚), das eventuell unter dem Auswahlellipse-Werkzeug (◌) verborgen ist.

4 Setzen Sie den Zeiger in die Birnenauswahl und ziehen Sie die Auswahlbegrenzung (nicht die Birnen) in das untere rechte Viertel. Zentrieren Sie die Auswahl über dem Sandbild.

Falls Sie die Auswahl genau in einem 45°-Winkel verschieben möchten, beginnen Sie zu ziehen und halten dann die Umschalttaste gedrückt.

Wählen Sie die Auswahl noch nicht ab, da Sie sie noch für den nächsten Vorgang benötigen.

Eine Ausstanzung erstellen

Sie verwenden jetzt Ihre Auswahl und einige Ebenenstile, um den Eindruck einer Ausstanzung im Sandbild zu erzeugen. Achten Sie darauf, dass die kombinierte Birnenauswahl noch aktiviert ist. Falls Sie die Auswahl versehentlich aufgehoben haben, müssen Sie beginnend mit »Auswahlbereiche kombinieren« auf Seite 385 die Auswahl neu anlegen.

1 Klicken Sie in der Ebenen-Palette auf die Ebene mit dem Sand, um sie zu aktivieren.

2 Wählen Sie **Ebene: Neu: Ebene durch Kopie**, um ausgehend von Ihrer kombinierten Auswahl eine neue Ebene über der Original-*Sand*-Ebene zu erstellen. Die neue Ebene wird automatisch die aktive Ebene in der Ebenen-Palette und die Auswahlbegrenzung ist nicht mehr vorhanden.

Sie erstellen schnell eine Auswahlbegrenzung für eine Ebene, indem Sie mit gedrückter Strg- (Windows) bzw. Befehlstaste (Mac OS) auf den Ebenennamen in der Ebenen-Palette klicken. Versuchen Sie das mit der neuen Ebene 5, um die birnenförmige Begrenzung wieder anzuzeigen. Bevor Sie in der Lektion weitermachen, wählen Sie »Auswahl: Auswahl aufheben«.

3 Klicken Sie unten in der Ebenen-Palette auf die Schaltfläche »Ebenenstil hinzufügen« (ⓕ) und wählen Sie aus dem Popup-Menü den Stil *Musterüberlagerung*.

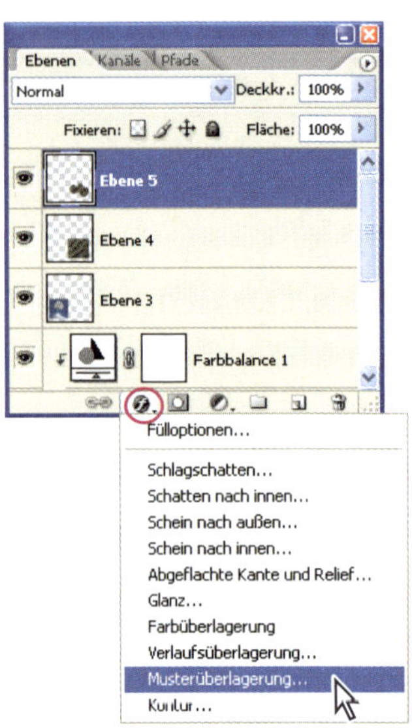

4 Ordnen Sie das Dialogfeld »Ebenenstil« so an, dass das Bildfenster zu sehen ist.

5 Beachten Sie den langen nach unten weisenden Pfeil rechts neben der Musteranzeige. Klicken Sie auf diesen Pfeil, um die Auswahlliste für Muster zu öffnen.

6 Klicken Sie auf den Pfeil (◉), um das Menü die Muster-Auswahlliste zu öffnen. Wählen Sie die Option »Muster laden«.

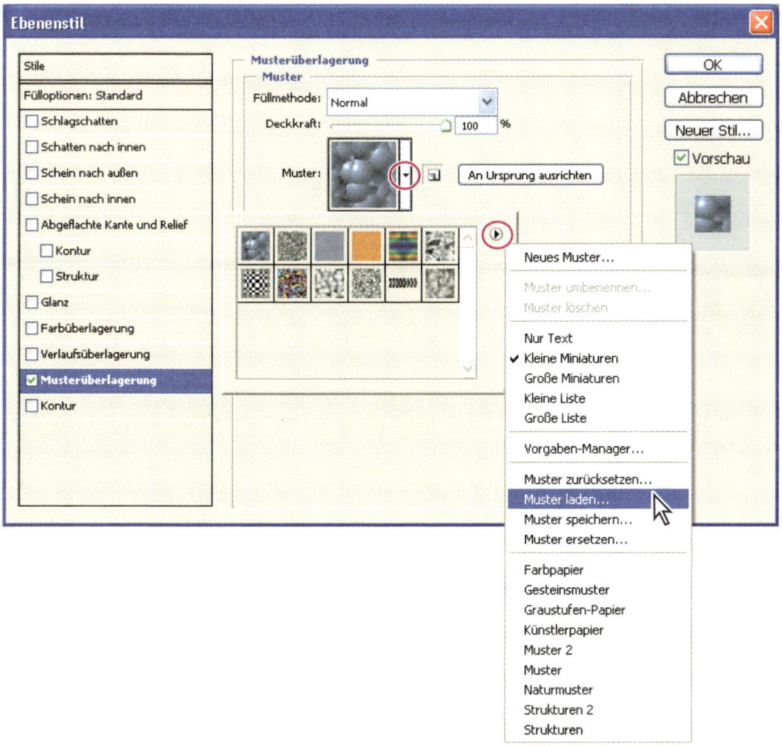

7 Wählen Sie im Dialogfeld »Laden« die Datei *Effects.pat* im Ordner *Lektionen/ Lektion12*. Klicken Sie auf »Öffnen«. Anschließend erscheint das neue Muster als letzte Miniatur in der Muster-Auswahlliste.

8 Wählen Sie die in Schritt 7 hinzugefügte Muster-Miniatur. Das Muster ersetzt das standardmäßige Muster innerhalb der Birnenauswahl. Sie können das Muster im Bildfenster ziehen, um den Bereich des Musters auszuwählen, der in der Auswahl angezeigt werden soll – sogar ohne das Dialogfeld »Ebenenstil« zu schließen.

9 Wählen Sie links im Dialogfeld »Ebenenstil« unter »Stile« den Effekt »Schatten nach innen«, um ihn der Auswahl zuzuweisen. Nehmen Sie rechts im Dialogfeld noch einige Einstellungen vor. (Wir haben die vorgegebenen Einstellungen für Füllmethode, Deckkraft und Winkel übernommen, jedoch die Distanz mit 13 und die Größe mit 10 eingestellt.)

10 Sie sollten noch mit anderen Ebenenstilen und Einstellungen experimentieren, um einen vielleicht noch interessanteren Effekt herauszufinden. Klicken Sie dann auf OK.

11 Wählen Sie **Datei: Speichern**.

Spezielle Informationen über einzelne Filter finden Sie in der Photoshop-Hilfe.

Bildübergreifende Farbschemata

Sie erstellen in dieser abschließenden Aufgabe eine andere Version der Datei, die mit den Farbschemata der vier Bilder übereinstimmt. Dazu weisen Sie dem Zielbild die dominierenden Farben innerhalb eines Quellbilds zu.

1 Scrollen Sie in der Ebenen-Palette bis zur *Hintergrund*-Ebene und klicken Sie auf das Augensymbol (👁), um diese Ebene auszublenden. Falls die *Hintergrund*-Ebene gewählt ist, müssen Sie jetzt eine andere Ebene wählen.

2 Wählen Sie aus dem Menü der Ebenen-Palette die Option »Sichtbare auf eine Ebene reduzieren«.

Die Ebenen-Palette enthält jetzt nur noch die beiden Ebenen *Hintergrund* und eine reduzierte Ebene mit dem Namen der in Schritt 1 gewählten Ebene.

Sie müssen jetzt das Dokument öffnen, das als Quelle für das bildübergreifende Farbschemata dienen soll – die Datei *12End.psd*, die Sie sich am Anfang der Lektion angesehen hatten. In dieser Datei sind noch alle Ebenen vorhanden.

3 Benutzen Sie Adobe Bridge oder wählen Sie **Datei: Öffnen**, um die Datei *12End.psd* im Ordner *Lektion12* zu öffnen.

4 Die Bilddatei *Montage.psd* ist aktiviert. Wählen Sie **Bild: Anpassen: Gleiche Farbe**, um das entsprechende Dialogfeld zu öffnen. Führen Sie die folgenden Aktionen aus:

- Die Option »Vorschau« ist aktiviert.
- Wählen Sie aus dem Popup-Menü »Quelle« die Datei *12End.psd*.
- Wählen Sie aus dem Popup-Menü »Ebene« die Ebene mit den Birnen (siehe Miniatur rechts neben der Option »Quelle«). Beobachten Sie die Auswirkungen auf die Datei *Montage.psd* im Bildfenster.

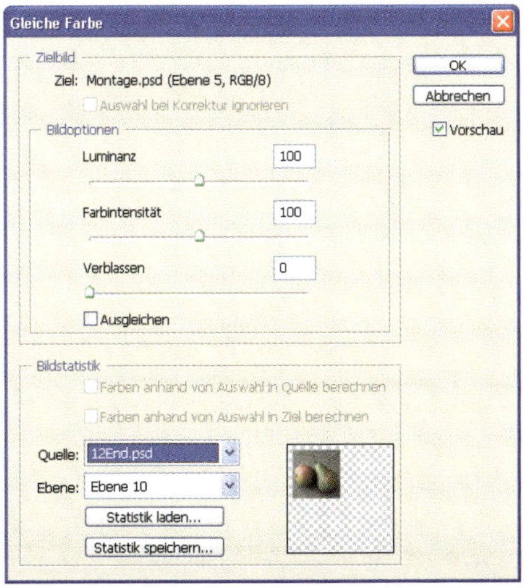

- Wählen Sie nacheinander die anderen Ebenen und beobachten Sie die Auswirkungen der einzelnen Ebenen im Bildfenster. Sie können auch die »Bildoptionen« ausprobieren, indem Sie die Regler für Luminanz, Farbintensität und Verblassen mit oder ohne aktivierte Option »Ausgleichen« verändern.

5 Wenn Ihr Bild das gewünschte Aussehen hat, klicken Sie auf OK, um das Dialogfeld zu schließen. (Wir haben die Ebenen mit den Birnen und die standardmäßigen Einstellungen unter »Bildoption« verwendet.)

6 Blenden Sie in der Ebenen-Palette wieder die Hintergrundebene ein, indem Sie für das Augensymbol (👁) klicken.

7 Wählen Sie **Datei: Speichern**.

Der Befehl »Gleiche Farbe« lässt sich mit jeder Quelldatei benutzen, um interessante und völlige neue Effekte zu erzielen. Diese Möglichkeit bietet sich auch für bestimmte Farbkorrekturen in Fotos an. Weitere Informationen finden Sie in der Photoshop-Hilfe.

Die Lektion 12 ist damit beendet. Schließen Sie jetzt die Dateien *Montage.psd* und *12End.psd*.

Rückblick

Fragen

1 Warum speichert man Auswahlen?

2 Wie isoliert man Farbeinstellungen in einem Bild?

3 Welche Möglichkeit gibt es, Farben aus einer Auswahl oder einem Bild zu entfernen, um einen Graustufeneffekt zu erzeugen?

Antworten

1 Durch das Speichern einer Auswahl lassen sich zeitaufwendige Auswahlbereiche wiederverwenden und Bildteile gleichmäßig auswählen. Außerdem können Sie Auswahlbereiche kombinieren oder neue Bereiche erstellen, indem Sie Teile hinzufügen oder entfernen.

2 Sie benutzen Einstellungsebenen, um Farbänderungen auszuprobieren, bevor Sie diese einer Ebene permanent zuweisen.

3 Sie verwenden den Befehl »Sättigung verringern«, um die Sättigung in einer Auswahl zu schwächen oder Farben zu entfernen. Mit dem Befehl »Farbton/Sättigung« ändern Sie ausschließlich die Sättigung. In Photoshop steht außerdem das Schwamm-Werkzeug zum Entfernen von Farbe zur Verfügung.

In dieser Lektion geht es um einfache Slices und um Imagemaps – Features, mit denen Sie mehrfache Hyperlinks innerhalb einer einzelnen Grafik erstellen. Der Benutzer klickt einfach in Ihrer mit Slices oder Imagemaps versehenen Grafik innerhalb einer Webseite, um zu anderen Websites zu gelangen.

13 Verknüpfungen in Bildern erstellen

Überblick

In dieser Lektion lernen Sie Folgendes:

- Bild-Slices mit den Slice-Werkzeugen erstellen
- Zwischen Slices und Auto-Slices unterscheiden
- Benutzer-Slices mit anderen HTML-Seiten oder -Orten verknüpfen
- Imagemap-Bereiche auf drei unterschiedliche Arten erstellen
- Imagemap-Bereiche mit anderen HTML-Seiten und -Orten verknüpfen
- HTML-Seiten mit einem gesliceten Bild in einer Tabelle erstellen
- Unterschiede zwischen GIF- und JPEG-Optimierung verstehen

Für diese Lektion benötigen Sie etwa 90 Minuten. Falls erforderlich, löschen Sie den auf Ihrer Festplatte vorhandenen Lektionsordner aus der vorherigen Lektion und kopieren stattdessen den Ordner *Lektion13* von der Buch-DVD auf die Festplatte. Während der Arbeit überschreiben Sie die Startdateien. Falls Sie diese Dateien wiederherstellen wollen, kopieren Sie sie von der Buch-DVD.

Für diese Lektion benötigen Sie zusätzlich einen Webbrowser wie Netscape, Internet Explorer oder Safari. Eine Verbindung zum Internet benötigen Sie hingegen nicht.

Vorbereitungen

Sie arbeiten in dieser Lektion mit Grafiken, die für eine Homepage bestimmt sind. Dazu fügen Sie mehrere Hyperlinks in ein komplexes Bild ein, das eine einzelne *.psd*-Datei ist. Verschiedene Bereiche (*Hotspots*) der Imagemap sind mit anderen Dateien verknüpft, das heißt, der Benutzer klickt in einem Bereich der Homepage, um eine damit verknüpfte andere Seite zu öffnen. Es gibt auf der Homepage auch nicht verknüpfte Bereiche, in denen der Benutzer klicken kann, ohne dass versehentlich eine Aktion ausgelöst wird.

Sie beginnen die Lektion, indem Sie sich ein Beispiel der fertigen HTML-Homepage ansehen.

1 Starten Sie Photoshop und halten Sie sofort danach die Tasten Strg+Alt+Umschalt (Windows) bzw. Befehl+Wahl+Umschalt (Mac OS) gedrückt, um die standardmäßigen Voreinstellungen zu erhalten. (Siehe »Die Standardeinstellungen wiederherstellen« auf Seite 20.)

2 Klicken Sie im Meldungsfenster zur Bestätigung auf »Ja«, um die Standardeinstellungen wiederherzustellen. Klicken Sie auf »Schließen«, um das Willkommen-Fenster zu schließen.

3 Klicken Sie in der Optionsleiste auf die Schaltfläche »Gehe zu Bridge« (), um Adobe Bridge zu öffnen.

4 Klicken Sie oben links in der Favoriten-Palette auf den Favoriten *Lektionen*. Doppelklicken Sie auf den Ordner *Lektion13* im Vorschaubereich und anschließend auf den Ordner *13End*.

5 Klicken Sie mit der rechten Maustaste (Windows) bzw. mit gedrückter Control-Taste (Mac OS) auf die Datei *13End.html* und wählen Sie im Kontextmenü die Option »Öffnen mit«. Wählen Sie einen Webbrowser, um die HTML-Datei zu öffnen.

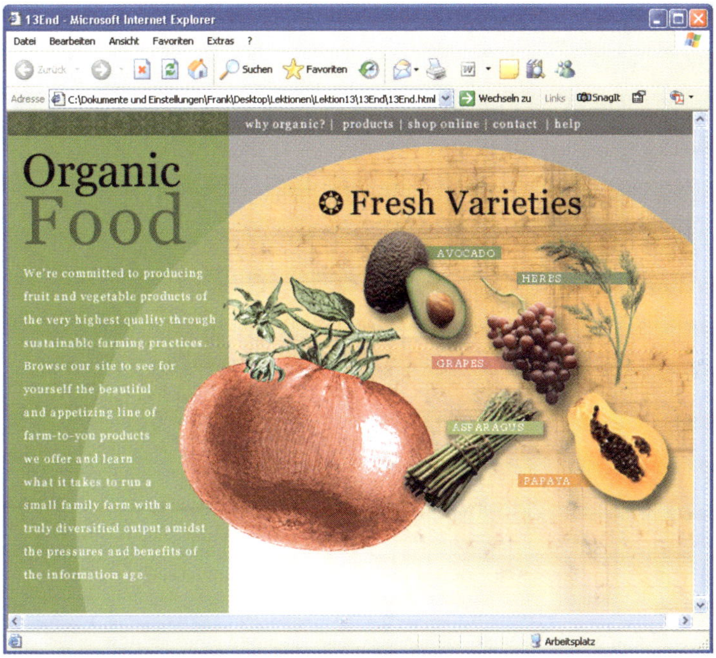

6 Klicken Sie oben in der Webseite *Organic Foods Web* auf den Button *why organic?*. (Button ist nur eine andere Bezeichnung für Schaltfläche.)

Eine neue Seite erscheint in einem neuen Browserfenster. (Die Seite ist noch nicht fertig, sondern dient als Platzhalter für die Verknüpfung, auf die Sie geklickt haben.)

7 Schließen Sie das Browserfenster mit der *Why*-Seite.

8 Öffnen Sie im Browser die Seite *Organic Foods* und klicken Sie oben in der Webseite auf den Button *products*. Schließen Sie dann wieder das Browserfenster mit der *Products*-Seite.

9 Öffnen Sie im Browser erneut die *Organic Foods*-Seite und bewegen Sie den Zeiger rechts auf das Spargelbild. Der Zeiger ändert sich in ein Handsymbol (☝), was bedeutet, dass dieser Bereich verknüpft ist. Setzen Sie die Maus auf andere Seitenbereiche und achten Sie darauf, wann der Zeiger zum Pfeil und wann zum Zeigefinger wird.

10 Klicken Sie jetzt auf den Spargelbund, um eine weitere verknüpfte Webseite zu öffnen. Gehen Sie anschließend zurück zur Hauptseite und klicken Sie auf andere Verknüpfungen (Links) auf der Seite.

11 Schließen Sie jetzt alle Browserfenster, dann den Browser selbst und gehen Sie zurück zu Adobe Bridge.

Damit haben Sie zwei verschiedene Verknüpfungsarten kennen gelernt: Slices (in den Menü-Buttons oben auf der Webseite) und Imagemaps (die Bildbereiche mit dem Spargel, der Papaya und den Gewürzen, in denen die verlinkten Bereiche mit der Form der abgebildeten Objekte übereinstimmen).

Slices sind Bereiche in einem Bild, die Sie ausgehend von Ebenen, Hilfslinien oder präzisen Auswahlen im Bild oder mit Hilfe des Slice-Werkzeugs erstellen. Wenn Sie Slices in einem Bild bestimmen, legt Photoshop eine HTML-Tabelle oder ein Cascading Stylesheet zum Aufnehmen und Ausrichten bzw. Anordnen der Slices an. Wenn Sie möchten, erstellen Sie eine HTML-Tabelle, die das geslicete (unterteilte) Bild zusammen mit der Tabelle oder dem Cascading Stylesheet enthält.

Eine *Imagemap* ist ein Bildbereich mit einem Hyperlink (Verknüpfung). Verschiedene Bereiche (*Hotspots*) der Imagemap sind mit anderen Dateien verknüpft, das heißt, der Benutzer klickt in einem Bereich der Homepage, um eine damit verknüpfte andere Seite zu öffnen. Slices sind immer rechteckig, Imagemaps können hingegen beliebige Formen annehmen. Imagemaps lassen sich nur in ImageReady erstellen, das heißt, Sie wechseln im Verlauf dieser Lektion zu ImageReady.

Sie arbeiten in dieser Lektion mit Grafiken, die für eine Homepage bestimmt sind. Dazu fügen Sie mehrere Hyperlinks in ein komplexes Bild ein, das eine einzelne *.psd*-Datei ist. Sie beginnen mit Slices, die immer rechteckig sind.

Ein Bild in Photoshop slicen

Sie definieren Slices in Photoshop, indem Sie mit dem Slice-Werkzeug über den Bildbereich ziehen, der ein Slice werden soll. Slices lassen sich auch in ImageReady erstellen, in dieser Übung konzentrieren wir uns jedoch auf Photoshop.

Erstellen von Slices vorbereiten

Bevor Sie mit Ihrer Datei arbeiten, passen Sie noch den Arbeitbereich an.

1 Klicken Sie in Adobe Bridge auf die Schaltfläche »Nach oben« ( ), um zum Ordner *Lektion13* zu gelangen. Doppelklicken Sie dann auf die Miniatur *13Start.psd*, um die Datei in Photoshop zu öffnen.

Entwerfen von Webseiten mit Photoshop und ImageReady

Bedenken Sie beim Entwerfen von Webseiten in Adobe Photoshop und Adobe ImageReady, welche Werkzeuge und Funktionen in beiden Anwendungen verfügbar sind:

- *Photoshop bietet Werkzeuge zum Erstellen und Bearbeiten von statischen Bildern für das Web. Sie können ein Bild in Slices unterteilen, Links und HTML-Text hinzufügen, Slices optimieren und das Bild als Webseite speichern.*
- *Viele Bildbearbeitungswerkzeuge aus Photoshop sind auch in ImageReady verfügbar. Außerdem enthält das Programm Werkzeuge und Paletten für erweiterte Webverarbeitung und das Erstellen von dynamischen Webbildern wie Animationen und Rollovers.*

Falls Photoshop Sie mit einem Dialogfenster fragt, ob Sie die Textebenen für vektorbasierte Ausgabe aktualisieren möchten, klicken Sie auf »Aktualisieren«.

Die Lektionsdatei enthält blaue horizontale und vertikale Hilfslinien. Mit diesen Linien und dem Befehl »Ausrichten an« richten Sie die Slice-Rechtecke beim Zeichnen präzise aus.

2 Achten Sie darauf, dass die folgenden Befehle gewählt sind bzw. mit einem Kontrollhäkchen versehen sind:

- Ansicht: Einblenden: Hilfslinien
- Ansicht: Einblenden: Slices
- Ansicht: Ausrichten
- Ansicht: Ausrichten an: Hilfslinien
- Ansicht: Ausrichten an: Slices

Die blauen Hilfslinien unterstützen Sie beim präzisen Zeichnen von Slices. Da Sie Slices dicht an den Hilfslinien erstellen, rasten die Kanten der Slices an den Hilfslinien ein (sie werden an ihnen ausgerichtet). Ihre Slices sind damit äußerst gleichmäßig »geschnitten« und effizient.

Slices mit dem Slice-Werkzeug erstellen

Vielleicht stolpern Sie über den Begriff »Slices« als Mehrzahl von »Slice«. Die Erklärung dafür ist einfach: So lange Sie kein einzelnes Slice aus einem kompletten Bild erzeugen – was ungewöhnlich und nutzlos wäre, zumal ein Slice automatisch erstellt wird –, erzeugen Sie immer mehrere Slices. Jedes neue Slice in einem Bild (ein *Benutzer-Slice*) zieht auch andere Slices (*Auto-Slices*) nach sich, die den Bildbereich außerhalb des angelegten Slice abdecken.

Beachten Sie das kleine graue Rechteck in der oberen linken Bildecke. Sie erkennen in diesem Bereich die Zahl *01* zusammen mit einem noch kleineren Symbol, *badge*, das an einen Mini-Berg erinnert. Das Rechteck kennzeichnet das Slice *01*, das das komplette Bild beinhaltet. Die graue Farbe sagt Ihnen, dass es sich um ein Auto-Slice und nicht um ein Benutzer-Slice handelt. Das Symbol schließlich weist darauf hin, dass das Slice einen Bildinhalt enthält.

1 Wählen Sie in der Werkzeugpalette das Slice-Werkzeug (✂).

2 Ziehen Sie das Slice-Werkzeug diagonal über den Textbereich *why organic?*. Der Rechteckrahmen reicht bis zu den Hilfslinien, die den Text umgeben.

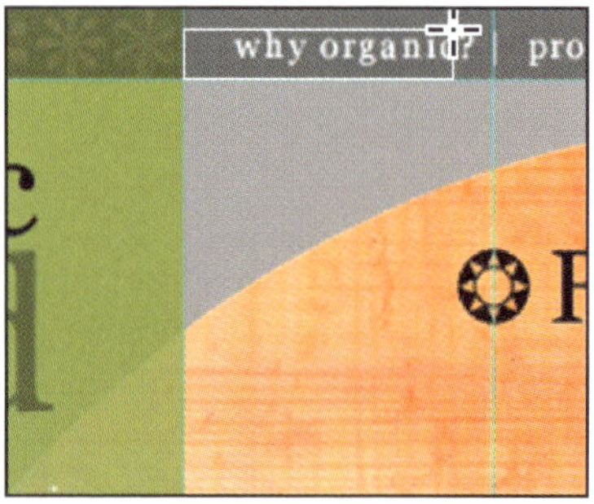

Ein blaues Rechteck, ähnlich dem für Slice 01, erscheint in der oberen linken Ecke im neu erstellten Slice 02. Die blaue Farbe steht für ein Benutzer-Slice.

Das graue Rechteck für Auto-Slice 01 ändert sich, aber der in Slice 01 enthaltene Bereich ist kleiner und reicht nur noch über das linke Seitendrittel.

Slice 03 – ein anderes Auto-Slice – reicht über den restlichen Teil der Menüleiste rechts von Slice 02. Das dritte Auto-Slice, Slice 04, bedeckt den Bereich unter der Menüleiste und rechts von Slice 01.

Weitere Benutzer-Slices erstellen

Da Sie nun wissen, wie einfach sich Slices erzeugen lassen, slicen Sie den restlichen Text in vier weitere Buttons für die Menüleiste.

1 Das Slice-Werkzeug ist noch in der Werkzeugpalette gewählt. Ziehen Sie über den Text *products*, um ein weiteres Benutzer-Slice zu erzeugen.

Dieses neue Slice wird Slice 03. Die Zahlen in den anderen Slices nach Slice 03 erhöhen sich automatisch um eins.

2 Ziehen Sie nacheinander Slice-Markierungen um jedes der übrigen Wörter in der gleichen Zeile auf: *shop online*, *contacts* und *help*, um Slices für drei weitere Menü-Buttons zu erstellen.

In Ihrem Bild sollten jetzt acht Slices vorhanden sein: fünf Benutzer-Slices und drei Auto-Slices. Falls Sie über eine andere Anzahl verfügen, machen Sie sich keine Gedanken, da Sie das jetzt in Ordnung bringen.

3 Wählen Sie in der Werkzeugpalette das Zoom-Werkzeug (🔍) und klicken Sie im Bereich mit den Button-Slices, um die Ansicht auf 300% oder 400% zu vergrößern.

4 Prüfen Sie sorgfältig die von Ihnen erzeugten Benutzer-Slices nach eventuell noch vorhandenen Lücken zwischen den Slices. (Lücken werden automatisch zu Auto-Slices.) Sind keine Lücken vorhanden, können Sie mit Schritt 7 fortsetzen.

Lücken zwischen Slices

Keine Lücken zwischen Slices

5 Wählen Sie in der Werkzeugpalette das Slice-Auswahl-Werkzeug (), das unter dem Slice-Werkzeug verborgen ist, und wählen Sie ein Benutzer-Slice, das nicht an den Hilfslinien ausgerichtet ist – also ein Slice mit einem Abstand zum angrenzenden Benutzer-Slice.

6 Ziehen Sie an einem Anfasser für das gewählte Slice, bis dessen Begrenzungen an den Hilfslinien und den anderen Slices einrasten.

Hinweis: *Mit dem Slice-Auswahl-Werkzeug lässt sich ein Slice auch an eine andere Position ziehen.*

7 Doppelklicken Sie mit dem Zoom-Werkzeug für eine 100%-Ansicht und wählen Sie dann **Datei: Speichern**.

Falls Sie die Anzeige der Auto-Slices stört, wählen Sie das Slice-Auswahl-Werkzeug und klicken Sie anschließend in der Optionsleiste auf die Schaltfläche »Auto-Slices ausblenden«. Da die Hilfslinien nicht mehr benötigt werden, sollten Sie diese ebenfalls ausblenden, indem Sie den Befehl »Ansicht: Einblenden: Hilfslinien« wählen.

Optionen für Slices

Slices sind erst dann eine Hilfe, wenn Sie entsprechende Optionen für sie einstellen, wie Namen oder das Zuweisen von URL-Verknüpfungen, die sich öffnen, sobald der Benutzer auf das Slice klickt.

Hinweis: *Optionen lassen sich auch für Auto-Slices einstellen, was allerdings ein Auto-Slice automatisch in ein Benutzer-Slice umwandelt.*

1 Wählen Sie das Slice-Auswahl-Werkzeug ()und dann das Slice 02 mit dem Text *why organic?*.

2 Klicken Sie in der Optionsleiste auf die Schaltfläche »Slice-Optionen« ( ) oder doppelklicken Sie auf das Slice, um das Dialogfeld »Slice-Optionen« zu öffnen.

Standardmäßig benennt Photoshop die einzelnen Slices ausgehend vom Dateinamen und der Slice-Nummer, das heißt, der aktuelle Name ist *13Start_02* mit der Zahl zwei im Dateinamen *13Start.psd*.

3 Geben Sie in das Dialogfeld »Slice-Optionen« Folgendes ein: In das Textfeld »Name« den Namen **Why_button**, in das Textfeld »URL« den URL **pages/why.html** und in das Textfeld »Ziel« den Wert **_blank**. (Geben Sie in jedem Fall auch den Unterstrich vor *b* ein.) Klicken Sie auf OK.

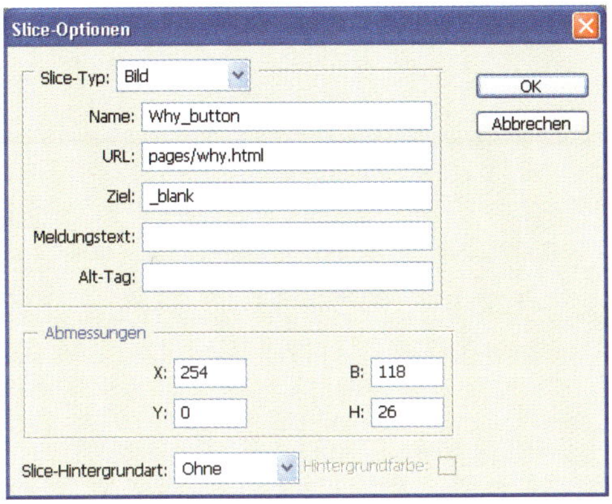

Hinweis: *Mit der Option »Ziel« steuern Sie, wo sich eine verknüpfte Datei öffnen soll, wenn Sie auf den Link klicken, beispielsweise, ob die Datei mit der Option* _blank *in einem neuen Browserfenster geöffnet werden soll oder ob sie die aktuell dargestellte Datei im geöffneten Browserfenster ersetzen soll. Weitere Hinweise finden Sie in der Photoshop-Hilfe oder in HTML-Referenzen (die Sie als Buch erwerben können, die aber auch im Web verfügbar sind).*

4 Wählen Sie mit dem Slice-Auswahl-Werkzeug das Slice 03 mit dem Text *products* und klicken Sie in der Optionsleiste auf »Slice-Optionen« ( ).

5 Geben Sie im Dialogfeld »Slice-Optionen« die folgenden Informationen ein:

- Name: **Products_button**
- URL: **pages/products.html**
- Ziel: **_blank**

6 Klicken Sie auf OK.

7 Wählen Sie mit dem Slice-Auswahl-Werkzeug das Slice 04, öffnen Sie das Dialogfeld »Slice-Optionen« und geben Sie folgende Informationen ein:

- Name: **Shop_button**
- URL: **pages/shop.html**
- Ziel: **_blank**

8 Klicken Sie auf OK.

9 Wählen Sie mit dem Slice-Auswahl-Werkzeug das Slice 05, öffnen Sie das Dialogfeld »Slice-Optionen« und geben Sie folgende Informationen ein:

- Name: **Contact_button**
- URL: **pages/contact.html**
- Ziel: **_blank**

10 Klicken Sie auf OK.

11 Wählen Sie mit dem Slice-Auswahl-Werkzeug das Slice 06, öffnen Sie das Dialogfeld »Slice-Optionen« und geben Sie folgende Informationen ein:

- Name: **Help_button**
- URL: **pages/help.html**
- Ziel: **_blank**

12 Klicken Sie auf OK.

13 Wählen Sie **Datei: Speichern**.

Lassen Sie für die nächste Aufgabe die Datei noch geöffnet.

Sie haben bestimmt bemerkt, dass im Dialogfeld »Slice-Optionen« noch weitere Optionen verfügbar sind. Informationen dazu finden Sie in der Photoshop-Hilfe.

Mehr über Slices

Damit haben Sie in dieser Lektion die Arbeit an Slices abgeschlossen. Jetzt wissen Sie zumindest teilweise, wie Sie ein Bild slicen und Slice-Optionen in Photoshop einstellen. Die weiteren Optionen sollten Sie selber ausprobieren, wie beispielsweise:

- Eine weitere Methode für das Erstellen von Slices ist das Konvertieren von Ebenen in Slices. Ein ebenenbasiertes Slice schließt alle Pixeldaten der Ebene ein. Sobald Sie die Ebene bearbeiten, verschieben oder ihr einen Ebeneneffekt zuweisen, passt ImageReady das ebenenbasierte Slice automatisch so an, dass es auch die neuen Pixel umfasst. Um ein ebenenbasiertes Slice von der zugehörigen Ebene zu lösen, konvertieren Sie das Slice in ein Benutzer-Slice.

- In Photoshop lassen sich Kein-Bild-Slices erstellen und mit Text oder HTML-Text versehen. Kein-Bild-Slices können eine Hintergrundfarbe enthalten und werden als Bestandteil der HTML-Datei gespeichert. Der Vorteil beim Einsatz von Kein-Bild-Slices für Text liegt darin, dass sich der Text in jedem HTML-Editor bearbeiten lässt und Sie dafür nicht mehr zurück in Photoshop gehen müssen. Der Nachteil ist, dass zu viel Text im Slice die HTML-Tabelle zerstört und dadurch unerwünschte Lücken entstehen. Deshalb muss das Slice groß genug sein, um Änderungen und Schrifteigenschaften aufnehmen zu können.
- Bei der Arbeit mit eigenen Hilfslinien lässt sich ein komplettes Bild sofort in Benutzer-Slices aufteilen. Dazu dient die Schaltfläche »Slices entlang der Hilfslinien« in der Photoshop-Optionsleiste. Diese Technik sollte jedoch mit Umsicht eingesetzt werden, da zuvor erstellte Slices zusammen mit den dafür eingestellten Optionen entfernt werden. Außerdem handelt es sich bei den erzeugten Slices um Benutzer-Slices, die Sie in der Anzahl meist nicht benötigen.
- Wenn Sie gleich große und gleichmäßig ausgerichtete Slices erstellen möchten, sollten Sie für den jeweiligen Bereich erst ein einzelnes Benutzer-Slice erstellen. Wählen Sie anschließend in der Optionsleiste des Slice-Auswahl-Werkzeugs die Option »Slice unterteilen«, um das ursprüngliche Slice in die gewünschte Anzahl von vertikalen und horizontalen Slices zu unterteilen.
- Wenn Sie bereits in ImageReady mit den Auswahl-Werkzeugen einen Bereich für Slices gewählt haben, können Sie den Befehl »Auswahl: Slice aus Auswahl erstellen« wählen. Denken Sie daran, dass bei einer unregelmäßig geformten Auswahl das so erzeugte Slice immer ein Rechteck ist.

Zu ImageReady wechseln

Es ist jetzt an der Zeit, sich mit ImageReady vertraut zu machen. Sie benutzen die Schaltfläche »In ImageReady bearbeiten«, um in dieses Programm zu wechseln. Die Schaltfläche startet nicht nur ImageReady, sondern nimmt auch die aktuell in Photoshop geöffnete Datei mit und übergibt die Kontrolle so lange an ImageReady, bis Sie die Datei schließen oder wieder zu Photoshop wechseln.

1 Achten Sie darauf, dass Sie die Datei *13Start.psd* gespeichert haben. Klicken Sie dann unten in der Photoshop-Werkzeugpalette auf die Schaltfläche »In Image-Ready bearbeiten« ( ).

Das Programm ImageReady startet mit der geöffneten Datei *13Start.psd*. Beachten Sie, dass ImageReady über das Slices-Menü und die Slice-Palette verfügt – Features, die so in Photoshop nicht vorhanden sind.

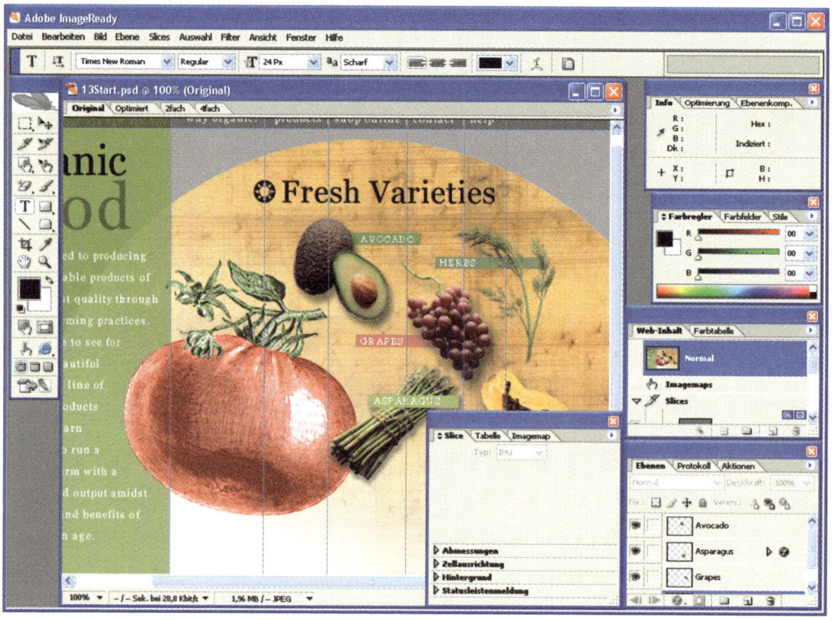

Sie wählen Slice-Optionen in ImageReady mit Hilfe der Slice-Palette. Wählen Sie einfach ein Slice mit dem Slice-Auswahlwerkzeug ( ) und geben Sie in der Slice-Palette die jeweiligen Informationen ein. Im Vergleich zu Photoshop ist die direkte Eingabe von Slice-Optionen etwas schneller, da Sie nicht ein Dialogfeld öffnen und dann wieder schließen müssen.

Sie richten sich jetzt den Arbeitsbereich in ImageReady ein.

2 Wählen Sie **Fenster: Arbeitsbereich: Position der Interaktivitätspalette**, um einige der für diese Lektion nicht benötigten Paletten zu schließen.

3 Schließen Sie die Animation- und Web-Inhalt-Palettengruppen, indem Sie auf die Schließfelder in der jeweiligen Titelleiste klicken oder die Paletten im Menü »Fenster« abwählen.

4 Ziehen Sie die Slice-Palettengruppe so weit nach rechts, dass sie an der Kante des Arbeitsbereichs einrastet. Klicken Sie dann auf das Imagemap-Register, um diese Palette nach vorn zu bringen. Ihr Arbeitsbereich sollte jetzt der folgenden Abbildung entsprechen.

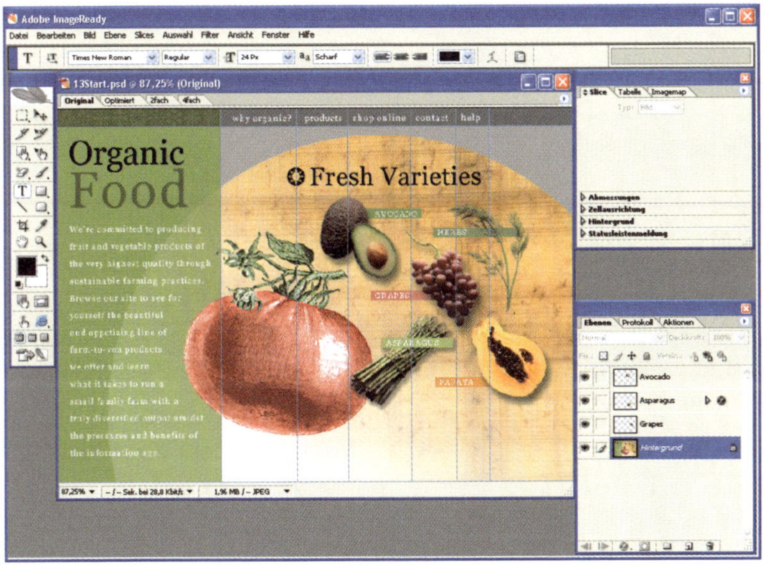

Imagemaps in ImageReady erstellen

Das Erstellen von Imagemaps ist eine der Funktionen, die ausschließlich in Adobe ImageReady zur Verfügung steht. In Photoshop können Sie zwar Slices erzeugen, die eine gewisse Ähnlichkeit mit Imagemaps aufweisen, aber Imagemaps selbst können Sie nicht erstellen.

Sie erstellen in diesem Teil der Lektion eine Imagemap innerhalb des Bildes auf der Organic-Food-Homepage. Sie legen auf den Produktabbildungen Links zu anderen Webseiten an – etwas, was mit rechteckigen Slices schwierig wäre.

Ebenen für Imagemaps

Sie definieren nun Imagemap-Bereiche, die auf einigen der Ebenen des Hompage-Designs basieren. Es ist sehr hilfreich, bei der Definition von Hotspots Ebenen zu benutzen, da sich so ihre Formen einfach an die jeweiligen Bereiche anpassen lassen.

1 Wählen Sie in der Ebenen-Palette die Ebene *Asparagus* (Spargel).

Beachten Sie, dass diese Ebene bereits mit dem Effekt *Schlagschatten* versehen ist.

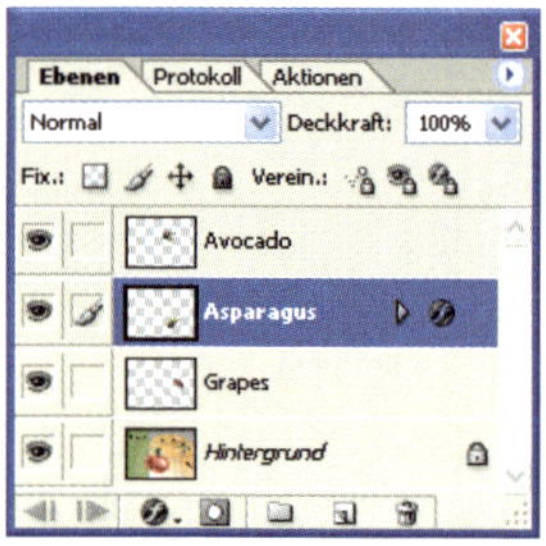

2 Wählen Sie **Ebene: Neuer ebenenbasierter Imagemap-Bereich**.

Der komplette Bereich mit dem Spargel ist rot eingerahmt und etwas aufgehellt. Die rote Linie und die Aufhellung definieren den Hotspot-Bereich in der Imagemap. In der Ebenen-Palette weist ein Zeigefinger-Symbol darauf hin, dass diese Ebene einen ebenenbasierten Imagemap-Bereich hat.

3 Klicken Sie in der Imagemap-Palette auf den Pfeil neben »Ebenenbasierte Einstellungen« (falls erforderlich) und wählen Sie aus dem Form-Popup-Menü die Option »Polygon«.

Die rote Kontur entspricht jetzt in etwa der Form des Spargelbunds einschließlich des Schlagschattens an der rechten Seite.

4 Geben Sie in der Imagemap-Palette unter »Qualität« den Wert **90** ein, damit die rote Linie noch besser mit der Form des Spargelbereichs übereinstimmt.

5 Geben Sie in der Imagemap-Palette **Asparagus** als Namen und **pages/aspergus.html** als URL ein. Wählen Sie aus dem Ziel-Popup-Menü die Option »_blank«.

6 Klicken Sie in einem leeren Bereich der Ebenen-Palette, um die *Asparagus*-Ebene abzuwählen. Wählen Sie **Datei: Speichern**.

Die Imagemap-Werkzeuge

Sobald sich die Elemente für Imagemaps auf einzelnen Ebenen befinden, lassen sich die jeweiligen Imagemaps sehr einfach definieren (siehe vorherige Prozedur). Sie lernen jetzt zusätzliche Techniken für die Definition von Imagemaps auf einer einzigen Ebene kennen.

Die erste Methode ähnelt der Photoshop-Technik, die Sie in diesem Buch bereits bei der Auswahl gewählter Elemente mit dem Zeichenstift-Werkzeug angewendet haben. Bevor Sie beginnen, deaktivieren Sie die Ausrichten-Option, um Ankerpunkte einfacher und sehr präzise an der gewünschten Position zu platzieren.

1 Wählen Sie **Ansicht: Ausrichten**, um diesen Befehl zu deaktivieren (der Befehl erscheint ohne Kontrollhäkchen).

2 Wählen Sie in der Werkzeugpalette das polygonförmige Imagemap-Werkzeug (), das unter dem rechteckigen Imagemap-Werkzeug () verborgen ist.

3 Vergrößern Sie die Papaya im Bildfenster falls erforderlich (Sie müssen allerdings alles auf dem Bildschirm erkennen können). Wählen Sie erneut das polygonförmige Imagemap-Werkzeug und klicken Sie auf die Kante der Papaya, um einen Ankerpunkt zu setzen.

4 Folgen Sie der äußeren Kante der Papaya und dem Papaya-Etikett, indem Sie regelmäßig für weitere Ankerpunkte klicken.

Drücken Sie beim Ziehen um das Papaya-Etikett die Umschalttaste, um die Bewegung auf eine horizontale, vertikale oder 45°-Linie einzuschränken.

5 Wenn Sie um die Papaya herum die Ankerpunkte platziert haben, klicken Sie auf den zuerst gesetzten Punkt, um die Form der Imagemap zu schließen. (Das Zeigersymbol ändert sich in einen kleinen Kreis, sobald Sie den richtigen Punkt erreicht haben – ein weiterer Klick schließt dann die Form.)

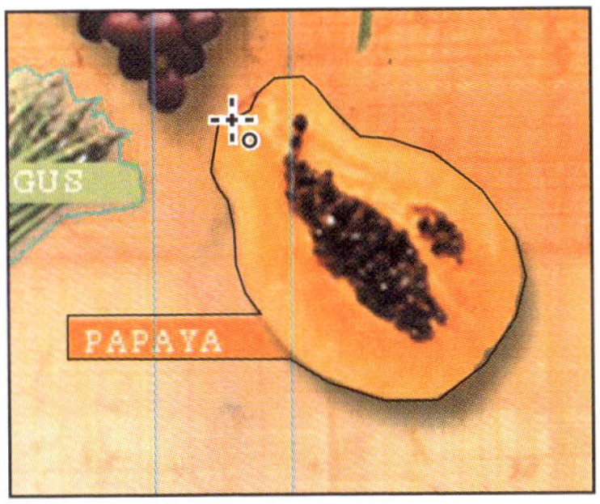

Die Papaya ist mit einer roten Imagemap-Umrandung und den von Ihnen gesetzten Ankerpunkten versehen.

6 Geben Sie in der Imagemap-Palette **Papaya** als Namen und **pages/papaya.html** als URL ein. Wählen Sie als Ziel **_blank**.

7 Wählen Sie **Auswahl: Auswahl der Imagemaps aufheben** und doppelklicken Sie auf das Zoom-Werkzeug (🔍), um die Ansicht auf 100% zu ändern.

8 Wählen Sie **Datei: Speichern**.

Auswahl für Imagemaps benutzen

Eine Auswahl, die mit einem der Auswahl-Werkzeuge in ImageReady erstellt wurde, lässt sich ebenfalls in eine Imagemap umwandeln. Das probieren Sie jetzt mit dem Fenchel aus, indem Sie diesen Kräuterstrauß mit dem Zauberstab-Werkzeug wählen.

1 Klicken Sie mit dem Zoom-Werkzeug so lange auf den Fenchel (HERBS), bis die Vergrößerung auf 300% eingestellt ist.

2 Wählen Sie in der Ebenen-Palette die *Hintergrund*-Ebene.

3 Wählen Sie das Zauberstab-Werkzeug (✨), das unter dem Auswahlrechteck-Werkzeug (⬚) verborgen ist. Geben Sie anschließend in der Optionsleiste unter »Toleranz« den Wert **42** ein und achten Sie darauf, dass die Option »Benachbart« aktiviert ist.

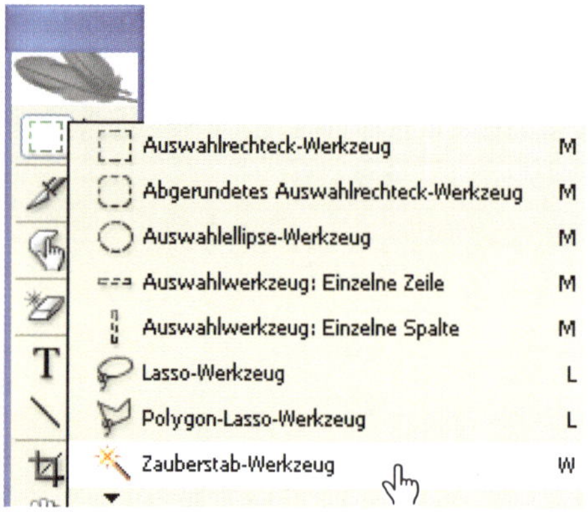

4 Klicken Sie auf den Fenchelstrauß an der Stelle über dem Etikett.

5 Halten Sie die Umschalttaste gedrückt (der Zeiger des Zauberstab-Werkzeugs enthält jetzt ein Pluszeichen) und klicken Sie vorsichtig auf einen noch nicht gewählten Bereich des Fenchels. Wiederholen Sie diesen Vorgang so lange, bis der Fenchel komplett gewählt ist – die Auswahl muss nicht perfekt sein.

Hinweis: *Falls die Auswahl nach einem Klick nicht mehr vorhanden zu sein scheint, haben Sie eventuell auf den Holzuntergrund geklickt. Die Auswahl umfasst dann einen sehr großen Bereich. Wählen Sie in diesem Fall den Befehl »Bearbeiten: Rückgängig Zauberstab« und wählen Sie den Fenchel erneut aus.*

6 Wählen Sie **Auswahl: Imagemap aus Auswahl erstellen**, um das Dialogfeld »Imagemap erstellen« zu öffnen. Wählen Sie die Option »Polygon mit Qualität 80« und klicken Sie auf OK.

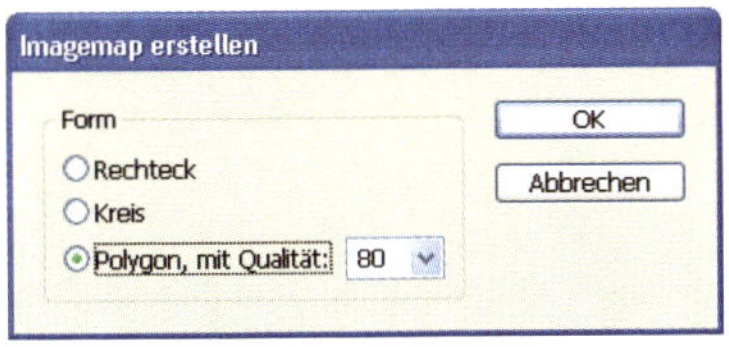

Im Bildfenster ist der Fenchel jetzt aufgehellt und eine rote Linie markiert die Form der Imagemap.

7 Wählen Sie **Auswahl: Auswahl aufheben.**

8 Geben Sie in der Imagemap-Palette (eventuell nach einem Doppelklick auf die Miniatur) den Namen **Herbs** und den URL **pages/herbs.html** ein. Wählen Sie als Ziel die Option »_blank«.

9 Wählen Sie **Datei: Speichern**.

Hinweis: *Wenn Sie Ihr Bild ohne die hellblauen Imagemap-Linien und ohne Aufhellung sehen wollen, klicken Sie in der Werkzeugpalette auf die Schaltfläche »Imagemaps einblenden/ausblenden« ( ) oder drücken Sie A. Klicken Sie erneut auf die Schaltfläche oder drücken Sie A, um die Imagemap-Hinweise wieder einzublenden.*

In dieser Lektion haben Sie bis jetzt drei Imagemap- und fünf Slice-Links in Ihrem Webseiten-Bild erstellt. Erstellen Sie jetzt weitere Imagemaps für die Avocado und die Weintrauben oder aber setzen Sie mit dem nächsten Thema fort. (Sie finden die notwendigen HTML-Seiten auf der Buch-DVD.)

Hinweis: *Die angeführten Übungen haben nicht zum Inhalt, ganz perfekte Imagemap-Formen für die jeweiligen Elemente zu zeichnen. Sie können die Formen jedoch verbessern, wenn Sie mit dem Imagemap-Auswahlwerkzeug die Ankerpunkte so lange an bessere Positionen ziehen, bis Sie zufrieden sind. Um Ankerpunkte hinzuzufügen, klicken Sie mit gedrückter Umschalttaste. Um Ankerpunkte zu löschen, klicken Sie mit gedrückter Alt- (Windows) bzw. Wahltaste (Mac OS).*

Verknüpfte Bilder in einer HTML-Datei speichern

Wenn Sie ein Bild mit verknüpften Slices und Imagemaps als HTML-Datei speichern, generiert ImageReady automatisch die HTML-Tags, die zur Darstellung des Bildes auf einer Webseite erforderlich sind. Die einfachste Möglichkeit besteht darin, die Option »HTML und Bilder« beim Speichern des optimierten Bildes zu aktivieren. Wenn Sie die HTML-Datei dann einmal erstellt haben, können Sie sie problemlos aktualisieren, um alle Änderungen (wie neue bzw. veränderte Imagemap-Bereiche oder neue URLs) aufzunehmen.

Bevor Sie die HTML-Datei speichern, sollten Sie noch die Links in der Web-Inhalt-Palette prüfen.

1 Wählen Sie den Befehl **Fenster: Web-Inhalt**, um diese Palette zu öffnen. Eventuell müssen Sie auf die Pfeile klicken, um die Kategorien *Imagemaps* und *Slices* zu erweitern. Ziehen Sie die rechte untere Ecke der Palette nach unten, damit alle aufgeführten Elemente zu sehen sind.

2 Prüfen Sie den Inhalt der Web-Inhalt-Palette, der auch Miniaturen der Slices und Imagemaps umfasst. Beachten Sie, dass die Imagemap-Miniaturen auch die Begrenzungen der Imagemap-Bereiche enthalten. Sobald Sie auf ein Slice oder eine Imagemap klicken, erscheinen die entsprechenden Informationen in der Slice- bzw. Imagemap-Palette.

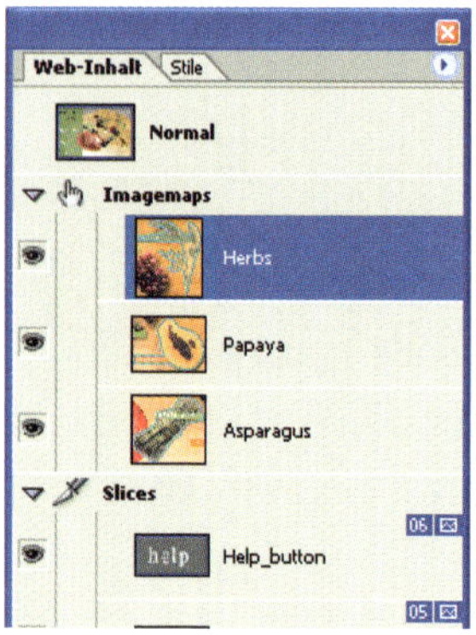

3 Schließen Sie die Web-Inhalt-Palette oder verschieben Sie sie, um wieder Platz zu gewinnen.

4 Wählen Sie den Befehl **Datei: Optimiert-Version speichern unter**. (Wählen Sie *nicht* versehentlich »Speichern unter«.)

5 Übernehmen Sie im Dialogfeld »Optimiert-Version speichern unter« den vorgegebenen Namen **13Start.html** und führen Sie folgende Aktionen aus:

- Wählen Sie im Dialogfeld »Optimiert-Version speichern unter« aus dem Popup-Menü »Dateityp« (Windows) bzw. »Format« (Mac OS) die Option »HTML und Bilder«.
- Wählen Sie den Ordner *Lektionen/Lektion13/13MyPage* als Speicherort.
- Klicken Sie auf »Speichern«.

Hinweis: *In Photoshop erstellen Sie eine HTML-Datei, indem Sie »Datei: Für Web speichern« wählen. Optimieren Sie das Bild und klicken Sie dann auf »Speichern«. Geben Sie jetzt im Dialogfeld »Optimierte Version speichern unter« die gewünschten HTML-Informationen ein.*

6 Wechseln Sie zu Adobe Bridge und gehen Sie zum Ordner *Lektionen/Lektion13/13MyPage*. Klicken Sie mit der rechten Maustaste (Windows) oder mit gedrückter Control-Taste (Mac OS) und wählen Sie die Option »Öffnen mit«. Wählen Sie einen Webbrowser, um die Datei *13Start.html* zu öffnen.

7 Klicken Sie auf die Bereiche mit den von Ihnen erstellten Slices und Imagemaps und prüfen Sie, ob die Links bzw. Verknüpfungen stimmen.

Wenn einige Links in der HTML-Datei nicht richtig funktionieren, gehen Sie zurück zu ImageReady und korrigieren Sie die Links in der Imagemap- oder Slice-Palette für die Datei 13Start.psd. *Wählen Sie anschließend »Datei: HTML aktualisieren«. Wählen Sie im Dialogfeld die Datei* 13Start.html *und klicken Sie auf »Öffnen«. Klicken Sie im Dialogfeld »Dateien ersetzen« auf »Ersetzen« und auf OK. Sehen Sie sich dann die HTML-Seite erneut in einem Browser an.*

Bilder für das Internet optimieren

Das Optimieren von Bildern ist ein Vorgang, bei dem Sie durch eine effiziente Wahl von Format, Auflösung und Qualität die jeweiligen Bilder für eine Veröffentlichung im Internet bzw. auf Browserseiten aufbereiten. Dabei müssen Sie stets einen guten Kompromiss zwischen Dateigröße und Bildqualität finden. Da jedes Bild anders ist, benötigen Sie für das Aufbereiten von Bildern für das Web sowohl ein gutes Urteilungsvermögen als auch ein gutes Auge.

Die verfügbaren Komprimierungsoptionen richten sich nach dem Dateiformat, in dem das Bild gespeichert wird. Das JPEG-Format erhält die Farbtiefe sowie die feinen Unterschiede in Helligkeit und Farbton, die ein Foto oder Bilder mit Verläufen aufweisen. Dieses Format kann Bilder mit Millionen von Farben darstellen. Das GIF-Format komprimiert Volltonfarbbereiche, wohingegen scharfe Details, wie in Strichgrafiken, Logos oder Abbildungen mit Text, erhalten bleiben. Dieses Format benutzt eine Palette mit bis zu 256 Farben für die Bilddarstellung und unterstützt Hintergrundtransparenz.

Adobe Photoshop und Adobe ImageReady bieten effektive Möglichkeiten, ein Bild zu komprimieren und gleichzeitig seine Anzeige auf dem Bildschirm zu optimieren. Normalerweise optimieren Sie Bilder, bevor Sie diese in einer HTML-Datei speichern. In Photoshop und in ImageReady vergleichen Sie das Original mit den komprimierten Versionen und passen die Einstellungen an. Experimentieren Sie mit den Bildern im Ordner Lektionen/Lektion13. *Weitere Informationen zu JPEG und GIF finden Sie in der Photoshop-Hilfe.*

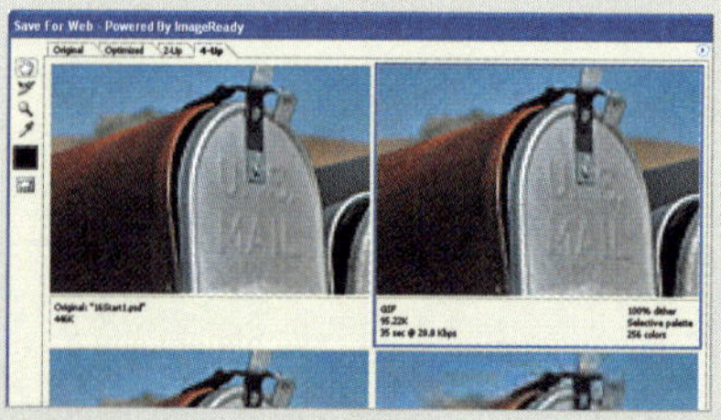

JPEG-Komprimierung bewahrt alle Farbinformationen und eignet sich besonders für Fotos. Öffnen Sie die Datei mailbox.psd *in Photoshop, wählen Sie »Für Web speichern« und klicken Sie auf das 4fach-Register (klicken Sie in ImageReady bei geöffneter Optimieren-Palette auf das 4fach-Register). Oben links sehen Sie das Original. Photoshop zeigt automatisch verschiedene JPEG-Vorschauen. Vergleichen Sie Qualität und Größe, ändern Sie die Einstellungen und wählen Sie dann den optimalen Kompromiss zwischen Qualität und Dateigröße.*

GIF-Komprimierung benutzt eine Palette mit 256 Farben zur Darstellung eines Bildes. GIF eignet sich für Grafiken mit flächigen und sich wiederholenden Farben. Öffnen Sie die Datei landscape.psd *in Photoshop, wählen Sie »Für Web speichern« und klicken Sie auf das 4fach-Register (klicken Sie in ImageReady bei geöffneter Optimieren-Palette auf das 4fach-Register). Oben links sehen Sie das Original. Photoshop zeigt automatisch drei GIF-Alternativen. Vergleichen Sie Qualität und Größe, ändern Sie die Einstellungen und wählen Sie dann den optimalen Kompromiss zwischen Qualität und Dateigröße.Die Farbtabelle-Palette zeigt die Farben in der optimierten Datei.*

Rückblick

Fragen

1 Was sind Slices?

2 Beschreiben Sie drei Möglichkeiten zum Erstellen von Slices.

3 Nennen Sie Unterschiede zwischen Slices und Imagemaps.

4 Was verstehen Sie unter Bildoptimierung und wie optimieren Sie Bilder für das Web?

Antworten

1 Slices sind rechteckige Bildbereiche, die Sie in Photoshop oder ImageReady für eine individuelle Web-Optimierung verwenden. Mit Slices erstellen Sie animierte GIFs, URL-Verknüpfungen und Rollovers.

2 Bild-Slices entstehen, wenn Sie mit dem Slice- oder dem Sliceauswahl-Werkzeug Bereiche im Bild bestimmen. In Photoshop wandeln Sie über das Ebenen-Menü Ebenen und in ImageReady Auswahlbereiche über das Auswahl-Menü in Slices um. Auto-Slices werden automatisch für die undefinierten Bereiche erstellt.

3 Slices lassen sich in Photoshop oder in ImageReady erstellen. Slices sind immer rechteckig und lassen sich so definieren, dass sie ein Bild, kein Bild oder eine Tabelle enthalten. Imagemaps lassen sich nur in ImageReady erstellen. Sie können eine beliebige Form annehmen und haben immer einen Bildinhalt. Slices und Imagemaps lassen sich als Hotspots mit Links zu anderen Seiten anlegen. Sie können Rollover-Zustände einnehmen.

4 Bei der Bildoptimierung werden Einstellungen für das Dateiformat, die Auflösung und die Qualität eines Bildes für die Veröffentlichung im Web bestimmt. Für die Optimierung ist eine gute Balance zwischen möglichst geringer Dateigröße und guter Qualität des komprimierten Bildes erforderlich. Halbtonbilder werden im JPEG-Format und flächige Bilder und solche mit sich wiederholenden Farbbereichen als GIF optimiert. Um Bilder in Photoshop zu optimieren, wählen Sie »Datei: Für Web speichern«. In ImageReady benutzen Sie dagegen die Optimiert-Palette.

Rollovers animieren Bild-Slices auf einer Webseite durch visuelle Veränderungen, die durch Mausaktionen ausgelöst werden. Rollovers machen Ihre Webseiten anwenderfreundlich. Selbst gelegentliche Besucher Ihrer Websites erkennen auf Anhieb wichtige Links und andere Elemente auf den Seiten.

14 Rollovers erstellen

Überblick

In dieser Lektion lernen Sie Folgendes:

- Rollover-Zustand mit gekrümmtem Text definieren
- Rollover-Zustände für Ebenensichtbarkeit definieren
- Vorschau von Rollover-Effekten
- Remote-Rollovers erstellen
- Eine HTML-Seite mit dem gesliceten Bild in einer Tabelle generieren

Falls erforderlich, löschen Sie den auf Ihrer Festplatte vorhandenen Lektionsordner aus der vorherigen Lektion und kopieren stattdessen den Ordner *Lektionen/Lektion14* von der Buch-DVD auf die Festplatte. Während der Arbeit überschreiben Sie die Startdateien. Falls Sie diese Dateien wiederherstellen wollen, kopieren Sie sie von der Buch-DVD.

Für diese Lektion benötigen Sie außerdem einen Webbrowser (wie Netscape, Internet Explorer oder Safari). Eine Verbindung zum Internet ist nicht erforderlich.

Rollovers

Rollovers sind allgemein bekannte Web-Effekte, die das normale Aussehen einer Webseite (Status *Normal*) verändern, ohne dass der Besucher zu einer anderen Webseite umgeleitet wird. Sobald der Anwender beispielsweise die Maus über einen bestimmten Bereich der Webseite bewegt, verändert sich dieser Bereich. Diese meist optische Hilfe weist auf einen Hotspot hin, auf den der Benutzer nur zu klicken braucht, um z.B. das Öffnen einer anderen Webseite auszulösen.

Es gibt noch andere Rollover-Arten. Einige sind an Anwenderaktionen gekoppelt, wie mit der Maus klicken oder die Maustaste gedrückt halten. Andere Rollovers werden durch eine Benutzeraktion in einem Bereich der Webseite ausgelöst und ändern dann einen anderen Bereich derselben Webseite.

Rollover-Effekte bzw. -Zustände repräsentieren verschiedene Bedingungen in der Ebenen-Palette. Diese Bedingungen könnten die Ebenensichtbarkeit, die Position der Ebene, Ebenenstile und andere Formatoptionen beinhalten. Sie erfahren in dieser Lektion anhand eines repräsentativen Beispiels, wozu sich Rollovers einsetzen lassen.

Hinweis: *Für diese Lektion sollten Sie bereits grundlegende Kenntnisse über Slices besitzen (siehe Lektion 13, »Verknüpfungen in Bildern erstellen«).*

Vorbereitungen

Sie beginnen diese Lektion, indem Sie sich das Beispiel der HTML-Seite ansehen, die Sie im weiteren Verlauf auf Basis einer Bilddatei im Photoshop-Format entwickeln. Einige Bereiche der Grafik reagieren auf Mausaktionen, das heißt, sie ändern ihr Aussehen, sobald sich der Zeiger über dem jeweiligen Bereich befindet oder der Anwender in diesem Bereich klickt.

1 Starten Sie Adobe Bridge und klicken Sie oben links in der Favoriten-Palette auf den Favoriten *Lektionen*. Doppelklicken Sie auf den Ordner *Lektion14* im Vorschaubereich und anschließend auf den Ordner *14End*.

2 Klicken Sie mit der rechten Maustaste (Windows) bzw. mit gedrückter Control-Taste (Mac OS) auf die Datei *14End.html* und wählen Sie im Kontextmenü die Option »Öffnen mit«. Wählen Sie einen Webbrowser, um die HTML-Datei zu öffnen.

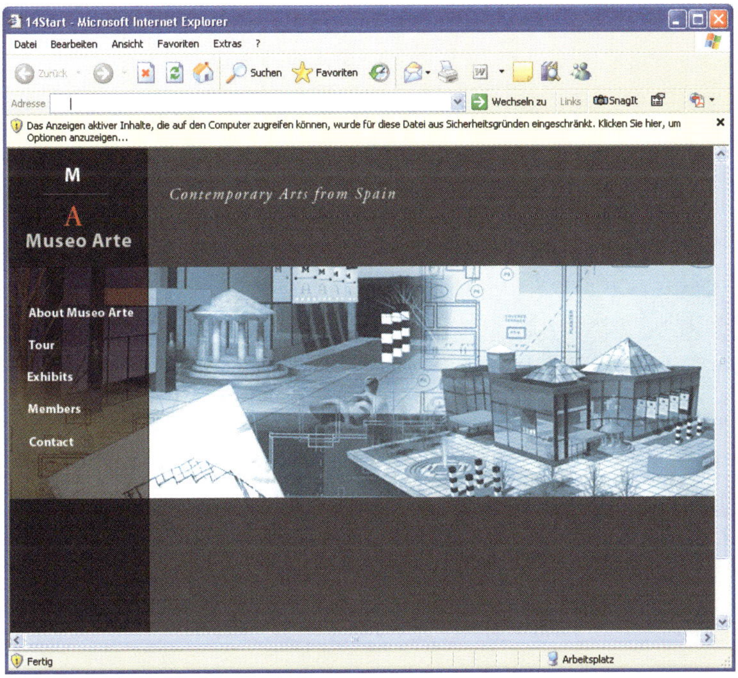

3 Bewegen Sie den Mauszeiger über die Webseite, speziell über den linken Bereich. Achten Sie auf Änderungen im Bild und auf Veränderungen des Mauszeigers (der Zeiger wird zum Handsymbol).

Hinweis: *Die Seite ist noch nicht fertig, da die Verknüpfungen fehlen. Das Klicken auf einen Button öffnet deshalb keine weiteren Webseiten.*

4 Verlassen Sie den Browser, wenn Sie sich die Webseite angesehen haben.

Rollover-Zustände erstellen

Ein *Rollover-Zustand* ist ein benanntes Ereignis, wie das Klicken und Rollen mit dem Mauszeiger in bzw. über einen bestimmten Bildbereich. Die jeweilige Mausaktion bewirkt eine Veränderung im Bild oder in einem bestimmten Teil des Bildes. ImageReady versieht neue Rollovers automatisch mit einem dieser acht Zustände: *Over*, *Down*, *Click*, *Eigener*, *Keiner*, *Auswahl* (Selected), *Out* oder *Up*. (Die Definitionen dieser Zustände finden Sie in der ImageReady-Hilfe.)

Sekundäre Rollovers koppeln einen Rollover-Zustand in einem Slice mit Veränderungen in einem anderen Slice. Beispielsweise könnte der Benutzer auf eine Schaltfläche klicken (das Remote-Auslöser-Slice), die eine zuvor ausgeblendete Grafik oder einen Textabsatz (das Remote-Slice) in einem anderen Bereich der Webseite anzeigt.

Es lassen sich nur Benutzer-Slices mit Rollover-Zuständen versehen. Allerdings können Sie ein Auto-Slice mit dem Befehl **Slices: In Benutzer-Slice umwandeln** in ein Benutzer-Slice konvertieren und ihm dann Rollover-Zustände zuweisen.

Einen Arbeitsbereich für diese Lektion erstellen

Sie wissen bereits aus den vorherigen Lektionen, wie Sie Arbeitsbereiche definieren. ImageReady verfügt über verschiedene bereits definierte Arbeitsbereiche, die Sie für bestimmte Arbeiten (auch in dieser Lektion) benutzen können. Sie können aber auch einen eigenen Arbeitsbereich festlegen und speichern.

1 Starten Sie Adobe ImageReady und halten Sie sofort danach die Tasten Strg+Alt+Umschalt (Windows) bzw. Befehl+Wahl+Umschalt (Mac OS) gedrückt, um die standardmäßigen Voreinstellungen zu erhalten. (Siehe »Die Standardeinstellungen wiederherstellen« auf Seite 20.) Klicken Sie auf »Ja«, wenn Sie gefragt werden, ob Sie wirklich alle ImageReady-Voreinstellungen löschen möchten.

2 Wählen Sie **Fenster: Arbeitsbereich: Position der Interaktivitätspalette**.

3 Klicken Sie in der Slice-Palettengruppe auf das Tabelle-Register, um diese Palette nach vorne zu bringen. Klicken Sie im Register auf den Doppelpfeil (⬍), um die Palette vollständig anzuzeigen. Ziehen Sie die Palettengruppe dann in die obere rechte Ecke des Arbeitsbereichs und vertauschen Sie die Position mit der Web-Inhalt-Palette.

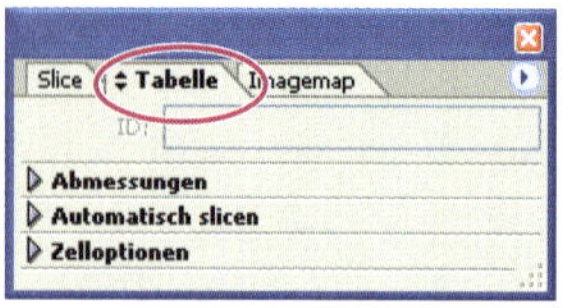

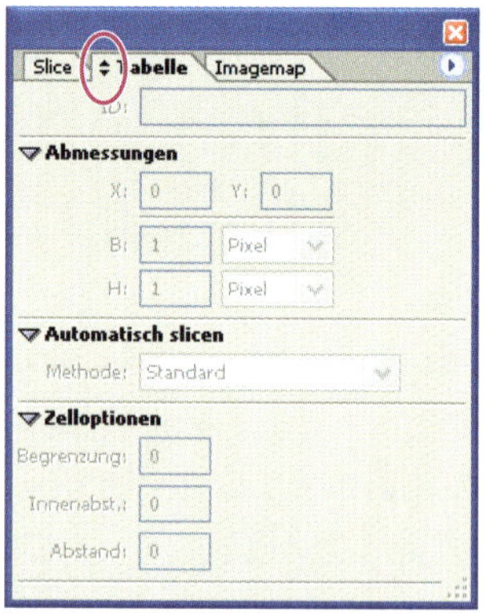

4 Ziehen Sie die unteren rechten Ecken der Ebenen- und Web-Inhalt-Paletten so, dass sie den darunter befindlichen Raum voll nutzen.

5 Schließen Sie die Animation-Palette in der unteren linken Ecke des Arbeitsbereiches.

Der Arbeitsbereich sollte jetzt der folgenden Abbildung entsprechen.

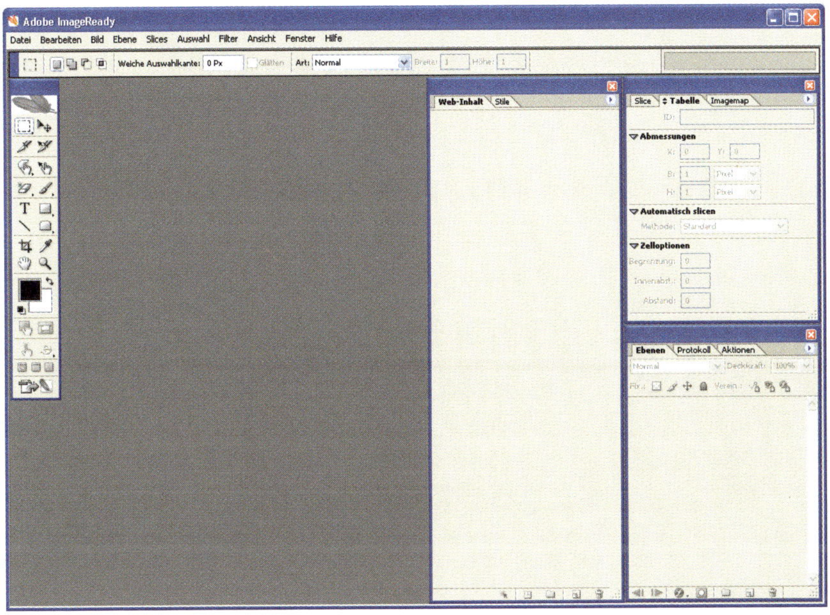

Achten Sie außerdem darauf, dass die Arbeitseinstellungen für ImageReady richtig konfiguriert sind. Einige Einstellungen lassen sich erst mit einer geöffneten Datei vornehmen. Deshalb öffnen Sie jetzt die Startdatei.

6 Wählen Sie **Datei: Öffnen**, navigieren Sie zum Ordner *Lektionen/Lektion14* auf Ihrer Festplatte und öffnen Sie die Datei *14Start.psd.*

7 Eventuell müssen Sie die Größe des Bildfensters ändern und ein- bzw. auszoomen, um das gesamte Bild anzuzeigen.

8 Achten Sie darauf, dass im Menü »Ansicht« die folgenden Optionen gewählt bzw. mit einem Häkchen versehen sind:

- »Extras«
- »Ausrichten«
- »Hilfslinien« und »Slices« im Untermenü »Einblenden«
- »Hilfslinien« und »Slices« im Untermenü »Ausrichten an«

Jetzt haben Sie alles für die folgenden Arbeiten vorbereitet.

Rollover mit gekrümmtem Text erstellen

In ImageReady können Sie auch Schrift verkrümmen. Beispielsweise lässt sich ein Wort so verändern, dass es wirkt, als wäre es auf einem dreidimensionalen Objekt gemalt.

Sie kombinieren nun eine derartige Textverkrümmung mit einem Rollover-Status. Der verkrümmte Text erscheint dann im fertigen HTML-Bild nur nach einer bestimmten Aktion des Benutzers.

1 Wählen Sie das Slice-Werkzeug (✂) und ziehen Sie ein Rechteck um die Wörter *Museo Arte*. Orientieren Sie sich an den Hilfslinien und lassen Sie die Kanten des Slice daran einrasten.

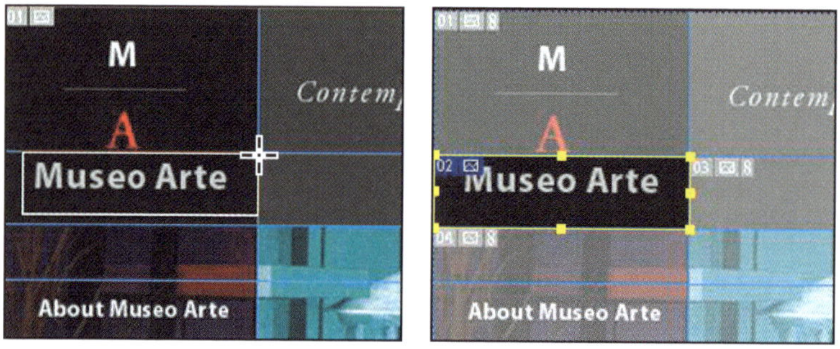

2 Doppelklicken Sie in der Web-Inhalt-Palette auf den automatisch zugewiesenen Namen für das Benutzer-Slice (*14Start_02*), um es zu aktivieren. Geben Sie **Museo Arte** ein, um das Slice neu zu benennen. Drücken Sie die Eingabetaste.

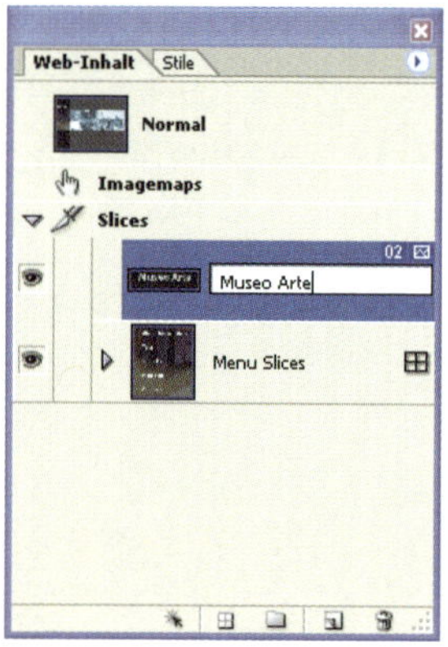

3 Klicken Sie unten in der Web-Inhalt-Palette auf die Schaltfläche »Rollover-Status erstellen« ( ). Der neue Rollover-Status *Over* erscheint in der Web-Inhalt-Palette unter dem Slice *Museo Arte*.

Der *Over*-Zustand aktiviert das Bild, sobald der Benutzer den Mauszeiger auf den Hotspot bewegt.

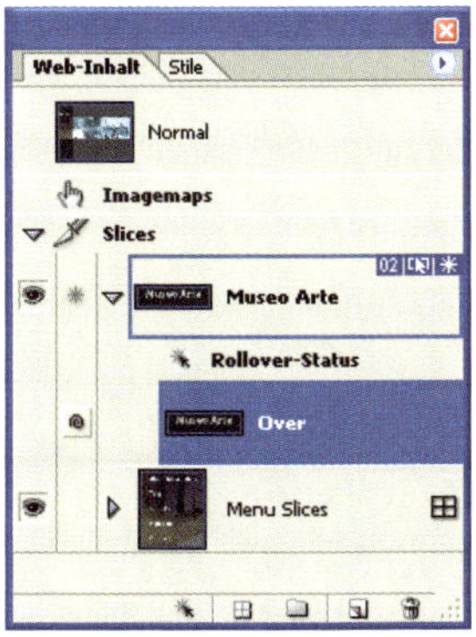

4 Wählen Sie in der Ebenen-Palette die Ebene *Museo Arte*.

5 Wählen Sie in der Werkzeugpalette das Text-Werkzeug (T), um in der Optionsleiste die Textoptionen einzublenden. Klicken Sie dann auf die Schaltfläche »Verkrümmten Text erstellen« ( ). (Falls ein Warnhinweis bezüglich einer Layoutänderung erscheint, klicken Sie auf OK.)

***Hinweis:** Sie brauchen den Text nicht mit dem Text-Werkzeug zu wählen. Der Effekt für verkrümmten Text gilt immer für die komplette Textebene und nicht für einzelne Wörter oder Buchstaben.*

6 Wählen Sie im Dialogfeld »Text verkrümmen« aus dem Popup-Menü »Stil« die Option »Linse« und stellen Sie die Biegung auf **30**% ein. Belassen Sie die horizontale und vertikale Verzerrung bei **0**% und klicken Sie auf OK. Beachten Sie die Änderung im Text *Museo Arte*.

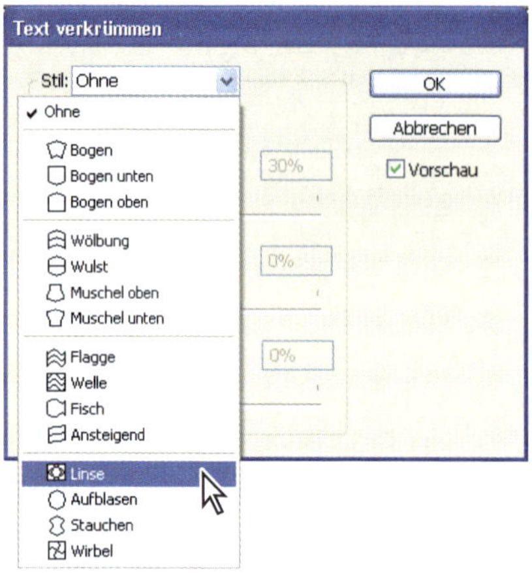

7 Klicken Sie oben in der Web-Inhalt-Palette auf *Normal*, um die Anzeige des Rollover-Status im Bildfenster zu deaktivieren.

Hinweis: *Verwechseln Sie verkrümmten Text nicht mit Text auf einem Pfad (ausschließlich in Photoshop verfügbar). Informationen über das Anordnen von Buchstaben auf einem Freiform-Pfad finden Sie in der Photoshop-Hilfe.*

Eine Rollover-Vorschau anzeigen

Auch wenn das Ergebnis dieses Projekts eine Webseite ist, lässt sich das interaktive Verhalten von Slices auch in ImageReady testen. Dazu wechseln Sie vom Arbeitsmodus in den Vorschaumodus. Während der Vorschau sind einige Paletten wie die Ebenen-Palette abgeblendet. Grund: In der Vorschau können Sie weder Ebenen wählen noch Einstellungen in diesen vornehmen.

1 Klicken Sie in der Ebenen-Palette in einem leeren Bereich, um die Ebene *Museo Arte* abzuwählen.

2 Klicken Sie zuerst in der Werkzeugpalette auf die Schaltfläche »Slices einblenden/ausblenden« ( ) oder drücken Sie Q, um die Slice-Begrenzungsrahmen auszublenden und die Aufhellung im Bild zu entfernen.

3 Klicken Sie in der Werkzeugpalette auf die Schaltfläche »Dokument-Vorschau« ( ) oder drücken Sie Y, um den Vorschaumodus zu aktivieren.

Hinweis: *Das Bildfenster zeigt weiterhin die Hilfslinien an. Falls Sie die Hilfslinien stören, wählen Sie »Ansicht: Einblenden: Hilfslinien« oder den Tastaturbefehl Strg+, (Windows) bzw. Befehl+, (Mac OS). Blenden Sie die Hilfslinien nach der Vorschau wieder ein, da Sie sie für die nächsten Schritte noch benötigen.*

4 Bewegen Sie im Bildfenster den Zeiger über den Text *Museo Arte* und dann wieder weg vom Text, um den Rollover-Status *Over* mit dem verkrümmten Text zu sehen.

Beachten Sie die Auswirkungen der Position des Mauszeigers auf die Hervorhebungen in der Web-Inhalt-Palette – die Slice-Auswahl ändert sich vom Status *Normal* in den Status *Museo Arte Over*.

5 Klicken Sie erneut auf die Schaltflächen »Dokument-Vorschau« und »Slices einblenden/ausblenden«, um sie zu deaktivieren. Oder drücken Sie Q und Y für die entsprechenden Tastaturbefehle.

Die Slice-Auswahlbegrenzungen und die Aufhellung erscheinen wieder im Bildfenster.

6 Wählen Sie in der Web-Inhalt-Palette den Status **Normal** und klicken Sie dann auf den Pfeil neben dem Slice *Museo Arte*, um die Rollover-Liste auszublenden.

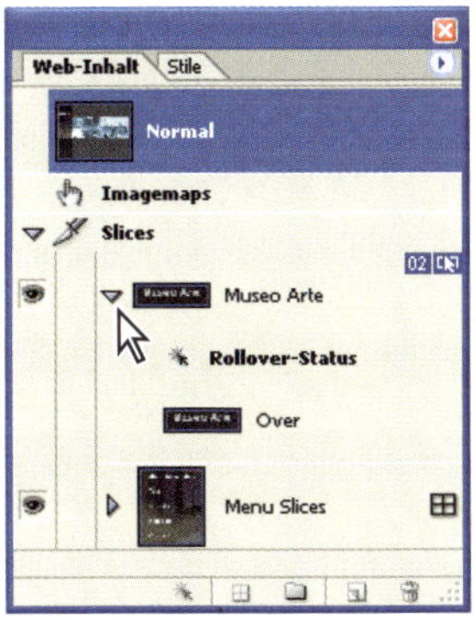

Organisieren Sie die Web-Inhalt- und Ebenen-Paletten so gut wie möglich für die Rollover-Arbeit. Nur so unterlaufen Ihnen keine Fehler, Sie müssen weniger scrollen und finden problemlos alle Elemente in der Palette. Wir erinnern Sie in dieser Lektion regelmäßig daran, gruppierte Elemente nach der Arbeit einzuklappen, selbst wenn das keinen direkten Einfluss auf das Endergebnis dieser Lektion hat.

In dieser Lektion entfällt der nächste logische Schritt des Web-Designers, das heißt, das Slice *Museo Arte* mit einer Webseite zu verknüpfen. Wenn Sie wollen, können Sie das jetzt tun. Entsprechende Informationen finden Sie in Lektion 13, »Verknüpfungen in Bildern erstellen«.

Rollovers für Ebenen-Sichtbarkeit

Eine weit verbreitete Methode für die Animation einer Datei ist das Ändern der Sichtbarkeit einzelner Ebenen.

Im vorliegenden Design war die Originalversion des zentralen Bilds vollfarbig, also anders als die blaue Version, die im *Normal*-Status zu sehen ist. Teile der Originalversion wurden auf Ebenen der aktuellen Datei kopiert, die über der blauen Hintergrundebene angeordnet sind. Die Original-Farbbereiche sind perfekt an das blaue Bild angepasst, das heißt, wenn Sie einen dieser vollfarbigen Bereiche einblenden, scheint sich nur der darunter befindliche Teil von Blau in vollfarbig zu ändern.

1 Wählen Sie in der Web-Inhalt-Palette das *Menu Slices*-Slice und öffnen Sie es, indem Sie auf den Pfeil neben der Miniatur klicken. Das Slice haben neben dem Namen ein kleines Raster-Symbol (⊞), was darauf hinweist, dass *Menu Slices* ein Teil einer HTML-Tabelle ist.

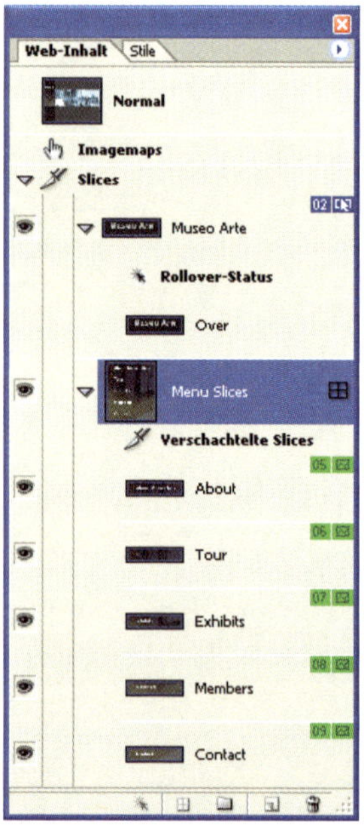

Mit Tabellen erhalten Sie einen besser verwaltbaren HTML-Code. Jede Zelle in einer Tabelle kann ein Bild-Slice enthalten – so, wie bei unserem *Menu Slices*-Slice. Die Slices innerhalb des *Menu Slices*-Slice sind *verschachtelte Slices*.

2 Wählen Sie das verschachtelte Slice *About* und klicken Sie dann unten in der Palette auf die Schaltfläche »Rollover Status erstellen« (▣), um einen neuen *Over*-Status für dieses Slice zu erzeugen.

3 Erweitern Sie in der Ebenen-Palette den Ebenensatz *Menu Color Bkgds* und klicken Sie dann neben der Ebene *Cell_1* für ein Augensymbol (👁).

Der Hintergrund des Textes *About Museo Arte* ist jetzt heller gefärbt.

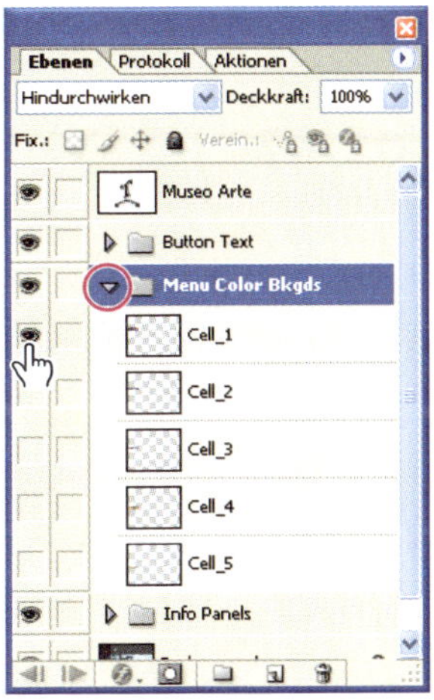

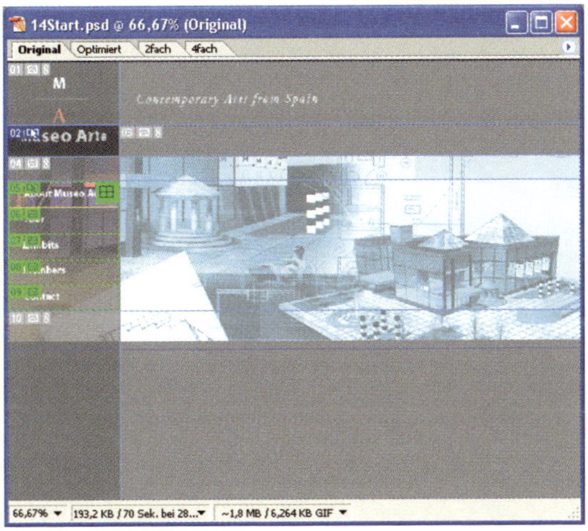

4 Klicken Sie in der Web-Inhalt-Palette auf *Normal*. Klicken Sie dann auf den Pfeil neben dem *About*-Slice, um den Inhalt zusammenzuklappen (zu reduzieren).

Die Ebene *Cell_1* hat nicht mehr das Augensymbol und der *About*-Button im Bildfenster ist wieder monochrom blau eingefärbt.

5 Wiederholen Sie die Prozedur wie in den Schritten 2 und 3, um Rollover-Zustände für die restlichen vier Tabellen-Slices zu erzeugen:

- Wählen Sie das *Tour*-Slice, erstellen Sie einen neuen Rollover und machen Sie die *Cell_2*-Ebene sichtbar.
- Wählen Sie das *Exhibits*-Slice, erstellen Sie einen neuen Rollover und machen Sie die *Cell_3*-Ebene sichtbar.

- Wählen Sie das *Members*-Slice, erstellen Sie einen neuen Rollover und machen Sie die *Cell_4*-Ebene sichtbar.
- Wählen Sie das *Contact*-Slice, erstellen Sie einen neuen Rollover und machen Sie die *Cell_5*-Ebene sichtbar.

6 Blenden Sie die Liste mit den Rollover-Zuständen für die Slices aus, indem Sie neben jedem Slice auf den Pfeil klicken.

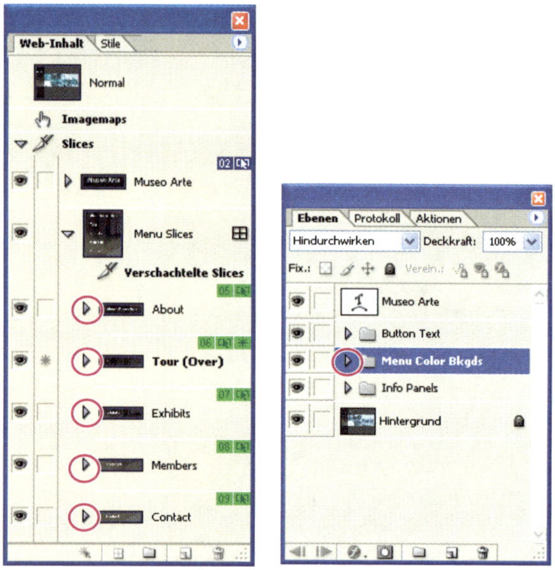

7 Klappen Sie in der Ebenen-Palette das Ebenenset *Menu Colored Bkgds* zusammen.

Vorschau der Rollovers für Ebenensichtbarkeit

Sie sollten jetzt die Rollovers in der Vorschau prüfen.

1 Klicken Sie in einem leeren Bereich der Ebenen-Palette, damit wirklich keine Ebenen gewählt sind. Klicken Sie anschließend in der Werkzeugpalette auf die Schaltfläche »Dokument-Vorschau« (☝).

Hinweis: *Klicken Sie diesmal nicht auf die Schaltfläche »Slices einblenden/ausblenden«, da Sie in der Vorschau auch die Slice-Begrenzungsrahmen und die Symbol-Felder anzeigen wollen.*

2 Bewegen Sie den Mauszeiger langsam nach oben und nach unten über die Buttons in der Tabelle und beachten Sie Folgendes:

- Die Änderungen der Hintergrundfarbe, während sich der Zeiger über die einzelnen Button-Bereiche bewegt
- Das Symbol für den aktiven Rollover-Status eines Slice (✱), das in den Symbol-Sets im Bildfenster und im Slice-Listing in der Web-Inhalt-Palette sowie in den Feldern neben dem Augensymbol (👁) erscheint

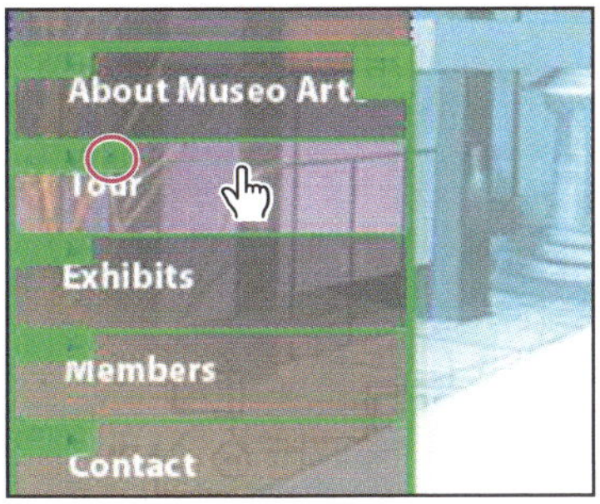

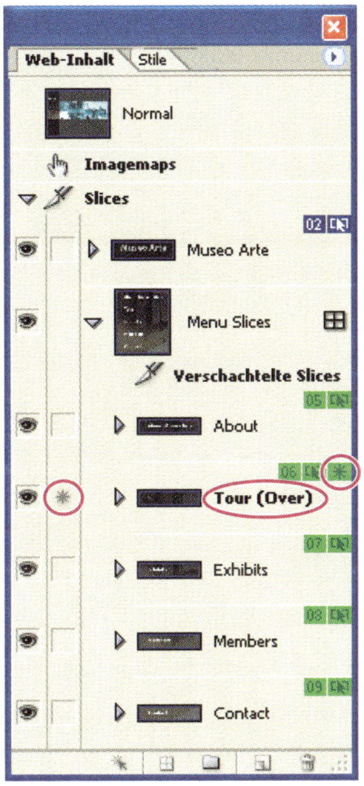

3 Klicken Sie erneut auf die Schaltfläche »Dokument-Vorschau«, um die Vorschau auszuschalten.

4 Wählen Sie **Datei: Speichern**.

Über Slice-Symbole

Die blauen, grünen und grauen Slice-Symbole bzw. -Kennzeichen erscheinen in der Web-Inhalt-Palette und im Bildfenster. Ein Slice kann so viele Kennzeichen wie nötig enthalten. Die folgenden Kennzeichen zeigt ImageReady bei entsprechenden Bedingungen an:

(01) Slice-Nummer (Die Zählfolge im Bild geht von links nach rechts und von oben nach unten.)

( ) Slice hat einen aktiven Rollover-Status.

( ) Benutzer-Slice enthält Bild-Inhalt.

( ) Benutzer-Slice enthält Kein-Bild-Inhalt.

( ) Ebenenbasiertes Slice (Es wurde von einer Ebene erstellt.)

( ) Slice mit mindestens einem Rollover-Effekt

( ) Slice ist eine verschachtelte Tabelle.

( ) Slice ist ein Remote-Auslöser (bewirkt Änderung in einem Remote-Slice).

( ) Slice ist ein Remote-Ziel (Änderungen als Anwort auf eine Benutzer-Aktion in einem Remote-Auslöser-Slice).

( ) Slice ist mit anderen Slices verknüpft (zum Zweck einer Optimierung).

Remote-Rollovers erstellen

Ein Remote-Rollover ist mit einem anderen Rollover verbunden, das heißt, die Aktion in einem Slice beeinflusst die Sichtbarkeit oder die Effekte in einem anderen Slice. Sie erstellen in dieser Übung einen Remote-Rollover für einen Effekt in einem Bildschirmbereich (im mittleren Bild), sobald der Benutzer die Maus über einen anderen Bildschirmbereich (das *Exhibits*-Slice) bewegt. Um einen derartigen Rollover zu erzeugen, erstellen Sie zuerst das Slice, das bei der Mausaktion in der Bildschirmmitte erscheint.

1 Wählen Sie in der Ebenen-Palette die Ebene *Exhibit_info* im Ebenenset *Info Panels* und klicken Sie für ein Augensymbol ( ), um die Ebene im Bildfenster anzuzeigen. Die Ebene enthält die Grafik *Spanish Masters* und liefert Ausstellungstermine.

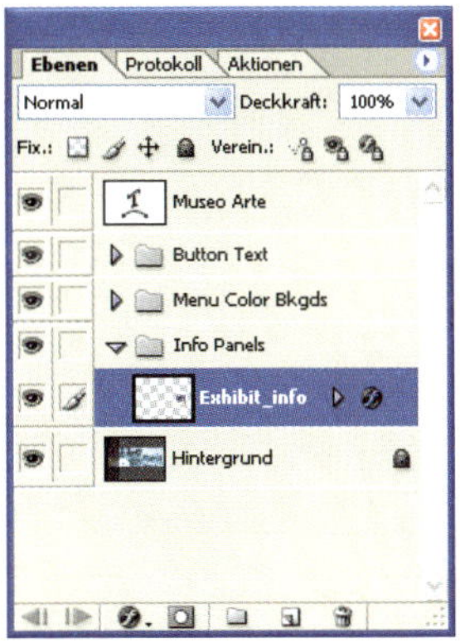

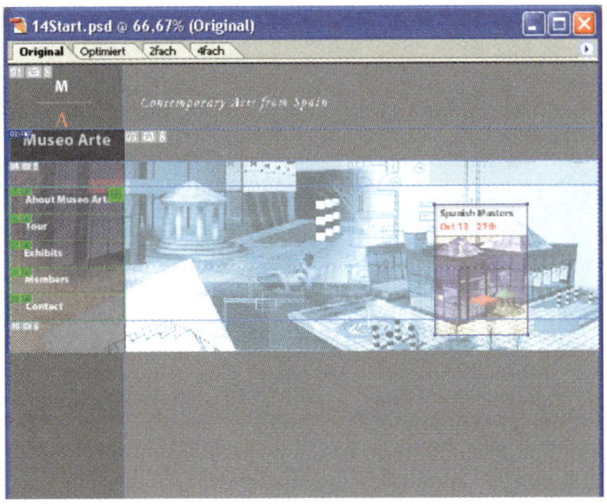

Von dieser Grafik erstellen Sie ein Slice auf Basis einer Auswahl.

2 Die Ebene *Exhibit_info* ist gewählt. Wählen Sie **Auswahl: Auswahl laden: Exhibit_info Transparenz**.

Die animierte Auswahlbegrenzung zeigt an, dass die Ebene jetzt gewählt ist.

3 Wählen Sie **Auswahl: Slice aus Auswahl erstellen**.

Der farbige Rahmen weist darauf hin, dass die Ebene jetzt auch ein Slice ist. Dennoch ist eine Auswahlbegrenzung zu sehen.

4 Wählen Sie **Auswahl: Auswahl aufheben** oder drücken Sie Strg+D (Windows) bzw. Befehl+D (Mac OS).

5 Das neue Slice erscheint standardmäßig mit einer fortlaufenden Nummer in der Web-Inhalt-Palette.

6 Doppelklicken Sie auf den neuen Slice-Namen und geben Sie **Exhibit Info** ein. Drücken Sie dann die Eingabetaste.

7 Wählen Sie *Normal* in der Web-Inhalt-Palette und klicken Sie in der Ebenen-Palette auf das Augensymbol (👁) neben der Ebene *Exhibit_info*, um die Ebene auszublenden.

Abhängigkeiten zwischen Slices festlegen

Es reicht bei Remote-Slices nicht aus, in der Ebenen-Palette nur die Einstellungen der Sichtbarkeit zu ändern. Sie müssen zusätzlich die Abhängigkeit zwischen den beiden Slices festlegen. Dazu gibt es zum Glück das *Pickwhip*-Symbol (◎), mit dem sich diese Aufgabe einfach und intuitiv lösen lässt.

1 Erweitern Sie in der Web-Inhalt-Palette das *Exhibits*-Slice, um dessen Rollover-Status *Over* anzuzeigen. Klicken Sie, um diesen Rollover-Status zu wählen.

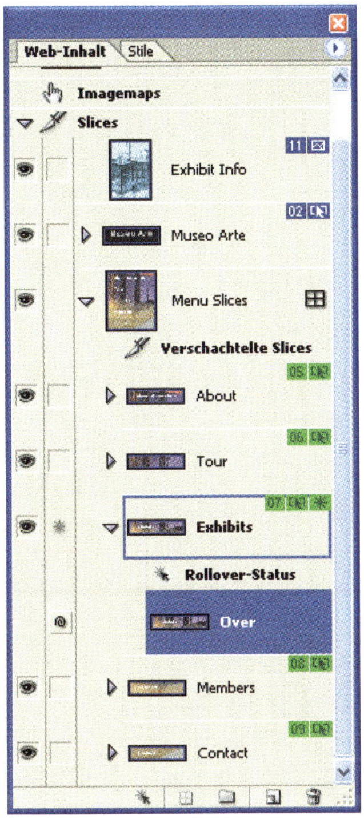

2 Wählen Sie in der Ebenen-Palette die Ebene *Exhibit_info* und klicken Sie in dieser Ebene für das Augensymbol (👁), um sie im Bildfenster anzuzeigen.

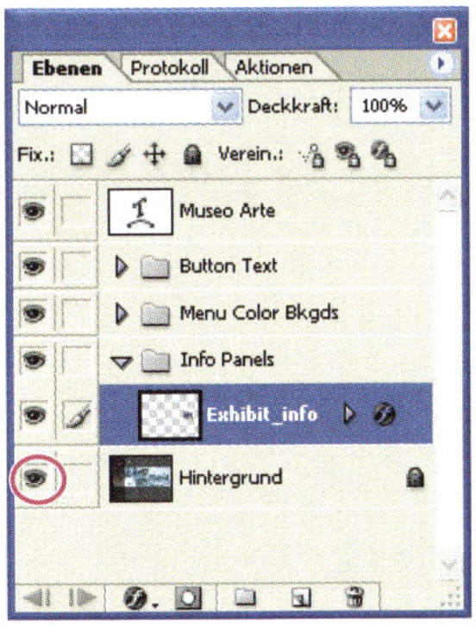

3 Ziehen Sie in der Web-Inhalt-Palette das Pickwhip-Symbol (@) aus dem *Over*-Rollover-Status des *Exhibits*-Slice in die *Exhibit_info*-Ebene im Bildfenster, damit die Slice-Auswahlbegrenzung mit einem dunklen Rand hervorgehoben ist.

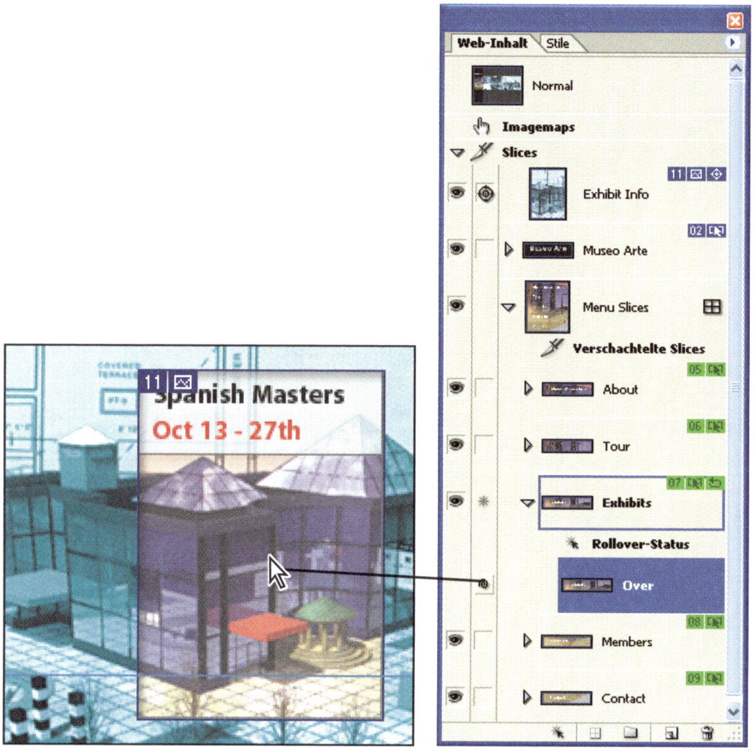

Lassen Sie die Maustaste los und beachten Sie das neue Symbol ( ) im *Exhibits*-Slice im Bildfenster und in der Web-Inhalt-Palette. Beachten Sie auch das Symbol ( ) für das *Exhibit Info*-Slice im Bildfenster.

Hinweis: *Anstatt das Pickwhip-Symbol auf das Ziel-Slice im Bildfenster zu ziehen, können Sie es auch auf das entsprechende Slice in der Web-Inhalt-Palette ziehen. Sie erzielen mit beiden Methoden das gleiche Ergebnis.*

4 Wählen Sie den *Normal*-Status in der Web-Inhalt-Palette und klicken Sie auf den Pfeil des *Exhibits*-Slice, um die darunter verschachtelten Rollovers zu verbergen.

5 Klicken Sie in der Ebenen-Palette auf den entsprechenden Pfeil, um das Ebenenset *Info Panels* zusammenzuklappen.

Falls Sie das Pickwhip-Symbol versehentlich beim falschen Slice ablegen oder später entscheiden, den Remote-Rollover überhaupt nicht zu benutzen, können Sie das Symbol entfernen. Wählen Sie dazu den Rollover-Status, den Sie ändern möchten (z.B. einen Over- *oder* Down-*Status unter der Auslöse-Ebene). Suchen Sie dann in der Web-Inhalt-Palette das Remote-Symbol ( ) zwischen dem Augensymbol und dem Namen des Ziel-Slice. Klicken Sie auf dieses Remote-Symbol, um es zu löschen. Damit wird die Abhängigkeit zum Remote-Rollover entfernt.*

Seite als HTML speichern

ImageReady konvertiert Ihre Bilddatei nebst allen notwendigen Informationen in eine Webseite, die aus der HTML-Datei selber und den jeweiligen Ordnern und Dateien besteht. Vorab müssen Sie jedoch noch einen wichtigen Schritt ausführen, damit die Rollovers in der Webseite auch vernünftig funktionieren.

1 Öffnen Sie das Menü der Web-Inhalt-Palette (rechts oben auf den Pfeil klicken) und wählen Sie die Option »Alle Remote-Slices suchen«.

2 Klicken Sie auf OK, um das Meldungsfenster zu schließen.

3 Wählen Sie **Datei: Optimiert-Version speichern unter**.

4 Führen Sie im Dialogfeld »Optimiert-Version speichern unter« Folgendes aus:

- Wählen Sie den Ort, an dem Sie die Datei speichern wollen. Oder speichern Sie die Datei im Ordner *Lektionen/Lektion14*.
- Übernehmen Sie den Dateinamen.
- Wählen Sie für »Dateityp« (Windows) bzw. »Format« (Mac OS) die Option »HTML und Bilder«.
- Wählen Sie **Einstellungen: Standardeinstellungen**.
- Wählen Sie **Slices: Alle Slices**.
- Klicken Sie auf »Speichern«.

5 Suchen Sie in Adobe Bridge die gerade gespeicherte Datei *14Start.html* und klicken Sie mit der rechten Maustaste (Windows) bzw. mit gedrückter Control-Taste (Mac OS). Wählen Sie im Kontextmenü die Option »Öffnen mit« und dann einen Webbrowser. Verlassen Sie den Browser, wenn Sie die Seite und die darauf befindlichen Rollovers getestet haben.

Glückwunsch – Sie haben die Lektion 14 erfolgreich beendet.

Rückblick

Fragen

1 Nennen Sie zwei gebräuchliche Rollover-Zustände und die Mausaktionen, die diese Zustände auslösen.

2 Wie viele Zustände kann ein Slice besitzen?

3 Was ist ein Remote-Rollover?

4 Ziehen Rollovers mehr als nur eine Änderung des Aussehens nach sich?

Antworten

1 *Normal* und *Over* sind sicherlich die gebräuchlichsten Rollover-Zustände. Normal ist aktiv, solange keine Mausaktion stattfindet, und Over wird durch das Bewegen des Mauszeigers über das Slice ausgelöst. Es gibt insgesamt acht vordefinierte Rollover-Zustände in ImageReady, einschließlich *Eigene* und *Ohne*. Da Sie eigene Zustände erzeugen können, gibt es letztlich eine unbegrenzte Anzahl unterschiedlicher Zustände.

2 Ein Slice kann mehrere Rollover-Zustände einnehmen, jedoch nur einen pro Typ. Beispielsweise könnte ein Slice nicht zwei verschiedene *Over*-Zustände haben, aber ein *Over*-Status könnte mehrere Veränderungen in dem Slice auslösen und auch in einem oder mehreren Remote-Slices.

3 Ein Remote-Rollover ist dann vorhanden, wenn eine Mausaktion in einem Slice das Aussehen eines anderen Slice im Bild verändert. Diese Slices bezeichnet man daher auch als *sekundäre* Rollovers.

4 Ja. Remote-Rollovers lassen sich auch für andere Dinge verwenden, beispielsweise um ein Programm zu starten oder eine Animation auszuführen. Weitere Informationen finden Sie in der ImageReady-Hilfe.

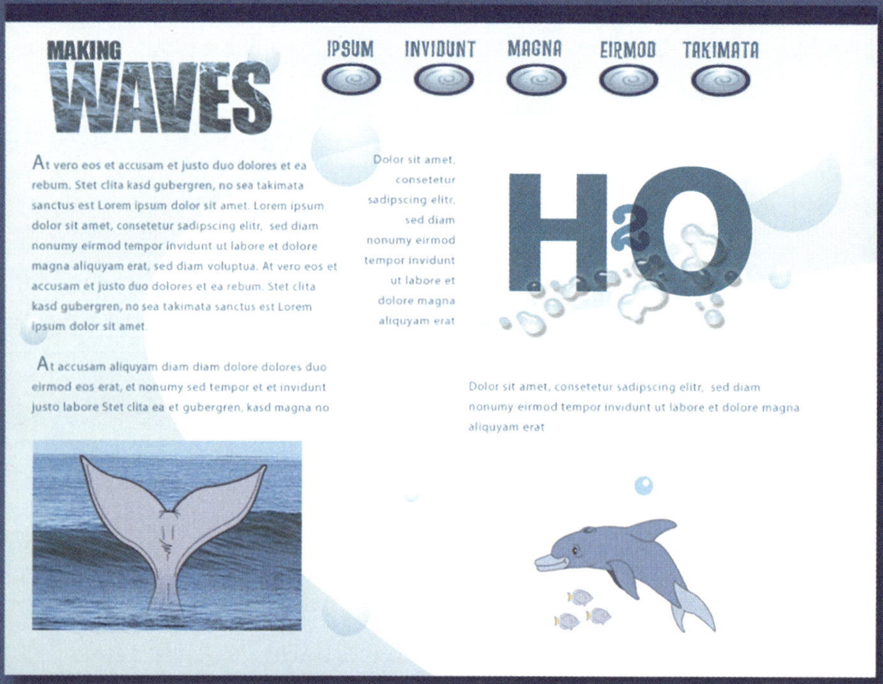

Um Ihre Webseite mit dynamischen Bildinhalten zu versehen, erstellen Sie mit Adobe ImageReady animierte GIF-Bilder mit kompakter Dateigröße. Animierte GIFs lassen sich in allen aktuellen Browsern anzeigen. Adobe ImageReady bietet einfache und komfortable Möglichkeiten für wirklich beeindruckende Animationen.

15 Animierte GIF-Bilder für das Internet

Überblick

In dieser Lektion lernen Sie Folgendes:

- Ein Bild mit mehreren Ebenen als Basis für eine Animation öffnen
- Die Ebenen-Palette zusammen mit der Animation-Palette öffnen, um Animationssequenzen zu erstellen
- Animationen durch Änderungen der Position, der Ebenensichtbarkeit und durch Ebeneneffekte erstellen
- Einzelne Frames, mehrere Frames und eine komplette Animation ändern
- Den Befehl »Dazwischen einfügen« anwenden, um automatisch die Ebenendeckkraft und -position über Frames hinweg zu ändern
- Vorschau von Animationen in ImageReady und im Browser
- Die Animation mit der Optimieren-Palette optimieren

Sie benötigen für diese Lektion ungefähr eine Stunde. Sie arbeiten in dieser Lektion ausschließlich in Adobe ImageReady.

Falls erforderlich, löschen Sie den auf Ihrer Festplatte vorhandenen Lektionsordner aus der vorherigen Lektion und kopieren stattdessen den Ordner *Lektionen/Lektion15* von der Buch-DVD auf die Festplatte. Während der Arbeit überschreiben Sie die Startdateien. Falls Sie diese Dateien wiederherstellen wollen, kopieren Sie sie von der Buch-DVD.

Außerdem benötigen Sie für diese Lektion einen Webbrowser (wie Netscape, Internet Explorer oder Safari) – eine Verbindung zum Internet ist dagegen nicht erforderlich.

Animationen in Adobe ImageReady erstellen

Mit Adobe ImageReady können Sie eine animierte GIF-Datei (eine Sequenz aus Bildern oder Frames) aus einem einzigen Bild erstellen. Jeder Frame unterscheidet sich ein wenig vom vorherigen, wodurch der Eindruck von Bewegung entsteht, wenn die Frames in schneller Folge betrachtet werden. Sie erstellen Animationen auf unterschiedliche Arten:

- Verwenden Sie die Schaltfläche »Dupliziert aktuellen Frame« in der Animation-Palette, um mit Animationsframes und der Ebenen-Palette den Bildstatus zu definieren, der mit jedem Frame verbunden ist.
- Verwenden Sie den Befehl »Dazwischen einfügen«, um automatisch für mehrere neue oder vorhandene Frames die Einstellungen für Ebenendeckkraft, -position oder -effekte zu variieren. Damit erzeugen Sie die Illusion, dass sich ein einzelnes Element in einem Frame bewegt oder ein- bzw. ausgeblendet wird.
- Sie öffnen eine Datei mit mehreren Ebenen für eine Animation aus Adobe Photoshop oder Adobe Illustrator. Danach konvertiert ImageReady jede Ebene zu einem Frame.

Ebenen in Animationen

In ImageReady sind Ebenen der Schlüssel zum Erstellen von Animationen. Jeder neue Frame ist zunächst ein Duplikat des vorherigen Frames. Durch das Einstellen der Ebenen wird der Frame bearbeitet. Sie können Ebenenänderungen auf einen einzelnen Frame, eine Gruppe von Frames oder die gesamte Animation anwenden.

Frame-spezifische Änderungen. Gelten nur für die ausgewählten Frames in der Animation-Palette. Änderungen, die mit Befehlen und Optionen der Ebenen-Palette vorgenommen werden, einschließlich Deckkraft, Füllmethode, Sichtbarkeit, Position und Ebeneneffekte, sind Frame-spezifisch.

Allgemeine Änderungen. Gelten für alle Frames in einer Animation. Änderungen an den Pixelwerten der Ebene, die Sie mit Mal- und Bearbeitungswerkzeugen, Farb- und Tonwertkorrektur-Befehlen, Filtern, Text und anderen Bildbearbeitungsbefehlen vornehmen, betreffen alle Frames, die diese Ebene enthalten.

Wenn Sie mit Ebenenmasken und Ebenen-Beschneidungspfaden arbeiten, sind Änderungen an Position, Status (aktiviert oder deaktiviert) und Verbindungsstatus Frame-spezifisch, während Änderungen an Pixel- oder Vektorinhalten alle Frames betreffen.

Wenn Sie eine Animationssequenz erstellen, sollten Sie die Original-Bildansicht beibehalten, damit ImageReady das Bild beim Bearbeiten nicht permanent neu aktualisieren muss. Animationsdateien lassen sich nur als GIF-Dateien oder Flash-Filme ausgeben. JPEG- oder PNG-Animationen sind nicht möglich, jedoch die Ausgabe als Einzelbilder.

Vorbereitungen

Sie arbeiten in dieser Lektion mit Bildern, die auf der Webseite eines fiktiven Fruchtsaft-Herstellers erscheinen sollen. Die fertigen Animationen sollten Sie sich jetzt in Ihrem Browser ansehen.

1 Starten Sie Adobe Bridge und klicken Sie oben links in der Favoriten-Palette auf den Favoriten *Lektionen*. Doppelklicken Sie auf den Ordner *Lektion15* im Vorschaubereich.

2 Klicken Sie mit der rechten Maustaste (Windows) bzw. mit gedrückter Control-Taste (Mac OS) auf die Datei *15End.html* und wählen Sie im Kontextmenü die Option »Öffnen mit«. Wählen Sie einen Webbrowser, um die HTML-Datei zu öffnen.

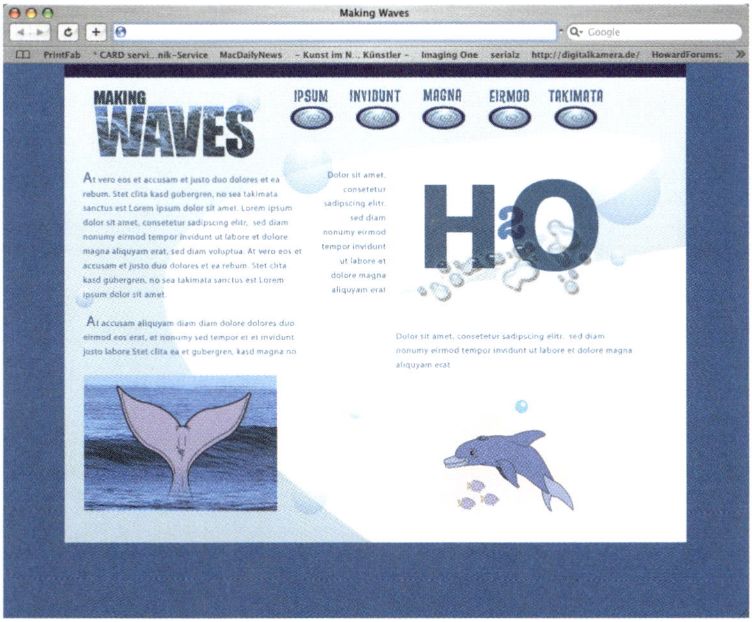

Die Seite enthält drei animierte Bereiche: Den Text *Making Waves*, die chemische Formel für Wasser und den Delphin. (Der Text und die Buttons dienen nur als Platzhalter.)

3 Verlassen Sie den Browser, wenn Sie sich die Webseite angesehen haben.

4 Starten Sie Adobe ImageReady und drücken Sie die Tasten Strg+Alt+Umschalt (Windows) bzw. Befehl+Wahl+Umschalt (Mac OS) für die standardmäßigen Voreinstellungen. (Siehe »Die Standardeinstellungen wiederherstellen« auf Seite 20.)

5 Klicken Sie auf »Ja«, wenn Sie gefragt werden, ob Sie wirklich alle ImageReady-Voreinstellungen löschen möchten.

Arbeitsbereich für Animationen definieren

Bevor Sie mit der Datei arbeiten, definieren Sie einen neuen Arbeitsbereich für Animationen. Damit behalten Sie den Überblick und gestalten Ihre Arbeit so effizient wie möglich.

1 Wählen Sie **Datei: Öffnen**, navigieren Sie zum Ordner *Lektionen/Lektion15* auf Ihrer Festplatte und öffnen Sie die Datei *Delphin.psd*. (Die Grafik für die Animation wurde bereits für Sie fertig gestellt, Sie müssen also weder das Bildfenster vergrößern noch für Aufgaben in dieser Lektion einzoomen.)

Hinweis: *Doppelklicken auf eine Miniatur in Adobe Bridge öffnet die Datei in Photoshop.*

2 Schließen Sie die Palettengruppen Farbregler, Web-Inhalt und Slice.

3 Wählen Sie in der Info-Palettengruppe das »Ebenenkomp.«-Register, um die Palette nach vorne zu bringen.

4 Wählen Sie **Fenster: Animation**, um die Animation-Palette zu öffnen. Ziehen Sie die untere rechte Ecke der Animation-Palette ganz nach rechts, um die komplette Breite des Arbeitsbereichs zu nutzen.

(Optional) Sie können die Animation-Palette auch ans Bildfenster verschieben, um die Elemente im Arbeitsbereich enger zusammen zu haben.

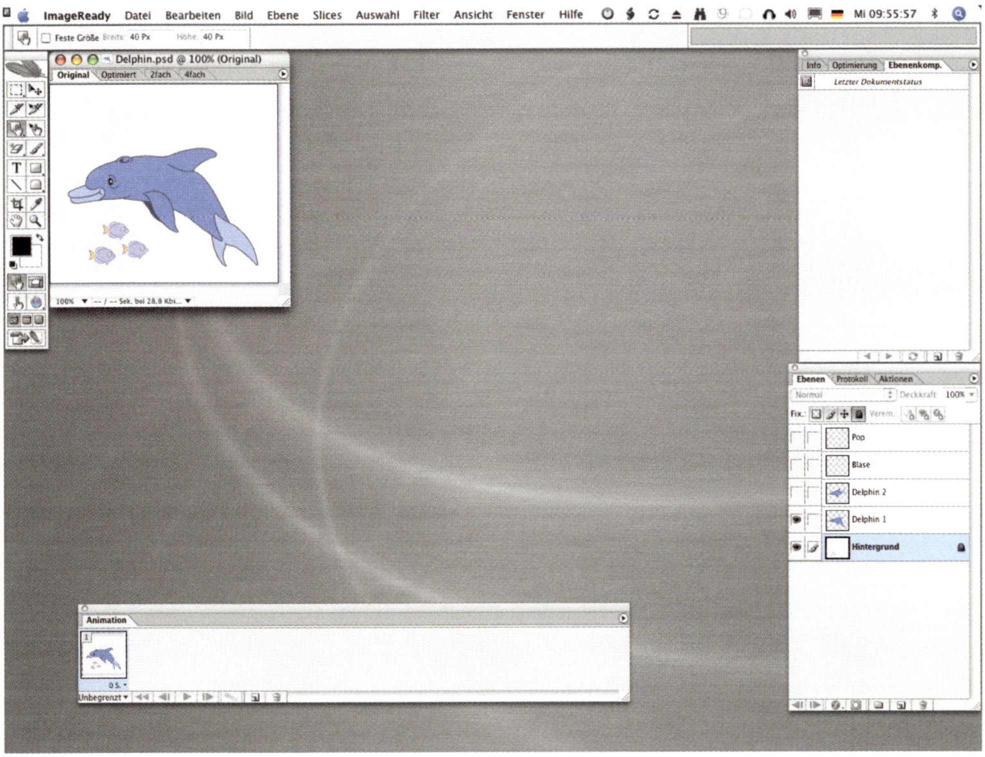

5 Wählen Sie **Fenster: Arbeitsbereich: Arbeitsbereich speichern**.

6 Geben Sie im Dialogfeld »Arbeitsbereich speichern« den Namen **Animation** ein und klicken Sie auf OK.

Jetzt lassen sich die Größen und Positionen der Paletten jederzeit reproduzieren, indem Sie den Befehl **Fenster: Arbeitsbereich: Animation** wählen.

Ebenen durch Ein- und Ausblenden animieren

Die vielleicht einfachste Möglichkeit für eine Animation besteht im Ein- und Ausschalten der Sichtbarkeit zweier Ebenen, indem Sie in der Ebenen-Palette das jeweilige Augensymbol (👁) ändern. Sie wechseln beispielsweise zwischen einem animierten Plus- und Minuszeichen in einer Rechenoperation oder bewegen ein Objekt vor und zurück.

Die Bilddatei *Delphin.psd* besteht aus fünf Ebenen, was Sie in der Ebenen-Palette prüfen können. Die Animation selbst erzeugen Sie aus den beiden *Delphin*-Ebenen.

Ebenenkompositionen vorbereiten

Sie haben bereits in Lektion 6 mit Ebenenkompositionen in Photoshop gearbeitet. ImageReady bietet die gleichen Fähigkeiten, was es vereinfacht, eine Animation zu erzeugen.

1 Achten Sie darauf, dass in der Ebenen-Palette die Augensymbole () für die *Hintergrund*-Ebene und die *Delphin 1*-Ebene angezeigt sind. Die anderen drei Ebenen haben kein Augensymbol.

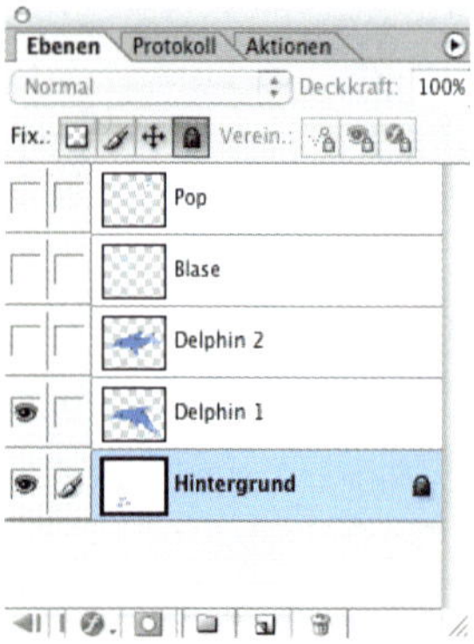

2 Klicken Sie in der Ebenenkomp.-Palette auf die Schaltfläche »Neue Ebenenkomp. erstellen« ( ).

3 Geben Sie im Dialogfeld »Neue Ebenenkomp.« den Namen **Delphin 1** ein und achten Sie darauf, dass die Option »Sichtbarkeit« aktiviert ist. Klicken Sie auf OK.

Die neue Ebenenkomposition *Delphin 1* erscheint in der Ebenenkomp.-Palette.

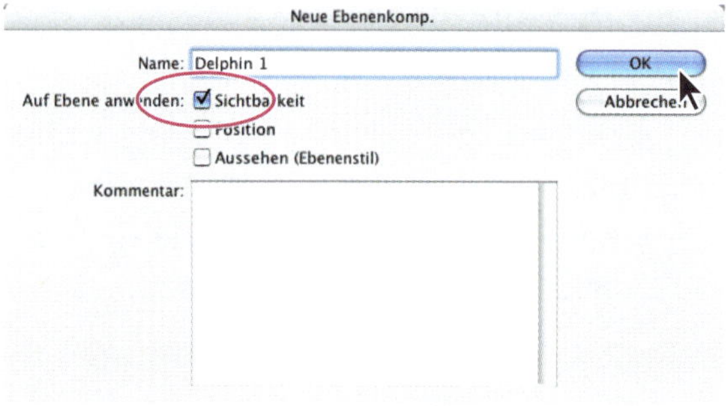

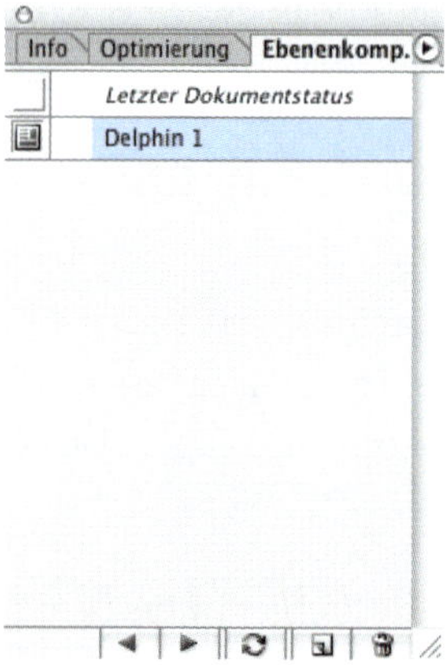

4 Klicken Sie in der Ebenen-Palette auf das Augensymbol für die *Delphin 1*-Ebene, um die Ebene auszublenden. Klicken Sie dann für ein Augensymbol für die *Delphin 2*-Ebene.

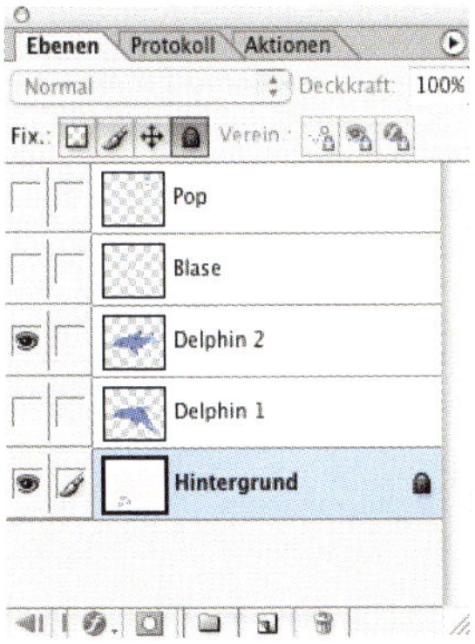

5 Erstellen Sie wie in den Schritten 2 und 3 die neue Ebenenkomposition *Delphin 2*.

6 Klicken Sie links neben der Ebenenkomposition *Delphin 1*, um die Sichtbarkeit für das Bild einzustellen. Ein Symbol (▤) weist darauf hin, dass es sich um die aktuelle Ebenenkomposition handelt.

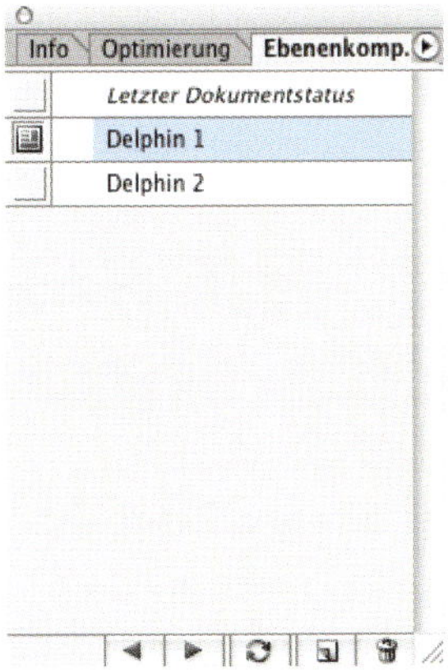

Sie verfügen nun über zwei Ebenenkompositionen, die Sie als Ausgangsbasis für die Frames der Animation benutzen.

Mit der Animation starten

Zu Beginn verfügen Sie nur über einen einzigen standardmäßigen Frame in der Animation-Palette. Dieser Frame reflektiert die aktuellen Sichtbarkeitseinstellungen in der Ebenen-Palette, das heißt, es sind nur die beiden Ebenen *Delphin 1* und *Hintergrund* zu sehen. Der Frame ist gewählt. Der Rand weist darauf hin, dass sich der Inhalt durch Bearbeiten des Bildes ändern lässt.

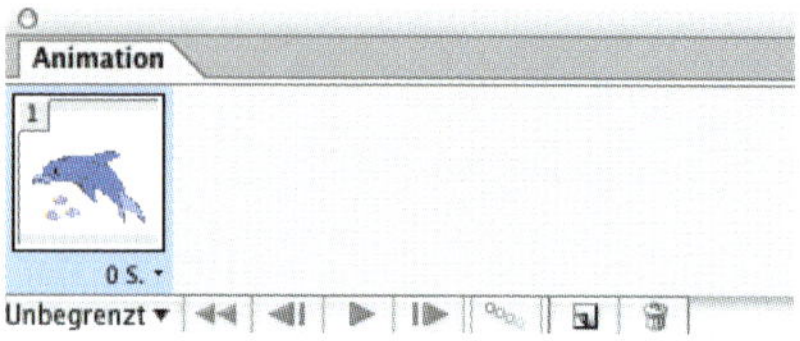

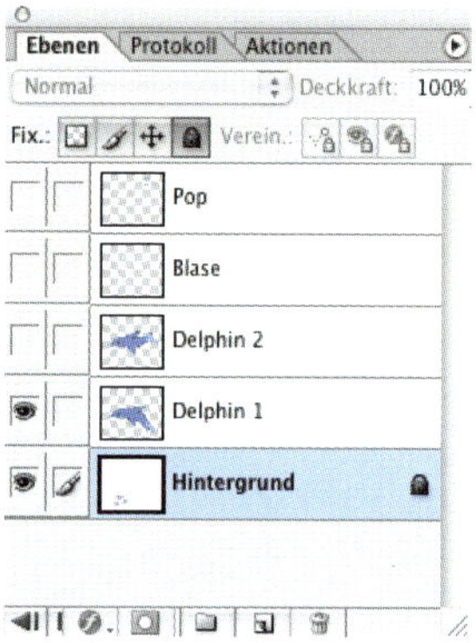

1 Klicken Sie in der Animation-Palette auf die Schaltfläche »Dupliziert aktuellen Frame« (▫), um Frame 2 zu erzeugen.

2 Klicken Sie in der Ebenenkomp.-Palette neben der Ebenenkomp. *Delphin 2*, um das Symbol »Ebenenkomp. aktualisieren« (▫) zu setzen. In der Ebenen-Palette ist jetzt die Ebene *Delphin 1* ausgeblendet und die Ebene *Delphin 2* eingeblendet.

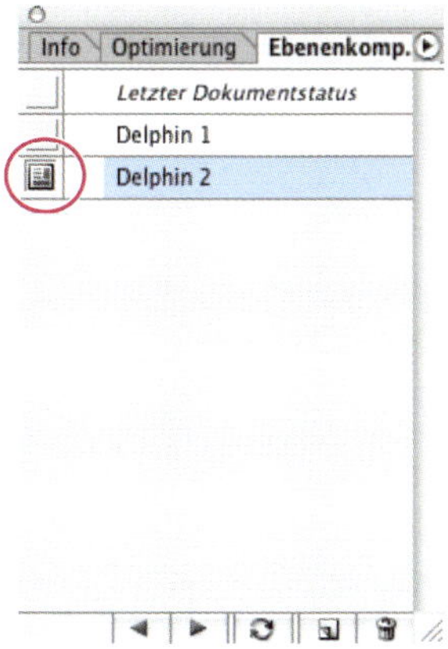

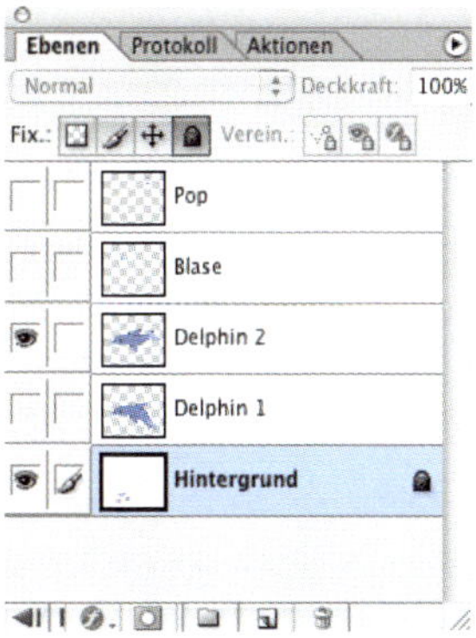

3 Wählen Sie *Frame 1* in der Animation-Palette. Im Bildfenster behält der Delphin sein ursprüngliches Aussehen, da nur *Ebene 1* sichbar ist.

4 Wählen Sie wiederholt *Frame 2* und dann *Frame 1*, um das Bild manuell zu animieren.

Zwischen Animationsframes navigieren und eine Vorschau erzeugen

Es gibt mehrere Techniken, um eine Vorschau der Animationen zu erhalten und um zwischen den Animationsframes zu scrollen. Die Kontrollmöglichkeiten in der Animation- und Ebenen-Palette sind Grundvoraussetzung für jegliche Animationen.

Sie haben das Bild bereits manuell animiert, indem Sie nacheineinder und wiederholt die Frames gewählt haben. Probieren Sie jetzt andere Vorschaumethoden für eine Animation in ImageReady aus. Sehen Sie sich außerdem die Animation in einem Browser an.

Hinweis: *Um den Befehl »Vorschau in« zu verwenden, muss auf Ihrem Computer ein Browser installiert sein. Weitere Informationen finden Sie unter »Anzeigen der Vorschau eines Bildes im Browser« in der ImageReady-Hilfe.*

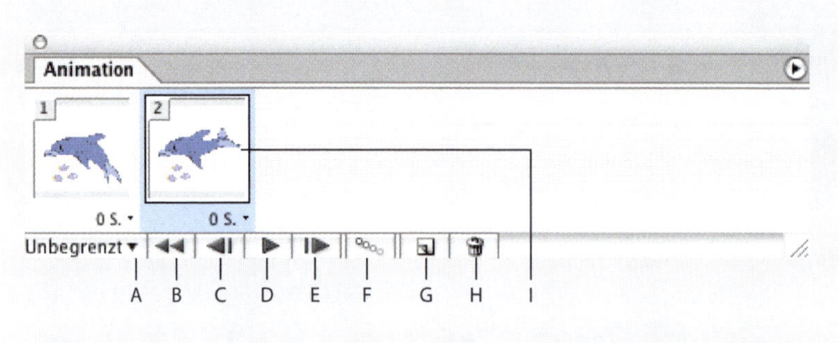

A. Wiederholungsoptionen B. Wählt den ersten Frame aus C. Wählt den vorherigen Frame aus D. Spielt Animation ab bzw. beendet sie E. Wählt den nächsten Frame aus F. Fügt Animationsframes dazwischen ein G. Dupliziert aktuellen Frame H. Löscht ausgewählte Frames I. Gewählter Frame

1 Achten Sie in der Animation-Palette darauf, dass unten links im Popup-Menü »Wiederholungsoptionen« die Option »Unbegrenzt« gewählt ist.

2 Klicken Sie auf die Schaltfläche »Wählt den vorherigen Frame aus« (◂), um zum anderen Frame zu gelangen. (Klicken Sie schnell hintereinander auf die Schaltfläche und beobachten Sie dieses manuelle Abspielen der Animation im Bildfenster.)

3 Klicken Sie in der Ebenen-Palette auf die Schaltflächen »Wählt vorherigen Frame in Animation aus« und »Wählt nächsten Frame in Animation aus« – das Ergebnis ist ähnlich wie in Schritt 2.

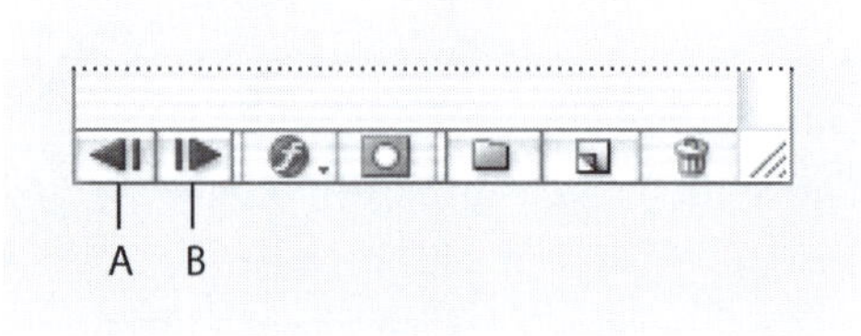

A. Ebenen-Palette: »Wählt vorherigen Frame in Animation aus«
B. Ebenen-Palette: »Wählt nächsten Frame in Animation aus«

4 Klicken Sie in der Animation-Palette auf die Schaltfläche »Spielt Animation ab bzw. beendet sie« (▶) für eine Vorschau. Die Abspielen-Schaltfläche wird zur Stopp- bzw. Anhalten-Schaltfläche (■), mit der Sie die Wiedergabe beenden.

5 Stellen Sie in der Optimierung-Palette das Format GIF ein. Wählen Sie **Datei: Optimiert-Version speichern unter**.

6 Wählen Sie **Datei: Vorschau in** und wählen Sie Ihren Browser. Wenn Sie die Animation angeschaut haben, schließen Sie das Browserfenster und kehren wieder zu Adobe ImageReady zurück.

Drücken Sie alternativ die Tastenkombination Strg+Alt+P (Windows) bzw. Befehl+Wahl+P (Mac OS), um den Browser zu starten. Oder klicken Sie unten in der Werkzeugpalette auf die Browser-Schaltfläche.

7 Öffnen Sie im Dialogfeld »Optimiert-Version speichern unter« den Ordner *Lektionen/Lektion15* und klicken Sie auf »Neuer Ordner«. Geben Sie für den neuen Ordner den Namen **Meine_GIFs** ein und öffnen Sie ihn (das Dialogfeld »Optimiert-Version speichern unter« ist noch geöffnet). Geben Sie den Dateinamen **Delphin.gif** ein und klicken Sie auf »Sichern«.

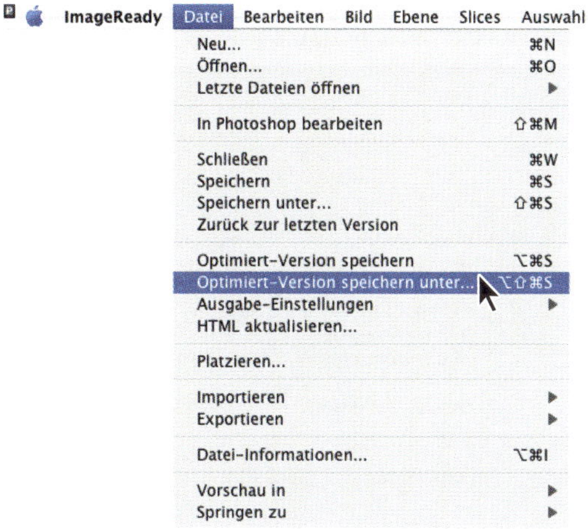

Ebenenkopien für eine Animation vorbereiten

Sie animieren jetzt ein anderes Element des Delphinbildes und fügen es der vorhandenen Animation hinzu. Dabei arbeiten Sie mit den gleichen Basistechniken – Ebenen in verschiedenen Frames ein- und ausblenden. Diesmal erzeugen Sie jedoch die verschiedenen Ebenen durch Kopieren und Transformieren einer einzelnen Ebene.

Bevor Sie Ebenen in ein Bild einfügen, das bereits eine Animation enthält, sollten Sie einen neuen Frame erstellen. Dadurch schützen Sie bestehende Frames vor unerwünschten Änderungen.

1 Wählen Sie *Frame 2* in der Animation-Palette. Klicken Sie dann auf die Schaltfläche »Dupliziert aktuellen Frame« (), um nach *Frame 2* einen neuen Frame (*Frame 3*) zu erstellen. Dieser Frame ist identisch mit *Frame 2*. Lassen Sie *Frame 3* gewählt.

2 Wählen Sie aus dem Menü der Animation-Palette die Option »Neue Ebenen sichtbar in jedem Status/Frame«, um diese Option zu deaktivieren (das Häkchen wird entfernt).

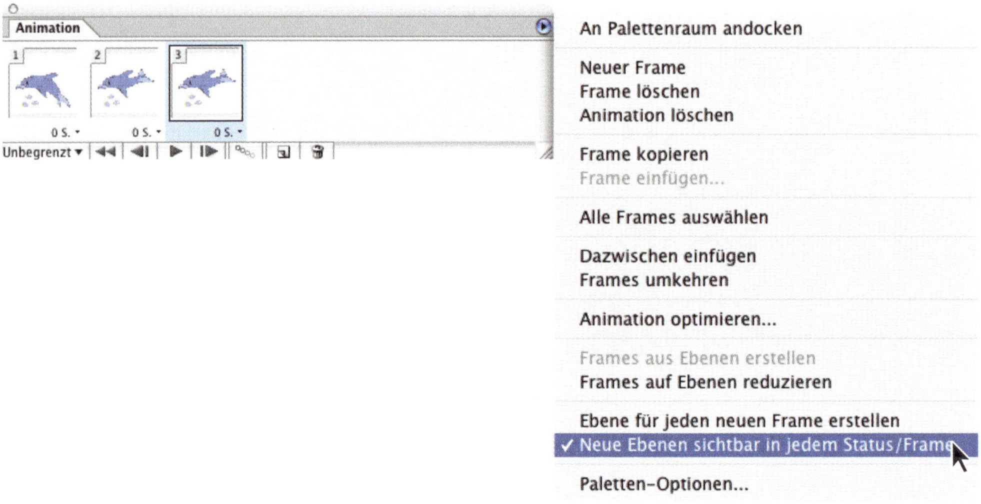

3 Wählen Sie in der Ebenen-Palette die Blase-Ebene und klicken Sie neben der Ebene für das Augensymbol (). Die Ebene bleibt gewählt.

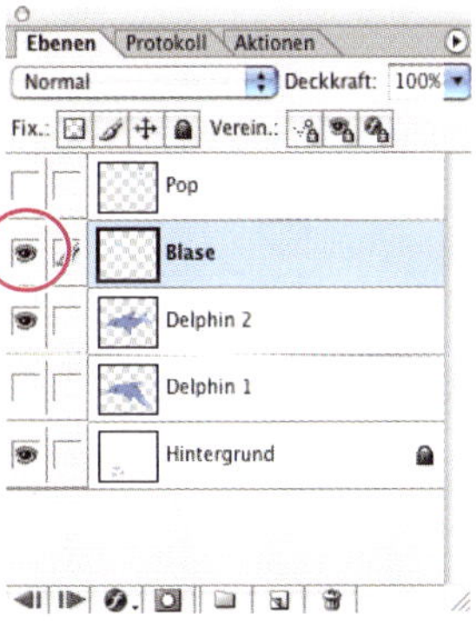

Beachten Sie im Bildfenster und in der Miniatur *Frame 3* die Blase über dem Atemloch des Delphins.

4 Wählen Sie **Ansicht: Ausrichten**, um diesen Befehl zu deaktivieren (der Befehl hat jetzt kein Kontrollhäkchen).

5 Wählen Sie in der Werkzeugpalette das Verschieben-Werkzeug (▸✥).

6 Halten Sie die Alt- (Windows) bzw. Wahltaste (Mac OS) gedrückt und ziehen Sie im Bildfenster die Blase nach oben und nach rechts. Nach Loslassen der Maustaste erscheinen zwei Blasen und die Ebenen-Palette enthält die neue Ebene *Blase Kopie*.

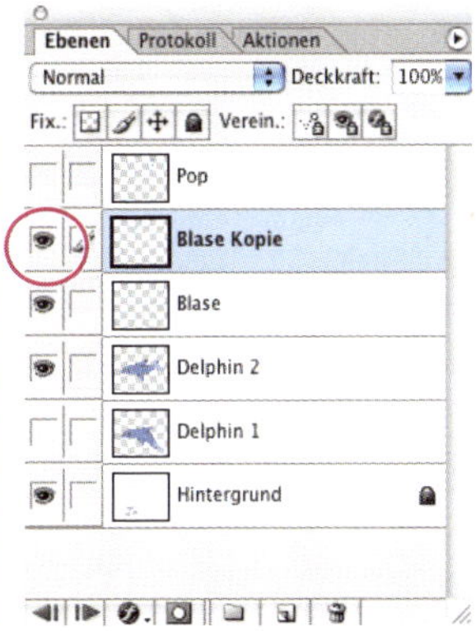

7 Ziehen Sie nochmals mit gedrückter Alt- (Windows) bzw. Wahltaste (Mac OS) für eine dritte Blase – diesmal etwas weiter oben und rechts von der zweiten Blase.

Sie verfügen jetzt im Bildfenster und in der Ebenen-Palette über drei Ebenen mit Blasen: *Blase*, *Blase Kopie* und *Blase Kopie 2*.

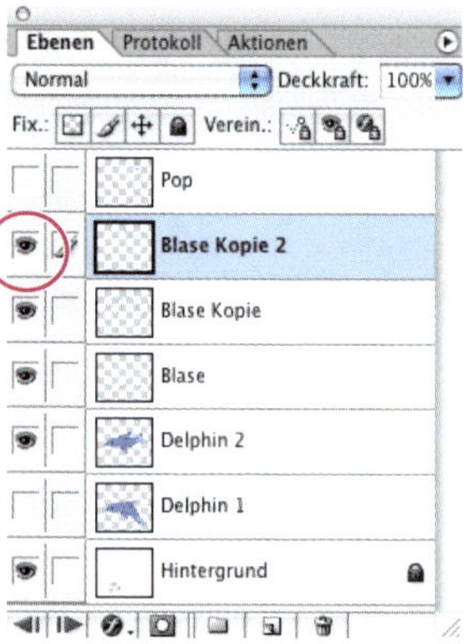

Hinweis: *Die duplizierten Blasen würden in allen drei Frames in der Animation-Palette zu sehen sein, wenn Sie im Menü der Animation-Palette* nicht *die Option »Neue Ebene sichtbar in jedem Status/Frame« abgewählt hätten.*

Ebenen für eine Animation transformieren

Da Sie jetzt die duplizierten Blase-Ebenen in der Datei *Delphin.psd* vorbereitet haben, werden Sie die beiden Kopien mit skalieren, damit sich die Blasen hinter dem schwimmenden Delphin zu vergrößern scheinen.

1 Das Verschieben-Werkzeug (▸✥) ist gewählt. Achten Sie darauf, dass in der Optionsleiste das Ebene-auswählen-Werkzeug (▸) gewählt ist.

2 Wählen Sie im Bildfenster die mittlere Blase (das Ebenenobjekt *Blase Kopie*).

3 Wählen Sie **Bearbeiten: Transformieren: Skalieren**.

Im Bildfenster erscheint um die Ebene *Blase Kopie* ein Transformationsrahmen.

4 Klicken Sie in der Optionsleiste auf die Schaltfläche »Seitenverhältnis erhalten« () und geben Sie **24** Px für die Breite (B) ein. Klicken Sie außerhalb des Breite-Textfelds. Sie sehen, dass die Blase zwar die neue Größe hat, der Transformationsrahmen aber weiterhin vorhanden ist.

5 Drücken Sie die Eingabetaste, um die Transformation endgültig zuzuweisen.

6 Wählen Sie die dritte Blase und wiederholen Sie die Schritte 3 bis 5. Geben Sie aber diesmal den Wert **26** Px als Breite oder Höhe ein.

7 Benutzen Sie weiterhin das Verschieben-Werkzeug und die Option des Ebeneauswählen-Werkzeugs und überarbeiten Sie die Positionen der Ebenen mit den Blasen, indem Sie im Bildfenster entsprechend ziehen.

Achten Sie darauf, dass der Abstand der drei Blasen gleich ist und die Anordnung der folgenden Abbildung entspricht.

8 Wählen Sie **Datei: Speichern**.

Gleichzeitige Animationen erzeugen

Sie definieren jetzt die Animationen mit den aufsteigenden Blasen, indem Sie wiederholt die soeben erstellten Ebenen der Datei *Delphin.psd* ein- und ausblenden. Sie kombinieren diese aufsteigende Blase mit der Animation des schwimmenden Delphins, indem Sie Frames duplizieren und die Einstellungen in der Ebenen- und Animation-Palette aufeinander abstimmen.

1 Vergewissern Sie sich, dass in der Animation-Palette *Frame 3* gewählt ist.

2 Klicken Sie in der Ebenen-Palette, um Augensymbole (👁) so zu setzen oder zu entfernen, dass die Ebenen *Hintergrund*, *Delphin 1* und *Blase* sichtbar und die anderen Ebenen unsichtbar sind.

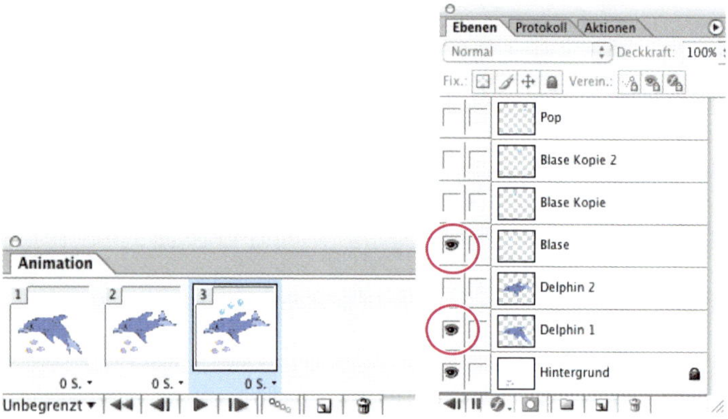

Hinweis: *Wenn Sie eine Ebene in einem Frame ein- oder ausblenden, ändert sich die Sichtbarkeit nur für den jeweils ausgewählten Frame.*

3 Klicken Sie in der Animation-Palette auf die Schaltfläche »Dupliziert aktuellen Frame« (▣), um *Frame 4* zu erstellen. *Frame 4* bleibt gewählt.

4 Klicken Sie in der Ebenenkomp.-Palette links neben *Delphin 2* für das Symbol »Diese Ebenenkomp. anwenden«. Klicken Sie dann in der Ebenen-Palette für ein Augensymbol (👁) für die Ebene *Blase Kopie*.

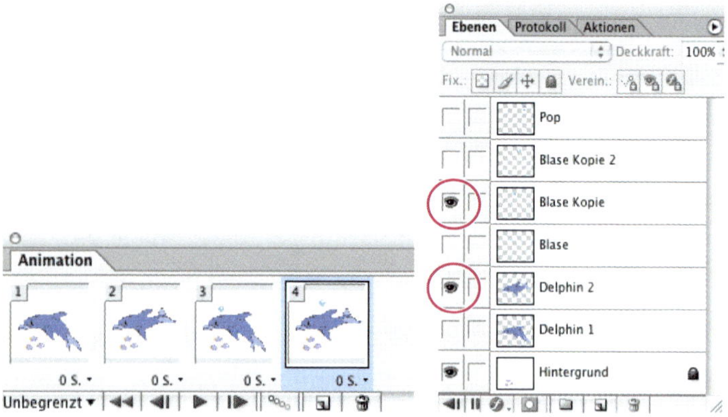

5 Klicken Sie in der Animation-Palette noch zweimal auf die Schaltfläche »Dupliziert aktuellen Frame« und nehmen Sie anschließend in der Ebenenkomp.- und in der Ebenen-Palette die folgenden Einstellungen vor:

- Wählen Sie für *Frame 5* die Ebenenkomposition *Delphin 1* und setzen Sie ein Augensymbol für die Ebene *Blase Kopie 2*.
- Wählen Sie für *Frame 6* die Ebenenkomposition *Delphin 2* und setzen Sie ein Augensymbol für die Ebene *Pop*.

6 Klicken Sie für eine Vorschau in der Animation-Palette auf »Abspielen« (▶) und anschließend auf »Stopp« (■).

Während ImageReady die Animation Frame für Frame abspielt, bewegt sich die Schwanzflosse des Delphins schrittweise nach oben und unten. Gleichzeitig stößt der Delphin in vier Schritten seine Blasen aus.

Falls Ihre Ergebnisse von den hier beschriebenen abweichen, prüfen Sie in der Ebenen-Palette die Einstellungen der Sichtbarkeit für die einzelnen Frames und nehmen Sie die notwendigen Korrekturen vor.

Sequenz einstellen und prüfen

Bei der bisherigen Vorschau Ihrer Animation im Browser haben Sie sicherlich bemerkt, dass die Wiedergaberate zu hektisch ist. Die Rate lässt sich verlangsamen, wenn Sie zwischen alle Frames eine Verzögerung eingefügen. Prüfen Sie zum Schluss die Animation wieder in der Vorschau.

Pausen in einer Animation lassen sich für alle oder auch nur für bestimmte Frames festlegen. Im vorliegenden Projekt weisen Sie jedem Frame-Paar in der Animation eine gleichbleibende Zeitverzögerung zu.

1 Wählen Sie aus dem Menü der Animation-Palette »Alle Frames auswählen«.

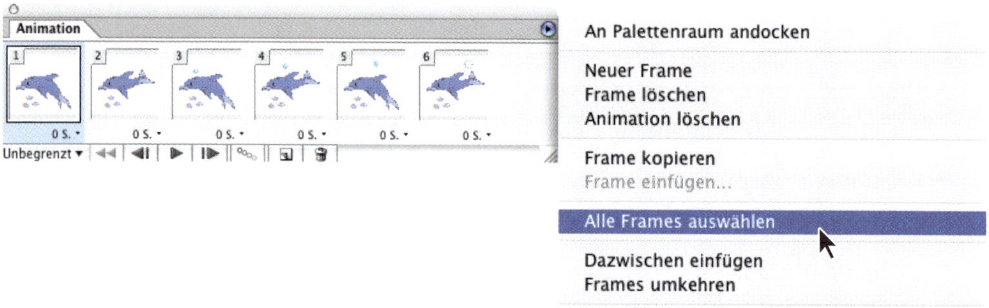

2 Klicken Sie auf die Zeit (0 Sekunden ist die Standardeinstellung) unter jedem Frame, um das Popup-Menü »Wählt die Frame-Verzögerung aus« zu öffnen. Wählen Sie **0,2 Sekunden**.

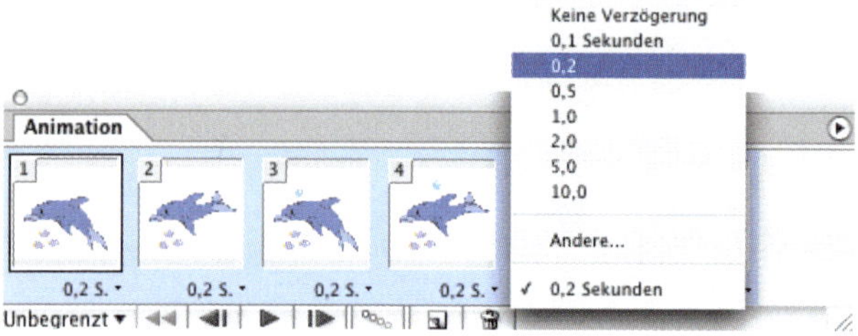

Der Verzögerungswert erscheint unterhalb jeder Frame-Miniatur und weist darauf hin, dass ImageReady die Zeitverzögerung auf alle Frames in der Palette anwendet.

3 Klicken Sie auf »Abspielen« (▶) in der Animation-Palette, um die Animation anzusehen. Klicken Sie anschließend auf »Stopp« (■), um sie wieder anzuhalten.

4 Wählen Sie **Datei: Vorschau in** und wählen Sie Ihren Browser, um die Animation mit dem genauen Timing abzuspielen. Wechseln Sie danach wieder zu ImageReady.

5 Wählen Sie **Datei: Optimiert-Version speichern unter**.

6 In dem Dialogfeld »Speichern unter« nennen Sie das Bild **Delphin.gif** und suchen den Ordner *Meine_GIFs*. Klicken Sie auf »Speichern« und dann auf »Ersetzen«, um die vorhandene Datei zu ersetzen.

Mit dem Befehl »Optimiert-Version speichern unter« speichern Sie eine Datei im GIF-, JPEG- oder PNG-Format für Webseiten. Da GIF das einzige Format ist, das Animationen unterstützt, benutzen Sie es auch in diesem Projekt.

7 Wählen Sie **Datei: Schließen**, um Ihr Originalbild ohne das Speichern von Änderungen zu schließen.

Damit haben Sie die Animation des Delphins für das Webseiten-Projekt abgeschlossen. Als Nächstes arbeiten Sie an anderen animierten Elementen für dieses Projekt.

Ebene per Deckkraft und Position animieren

Im nächsten Projekt arbeiten Sie mit einer etwas anderen Methode für die Animation. Sie animieren diesmal ein Logo mit Text. Das Logo besteht aus einem Photoshop-Bild mit mehreren Ebenen.

Diesmal müssen Sie für Positionsänderungen keine weiteren Ebenen manuell erstellen und auch nicht die einzelnen Frames erzeugen und einstellen. Sobald Sie über den ersten und letzten Frame der Animation verfügen, lehnen Sie sich einfach zurück und überlassen ImageReady die restliche Arbeit für die dazwischen befindlichen Frames.

Die Bilddatei öffnen und mit der Animation beginnen

Sie öffnen eine neue Bilddatei und prüfen deren aktuelle Einstellungen.

1 Wählen Sie in ImageReady den Befehl **Datei: Öffnen** und öffnen Sie die Datei *H2O.psd* im Ordner *Lektionen/Lektion15* auf Ihrer Festplatte.

Das Logo besteht aus vier verschiedenen Komponenten auf unterschiedlichen Ebenen. Sie erzeugen Animationsframes, in denen die Buchstaben des Logos erscheinen und ihre endgültige Position im Bild einnehmen. Der aktuelle Bildstatus zeigt das Logo am Ende der Animation.

2 Achten Sie darauf, dass die Animation- und die Ebenen-Paletten zu sehen sind. Ansonsten wählen Sie **Fenster: Arbeitsbereich: Animation**.

3 Klicken Sie unten in der Animation-Palette auf die Schaltfläche »Dupliziert aktuellen Frame« ( ) für einen neuen Animationsframe.

Da Sie jetzt über zwei Frames verfügen, haben Sie den Weg für eine Animation vorbereitet. Sie erzeugen nun unterschiedliche Ebenenzustände für die beiden Frames.

Ebenenpositionen und Deckkraft einstellen

Sie stellen jetzt die Position und Deckkraft von Ebenen in einem Bild ein, um den Anfangs- und End-Frame der animierten Sequenz zu erzeugen. Um die Reihenfolge von Frames in einer Animation zu ändern, ziehen Sie einfach die Miniaturen in der Animation-Palette an die gewünschte Stelle.

1 In der Animation-Palette ist *Frame 2* gewählt. Aktivieren Sie nun in der Ebenen-Palette die *H*-Ebene.

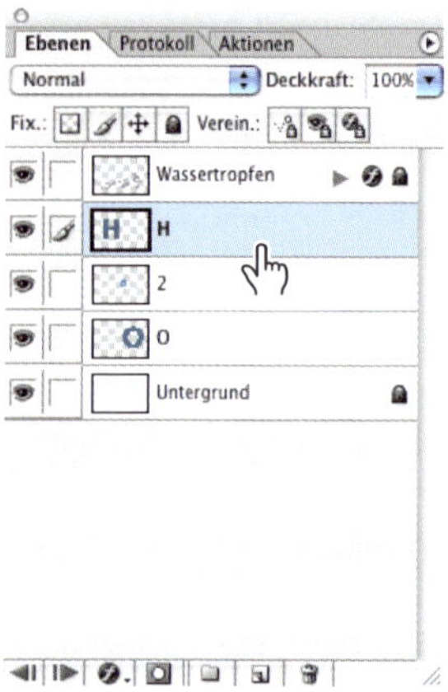

2 Wählen Sie das Verschieben-Werkzeug (▸✥), halten Sie die Umschalttaste gedrückt (um die Bewegung einzuschränken) und ziehen Sie das *H* so zum linken Bildrand, dass der Buchstabe nur noch teilweise sichtbar ist.

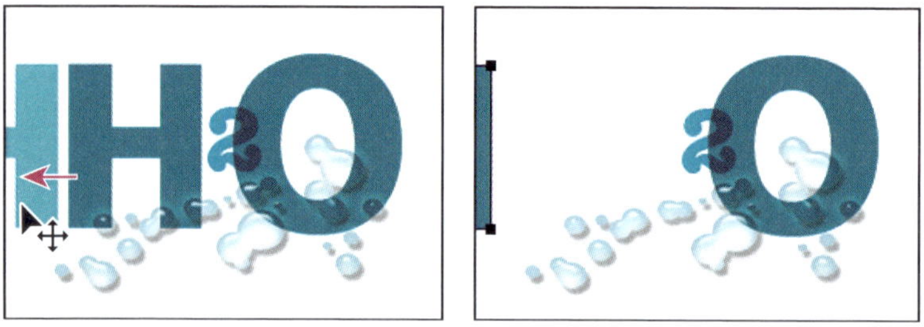

3 Wählen Sie in der Ebenen-Palette die *O*-Ebene und verschieben Sie mit dem Verschieben-Werkzeug bei gedrückter Umschalttaste das *O* an den rechten Bildrand.

Hinweis: *Achten Sie darauf, dass Sie die Buchstaben nicht komplett aus dem Bildfenster und damit auf den Desktop ziehen.*

4 Wiederholen Sie Schritt 3, wählen Sie aber diesmal die *2*-Ebene und ziehen Sie sie zum oberen Bildrand. Die Anordnung der drei Ebenen sollte nun der folgenden Abbildung entsprechen.

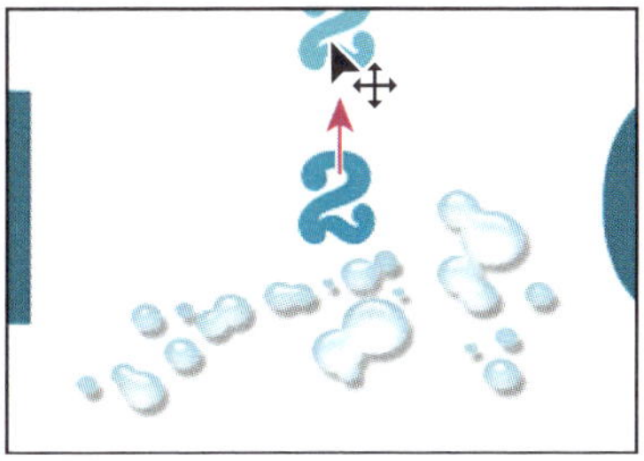

5 Wählen Sie in der Ebenen-Palette die *H*-Ebene und ziehen Sie den Deckkraftregler auf **20**%. Stellen Sie diesen Deckkraftwert auch für die Ebenen *2* und *O* ein.

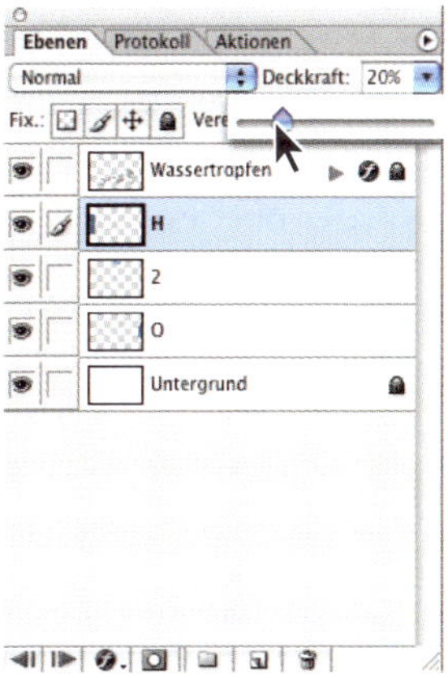

Beachten Sie in der Animation-Palette, dass *Frame 2* jetzt den aktuellen Bildstatus zeigt. Damit der Status von *Frame 2* zum Ausgangspunkt Ihrer Animation wird, ändern Sie die Reihenfolge der beiden Frames.

6 Ziehen Sie *Frame 1* in der Animation-Palette nach rechts. Lassen Sie die Maustaste los, sobald rechts neben *Frame 2* ein schwarzer Balken erscheint.

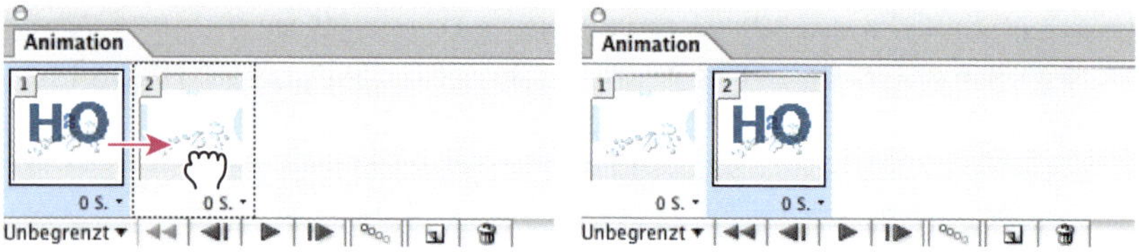

Übergang für Position und Deckkraft von Ebenen

Um die Animation abzuschließen, fügen Sie Frames hinzu, die den Übergang zwischen den beiden bestehenden Frames bilden. Wenn Sie die Position oder die Deckkraft einer Ebene zwischen zwei Frames ändern, können Sie ImageReady anweisen, *Frames dazwischen einzufügen* (engl. Tween) bzw. automatisch Übergangsframes zu erstellen.

1 Vergewissern Sie sich, dass in der Animation-Palette *Frame 1* gewählt ist. Wählen Sie dann aus dem Palettenmenü die Option »Dazwischen einfügen«.

2 Nehmen Sie im Dialogfeld »Dazwischen einfügen« die folgenden Einstellungen vor (sofern sie nicht schon gewählt sind):

- Wählen Sie aus dem Popup-Menü »Dazwischen einfügen« die Option »Nächster Frame«.
- Geben Sie unter »Hinzuzufügende Frames« den Wert **4** ein.
- Aktivieren Sie die Option »Alle Ebenen«.
- Aktiveren Sie unter »Parameter« die Optionen »Stelle« und »Deckkraft«. (Wenn Sie die Option »Effekte« aktivieren, können Sie die Einstellungen von Ebeneneffekten gleichmäßig zwischen dem Anfangs- und Endframe variieren. Hier wählen Sie diese Option jedoch nicht, da kein Ebeneneffekt zugewiesen ist.)

3 Klicken Sie auf OK, um das Dialogfeld zu schließen.

ImageReady erzeugt vier neue Frames, basierend auf den Deckkraft- und Positionseinstellungen der Ebenen in den beiden Original-Frames.

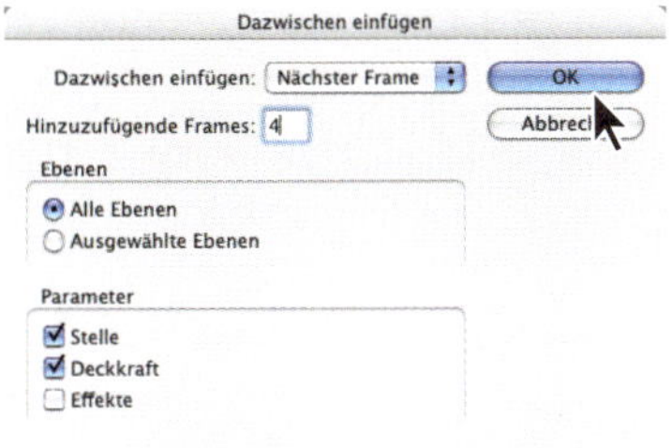

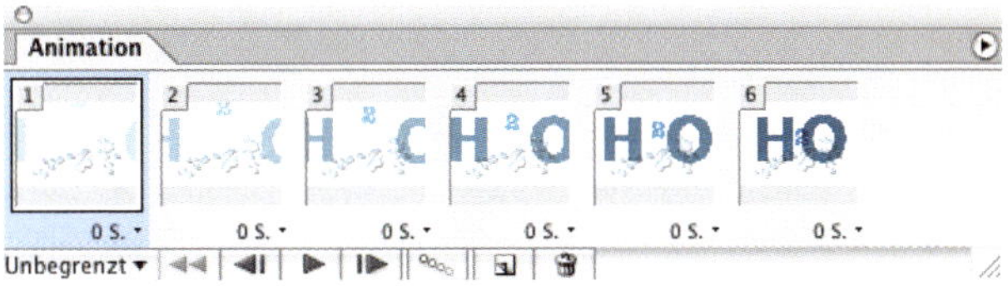

4 Wählen Sie unten links in der Animation-Palette aus dem Popup-Menü »Wählt Wiederholungsoptionen aus« die Option »Einmal«.

Hinweis: *In der End-Datei (*15End.html*) für diese Lektion ist die Wiederholung auf »Unbegrenzt« eingestellt und es gibt eine größere Verzögerung nach dem letzten Frame der Animation (diesen Frame gibt es in der jetzigen Phase noch nicht).*

5 Klicken Sie unten in der Animation-Palette auf »Abspielen« (▶).

Einen Ebenenstil animieren

Als Sie in der vorherigen Prozedur per Tweening die vier neuen Frames eingefügt haben, haben Sie im Dialogfeld »Dazwischen einfügen« die Option »Effekte« gesehen. Sie animieren jetzt einen Ebeneneffekt bzw. *Ebenenstil*. Sie erhalten als Resultat einen Lichtblitzer im Bild *2*.

1 Wählen Sie in der Animation-Palette den *Frame 6* und klicken Sie dann auf die Schaltfläche »Dupliziert aktuellen Frame«, um einen neuen Frame mit den gleichen Einstellungen wie in *Frame 6* zu erzeugen. *Frame 7* bleibt gewählt.

2 Wählen Sie in der Ebenen-Palette die *2*-Ebene und dann unten in der Palette aus dem Popup-Menü »Ebeneneffekt hinzufügen« die Option »Schein nach außen«.

Einfügen von Frames zwischen Frames

Mit dem Befehl »Dazwischen einfügen« fügen Sie zwischen zwei bestehende Frames automatisch eine Reihe von Frames ein oder ändern sie. Dabei werden die Ebenenattribute (Position, Deckkraft oder Effektparameter) gleichmäßig zwischen den neuen Frames abgestuft, um die Illusion von Bewegung zu erzeugen. Wenn Sie z.B. eine Ebene langsam ausblenden möchten, stellen Sie die Deckkraft der Ebene im ersten Frame auf 100% ein. Stellen Sie dann die Deckkraft der gleichen Ebene im letzten Frame auf 0% ein. Beim Einfügen zwischen den beiden Frames wird die Deckkraft der Ebene gleichmäßig über die neuen Frames hinweg reduziert.

Mit »Dazwischen einfügen« wird die zum Erstellen von Animationseffekten (z.B. Ein- oder Ausblenden, Bewegen eines Elements über einen Frame) erforderliche Zeit erheblich reduziert. Die mit dieser Funktion eingefügten Frames können nach dem Erstellen einzeln bearbeitet werden.

Wenn Sie einen einzelnen Frame auswählen, wählen Sie, ob die neuen Frames vor oder hinter diesem Frame eingefügt werden sollen. Wenn Sie zwei aufeinander folgende Frames auswählen, werden neue Frames dazwischen eingefügt. Wenn Sie mehr als zwei Frames auswählen, werden die zwischen dem ersten und dem letzten ausgewählten Frame liegenden Frames geändert. Wenn Sie den ersten und den letzten Frame in einer Animation auswählen, werden diese als aufeinander folgend behandelt und dazwischen eingefügte Frames nach dem letzten Frame hinzugefügt. (Diese Methode ist nützlich, wenn die Animation mehrfach wiederholt werden soll.)

Hinweis: *Sie können den Befehl »Dazwischen einfügen« nicht auf nicht aufeinander folgende Frames anwenden.*

3 Klicken Sie im Dialogfeld »Ebenenstil« auf OK, um die standardmäßigen Einstellungen zu übernehmen.

Beachten Sie den Halo-Effekt in der *2* im Bildfenster.

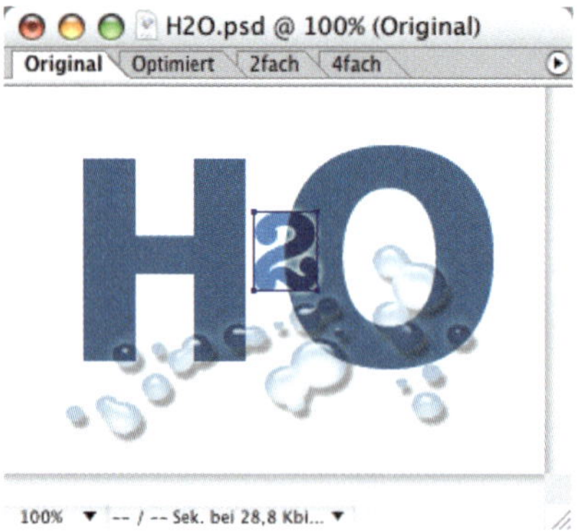

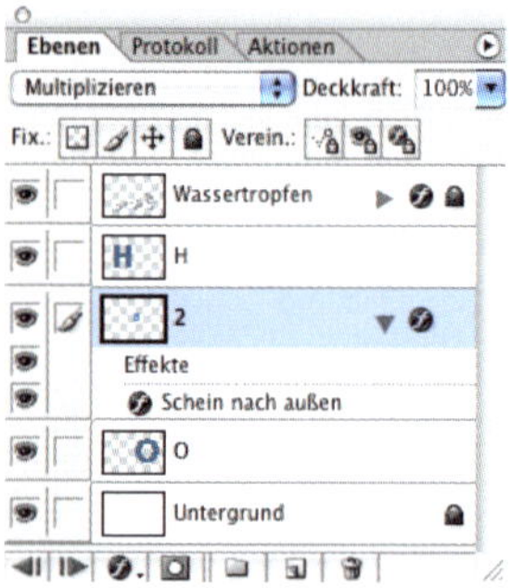

4 Duplizieren Sie *Frame 7*, indem Sie in der Animation-Palette auf die Schaltfläche »Dupliziert aktuellen Frame« ( ) klicken.

5 Doppelklicken Sie in der Ebenen-Palette in der *2*-Ebene auf den Effekt »Schein nach außen«, um das Dialogfeld »Ebenenstil« zu öffnen. Achten Sie darauf, dass die Option »Vorschau« aktiviert ist. Stellen Sie »Überfüllen« auf **20%** und »Größe« auf **49** Pixel ein. Klicken Sie anschließend auf OK.

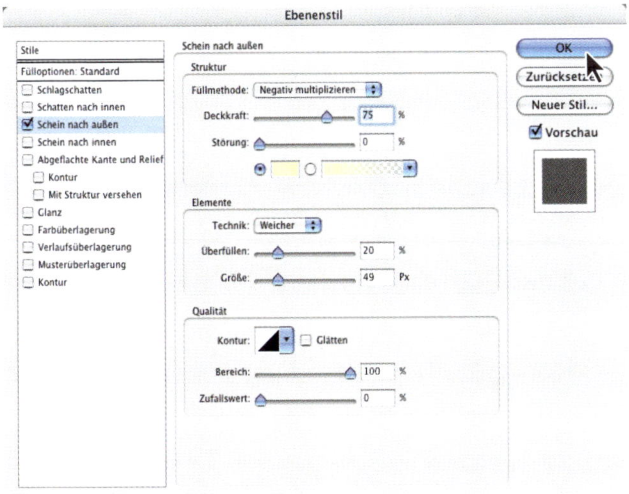

6 Wählen Sie **Datei: Speichern**.

Ebenenstil animieren

Sie wissen bereits aus dieser Lektion, wie zeitsparend die Tweening-Funktion ist. Sie benutzen diesen Befehl erneut, um diesmal die Änderungen des Ebenenstils zu animieren. Außerdem komplettieren Sie den Glüh-Effekt, indem Sie einen weiteren Frame duplizieren und ihn an das Ende der Animation verschieben. Die daraus resultierende Animation lässt hinter dem Bild *2* einen Lichtkegel blitzen.

1 Wählen Sie in der Animation-Palette den *Frame 7*.

2 Wählen Sie aus dem Menü der Animation-Palette den Befehl »Dazwischen einfügen«.

3 Wählen Sie im Dialogfeld »Dazwischen einfügen« die folgenden Optionen:

- Dazwischen einfügen: Nächster Frame
- Hinzuzufügende Frames: **2**
- Ebenen: Alle Ebenen
- Parameter: Effekte

4 Klicken Sie auf OK, um das Dialogfeld zu schließen.

GIF-Optimierung

Wichtigster Aspekte beim Erzeugen effizienter GIF-Bilder – ob Standbild oder Animation – ist eine möglichst geringe Dateigröße bei bestmöglicher Bildqualität. Für die Optimierung von GIF-Bildern benötigen Sie den passenden Algorithmus für die Farbreduzierung, eine Farbpalette mit möglichst geringem Farbumfang und die Steuerung von Anwendungs- und Browser-Dithering.

ImageReady und Photoshop berechnen für Sie die am häufigsten benötigten Farben mit einem der folgenden Algorithmen für die Farbreduktion: Perzeptiv, Selektiv, Adaptiv, Web, Eigene und Windows oder Mac OS. Normalerweise wählen Sie zwischen Perzeptiv, Selektiv und Adaptiv.

***Perzeptiv** erstellt eine eigene Palette, indem Farben Priorität erhalten, auf die das menschliche Auge sensibler reagiert. **Selektiv** erstellt eine der Perzeptiv-Farbtabelle ähnliche Farbtabelle, wobei jedoch breite Farbbereiche und die Erhaltung von Webfarben Vorrang haben. Mit dieser Option werden in der Regel Bilder mit der höchsten Farbintegrität erzeugt. **Adaptiv** erstellt eine Palette durch Aufnehmen von Farben aus dem Spektrum, das im Bild am häufigsten vorkommt.*

Nachdem Sie eine Konvertierungsoption festgelegt haben, erscheinen die Farben der Datei in der Farbtabelle. Die Anzahl der Farben lässt sich über das Farben-Popup-Menü noch weiter reduzieren. Häufig erhalten Sie so weiterhin eine gute Bildqualität bei erheblich kleinerer Dateigröße.

***Anwendungs-Dithering** erscheint, wenn ImageReady oder Adobe Photoshop versuchen, Farben zu simulieren, die im Originalbild, aber nicht in der von Ihnen angegebenen optimierten Farbtabelle enthalten sind. Sie steuern die Stärke von Anwendungs-Dithering über den Dithering-Regler in der Optimierung-Palette. Verlaufen Übergänge abrupt und mit groben Kanten, stellen Sie den Dithering-Regler auf bis zu 100% ein.*

***Browser-Dithering** erscheint, wenn ein Browser mit einer 8-Bit-Anzeige (256 Farben) Farben simuliert, die in der Farbtabelle des optimierten Bildes vorhanden sind, nicht jedoch in der Systemtabelle, die der Browser verwendet. Sie steuern die Stärke von Browser-Dithering, indem Sie eine Web-Verschiebung für ausgewählte Farben in der Farbtabelle-Palette vornehmen.*

Zusätzliche Informationen über die Optimierung-Einstellungen finden Sie in der ImageReady-Hilfe.

5 Wählen Sie in der Animation-Palette den *Frame 6* und klicken Sie dann auf die Schaltfläche »Dupliziert aktuellen Frame« (▣) für den neuen *Frame 7*. ImageReady nummeriert die danach folgenden Frames neu.

6 Ziehen Sie den neuen *Frame 7* an das Ende der Animation-Palette, d.h. nach rechts hinter *Frame 11*.

7 Wählen Sie **Datei: Speichern**.

Transparenz bewahren und Animationen optimieren

Sie optimieren jetzt das H2O-Bild im GIF-Format mit Hintergrundtransparenz und betrachten Ihre Animation in einem Browser. Nur das GIF-Format unterstützt animierte Bilder.

Die Datei *H2O.psd* enthält bereits die *Untergrund*-Ebene, damit Sie das Resultat Ihrer Arbeiten besser erkennen können. Diese Ebene ist für die fertige Webseite nicht notwendig, da Sie die Datei mit einem transparenten Hintergrund optimieren. Sie blenden dann die *Untergrund*-Ebene einfach aus.

1 Wählen Sie aus dem Menü der Animation-Palette den Befehl »Alles Frames auswählen«.

2 Klicken Sie in der Ebenen-Palette auf das Augensymbol (👁) für die *Untergrund*-Ebene, um diese Ebene in allen Frames auszublenden.

3 Stellen Sie in der Optimierung-Palette die folgenden Optionen ein:

- Format: GIF
- Wählen Sie unter »Farbtabelle« für »Reduzierung« die Option »Perzeptiv« und geben Sie unter »Farben« den Wert **256** ein.
- Aktivieren Sie unter »Transparenz« die Option »Transparenz« (um die Transparenz im Originalbild zu erhalten).
- Wählen Sie für »Basis« aus dem Popup-Menü das weiße Farbfeld (sofern es noch nicht gewählt ist).

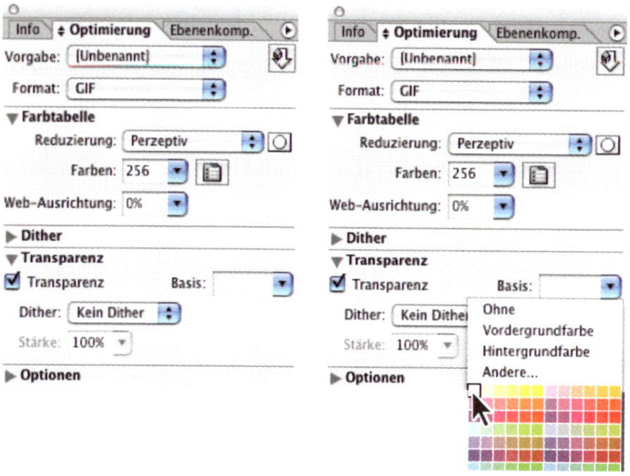

4 Sämtliche Frames sind in der Animation-Palette noch gewählt. Klicken Sie mit der rechten Maustaste (Windows) bzw. mit gedrückter Control-Taste (Mac OS) auf einen Frame in der Animation-Palette und wählen Sie im Kontextmenü die Option »Auf Hintergrund wiederherstellen«.

Die Entfernungsmethoden »Auf Hintergrund wiederherstellen« ( ) und »Automatisch« entfernen den gewählten Frame, damit dieser nicht durch transparente Bereiche des nächsten Frames sichtbar ist. Die Option »Nicht entfernen« ( ) erhält die Frames. Die Option »Automatisch« ist für die meisten Animationen geeignet, da sie die Entfernungsmethode automatisch bestimmt, je nachdem, ob der nächste Frame Transparenzen enthält oder nicht. Wenn der nächste Frame Ebenentransparenz enthält, wird der ausgewählte Frame entfernt.

5 Alle Frames sind noch gewählt. Öffnen Sie das Popup-Menü direkt unter einer der Frame-Miniaturen und wählen Sie »0,1 Sekunden«.

6 Wählen Sie aus dem Menü der Animation-Palette die Option »Animation optimieren«.

7 Achten Sie darauf, dass im Dialogfeld »Animation optimieren« die Optionen »Begrenzungsrahmen« und »Entfernen redundanter Pixel« aktiviert sind. Klicken Sie auf OK.

Die Option »Begrenzungsrahmen« veranlasst ImageReady, die Frames so zu beschneiden, dass nur der Bereich erhalten bleibt, der sich gegenüber dem vorherigen Bereich verändert hat. Animationsdateien, die mit dieser Option erstellt wurden, sind kleiner – haben allerdings den Nachteil, dass sie von einigen GIF-Bearbeitungsprogrammen nicht unterstützt werden.

Die Option »Entfernen redundanter Pixel« macht alle Pixel transparent, die sich gegenüber dem vorherigen Frame nicht geändert haben. Wenn Sie diese Option wählen, muss die Entfernungsmethode auf automatisch eingestellt sein.

Animierte GIF-Dateien beinhalten neben der Optimierung noch weitere Möglichkeiten. Wenn Sie die animierte GIF-Datei mit Hilfe der Paletten Adaptiv, Perzeptiv und Selektiv optimieren, generiert ImageReady eine Palette für die Datei ausgehend von allen Frames in der Animation. Mit einer speziellen Dithering-Technik stellt ImageReady sicher, dass die Dithering-Muster über alle Frames hinweg konsistent sind, um ein Flackern während der Wiedergabe zu vermeiden. Außerdem optimiert ImageReady die Frames, damit in ihnen nur die Bereiche enthalten sind, die sich ändern. So erhalten Sie erheblich kleinere Dateigrößen für animierte GIFs. Aus diesem Grund benötigt ImageReady mehr Zeit, um ein animiertes GIF zu optimieren (verglichen mit einem standardmäßigen GIF).

Weitere Informationen finden Sie unter »Optimieren von Bildern« in der Photoshop-Hilfe.

Optimierte GIF-Datei betrachten

Sie haben die Arbeit an der Datei *H2O.psd*, die Sie als animiertes GIF-Bild gespeichert haben, nahezu abgeschlossen.

1 Klicken Sie im Bildfenster auf das »Optimiert«-Register.

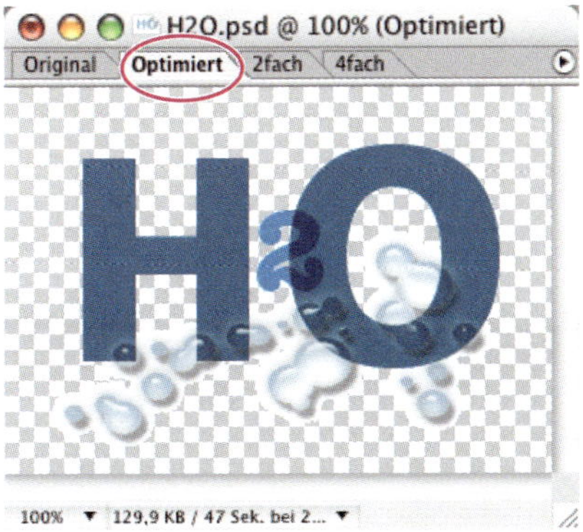

ImageReady aktualisiert das Bild entsprechend den von Ihnen eingegebenen Optionen.

2 Klicken Sie im Bildfenster auf das »2fach«-Register und vergleichen Sie das Originalbild (links) mit dem optimierten Bild (rechts).

3 Wählen Sie **Datei: Optimiert-Version speichern unter**, geben Sie den Namen **H2O.gif** ein, wählen Sie den Ordner *Meine_GIFs* und klicken Sie auf »Speichern«.

Wenn Sie sich jetzt die Animation in einem Browser ansehen wollen, klicken Sie unten in der Werkzeugpalette auf die Schaltfläche »Vorschau in Standardbrowser«. Schließen Sie Ihren Browser anschließend wieder.

4 Wählen Sie in ImageReady den Befehl **Datei: Schließen**, um die Originaldatei zu schließen.

Damit haben Sie das Logo fertig gestellt.

Animationen mit Vektormasken

Der letzte Teil dieser Lektion beschäftigt sich mit Masken für Animationen. Sie erzeugen zuerst eine Wellenbewegung innerhalb der Buchstaben des Wortes *Waves*. Für diese Aufgabe legen Sie eine Vektormaske an, um die *Wave*-Ebene teilweise so zu ändern, dass die Wogen nur innerhalb des Wortes erscheinen. Anschließend ändern Sie die Position und definieren verschiedene Animationsframes.

1 Wählen Sie **Datei: Öffnen** und öffnen Sie die Datei *Waves.psd* im Ordner *Lektionen/Lektion15*.

2 In der Ebenen-Palette sind alle Ebenen sichtbar, das heißt, sie sind mit einem Augensymbol versehen.

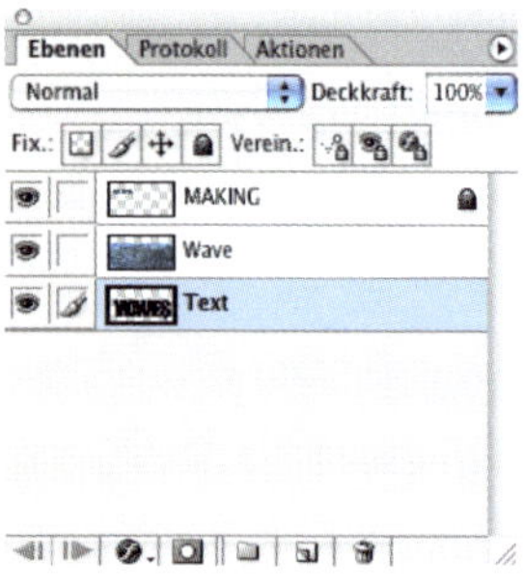

3 Wählen Sie in der Ebenen-Palette die *Wave*-Ebene.

4 Halten Sie die Alt- (Windows) bzw. Wahltaste (Mac OS) gedrückt und setzen Sie in der Ebenen-Palette den Zeiger (ohne zu klicken) auf die Linie zwischen den Ebenen *Wave* und *Text*. Der Zeiger ändert sich in zwei übereinander liegende Kreise (). Klicken Sie auf die Trennungslinie, um die beiden Ebenen zu verbinden.

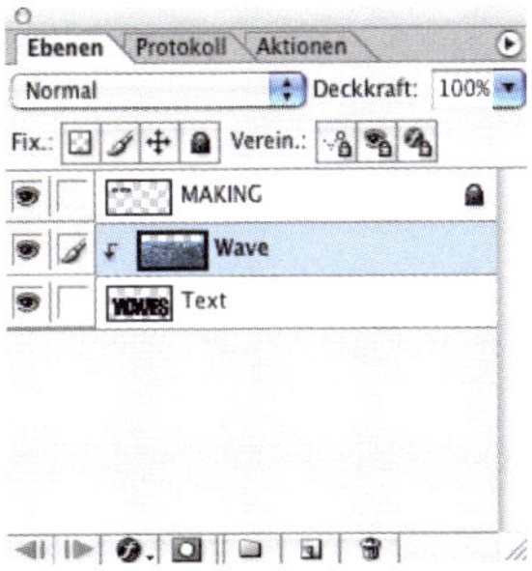

Die Wellen erscheinen jetzt maskiert hinter dem Logo-Text. In der Ebenen-Palette ist der Name und die Miniatur der *Wave*-Ebene mit einem nach unten gerichteten Pfeil () versehen, das bedeutet, dass die Ebene mit der darunter befindlichen Ebene gruppiert ist.

Positionsänderungen in der Vektormaske animieren

Obwohl die Ebenen *Wave* und *Text* verbunden sind, lassen sich die einzelnen Ebenen weiterhin ändern.

1 Klicken Sie in der Animation-Palette auf die Schaltfläche »Dupliziert aktuellen Frame«, um einen neuen Frame (*Frame 2*) zu erzeugen.

2 Eventuell müssen Sie *Frame 2* in der Animation-Palette wählen. In der Ebenen-Palette ist nur die *Wave*-Ebene gewählt.

3 Wählen Sie in der Werkzeugpalette das Verschieben-Werkzeug ().

4 Ziehen Sie im Bildfenster mit gedrückter Umschalttaste (um die Bewegung einzuschränken) die *Wave*-Ebene so weit nach unten, bis der obere Rand des Wellenbilds an der oberen *WAVES*-Textkante ausgerichtet ist. (Während des Ziehens erscheint die komplette *Wave*-Ebene, so dass Sie deren Position gut erkennen können.)

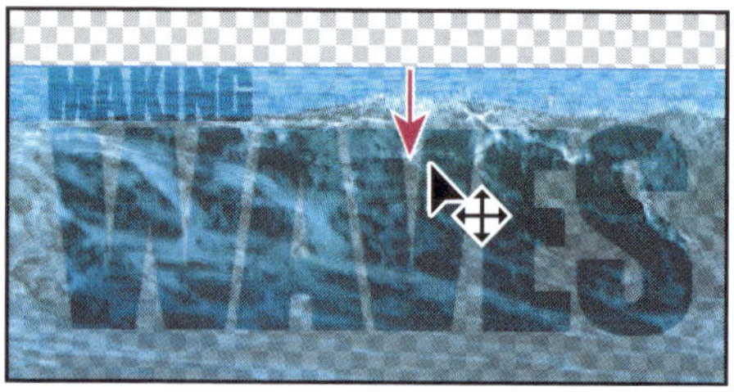

5 Klicken Sie auf »Abspielen« (▶). Die Welle bewegt sich im Logo nach oben und unten. Klicken Sie auf »Stopp« (■), um die Animation zu beenden.

Wellenbewegung weicher einstellen

Um die Aktion mit der Welle etwas natürlicher aussehen zu lassen, ergänzen Sie die Animation mit Hilfe der Tweening-Funktion um weitere Frames.

Achten Sie darauf, dass in der Animation-Palette der *Frame 2* gewählt ist.

1 Wählen Sie aus dem Menü der Animation-Palette die Option »Dazwischen einfügen«. Nehmen Sie im Dialogfeld »Dazwischen einfügen« die folgenden Einstellungen vor:

- Hinzuzufügende Frames: **2**
- Dazwischen einfügen: Vorheriger Frame
- Ebenen: Alle Ebenen
- Parameter: Stelle
- Klicken Sie auf OK, um das Dialogfeld zu schließen.

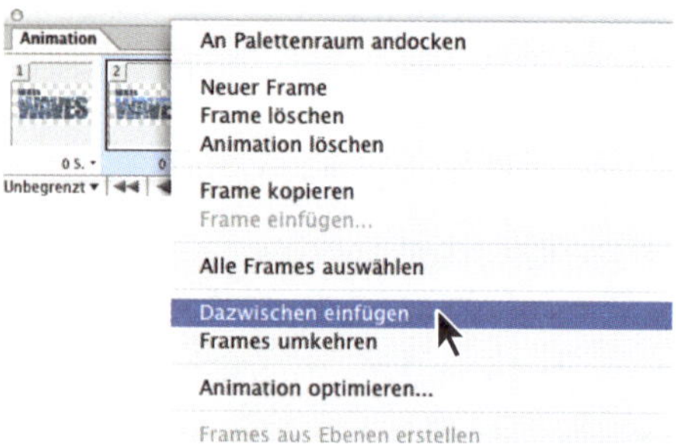

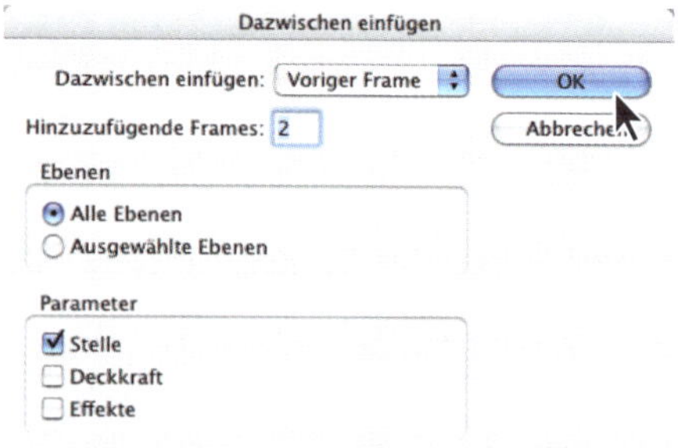

2 Wählen Sie aus dem Popup-Menü links unten in der Animation-Palette die Option »Unbegrenzt«.

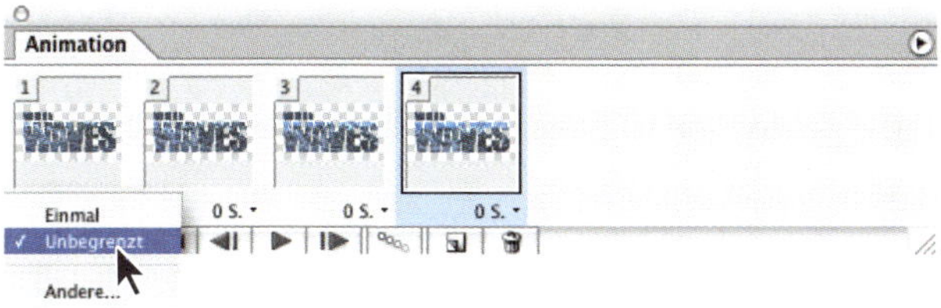

3 Wählen Sie **Auswahl: Ebenen-Auswahl aufheben**. Klicken Sie anschließend in der Animation-Palette auf »Abspielen« (▶) für eine Vorschau der Animation. Klicken Sie auf »Stopp« (■), um die Animation anzuhalten.

Die Animation ruckelt noch, was Sie jetzt wie in den zwei vorherigen Projekten in dieser Lektion ändern.

4 Klicken Sie auf *Frame 2* und dann mit gedrückter Umschalttaste auf *Frame 3*, um die beiden neuen Frames zu wählen. Wählen Sie dann aus dem Menü der Animation-Palette die Option »Frames kopieren«.

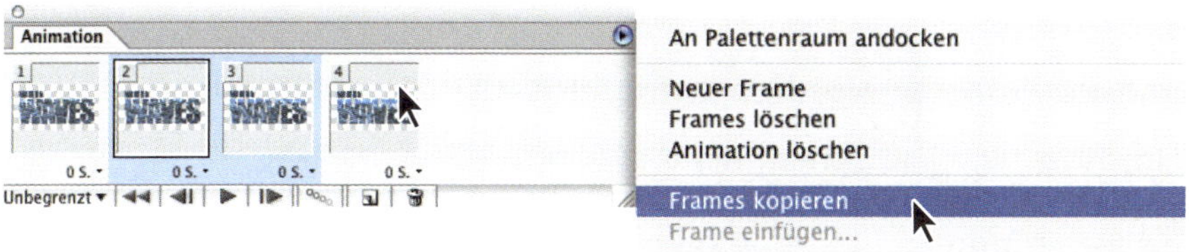

5 Wählen Sie *Frame 4* und dann aus dem Menü der Animation-Palette die Option »Frames einfügen«. Wählen Sie im Dialogfeld die Option »Nach Auswahl einfügen«. Klicken Sie auf OK.

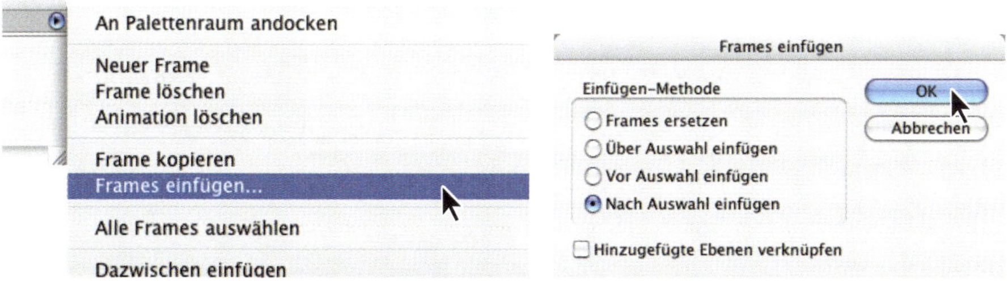

6 Klicken Sie auf *Frame 5* (nur dieser Frame ist jetzt gewählt) und ziehen Sie ihn nach rechts, damit er zum letzten Frame in der Animation wird.

7 *Frame 6* ist gewählt. Klicken Sie mit gedrückter Umschalttaste auf *Frame 1*, um alle Frames zu wählen. Wählen Sie dann aus dem Popup-Menü eines Frames die Zeitverzögerung »0,2 Sekunden«. Wählen Sie **Datei: Speichern**.

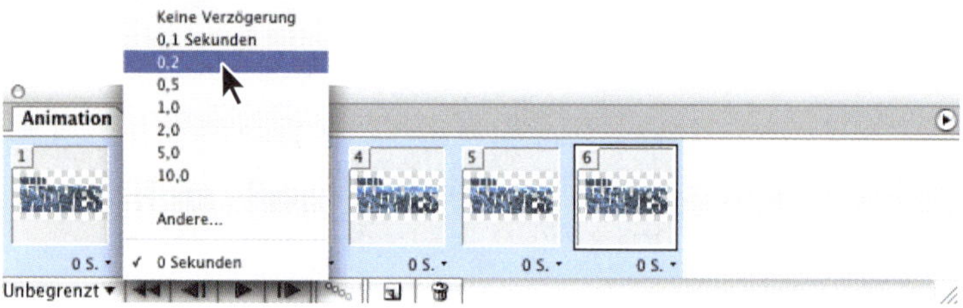

Die Vektormaske-Animation prüfen und speichern

Sie prüfen nun, ob die Wellenaktion Ihren Vorstellungen entspricht.

1 Klicken Sie in der Animation-Palette auf »Abspielen« (▶). Klicken Sie anschließend auf »Stopp« (■), um die Animation anzuhalten.

2 Eventuell müssen Sie noch die Zeitverzögerung und/oder die Reihenfolge der Frames korrigieren.

3 Spielen Sie die Animation erneut ab und ändern Sie die Einstellungen so lange, bis Ihnen das Ergebnis zusagt.

4 (Optional) Klicken Sie in der Werkzeugpalette auf die Schaltfläche »Vorschau in *<Name Standard-Browser>*« oder wählen Sie **Datei: Vorschau in** und wählen Sie dann Ihren Browser. Schließen Sie den Browser wieder und kehren Sie zurück zu ImageReady.

5 Wählen Sie **Datei: Optimiert-Version speichern unter**, geben Sie den Ordner *Meine_ GIFs* als Speicherort an und benennen Sie die Datei mit **Waves.gif**. Klicken Sie auf »Speichern«.

ImageReady speichert die Animation als GIF-Datei und benutzt dabei die aktuellen Einstellungen in der Optimierung-Palette.

6 Wählen Sie **Datei: Schließen**, um die Originaldatei zu schließen.

Glückwunsch – Sie haben alle drei Elemente für Ihr Webseiten-Projekt erfolgreich fertig gestellt.

Wenn Sie Ihre eigenen vier Bilder auf der zu Beginn dieser Lektion vorgestellten Webseite sehen möchten, ziehen Sie einfach den Inhalt des Ordners *Meine_GIFs* in den Ordner *Lektionen/Lektion15/images*. Damit überschreiben Sie die im Ordner *images* vorhandenen GIF-Dateien. (Klicken Sie im Meldungsfenster auf »Ja«, um diese Aktion zu bestätigen.) Doppelklicken Sie anschließend auf die Datei *15End.html*. Die Seite öffnet sich im standardmäßigen Browser – diesmal mit Ihren GIF-Bildern und nicht mit den für diese Lektion bereitgestellten Beispielbildern.

Rückblick

Fragen

1 Beschreiben Sie eine einfache Möglichkeit, um eine Animation zu erstellen.

2 In welchen Situationen fügen Sie mit dem Befehl »Dazwischen einfügen« Frames in eine Animation ein? In welcher Situation lässt sich dieser Befehl nicht anwenden?

3 Wie optimieren Sie eine Animation?

4 Was ist eine Entfernungsmethode? Und mit welcher Entfernungsmethode sollten Sie normalerweise arbeiten?

5 Welche Dateiformate verwenden Sie für Animationen?

Antworten

1 Sie erstellen ganz einfach eine Animation, indem Sie mit einer Photoshop-Datei beginnen, die sich aus mehreren Ebenen zusammensetzt. Mit Hilfe der Schaltfläche »Dupliziert aktuellen Frame« in der Animation-Palette erstellen Sie einen neuen Frame und verändern dann in der Ebenen-Palette die Position, die Deckkraft oder die Effekte für einen gewählten Frame. Um Frames zwischen dem gewählten und dem neuen Frame einzufügen, benutzen Sie entweder die Schaltfläche »Dupliziert aktuellen Frame« (manuelles Einfügen) oder den Befehl »Dazwischen einfügen« (automatisches Einfügen).

2 Sie fügen in Adobe ImageReady über den Befehl »Dazwischen einfügen« Frames zwischen zwei bereits vorhandenen Frames ein, um die Ebenendeckkraft oder -position zwischen zwei Frames zu ändern oder um einer Framesequenz neue Frames hinzuzufügen. Der Befehl »Dazwischen einfügen« lässt sich nicht auf Frames anwenden, die nicht benachbart sind.

3 Wählen Sie nach Benutzen der Optimierung-Palette den Befehl »Datei: Optimiert-Version speichern unter«, um die Animationen zu optimieren. Wählen Sie aus dem Menü der Animation-Palette die Option »Animation optimieren«, um spezielle Funktionen für Animationsdateien auszuführen, einschließlich das Entfernen redundanter Pixel und das Beschneiden von Frames entsprechend dem Begrenzungsrahmen.

4 Wenn eine Animation Hintergrundtransparenz enthält, legt die Entfernungsmethode für Frames fest, ob der gewählte Frame vor der Anzeige des nächsten Frames entfernt werden soll. Diese Option bestimmt, ob der gewählte Frame durch die transparenten Bereiche des nächsten Frames zu sehen ist. Die Option »Automatisch« eignet sich für die meisten Animationen, das heißt, sie wendet eine Entfernungsmethode je nach vorhandener oder nicht vorhandener Transparenz im nächsten Frame an und entfernt den gewählten Frame, wenn der nächste Frame Ebenentransparenz enthält.

5 Dateien für Animationen müssen im GIF-Format gespeichert werden. Animationen lassen sich nicht als JPEG- oder PNG-Dateien erstellen.

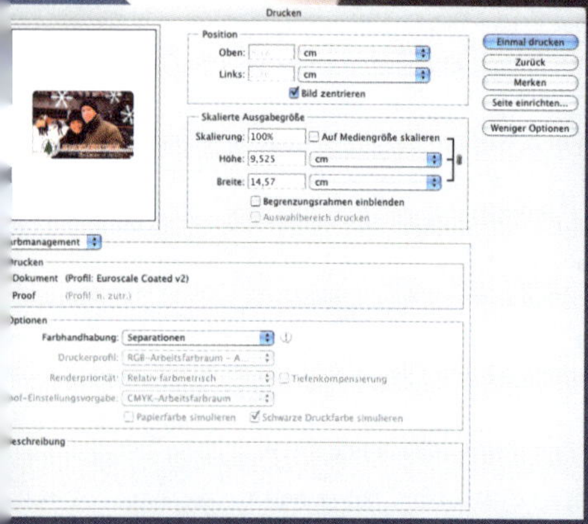

Sie erhalten konsistente Farben, wenn Sie den Farbraum, in dem Sie RGB-Bilder bearbeiten und anzeigen, definieren und vorhandene CMYK-Bilder zusätzlich ausdrucken. Damit erreichen Sie eine größtmögliche Übereinstimmung zwischen den auf dem Bildschirm dargestellten Farben und den Farben in der Ausgabe.

16 Mit konsistenten Farben produzieren und drucken

Überblick

In dieser Lektion lernen Sie Folgendes:

- Die RGB-, Graustufen- und CMYK-Farbräume für die Anzeige, die Bearbeitung und den Ausdruck von Bildern definieren
- Ein Bild für die Ausgabe über einen PostScript-CMYK-Drucker vorbereiten
- Einen Proof eines Bildes für den Ausdruck erzeugen
- Eine Farbseparation erstellen, das heißt, die Farben in einem RGB-Bild in die vier Druckfarben Cyan, Magenta, Gelb und Schwarz umwandeln
- Bilder für den kommerziellen Druck vorbereiten

Für diese Lektion benötigen Sie etwa eine Stunde. Falls erforderlich, löschen Sie den auf Ihrer Festplatte vorhandenen Lektionsordner aus der vorherigen Lektion und kopieren stattdessen den Ordner *Lektionen/Lektion16* von der Buch-DVD auf die Festplatte. Während der Arbeit überschreiben Sie die Startdateien. Falls Sie diese Dateien wiederherstellen wollen, kopieren Sie sie von der Buch-DVD.

In dieser Lektion sollte Ihr Computer an einen PostScript-Farbdrucker angeschlossen sein. Aber auch ohne diesen Drucker können Sie den größten Teil der Lektion nachvollziehen.

Farben reproduzieren

Farben auf dem Monitor entstehen aus einer Kombination von rotem, grünem und blauem Licht (RGB), während sich ein Vierfarbdruck aus einer Kombination der vier Farben Cyan, Magenta, Gelb und Schwarz (genannt CMYK) zusammensetzt. Diese vier

Druckfarben bezeichnet man auch als Prozessfarben, weil es sich dabei um die standardmäßigen Farben im Vierfarbdruck-Prozess handelt.

RGB-Bild mit den Kanälen Rot, Grün und Blau

CMYK-Bild mit den Kanälen Cyan, Magenta, Gelb und Schwarz

Da die Farbmodelle RGB und CMYK sehr unterschiedliche Methoden zur Darstellung von Farben verwenden, geben sie auch jeweils einen etwas anderen Farbbereich oder Farbumfang wieder. Da beispielsweise RGB zum Erzeugen von Farbe Licht verwendet, umfasst der RGB-Farbumfang auch Neonfarben. Andererseits lassen sich mit CMYK-Farben auch einige Pastelltöne und reines Schwarz erzeugen, die sich außerhalb des RGB-Farbumfangs befinden.

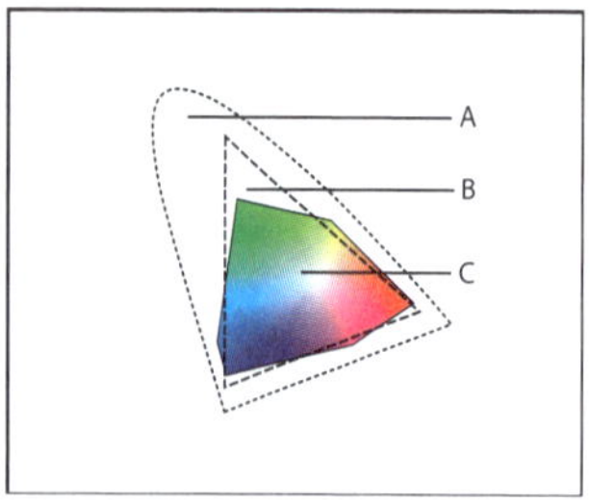

A. *Natürlicher Farbraum*
B. *RGB-Farbraum*
C. *CMYK-Farbraum*

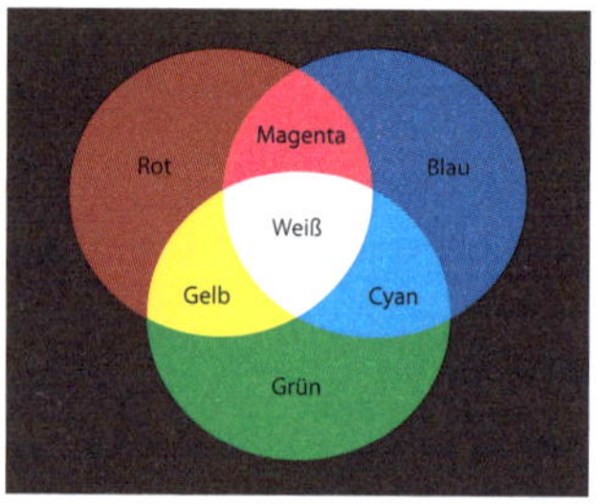

RGB-Farbmodell

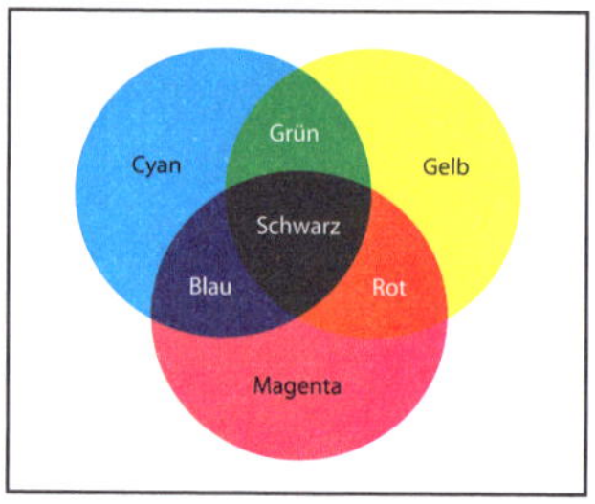

CMYK-Farbmodell

Aber nicht alle RGB- und CMYK-Farbumfänge sind gleich. Die einzelnen Monitore und Drucker verfügen über einen unterschiedlichen Farbumfang. So stellt beispielsweise eine Monitormarke besonders leuchtende Blautöne dar. Der *Farbraum* für ein Gerät wird durch den Farbumfang repräsentiert, den es darstellen kann. So wie RGB und CMYK unterschiedliche Farbräume sind, stellt jeder Monitor und jedes Ausgabegerät unterschiedliche Farbräume dar.

RGB-Modell

Ein Großteil des sichtbaren Spektrums kann durch Mischen von rot, grün und blau gefärbtem Licht (RGB) in verschiedenen Anteilen und Intensitäten dargestellt werden. Wenn sich diese Farben überlappen, entstehen Cyan, Magenta, Gelb und Weiß.

Da die RGB-Farben zusammen Weiß ergeben, werden sie auch als additive Farben bezeichnet. Bei einer weißen Farbe wird das gesamte Licht an das Auge zurückreflektiert. Additive Farben werden für Beleuchtung, Video und Monitore verwendet. Ihr Monitor erzeugt Farbe z.B. dadurch, dass Licht durch rote, grüne und blaue Phosphorteilchen ausgestrahlt wird.

CMYK-Modell

Das CMYK-Modell basiert auf der lichtabsorbierenden Eigenschaft von Tinte auf Papier. Wenn weißes Licht auf lichtdurchlässige Druckfarben fällt, werden bestimmte sichtbare Wellenlängenbereiche absorbiert und andere reflektiert.

Theoretisch müsste eine Mischung aus reinen Cyan- (C), Magenta- (M) und Gelb-Pigmenten (Y) das gesamte Licht absorbieren und Schwarz erzeugen, daher werden diese Farben als subtraktive Farben bezeichnet. Da keine Druckfarbe vollkommen rein ist, ergeben diese drei Farben ein schmutziges Braun und müssen mit schwarzer Druckfarbe (K) gemischt werden, um echtes Schwarz zu erzeugen. (Der Buchstabe K wird in diesem Modell für Schwarz verwendet.) Das Mischen dieser Druckfarben wird als Vierfarbendruck bezeichnet.

Ein ICC-Profil beschreibt den Farbraum eines bestimmten Gerätes, wie den CMYK-Farbraum eines bestimmten Druckers. In dieser Lektion wählen Sie ICC-Profile für RGB und CMYK. Wenn Sie die Profile festgelegt haben, sind sie fester Bestandteil Ihrer Bilddateien. Photoshop (und andere Anwendungen, die ICC-Profile verwenden) interpretiert die in der Bilddatei enthaltenen Profile und verwaltet automatisch die Farbe für das entsprechende Bild.

Weitere Informationen über das Einbetten von ICC-Profilen finden Sie in der Photoshop-Hilfe.

Vorbereitungen

Im Gegensatz zu den bisherigen Lektion sehen Sie sich in dieser Lektion nicht erst die fertige Datei an. Bevor Sie jedoch beginnen, müssen Sie die Adobe Photoshop-Voreinstellungen-Datei wieder herstellen.

1 Starten Sie Photoshop und halten Sie sofort danach die Tasten Strg+Alt+Umschalt (Windows) bzw. Befehl+Wahl+Umschalt (Mac OS) gedrückt, um die standardmäßigen Voreinstellungen zu erhalten.

2 Klicken Sie im Meldungsfenster zur Bestätigung auf »Ja«, um die Standardeinstellungen wiederherzustellen. Klicken Sie auf »Schließen«, um das Willkommen-Fenster zu schließen.

Hinweis: *Achten Sie darauf, dass Ihr Monitor kalibriert ist. Wenn Ihr Monitor die Farben nur ungenau darstellt, könnte er die am Bild durchgeführten Farbeinstellungen falsch anzeigen.*

Die Farbmanagement-Einstellungen anpassen

In diesem ersten Teil der Lektion erfahren Sie, wie Sie einen Farbmanagement-Workflow (Arbeitsablauf) einrichten. Dazu sind im Dialogfeld »Farbeinstellungen« in Photoshop nahezu alle benötigten Optionen zusammengefasst.

Beispielsweise ist Photoshop standardmäßig für RGB als Teil eines Internet/Online-Workflows eingestellt. Wenn Sie jedoch Grafiken für den Druck vorbereiten, sollten Sie diese Einstellungen für Bilder, die auf Papier gedruckt und nicht auf dem Bildschirm dargestellt werden, entsprechend verändern.

Sie beginnen diese Lektion, indem Sie eigene Farbeinstellungen vornehmen.

1 Wählen Sie **Bearbeiten: Farbeinstellungen**, um das Dialogfeld »Farbeinstellungen« zu öffnen.

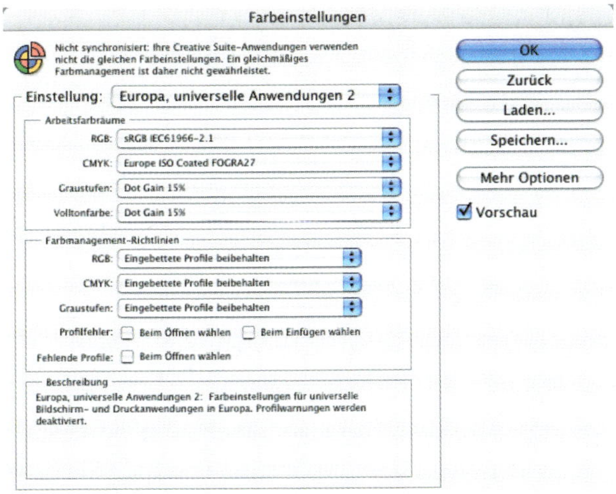

***Hinweis:** Standardmäßig sollte im Einstellung-Menü die Option »Europa, universelle Anwendungen 2« gewählt sein. Ist das nicht der Fall, wählen Sie diese Option jetzt.*

Im unteren Teil des Dialogfelds finden Sie Informationen über die unterschiedlichen Farbmanagement-Optionen, mit denen Sie sich jetzt beschäftigen.

2 Bewegen Sie die Maus über die einzelnen Bereiche im Dialogfeld, einschließlich die Bereichsbezeichnungen (wie *Arbeitsfarbräume*) und die zur Verfügung stehenden Optionen (wie verschiedene Menü-Optionen). Stellen Sie danach eventuell vorgenommene Änderungen wieder auf die Vorgaben zurück. Achten Sie beim Bewegen der Maus auf die Informationen, die unten im Dialogfeld erscheinen.

Sie wählen jetzt einen allgemeinen Satz mit Optionen für einen Druck-Workflow statt für einen Online-Workflow aus.

3 Wählen Sie im Einstellungen-Menü die Option »Europa Druckvorstufe 2«. Farbraum und Farbmanagement ändern sich entsprechend dem Workflow in der Druckvorstufe. Klicken Sie anschließend auf OK.

Softproof eines Bildes erzeugen

Sie arbeiten jetzt mit einer Datei, die ein gescanntes Bild von einem Originaldruck enthält. Sie öffnen die Datei, wandeln deren Farbprofil um und stellen dieses dann so ein, dass sich die Farbwiedergabe beim späteren Druck bereits auf Ihrem Bildschirm beurteilen lässt. Sie erstellen also dank der Präzision der Farbprofile einen *Softproof* (simulierten Andruck) direkt auf dem Bildschirm und haben die Möglichkeit, den Proof zu kontrollieren.

Zuerst öffnen Sie die Datei.

1 Klicken Sie in der Optionsleiste auf die Schaltfläche »Gehe zu Bridge« ( ), wählen Sie **Datei: Öffnen** und öffnen Sie die Datei *16Start.tif* im Ordner *Lektionen/Lektion16*.

Das Dialogfeld »Fehlendes Profil« erscheint mit drei Optionen: »Beibehalten (kein Farbmanagement«, »RGB-Arbeitsfarbraum zuweisen: Adobe RGB (1998)« (dieser Farbraum wurde mit der Einstellung *Europa Druckvorstufe 2* festgelegt) oder »Profil zuweisen«. Über dieses Popup-Menü weisen Sie dem Dokument einen individuellen RGB-Farbraum zu. Erscheint das Dialogfeld »Fehlendes Profil» nicht, wählen Sie **Bearbeiten: Profil zuweisen.**

2 Wählen Sie die Option »RGB-Arbeitsfarbraum zuweisen: Adobe RGB (1998)« und klicken Sie im Kontrolkästchen »und Dokument anschließend in den RGB-Arbeitsfarbraum konvertieren« für ein Häkchen. Klicken Sie dann auf OK.

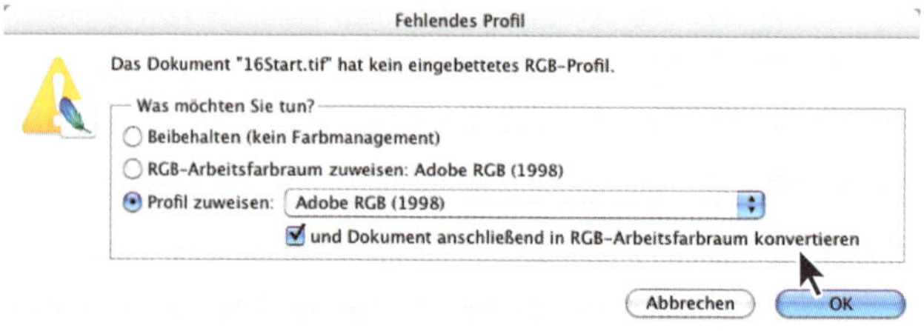

Auf dem Bildschirm erscheint das RGB-Bild einer gescannten Postkarte.

Wenn Sie Dokumentfarben in den Photoshop-Arbeitsfarbraum konvertieren, vergleicht Photoshop den Farbraum des in der Datei eingebetteten Farbprofils (sofern vorhanden) mit dem im Dialogfeld »Farbeinstellungen« festgelegten Farbraum. Anschließend konvertiert Photoshop die in der Bilddatei vorhandenen Farben, um das Bild möglichst farbgetreu auf dem Bildschirm anzuzeigen.

Hinweis: *Je nachdem, was Sie im Dialogfeld »Farbeinstellung« festgelegt haben, erscheint der Warnhinweis auf Abweichung vom eingebetteten Profil. Wählen Sie in diesem Fall die Option »Dokumentfarben in den Arbeitsfarbraum konvertieren« und klicken Sie dann auf OK.*

Bevor Sie das Bild softproofen oder drucken, weisen Sie ihm ein entsprechendes Profil (auch als Proofprofil bezeichnet) zu, in dem Sie festlegen, wie das Dokument gedruckt werden soll. Diese visuellen Eigenschaften weisen Sie dann der Bildschirmversion zu, um das Softproofing noch genauer durchzuführen. Photoshop bietet dafür eine Vielzahl von Einstellungen, mit denen sich Bilder für verschiedene Einsatzbereiche abstimmen lassen, einschließlich dem Druck und der Veröffentlichung im Internet. Sie erstellen in dieser Lektion ein eigenes Proofprofil. Anschließend können Sie diese Einstellungen speichern und auf andere Bilder anwenden, die in der gleichen Weise ausgegeben bzw. veröffentlicht werden sollen.

3 Wählen Sie **Ansicht: Proof einrichten: Eigene**. Das Dialogfeld »Proof-Bedingung anpassen« öffnet sich.

4 Achten Sie darauf, dass die Option »Vorschau« aktiviert ist.

5 Wählen Sie aus dem Menü »Zu simulierendes Gerät« ein Profil des Gerätes für den Proof (beispielsweise der Drucker, auf dem Sie das Bild ausdrucken). Falls Sie nicht über einen speziellen Drucker verfügen, bietet sich in den meisten Fällen das Profil *Europa ISO Coated FOGRA27* an.

6 Achten Sie darauf, dass die Option »-Nummern erhalten« deaktiviert ist. Dadurch simuliert Photoshop das Aussehen des Dokuments nach dem Konvertieren der Farben aus dem Dokumentfarbraum in die nächstgelegenen Äquivalente im Proof-Profilraum.

Hinweis: *Diese Option ist nicht immer verfügbar und beispielsweise für das Profil* Euroscale Coated v2 *abgeblendet.*

7 Wählen Sie aus dem Popup-Menü »Renderpriorität« eine Renderpriorität für die Konvertierung (wir haben »Relativ farbmetrisch« gewählt, um die Farbverhältnisse ohne Einbußen bei der Farbtreue beizubehalten).

8 Falls vorhanden, aktivieren Sie für das gewählte Profil die Option »Schwarze Druckfarbe simulieren« und anschließend die Option »Papierfarbe simulieren«.

Beachten Sie, dass das Bild jetzt an Kontrast zu verlieren scheint. Mit »Schwarze Druckfarbe simulieren« wird der tatsächliche dynamische Bereich simuliert, der durch ein Dokumentprofil definiert ist. Mit »Papierfarbe simulieren« wird der spezielle Weißton eines Druckmediums simuliert, das durch das Dokumentprofil definiert ist. Die Weißtöne im Bild entsprechen also jetzt dem Weiß des Druckpapiers.

Normales Bild

Bild mit den Optionen »Schwarze Druckfarbe simulieren« und »Papierweiß simulieren«

9 Klicken Sie auf OK.

*Um die Proof-Einstellungen aus- und einzuschalten, wählen Sie **Ansicht: Farb-Proof**.*

Farben außerhalb des Farbumfangs identifizieren

In den meisten gescannten Fotografien sind RGB-Farben innerhalb des CMYK-Farbumfangs enthalten. Das Umwandeln deartiger Bilder in den CMYK-Modus (was Sie später für den Ausdruck der Datei noch tun) konvertiert alle Farben, wobei verhältnismäßig wenige Farben ersetzt werden. Bilder, die digital erstellt oder verändert wurden, enthalten allerdings häufig RGB-Farben außerhalb des CMYK-Farbumfangs – beispielsweise Logos und Lichter in Leuchtfarben.

***Hinweis:** Farben außerhalb des Farbumfangs werden über ein Ausrufezeichen in der Farbregler-Palette, im Farbwähler und neben den CMYK-Werten in der Info-Palette angezeigt.*

Bevor Sie ein Bild von RGB in CMYK umwandeln, sollten Sie eine Vorschau der CMYK-Farbwerte aktivieren, obwohl Sie sich weiterhin im RGB-Modus befinden.

1 Wählen Sie **Ansicht: Farbumfang-Warnung**, um die Farben außerhalb des Farbumfangs angezeigt zu bekommen. Adobe Photoshop erstellt eine Farbumwandlungstabelle und zeigt für die Bildstellen ein neutrales Grau an, in denen die Farben außerhalb des Farbumfangs liegen.

Da das Grau nicht besonders gut im Bild zu erkennen ist, legen Sie eine eindeutigere Farbe für die Farbumfang-Warnung fest.

2 Wählen Sie **Bearbeiten: Voreinstellungen: Transparenz & Farbumfang-Warnung** (Windows) bzw. **Photoshop: Bearbeiten: Voreinstellungen: Transparenz & Farbumfang-Warnung** (Mac OS). Klicken Sie anschließend unten im Dialogfeld im Feld »Farbe«.

3 Wählen Sie eine auffälligere Farbe (z.B. Rosa oder ein sattes Blau) und klicken Sie auf OK.

4 Klicken Sie erneut auf OK, um das Dialogfeld »Transparenz & Farbumfang-Warnung« zu schließen. Photoshop ersetzt das Grau durch die neu gewählte Farbe.

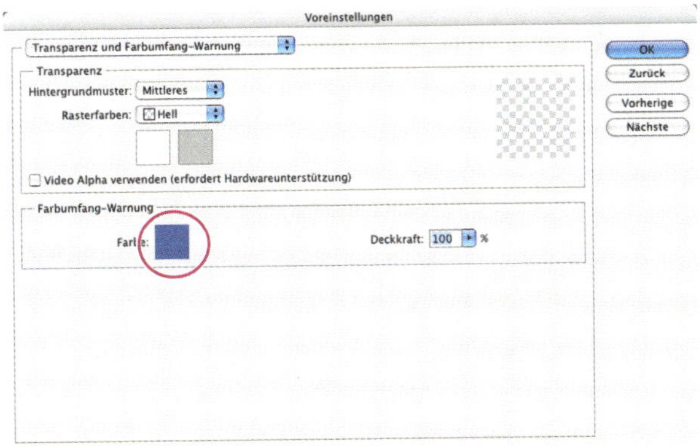

5 Wählen Sie **Ansicht: Farbumfang-Warnung**, um die Vorschau auf die außerhalb des Farbumfangs befindlichen Farben auszuschalten.

Photoshop korrigiert die Farben außerhalb des Farbumfangs automatisch, sobald Sie später in dieser Lektion die Datei im Photoshop-EPS-Format speichern. Photoshop-EPS ändert die RGB-Bilder in CMYK und passt dabei auch die RGB-Farben an den CMYK-Farbumfang an.

Ein Bild einstellen und einen Proof drucken

Der nächste Schritt bei der Bildaufbereitung für den Druck bzw. die Ausgabe sind eventuell notwendige Farb- und Tonwertkorrekturen des Bildes. Sie versehen in diesem Teil der Lektion das Bild mit einigen Farb- und Tonwertkorrekturen, um den nicht farbgetreuen Scan einer Postkarte zu korrigieren.

Um die Bildänderungen vor und nach der Korrektur zu vergleichen, erstellen Sie erst eine Kopie des vorhandenen Bildes.

1 Wählen Sie **Bild: Bild duplizieren** und klicken Sie auf OK.

2 Ordnen Sie die beiden Bilder nebeneinander auf Ihrem Bildschirm an, um sie während der Arbeit zu vergleichen.

Sie stellen nun den Farbton und die Sättigung des Bildes ein. Für die Farbeinstellungen gibt es mehrere Möglichkeiten, einschließlich der Befehle »Tonwertkorrektur« und »Gradationskurven«. Sie arbeiten in dieser Lektion mit dem Befehl »Farbton/Sättigung«, um die Grafik entsprechend einzustellen.

3 Wählen Sie die Datei *16Start.tif* (das Originalbild) und dann den Befehl **Bild: Anpassen: Farbton/Sättigung**.

4 Ziehen Sie das Dialogfeld »Farbton/Sättigung« zur Seite, um weiterhin das Bild *16Start.tif* zu sehen. Wählen Sie die folgenden Einstellungen:

- Stellen Sie den Farbton so ein, dass alle Farben – speziell die Hauttöne – natürlicher aussehen (wir haben den Wert **+20** benutzt).
- Stellen Sie die Sättigung so ein, dass die Farbintensität normal wirkt (wir haben den Wert **-17** benutzt).
- Übernehmen Sie für die Lab-Helligkeit den Vorgabewert (0) und klicken Sie auf OK.

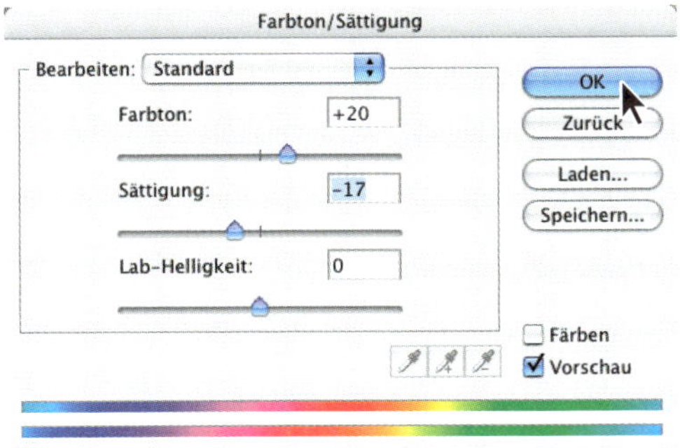

Hinweis: *Bevor Sie dieses Bild drucken, sollten Sie die Farbumfangswarnung einschalten. Prüfen Sie dann, ob Sie die meisten der außerhalb des Farbraums vorhandenen Farben entfernt haben.*

5 Die Datei *16Start.tif* ist noch gewählt. Wählen Sie **Datei: Drucken mit Vorschau**.

6 Wählen Sie oben rechts im Dialogfeld die Option »Mehr Optionen« (sofern erforderlich), um alle Druckoptionen anzuzeigen. Nehmen Sie dann die folgenden Einstellungen vor:

- Wählen Sie aus dem Popup-Menü direkt unter der Bildvorschau die Option »Farbmanagement«.
- Aktivieren Sie unter »Drucken« die Option »Proof« für das von Ihnen gewählte Proof-Profil.
- Wählen Sie unter »Optionen« aus dem Menü »Farbhandhabung« die Option »Drucker bestimmt Farben« und aus dem Menü »Proof-Einstellungsvorgabe« die Option »CMYK-Arbeitsfarbraum«.
- (Optional) Drücken Sie die Alt- (Windows) bzw. Wahltaste (Mac OS), um die Schaltfläche »Fertig« in »Merken« zu ändern. Lassen Sie die Taste gedrückt und klicken Sie auf »Merken«, um diese Einstellungen für den nächsten Druckvorgang zu speichern.
- Klicken Sie auf »Drucken«, um das Bild auf einem Farbdrucker auszugeben. Vergleichen Sie das Ergebnis mit der Bildschirmdarstellung.

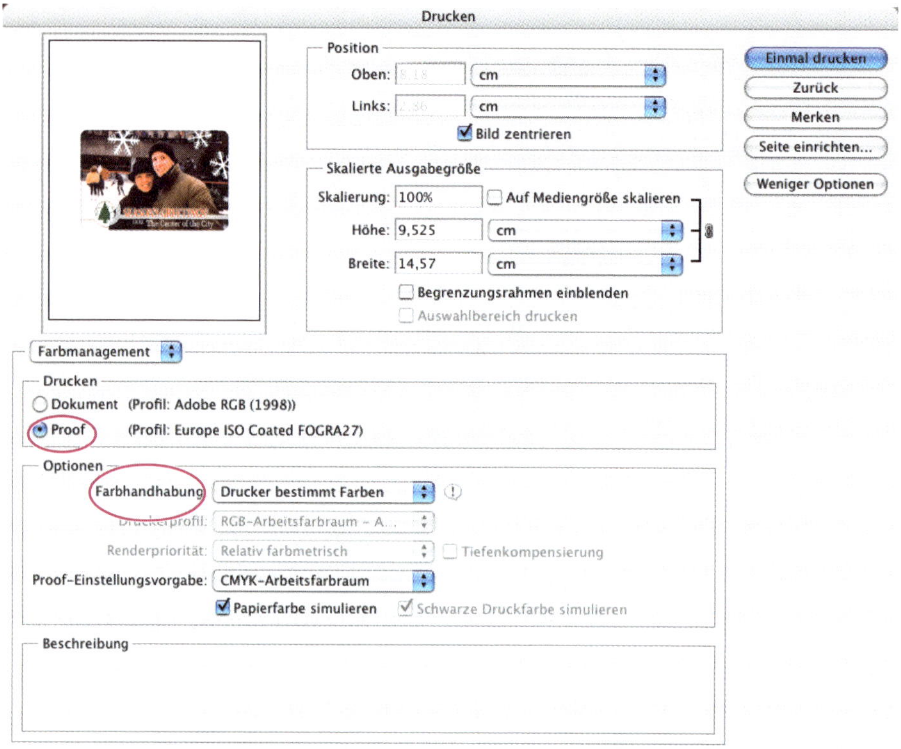

7 Wählen Sie **Datei: Speichern**, um Ihre Arbeit zu sichern.

Bild als Farbseparationen speichern

Sie geben das Bild jetzt als Farbseparationen aus bzw. speichern es, damit es sich mit den Prozessfarben Cyan, Magenta, Gelb und Schwarz als Vierfarbdruck weiterverarbeiten lässt.

1 Die Datei *16Start.tif* ist noch gewählt. Wählen Sie **Datei: Speichern unter**.

2 Wählen Sie im Dialogfeld »Speichern unter« die folgenden Optionen:

- Wählen Sie aus dem Popup-Menü »Format« die Option »Photoshop EPS«.
- Aktivieren Sie unter »Farbe« die Option »Proof-Einstellungen: CMYK-Arbeitsfarbraum«. Kümmern Sie sich nicht um den Warnhinweis auf Speichern der Datei als Kopie.

Hinweis: *Mit diesen Einstellungen konvertiert Photoshop automatisch von RGB in CMYK, sobald Sie das Bild im Format* Encapsulated PostScript (EPS) *speichern.*

- Übernehmen Sie den Dateinamen **16Start.eps** und klicken Sie auf »Speichern«.

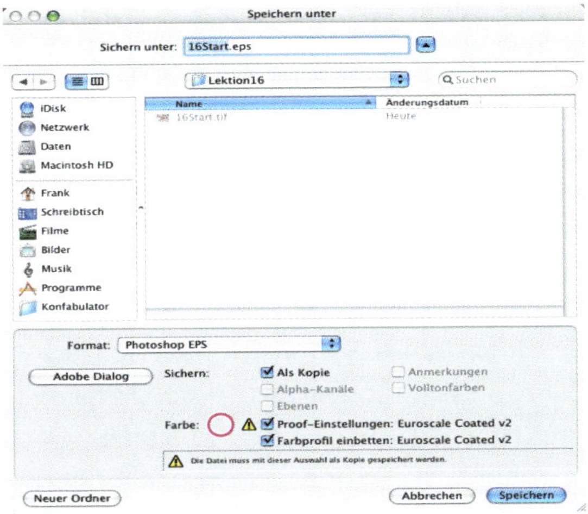

3 Klicken Sie im Dialogfeld »EPS-Optionen« auf OK.

4 Speichern und schließen Sie die Dateien *16Start.tif* and *16Start Kopie.tif*.

5 Wählen Sie **Datei: Öffnen** und öffnen Sie die Datei *16Start.eps* im Ordner *Lektionen/Lektion16*.

Die Titelleiste des Bildes zeigt an, dass *16Start.eps* jetzt eine CMYK-Datei ist.

Drucken

Für den Druck Ihrer Bilder sollten Sie die folgenden Richtlinien beachten, um zu optimalen Ergebnissen zu gelangen:

- Drucken Sie ein *zusammengesetztes Farbbild*, häufig auch als *Composite* bezeichnet. Stellen Sie sich ein Composite als einzelne Druckplatte vor, auf der die Kanäle (Rot, Grün und Blau) eines RGB-Bildes (oder die Kanäle Cyan, Magenta, Gelb und Schwarz eines CMYK-Bildes) kombiniert sind. Die Änderungen der einzelnen Druckfarben zeigt Photoshop als Teil des endgültigen, aus allen Kanälen zusammengesetzten Bildes (Composite).
- Geben Sie die Parameter für das Halbtonraster an.
- Drucken Sie Farbauszüge, um sicherzustellen, dass das Bild richtig separiert wird.
- Wählen Sie die Filmbelichtung bzw. »Drucken auf Film«.

Halbtöne drucken

Um ein Raster für ein zu druckendes Bild festzulegen, verwenden Sie im Dialogfeld »Drucken mit Vorschau« die Option »Rasterung«. Das Ergebnis ist nur im Ausdruck zu sehen, nicht auf dem Bildschirm.

Für den Druck eines Graustufenbildes benötigen Sie nur ein Halbtonraster; wollen Sie Farbauszüge drucken, benötigen Sie vier Halbtonraster (eins für jede Prozessfarbe).

Die *Rasterweite* bestimmt die Anzahl der Punkte im Raster. Da die Punkte zeilenweise angeordnet sind, wird die Rasterweite mit Linien pro Inch (lpi) gemessen. Je größer dieser Wert, desto mehr Details hat der Ausdruck (abhängig von den Rastermöglichkeiten des Druckers). Zeitschriften druckt man z.B. mit einem Raster von 133 lpi und höher, da diese Publikationen normalerweise auf gestrichenem Papier und mit modernsten Druckmaschinen produziert werden. Für Tageszeitungen mit weniger hochwertigem Papier verwendet man normalerweise ein größeres Raster (z.B. 85 lpi).

Der *Rasterwinkel* für Halbtöne in Graustufenbildern beträgt generell 45°. Um das beste Ergebnis für Farbauszüge zu erzielen, wählen Sie im Dialogfeld »Rastereinstellungen« die Option »Rastereinstellungen des Druckers verwenden«. Bei Farbauszügen müssen Sie noch den Rasterwinkel für jeden Auszug festlegen. Unterschiedliche Winkel für jeden Auszug stellen sicher, dass sich die Rasterpunkte zu vermischen scheinen, so dass eine einheitliche Farbgebung simuliert wird und kein Moiré entsteht.

Diamantförmige Rasterformen sind für Halbtonraster üblich. In Adobe Photoshop können Sie aber auch die Rasterformen Punkt, Ellipse, Linie, Quadrat und Kreuz wählen.

Hinweis: *Standardmäßig sollten Sie für ein Bild die Rastereinstellungen des Ausgabegerätes oder der Software verwenden, aus der heraus das Bild ausgegeben wird (z.B. ein Seitenlayoutprogramm). Normalerweise brauchen Sie also die im Folgenden beschriebenen Rastereinstellungen nicht vorzunehmen, es sei denn, Sie wollen die standardmäßigen Einstellungen überschreiben. Fragen Sie Ihren Partner in der Druckvorstufe, bevor Sie die Rastereinstellungen ändern.*

Sie stellen jetzt die Halbtonraster für die Postkarte ein und drucken anschließend die Farbseparationen.

1 Die Datei *16Start.eps* ist noch geöffnet. Wählen Sie **Datei: Drucken mit Vorschau**.

2 Wählen Sie aus dem Popup-Menü direkt unter der Bildvorschau die Option »Ausgabe« (klicken Sie oben rechts im Dialogfeld auf »Mehr Optionen«, falls das Menü nicht zu sehen ist).

3 Klicken Sie auf die Schaltfläche »Raster«.

4 Nehmen Sie im Dialogfeld »Rastereinstellungen« die folgenden Einstellungen vor:

- Deaktivieren Sie das Kontrollkästchen »Rastereinstellungen des Druckers verwenden«.
- Wählen Sie nacheinander die Farben aus dem Druckfarbe-Menü, um für jeden Farbkanal die Informationen für Rasterweite, Rasterwinkelung und Form anzuzeigen.
- Wählen Sie die Druckfarbe Cyan unter »Form« die Option »Ellipse«.
- Wählen Sie erneut die Druckfarben Magenta, Gelb und Schwarz. Alle Farben haben jetzt die Form »Ellipse«. Übernehmen Sie für diese Übung alle anderen Optionen.
- Klicken Sie auf OK, um das Dialogfeld »Rastereinstellungen« zu schließen.

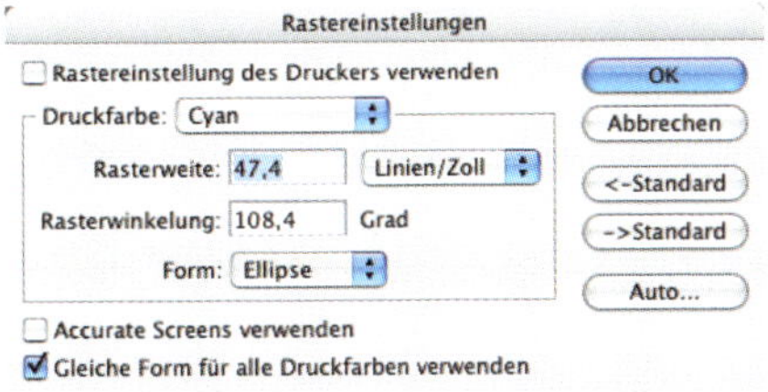

Photoshop druckt standardmäßig ein CMYK-Bild als einzelnes Dokument. Um für diese Datei Farbseparationen zu drucken, müssen Sie im Dialogfeld »Drucken mit Vorschau« entsprechende Einstellungen vornehmen.

5 Nehmen Sie im Drucken-Dialogfeld folgende Einstellungen vor:

- Wählen Sie aus dem Menü unter der Bildvorschau die Option »Farbmanagement«.
- Aktivieren Sie im Bereich »Drucken« die Option »Dokument«.

- Wählen Sie im Bereich »Optionen« aus dem Menü »Farbhandhabung« die Option »Separationen«.
- Klicken Sie auf »Drucken«.

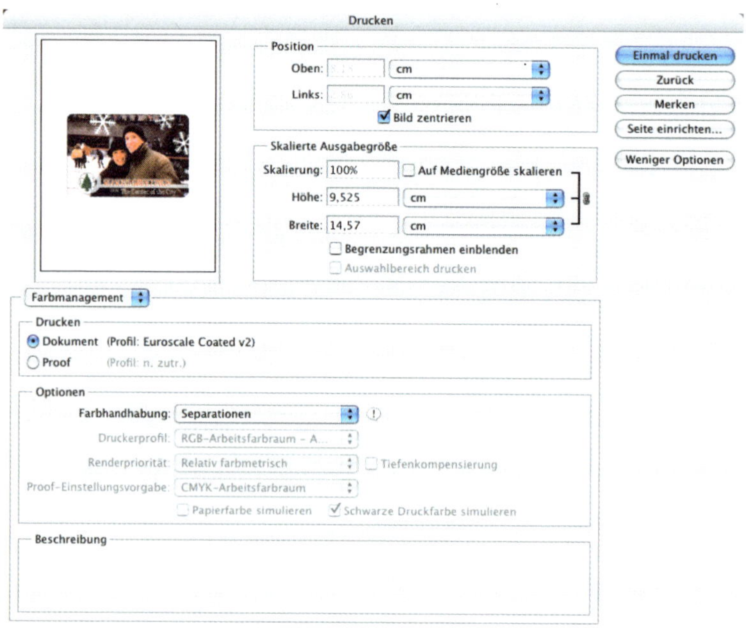

6 Wählen Sie **Datei: Schließen**, ohne die Änderungen zu speichern.

Damit ist die Einführung in die Produktion konsistenter Farben und das Drucken in Adobe Photoshop abgeschlossen. Weitere Informationen über Farbmanagement, Drucken und Farbseparationen finden Sie in der Photoshop-Hilfe.

Rückblick

Fragen

1 Welche Schritte müssen für das akkurate Reproduzieren von Farben eingehalten werden?

2 Was ist ein Farbumfang?

3 Was ist ein ICC-Profil?

4 Wie bereiten Sie ein Bild für Farbseparationen vor?

Antworten

1 Kalibrieren Sie Ihren Monitor und verwenden Sie anschließend das Dialogfeld »Farbeinstellungen«, um die verwendeten Farbräume festzulegen. Geben Sie beispielsweise an, welchen RGB-Farbraum Sie für Online-Bilder und welchen CMYK-Raum Sie für auszudruckende Bilder verwenden wollen. Anschließend proofen Sie das Bild, prüfen es auf Farben außerhalb des Farbraums, korrigieren eventuelle Farbabweichungen und erstellen für zu druckende Bilder Farbseparationen.

2 Der Farbbereich, der mit einem Farbmodell reproduziert wird. Beispielsweise unterscheiden sich der Farbumfang beim RGB- und der beim CMYK-Farbmodell ebenso wie bei zwei RGB-Scannern.

3 Ein ICC-Profil ist eine Beschreibung für den Farbraum eines Geräts, wie z.B. der CMYK-Farbraum für einen bestimmten Drucker. Programme wie Photoshop interpretieren die in einem Bild enthaltenen ICC-Profile und stellen damit eine konsistente Farbdarstellung für unterschiedliche Programme, Plattformen und Geräte sicher.

4 Sie bereiten ein Bild für den Druck vor, indem Sie die Schritte für eine akkurate Farbreproduktion einhalten, das Bild dann vom RGB- in den CMYK-Modus umwandeln und abschließend die Farbauszüge erstellen.

Index

B

C

D

F

G

W

Z